7

国际汉语教育人才培养论丛

（第七辑）

朱瑞平 主　编
李炜东 副主编

中国社会科学出版社

图书在版编目（CIP）数据

国际汉语教育人才培养论丛．第七辑／朱瑞平主编．—北京：中国社会科学出版社，2022.12
　ISBN 978-7-5227-1318-2

　Ⅰ.①国…　Ⅱ.①朱…　Ⅲ.①汉语—对外汉语教学—人才培养—文集　Ⅳ.①H195-53

　中国国家版本馆 CIP 数据核字（2023）第 021832 号

出 版 人	赵剑英	
责任编辑	郭如玥	
责任校对	王佳玉	
责任印制	郝美娜	
出　　版	中国社会科学出版社	
社　　址	北京鼓楼西大街甲 158 号	
邮　　编	100720	
网　　址	http：//www.csspw.cn	
发 行 部	010-84083685	
门 市 部	010-84029450	
经　　销	新华书店及其他书店	
印　　刷	北京君升印刷有限公司	
装　　订	廊坊市广阳区广增装订厂	
版　　次	2022 年 12 月第 1 版	
印　　次	2022 年 12 月第 1 次印刷	
开　　本	710×1000　1/16	
印　　张	23.5	
插　　页	2	
字　　数	398 千字	
定　　价	128.00 元	

凡购买中国社会科学出版社图书，如有质量问题请与本社营销中心联系调换
电话：010-84083683
版权所有　侵权必究

目 录

人才培养篇

汉语国际教育硕士中国国情知识要求与培养模式 …………… 白宏钟（3）
职前和在职汉语教师拼音教学信念对比研究 ………… 陈艳艺　杨妍（10）
汉语国际教育专业人才培养国际合作现状与发展
　　——以华中师范大学为例 …………………………………… 李炜（21）
浅析国际汉语教师应具备的跨文化交际素养 ………………… 王芷馨（30）
面向海外五个教学层次的汉语国际教育专业硕士的培养 …… 吴成年（36）
汉语教师中国志愿者学科教学知识体系
　　调查研究 ………………………………………… 杨泉　朱瑞平（48）
汉语教学人才融入学会发展的服务机制 ……………… 袁礼　田会超（62）
国际汉语教师中华文化传播能力培养模式
　　创新探索 …………………………………… 张淑慧　王晖　李霞（71）
谈谈汉语国际教育硕士专业学位论文选题的问题 …………… 柯航（80）

课程建设篇

"国际汉语教学理论"的课程设计与实施 ……………………… 陈敬玺（93）
对设置"汉字与文化"为汉语国际教育硕士专业
　　必修课程的思考 …………………………………………… 高慧宜（100）
"汉语+国际+教育"多维互动课程体系新范式
　　研究 ………………………………………………… 林科　刘阳（108）
泰国帕瓦纳·菩提坤职业学校汉语课程需求
　　分析 ……………………………………………… 孙红娟　朱志平（120）

汉硕课程"中华文化与传播"的教学理念与模式新探 …… 王小曼（131）
基于大规模视频案例库的国外汉语课堂教学案例分析 …… 余一骄（141）
汉语国际教育硕士专业课程设置现状分析 …………… 张舸　陈颖（151）
汉语国际教育硕士课程建设改革与创新
　　——以上海外国语大学为例 ………… 张艳莉　亓海峰　缪俊（163）

教学法研究篇

关于戏剧化教学法应用于医学汉语的教学设计及
　　实施研究 ………………………………… 邓淑兰　颜孟雅（171）
基于语义激活扩散模型理论的汉语词语输出训练 ……… 胡秀梅（186）
基于非全日制 MTCSOL 学生视角的全案例教学模式探究
　　——以《国际汉语教学案例分析》为例 …………… 李萍（194）
韩国汉语学习者汉语名量词的偏误与
　　教学研究 ………………………………… 唐淑宏　李惠林（206）
利用语义角色理论提升汉硕生谓词教学能力探索 ……… 张占山（227）

现代教育技术篇

"汉语作为第二语言教学"的翻转课堂实践与反思 ……… 刘春兰（237）
面向来华留学汉教硕士的中国概况课程数字课程
　　建设构想 ………………………………………………… 王群（243）
网络型汉语国际教育人才培训模式探索 ………………… 章欣（252）
学生自制视频在国际汉语教学中的应用 ………… 李笑通　赵忱（260）

其他相关研究篇

新时代孔子学院发展的困境与解决建议 ………… 高迎泽　宋梦潇（271）
"不 X"类副词和"未 X"类副词的词汇化和语法化
　　——以"不必—未必""不免—未免""不尝—未尝"
　　为例 ………………………………………………………… 靳敏（278）

反问句的言语行为特征及教学模式新探 …………… 史芬茹（295）
"往+X+VP"的位移事件表达 ……………………… 王锋慧（305）
论复合趋向动词"进/出来"的句法语义属性及不对称
　　现象 …………………………………………… 袁立婷（318）
"那"反诘义与询问义用法的同一性研究 …………… 张佳佳（338）
浅析国际中文教材的通用性、创新性与继承性 …… 汝淑媛（350）
俄罗斯现代教学论发展概览 ………………………… 步延新（360）

人才培养篇

汉语国际教育硕士中国国情知识要求与培养模式

白宏钟[*]

摘 要：根据培养工作的实际需要，未来汉语国际教育硕士专业学位研究生指导性培养方案应当增加对中外籍学生中国国情知识方面的要求，增设中国国情类课程。其中对中国籍学生的要求在广度和深度上要更高，但不论中外专硕，广度要求均应高于深度要求。在相关的课程设置上，应确保至少为中外专硕各开设一门《中国国情》课程。在培养方式上，应采取课堂教学和实地教学相结合的形式，充分利用实地资源优势。

关键词：国际中文教育；汉语国际教育硕士；中国国情；培养

对于汉语国际教育的文化传播工作来说，改善中国的国际形象，在传播对象心目中树立正面积极的中国形象是当前首要的任务之一。这一任务要求汉语国际教育在教学和文化传播活动中尽量消除对世界中国的误解和不实印象，向传播对象讲述客观、真实的中国，帮助其了解中国国情，建立基于客观事实和正确知识的更加准确的中国形象，掌握认识中国的正确方法。这就要求汉语国际教育工作者具备相当水平的中国国情知识。这在汉语国际教育的实际工作中也已经得到了证实。但作为以培养汉语国际教育人才为主要目的的汉语国际教育硕士专业学位研究生，在已有的三个指导性培养方案[①]中，只有针对外国留学生的 10 版指导性培养方案提到了"了解中国"的培养目标，并设置了"当代中国专题"作为核心课程中的学

---

[*] 白宏钟，南开大学汉语言文化学院。

[①] 即 2007 版《汉语国际教育硕士专业学位研究生指导性培养方案》、2009 版《全日制汉语国际教育硕士专业学位研究生指导性培养方案》和 2010 版《全日制汉语国际教育硕士专业学位外国留学生指导性培养方案》。统称为"三大纲"。

位公共课程，针对中国学生的 2007 版和 2009 版《指导性培养方案》则均未明确提及国情知识要求，也未设置国情课程。这是一种明显的缺憾。① 在未来的汉语国际教育硕士专业学位研究生指导性培养方案修订中应当明确提出中国国情知识和教学能力要求，设置相关课程，弥补现行培养方案在这方面的缺失。以下本文将就其中的具体问题进行探讨。

一　国情教学与文化教学

从 20 世纪 80 年代起，业内将对外汉语教学和汉语国际教育中与文化相关的教学统称为文化教学，其中既包括了语言技能课中的文化因素教学，也包括专门的文化知识课教学。中国国情教学传统上被认为是文化教学，笔者所在的教学部门，就将《中国概况》《中国风俗》《中国简史》这类课程均归为文化课。从内容上看，国情教学的内容与文化教学的内容大多重合，如《中国简史》《中国风俗》等课程，既属于文化课程，也可被纳入国情课程的范围。笔者认为，从汉语国际教育的传统和实际来看，中国国情教学还应归类为文化教学。首先，依据广义的文化概念，国情教学和国情本身的绝大多数内容②确实都属于文化范畴；其次，将教学区分为语言（技能）教学与文化教学两大类，是对外汉语教学——汉语国际教育一直以来的传统，在课程分类、研究领域、教学法等方面都形成了各自的传统，这种现状不宜随意改变。

国情教学与其他文化教学的区别，首先是目标和侧重点的不同。我们强调中国国情教学，主要是从实际需要出发。一般的文化教学的目标是向

---

① 与此形成鲜明对比的是国家汉办/孔子学院总部发布的三版《国际汉语教师标准》均明确规定了中国国情知识和教学能力要求。如 2015 版《国际汉语教育标准》的相关描述被放在了"标准 4　中华文化与跨文化交际"中（2015 版《汉语国际教师标准》共有 5 个方面的标准），这一标准的总体描述为"教师应掌握中华文化和中国国情基本知识，具备文化阐释和传播的基本能力；具有跨文化意识和交际能力，能有效解决跨文化交际中遇到的问题"。标准 4 下有 4 个子标准，有关国情的具体子标准为"4.2　了解中国基本国情，能客观、准确地介绍中国"。其下又分三个子标准：分别为"4.2.1 了解中国的基本国情""4.2.2 了解当代中国的热点问题""4.2.3 能以适当方式客观、准确地介绍中国"。参见孔子学院总部/国家汉办《汉语国际教师标准》，外语教学与研究出版社 2015 年版。

② 只有中国自然地理方面的内容是明显的例外。

教学对象传播文化知识，增加其对中国文化的理解，因此更侧重精神文化，对物质文化的介绍则不如国情教学系统；而国情教学的目标是向教学对象介绍中国，增加其对中国的整体了解，以帮助其把握中国现状，建立整体的中国印象，因此除了精神层面的文化，也包括地理、经济、政治等，虽然强调物质与精神文化并重，但对精神文化的介绍往往不如其他文化教学深入。

其次，国情教学与其他文化教学的作用和效果不同。一般的文化教学，主要作用在于能辅助语言教学，增加其效果，增加学习者的跨文化交际能力，当然也能起到帮助学习者了解中国的作用，但效果不如国情教学；国情教学一方面对学习者的语言学习和增加跨文化交际能力有帮助，另一方面能帮助学习者了解中国，建立自己对中国更全面的印象和认识中国的方法，尤其在后者上所发挥的作用是无可替代的。也正因为国情教学在文化教学中有着无可替代的作用和效果，因此需要给予特别的重视。

二　国情教学的内容

在汉语国际教育工作中，教学是介绍中国的主要方式，对于汉语国际教育硕士的中国国情知识和教学能力的要求，也应当主要基于汉语国际教育中的教学和其他实际需求来制定。尤其是汉语国际教育本科留学生培养中的中国国情教学实际需求，应成为制定汉语国际教育硕士中国国情知识和教学能力要求的最重要的参考。

目前国内各汉语国际教育部门在本科留学生培养中基本都设置有多门国情类课程。以笔者所在的南开大学汉语言文化学院为例，涉及中国国情的课程有"中国概况""中国民俗""中国简史""中国文化专题"等。其中最典型的中国国情课程又当属"中国概况"。通过最常用的几本"中国概况"教材的内容设置，可以了解汉语国际教育界对本科留学生中国国情教学内容的主流见解。2000 年以来，在"中国概况"课程教学中，我们先后使用过的《中国概况》教材有北大版（王顺洪主编）、高教社版（郭鹏主编）、北京语言大学社版（宁继鸣主编）、上海外语教育出版社版（程爱民主编）。这几种教材也正是国内汉语国际教育部门本科留学生"中国概况"课程教学中最常用的教材。这些教材在内容设置上具有很强的共性，各版本中普遍出现的内容从章一级来看有中国地理、经济、传统思想、历史、文学、科技、政治制度、教育、国际交往、民俗等。从节一级的内容来看，还有中国人口、民族、语言文字、文化遗产、旅游资源等。此外大部分版本还均设专章介绍当代中国人的生活。可以说，上述内容设置基本反映了汉语国际教育界对中国国情教学内容的主流意见。

汉语国际教育硕士的培养对象有外籍和中国籍的区别，针对这两种不同的对象，具体的中国国情知识要求和教学内容也应有所不同。针对留学生汉语国际教育硕士的中国国情知识和教学能力培养，其目的首先应当是培养学生建立起对中国基于客观事实和正确知识的、更加准确的印象，掌握认识中国的正确方法。在此基础上，再具备一定的向传播对象介绍中国、讲解中国国情的能力。而要达到这两种目的，需要让学生对中国国情有较为全面、广泛和准确的了解。有鉴于此，对留学生专硕的中国国情知识要求，应当在本科的基础上增加深度和广度。相关课程设置应以专题、研讨类课程和专题讲座为佳。这样才能既避免与本科阶段的相关课程形成重复，又能增加教学和学习的深度。具体来说，应当增加设置有关当代中国经济、社会、文化、科技、民生、政治、民族、人口、地理、教育、环境、外交、"一带一路"等方面的课程和讲座。

针对中国籍专硕的中国国情知识和教学能力培养，则一方面要让学生有基于广博且较为专业、能满足在汉语国际教育中向传播对象介绍中国、进行中国国情教学所需求的中国国情知识；另一方面应使学生具备高度的中国文化自信和爱国情怀。根据这两个目标，对中国籍专硕的中国国情知识要求，除了在广度和深度上要高于外籍专硕，还应增加爱国主义和文化自信方面的内容。具体来说，应当增加设置有关当代中国经济、社会、文化、科技、民生、政治、民族、地理、教育、环境、外交、宗教、"一带一路"、涉及国情的敏感问题等方面的课程和讲座。

当然，考虑到中外专硕的课程设置空间都非常有限，上述内容全部分门开设课程或讲座的可能性很小。最可行的方法是为中外专硕各增加一门"中国国情"课程，以之涵盖两种专硕各自所需学习和掌握的中国国情知识，并为这门课程规定足够学时，同时还要规定课程在研讨、案例、实践等方面的要求，以保证教学效果。

汉语国际教育事业的实际需求和国情自身的性质特点决定了为中外籍专硕开设的中国国情课程所涉及的知识领域基本一致，区别主要是内容的深度和广度，以及爱国主义和文化自信方面内容的有无。中国籍学生不存在语言障碍，又是学习本国国情，学习内容在广度和深度上的要求自然应高于外籍专硕。在情感方面，对外籍学生，我们希望他们经过培养后对中国更加友好，但这主要应通过事实和知识的客观呈现来促进，不能有强制性的要求和措施，也应避免任何形式化的宣传。中国专硕则不同，爱国情怀和文化自信是汉语国际教育工作者从事汉语和中国文化传播工作的前提和基础，在中国国情类课程设置基本相同的情况下，中国专硕的相关课程在教学内容设计和教材编写中都要注意贯彻爱国主义和文化自信培养的原则。

国情教学涉及的内容多、范围广，但根据汉语国际教育工作的实际需要，在所涉及的各个知识面并不需要达到很高的专业水平，只要能够满足向教学对象说明、解释相关问题，进行教学需要的要求即可。因此对中外专硕的中国国情知识的广度要求均应高于深度要求。

除了课程和讲座教学之外，无论是对中国专硕还是外籍专硕，实地教学都应成为另一种重要的中国国情知识和教学能力培养形式。以下将对此进行详述。

三 国情教学的模式

国内汉语国际教育部门对学生所开展中国国情教学实际上是在一种"沉浸式"的教学环境中进行的。与国外的同行相比，拥有实地资源是我们进行中国国情教学的最大优势。为了达成"沉浸式"教学的效果，应注意更好地发掘和利用实地资源。对中国学生来说，中国国情课程上讨论、发现的问题，随时可以联系生活中的经历、经验展开联系、比对、分析和总结，并可以在实地环境中进一步去考察。对于外籍学生来说，由于在中国生活、学习，对于中国国情课程中所涉及的问题，他们也会有一定的经验和体会支持其进行知识与现实的联系、比对，并可以在实地环境中进一步去考察。

不过，课程教学受限于形式和空间，对于实地资源的利用相当有限，因此在课堂教学之外，还应设置配合中国国情课程教学的实地实习、参观、考察、修学旅行等。课程教学和实地实习、参观、考察、修学旅行等在很大概率上无法同步进行，也有很大的概率是由不同的教师和人员分别负责，但内容上一定要相互呼应、配合、衔接，才能达成良好的效果。这涉及任课教师和学生部门、教辅部门的分工合作，应当由培养单位在培养方案中明确中国国情教学的思路，进行整体规划，通过培养方案形成制度性的保障。教指委的《指导性培养方案》对于各培养单位制定各自的培养方案具有权威指导性，如在修订后的《指导性培养方案》中增加中国国情课程教学须有相关的实地实习、参观、考察等与之配合的规定，无疑将极大地推动各培养单位形成中国国情课程课堂教学与实地教学相结合的模式。

2018年7月23—29日，笔者所在的南开大学汉语言文化学院组织中外研究生37人（其中中国专硕和学硕22人，外籍专硕15人）在上海、浙江进行了社会实践。此次实践以参观为主要形式，参观内容较为丰富：既有革命纪念、教育基地，又有一些能充分展示当代中国经济面貌、现代化建设成就的工厂、机构、展览馆等，还包括了一些文化艺术展馆，具体为：嘉兴南湖革命纪念馆、中共一大会址、上汽大众安亭汽车三厂、洋山港、上海超算中心、同济大学整车风洞实验室、上海城市规划馆、上海浦东展览馆、中华艺术宫、上海自贸区保税区、南开上海校友会，共11个场所。

我们对参与实践活动的外籍专业硕士进行了满意度调查，在满分设置为100分的情况下，除2人分别给出了80分和85分的分数外，其他同学对活动均给出了90分以上的分数。

这是本院首次尝试中外学生混合组团进行社会实践。通过调查得知，参与实践的外籍专硕都非常欢迎中外学生混合组团的形式，认为一周的共同相处使他们增加了很多对中国和中国人的了解。

通过调查我们得知外籍专硕对于中国国情有着广泛的兴趣点，对所安排的参观场所基本都有浓厚的兴趣并认为有收获，特别是很多同学认为对嘉兴南湖革命纪念馆和中国一大会址的参观有助于其了解中国共产党对中国的贡献，是此行最有收获的地方。由于种种原因，我们未能对参与活动的中国专硕进行问卷调查，但根据了解，我们认为中国专硕的国情知识储备和感性认识也迫切需要提高。因此举办这类以了解国情为目的的实践活动对他们也是很有必要的，能与国情课程的教学形成很好的互补效果。

本校现在每年寒暑假尤其是暑假都在全校学生中开展社会实践活动，经费支持也逐年增加，此次实践活动使用的经费来自学校的学生暑期社会实践活动专项经费，未来应当可以利用这项经费对专硕暑期国情实践活动形成制度性支持。这一经验相信在其他许多高校中也有实现的可能。此次暑期实践活动仅以参观为主要形式，但未来还可根据学生的不同要求，拓展短期支教、岗位实习等其他形式。

总之，我们认为汉语国际教育硕士的中国国情知识及教学能力培养，应当采取课程、讲座与实地参观、调查、实习等密切配合的模式，也就是课堂教学配合以实地教学的模式。

四 结语

根据培养工作的实际需要，未来汉语国际教育硕士专业学位研究生指导性培养方案应当增加对中外籍学生中国国情知识方面的要求，增设中国国情类课程。其中对中国籍学生的要求在广度和深度上要更高，但不论中外专硕，广度要求均应高于深度要求。在相关的课程设置上，应当以专题、研讨类课程结合讲座为主，即使在课程设置空间有限的情况下，也应确保至少为中外专硕各开设一门"中国国情"课程。在培养方式上，应采取课堂教学和实地教学相结合的形式，充分利用实地资源优势。

参考文献

孔子学院总部/国家汉办编：《汉语国际教师标准》，外语教学与研究出版社2015年版。

国务院学位办：《汉语国际教育硕士专业学位研究生指导性培养方案》，2007年。

国务院学位办：《全日制汉语国际教育硕士专业学位研究生指导性培养方案》，2009年。

国务院学位办：《全日制汉语国际教育硕士专业学位外国留学生指导性培养方案》，2010年。

职前和在职汉语教师拼音教学信念对比研究[*]

陈艳艺　杨妍[**]

一　引言

摘　要：汉语拼音是大多数外国学生学习汉语的开始和基础，而教师的拼音教学理念直接影响其拼音教学行为。通过借鉴前人对教学信念特别是拼音教学信念的相关研究成果作为依据设计问卷，从自信、态度、语言、讲解、操练、纠错六个方面考察职前汉语教师和在职汉语教师拼音教学理念差异，尤其是具有显著意义的差异。这些差异为职前汉语教师的拼音教学知识、能力和信念的培养提供了借鉴和方向，有助于培养职前汉语教师正确、有效的拼音教学信念。

关键词：职前教师；在职教师；拼音教学；教学信念

汉语拼音是大多数外国学生学习汉语的开始和基础。拼音教学也是众多教师从教都可能面临的任务。教师对于拼音教学的理解，很大程度上直接指导并影响教师的汉语拼音教学。本文将以有经验的在职汉语教师的汉语拼音教学信念作为参照，考察职前汉语教师与在职汉语教师的拼音教学信念差异，并通过数据分析寻找两类教师在拼音教学信念上存在显著差异的项目，为职前汉语教师拼音知识教授、拼音教学能力培养乃至拼音教学信念的形成提供参考。

---

[*] 本文系教育部人文社科研究青年项目"语言教育规划视角下的菲律宾泰国汉语（华文）教育比较研究"（18YJC740010）阶段性研究成果。

[**] 陈艳艺，福建师范大学海外教育学院。杨妍，河南师范大学教育学部，郑州西亚斯学院国际教育学院。

二 文献综述

教师信念，是教师认知的三项内容（beliefs，feeling 和 understandings）之一（Andrew，2003）。西方教育界关于教师认知的研究始于1970年，而第二语言教学领域的教师认知研究则出现于20世纪90年代（孙德坤，2008），国内外语教学界从21世纪初开始关注教师信念和教学行为（丁安琪，2013）。对外汉语教学界对于教师认知的研究则从孙德坤老师（2008）将"教师认知"观念引进开始，而后学界开始逐渐关注教师认知和教师信念（吕玉兰，2004；江新等，2010；高强等，2010；郭胜春，2012；丁安琪，2013；汲传波，2016；李泉，2018）。

在教育认知的研究中，二语/外语教师的教学信念，特别是语法教学信念，逐渐成为国外研究的一个热点（高强、张洁，2010）。关于语法教学信念的研究，英语教学界成果颇丰（汲传波，2016）。紧跟国外二/外语教学研究趋势的国际汉语教学领域的教师信念研究也主要集中于汉语语法教学信念（高强，2010；汲传波、刘芳芳，2012；丁安琪，2013；刘芳芳、汲传波，2014；李泉，2018）。世界上多数语言都是表音文字，汉字一般被描述为音意文字或语素文字（张庆翔、王怡晴，2014）。汉字同时承载了音和意两项功能，这就决定了汉语在语音教学上和英语等表音文字语言的外语教学有很大的不同。语音教学在表音文字的语言教学中所需要耗费的时间和精力远远低于音意双承的汉语。所以在国外二/外语教学研究中，语法教学信念研究是重点，而语音教学信念研究则鲜有研究者涉及。

学习一门语言往往首先接触的都是语音。戴亚萍（2012：161）也提出，"对于汉语作为第二语言教学来说，拼音教学就是汉语语音教学的开端"。至于拼音教学在国际汉语教学中的重要性，吕必松（1983）、赵金铭（2009）、陆俭明（2013）等人均有所论述。另外李如龙（2014）也指出汉语语音教学不是教几节拼音课的事，而应该是贯穿语言学习的全过程，教学语音要与教词汇、教句型句式相结合。

语法教学信念问卷设计上，研究者们（高强，2007；高强、张洁，2010；汲传波，2012）大多采用 Andrews（2003）的问卷调查分类，将问题归纳为形式观念（Form - focus）、演绎观念（Deductive）、归纳观念

(Inductive)、意义观念（Meaning-focus）、句型观念（Drilling）、术语观念（Metalanguage）。而丁安琪（2013）的问卷则包括了态度、语言、讲解、操练、纠错五个方面。笔者认为丁安琪的五个维度更简明了，也更适合拼音教学的过程和实际。Andrew（2003）的问卷中提到了术语观念，术语对于语法教学的重要性远胜于拼音教学。所以"术语"这一方面的教学信念在汉语拼音教学中可以分散到讲解中，不需要单独列出。在此基础上，笔者认为教师的拼音教学自信也是影响拼音教学的重要因素，因此本文也将教学的拼音教学自信考虑其中。

三 研究设计

本研究通过纸质问卷和网络问卷两种方式共收集到教师问卷 38 份，学生问卷 142 份。

（一）研究对象

本研究的研究对象为 142 位职前汉语教师和 38 位在职汉语教师①。在职教师年龄最大为 55 岁，最小为 29 岁，平均年龄 36 岁，平均教龄 9.9 年。职前教师中包含 87 名本科生和 55 名研究生。其中本科生中只有 1 名有教学经验，而研究生中 33 名学生具有半年到 4 年不等的教学经验。

（二）问卷设计

本研究的问卷从自信、态度、语言、讲解、操练、纠错六个方面进行问卷设计，考察在职和职前教师的拼音教学信念差异。

问卷设计的六个方面具体如下：（1）自信：教师对于自身拼音知识和拼音教学能力的自信；（2）态度：教师对拼音教学重要性的态度，对拼音讲解、操练的态度以及对学习者发音错误的容忍度；（3）语言：教师对教学中应该采用学生母语（或学生所掌握的非汉语媒介语）还是采用汉语进行拼音教学；（4）讲解：教师如何进行声韵调的描述以及对拼音规则的讲解；（5）操练：教师在拼音教学过程中更倾向于交际性练习

---

① 为行文便利，以下内容中分别用"职前教师"和"在职教师"表示"职前汉语教师"和"在职汉语教师"。

还是传统机械性练习；（6）纠错：教师对于拼音教学过程中何时何地及如何纠正学生的发音错误（或不标准）的看法。

（三）研究问题

1. 职前教师和在职教师拼音教学信念是否存在差异？差异点是什么？
2. 职前教师和在职教师拼音教学信念差异对于未来国际汉语教育专业的拼音知识教授、拼音教学技能训练和拼音教学理念的培养有何启示？

四　结果与分析

（一）自信

教师对拼音教学的自信一定程度上影响拼音教学信念，因此本研究首先考察的是在职教师和职前教师对于拼音知识、拼音教学的自信。

总体来看，除了在"用汉语进行拼音教学"的自信上，在职教师（M = 3.58）略低于职前教师（M = 3.60），在拼音教学、拼音知识、教师发音、学生拼音学习效果、听音、使用媒介语进行拼音教学、拼音讲解和操练八项内容上，在职教师的自信度均高于职前教师，而且差异具有显著，特别是对拼音教学、拼音知识、教师发音、听音、讲解和操练的差异呈现的统计学差异非常显著。

以上数据结果显示，在职教师和职前教师在拼音知识和拼音教学能力上差异比较明显，且多项差异都具有显著的统计学意义。

（二）态度

在考察职前教师和在职教师对于拼音教学态度方面的教学理念上，一共设计了15个题目，从拼音教学的重要性、拼音的交际性和准确性与流利性取舍、轻声和儿化的重要性、对发音不准确甚至是错误的容忍度、拼音教学应存在汉语教学的哪些阶段等方面考察。数据显示，在职教师对拼音教学重要性的认可度（M = 4.55）略低于职前教师（M = 4.71）；对于汉语交流过程中拼音表达的交际性和流利性比准确性更重要这一点，在职教师与职前教师的态度完全一致（M = 3.34）；对于轻声和儿化的重要性认可上，在职教师也比职前教师的认可度低一些。对发音不准确和错误的容忍度上，在职教师比职前教师更宽容；而对于拼音教学应贯穿汉语教学的全过程这一说法，在职教师（M=4.24）和职前教师（M=4.38）认同度的差异甚小。

虽然在拼音教学态度的信念上，在职教师比职前教师更放松，也更宽容，关注拼音的交际性胜于准确性。调查数据表明在职教师和职前教师在拼音教学态度的诸多方面略有差异，但是在对发音标准的态度上两类教师之间差异显著。

（三）语言

对于教师的教学语言信念，问卷中一共设置了三个问题，主要考察教师对语言不通状态、使用学习者母语和肢体语言三种媒介语状态进行拼音教学的教学理念。从均值上来看，在职教师对于教学语言能否顺利为学生所理解的担心上远低于职前教师。对于语言不通的状态下进行拼音教学，在职教师明显比职前教师自信。"如果和学生语言不通，我不知道该怎么教学生"这一句话的认同度上，在职教师（M=1.92）明显低于职前教师（M=2.97），两者的差异非常显著。反之，与在职教师（M=2.76）相比，职前教师（M=3.23）更希望能"顺畅地使用学习者的母语来进行讲解"，两者的差异显著。但是在肢体语言对于拼音教学的作用的问题上，在职教师（M=4.29）和职前教师（M=4.35）的认可度差异非常小，不具有统计学的显著意义。

数据分析结果显示在职教师对于拼音教学时所使用的媒介语关注度不高，认同肢体语言在拼音教学中的重要性；而职前教师更倾向于使用学习者母语或者是学生掌握的外语，也认同手势讲解在拼音教学中的重要性，但是对于语言不通的状态，职前教师更普遍地认为不知道如何进行教学，而且这种不确定程度明显高于在职教师。

（四）讲解

对于在职教师和职前教师在汉语拼音讲解教学理念的考察主要从发音规则的讲解处理，拼音讲解细节与拼音讲解同汉字、词语、对话、课文的关系处理三个方面着手。问卷根据拼音教学的教学内容和教学过程共设计21个题目。首先是发音规则重要性上，职前教师（M=3.87）比在职教师（M=3.58）对拼音规则的重要性上认同度略高一些。而在职教师更认同教学中应该避免解释发音规则，另外对于拼音规则应该分散于声韵调教学这一点，在职教师和职前教师的认同度相差甚微。在拼音教学的细节上，对于拼音教学中先教完声韵调后教拼读以及先看舌位图、唇形图后再进行语音师范和练习等类似的先后顺序问题上，在职教师对于拼音教学中的先后顺序的认同度明显低于职前教师。在职教师（M=2.47）对"学生使用母语或媒介语的发音来替代较难的音"这一项上的认可度也明显低于职前教师（M=3.11）。另外，职前教师对拼音教学中"结合口形图进行讲解"以及"把正确发音的位置讲解清楚"的认可度亦是低于职前教师的认可度。

在拼音讲解方面"先教完声韵调再教拼读""先给学生看舌位图、唇形图后再进行示范和练习""先讲解发音部位、发音方法后再示范和练习"和"学生可以用母语（或媒介语）的发音来替代汉语中较难的发音"四个具体细节上，在职教师和职前教师的教学信念存在非常显著的差异，而"结合口型图进行讲解"和"讲解清楚正确的发音部位"两个细节上的差异也是显著的。可见与职前教师相比，在职教师对拼音教学讲解中的先后顺序不甚在意，另外，对于讲解道具认可度也比职前教师低。

至于如何处理拼音教学与汉字、词汇、课文、对话的关系，在职教师对于拼音结合课文教学和结合简单对话的认可度比职前教师低，但是在结合汉字教学上的认可度则比职前教师高。可见与职前教师相比，在职教师更认可拼音教学与词汇的关系比较密切。另外，拼音教学与汉字的关系，在职教师对于"拼音教学应结合汉字教学"以及"先教拼音后教汉字"的认可度均低于职前教师，且差异是显著的，尤其是在后者这一问题上。

可见，在职教师对于拼音规则讲解的重视程度低于职前教师，且更倾向于将拼音发音规则分散到具体教学中。在具体的拼音教学中，在职教师并不拘泥于拼音内容及讲解方式的先后，但是更认同拼音和词汇的紧密关系。

（五）操练

在操练上，在职教师（M=3.84）对于拼音教学时机械操作的重要性的认同度高于职前教师（M=3.76），但是所有的机械操练方式，如拼读作业，鼓励学生课后操练，使用绕口令和唐诗对学生进行拼读训练上，在职教师的认同度均低于职前教师。可见虽然在职教师认同机械操练对于拼音教学的重要性，但是在具体的机械操练方式上，在职教师对"纯机械"操练的方式依赖性低于职前教师。

从数据可以看出，在职教师和职前教师的拼音操练信念总体上来说比较接近，而两者拼音操练信念上存在显著差异的只体现在"唐诗有助于学生练习汉语发音"这一点上（在职教师 M = 3.54；职前教师 M = 3.87）。

（六）纠错

对于"不要当时当面对学生的拼音错误进行纠错"，在职教师（M = 2.41）和职前教师（M = 2.43）的信念非常接近，都表现出不置可否的态度。而对于有错必纠，在职教师（M = 2.34）的容忍度高于职前教师（M = 3.16）。另外，在职教师（M = 2.92）比职前教师（M = 2.68）更认同"影响交际的发音错误才需要纠正"，同时对于重复学生的错误发音的反对态度，在职教师（M = 4.08）也比职前教师（M = 3.87）更明显。在鼓励学生相互纠音这一问题上，在职教师（M = 1.97）的宽容度比职前教师（M = 1.19）更高一些。但是这些差异中，有错必纠、不重复学生错误发音以及鼓励学生互相纠错三个问题上，在职教师和职前教师的认可度上出现非常显著差异，而在"不重复学生错误发音"和"影响交际的发音才需要纠错"两个方面存在显著差异。

通过数据我们可以看出，在职教师对于学生汉语拼音学习过程中出现的拼音错误及何时何地如何纠错等方面的态度比职前教师更宽容，职前教师因为尚未真正接触拼音教学，更多的是从课堂知识和间接经验出发，对于学生可能出现或者已经出现的拼音不标准、错误以及具体如何纠错都比较焦虑。

五　结果讨论

根据在职教师和职前教师拼音教学信念问卷数据进行对比，两者存在非常显著差异的项目共有 18 项目，存在显著差异的项目则有 6 项。

	自信	态度	语言	讲解	操练	纠错	合计
非常显著	7	0	2	7	0	2	18
显著	1	0	0	2	1	2	6

可见，职前教师与在职教师相比，在教学自信和教学讲解上存在的差异是最明显的，而在纠错上也存在较大差异，但是在态度和操练的教学信念则相差不大。

首先在拼音教学的自信上，在职教师对于拼音知识、发音、拼音讲解、操练、听音辨错、纠错和用媒介语进行拼音教学七个项目上的教学自信均非常显著地高于职前汉语教师，而在整体拼音教学自信上的差异，在职教师也是显著高于职前教师。自信来自对自己具备的知识、能力和经验的信心。拼音教学自信同样来自拼音教学所需要的相关知识和技能。可见对职前教师的拼音教学信念而言，加强职前教师的拼音知识的讲解、普通话发音和拼音教学技能特别是拼音讲解、操练和听音辨音能力的训练是提高其拼音教学自信的主要发力点。职前教师的培养过程中，拼音知识的教学往往是在"现代汉语"课程当中，而对于拼音教学技能则可能集中于教学技能课的一个阶段，或者是在微格教学中，训练时间较短，缺乏真实的教学对象和教学环境，职前教师往往很难体会其中的细节与奥妙。另外在拼音教学技能中，往往只关注了讲解和纠错，特别是讲解，而忽视了听音辨音的技能训练。但是在实际的教学中，教师能听出学生的发音错误，并针对发音错误对正确发音方式和技巧做出解释，才更具效果，对于培养职前教师的拼音教学自信也更有效。

在教学语言上，职前教师进行拼音教学的时候，内心对于媒介语依赖程度比在职教师高。45.1%的职前教师认为如果没有媒介语和学生进行沟通，自己不知道如何进行拼音教学。可见，对于职前教师而言，拼音教学时的媒介语使用是比较焦虑的问题，主要体现为自己在教学时使用的媒介语能否较好地为学生所理解。职前教师更多地认为拼音教学中使用学生母语或者是学生可以理解的外语对于教学具有很大的影响甚至起决定作用，甚至觉得在和学生语言不通的状态下很难进行拼音教学，而在职教师对于拼音教学阶段的教学媒介语更放松，认为学生是否熟练掌握教学媒介语对于拼音教学并不是那么重要。这与在职教师相对扎实的理论基础和丰富的教学经验有比较大的关系。

对于讲解，在职教师和职前教师在拼音教学中先声韵调后拼读、先声韵调后拼读规则、先讲解后示范和操练、先舌位唇形展示后示范和带读、先拼音后汉字、结合汉字教学、母语或媒介语发音代替七个方面上存在非常显著差异结合，在结合口形图和结合汉字进行拼音教学两个方面上存在显著差异。

在职教师的拼音讲解信念完美地体现"教无定法，重在得法"。在职教师往往不特别注重拼音教学顺序，声韵调、拼读、汉字、拼音规则、讲解、示范、操练等，均不存在固定的顺序。可见对于在职教师而言，拼音教学中不同内容不同部分的呈现没有固定规律，更多的是根据教学对象、环境以及教学时间进行调整。职前教师则更关心在拼音教学过程中不同时期不同阶段的内容和重点呈现。另外，拼音规则的讲解在整个拼音教学过程中不应该视为主要的教学内容专门进行章节讲解，而且应该渗透在具体的拼音教学中，规则的总结和讲解是为了让学生更好地理解，而不是为了记住规则而讲解。另外，在教学中，学生因为某些发音和自己母语的发音相近（但不相同）而直接采用，教学中对于此类情况可以调低容忍度。

职前教师的拼音教学态度与在职教师之间没有显著的差异，因此在职前教师培养的过程中对于这一部分继续保持即可。而在操练上，职前教师过分看重唐诗对拼音教学的作用，培养过程中也可以淡化唐诗对拼音操练的作用。对于拼音纠错，职前教师比在职教师对于学生的发音标准与否更加焦虑，宽容度也更低。

六　结　语

"打铁还得自身硬"，教师具备扎实的拼音基础知识和有效的拼音教学方法及技巧，是拼音教学信念的基础。但是具体在培养过程中，通过总结经验丰富的在职教师拼音教学信念，并引导职前教师树立有助于未来教学的拼音教学信念。在职前教师的拼音教学信念培养过程中，应尽量帮助其树立拼音教学的语言信念，教导职前教师教学媒介语对于拼音教学是重要的，但是并不是决定性因素；教授职前教师在教学媒介语无法顺利沟通的状态下如何进行拼音教学；强调影响交际的发音错误才更需要纠正，同时尽量避免当时当面地直接对学生纠音，纠音的时候不要重复学生发错的音，不鼓励学生之间互相纠音。另外，让职前教师多参加初级课程特别是入门课程的观摩、演练和"实战"的机会，帮助职前教师逐渐形成自己的拼音教学信念。

参考文献

Andrews, Stephen: "'Just like instant noodles': L2 teachers and their beliefs about grammar pedagogy", *Teachers and Teaching: Theory and Practice*, 2003 9 (4): 351-375.

孙德坤:《教师认知研究与教师发展》,《世界汉语教学》2008 年第 3 期。

丁安琪:《非华裔汉语教师语法教学观念分析》,《国际汉语教育》2013 年第 2 期。

吕玉兰:《试论对外汉语课堂教学实践研究》,《世界汉语教学》2004 年第 2 期。

江新、张海威:《汉语教师教学观念与教学行为关系初探》,"国际汉语教学理念与模式创新"国际学术研讨会(第七届对外汉语教学国际研讨会)论文摘要集,福建厦门,2010 年 11 月。

高强、张洁:《大学英语教师语法教学信念研究》,《中国外语》2010 年第 5 期。

郭胜春:《高校对外汉语教师教学信念与教学行为个案研究》,《高等函授学报》(哲学社会科学版) 2012 年第 11 期。

汲传波:《职前国际汉语教师语言教学信念发展研究》,《华文教学与研究》2016 年第 3 期。

李泉:《基于信念的汉语教学法概说》,《国际汉语教学研究》2018 年第 2 期。

汲传波:《职前汉语教师语法教学信念变化初探》,《语言教学与研究》2016 年第 5 期。

汲传波、刘芳芳:《教师认知视角下的职前汉语教师语法教学信念研究》,《语言教学与研究》2012 年第 6 期。

张庆翔、王怡晴:《汉语语音意识研究回顾及展望》,《现代语文》(语言研究版) 2014 年第 9 期。

戴亚萍:《对外汉语教学中的拼音教学》,《佳木斯教育学院学报》2012 年第 5 期。

吕必松:《谈谈对外汉语教学的性质和特点》,《语言教学与研究》

1983 年第 2 期。

赵金铭：《〈汉语拼音方案〉：国际汉语教学的基石》，《语言文字应用》2009 年第 4 期。

陆俭明：《〈汉语拼音方案〉和汉语教学》，《语言文字应用》2013 年 S1。

陆俭明：《再谈〈汉语拼音方案〉和汉语教学》，《语言文字应用》2013 年第 4 期。

李如龙：《汉语的特点与对外汉语教学》，《语言教学与研究》2014 年第 3 期。

高强：《教师认知视角下的语法教学》，博士学位论文，山东大学，2007 年。

汉语国际教育专业人才培养国际合作现状与发展

——以华中师范大学为例[*]

李炜[**]

摘　要：本文以华中师范大学为例，提出汉语国际教育专业人才培养的国际合作应主要从两方面着手：第一，发展汉语国际教育专业学生教学实践的国际合作，主要包括开拓与境外院校的实践教学合作如美国大学汉语短期班教师实习，以及开展与境内国际学校的实践教学合作等，建立立体化、多层面、系统化的教学实践国际合作体系；第二，建立汉语国际教育专业硕士联合培养的国际合作，鼓励学生参加与境外大学交换生项目或相关培训项目，与海外高校签署合作协议、联合培养硕士研究生，进行专业课程衔接学分互认，并与当地教师任职资格认证相结合。

关键词：汉语国际教育；人才培养；国际合作

国内很多高校都开设了汉语国际教育本科及专业硕士专业，两者都是突出汉语教学技能培训的应用型学位，旨在培养语言教学实践型人才，其定位是与国际汉语教师这一职业相衔接的本科及专业硕士学位。要培养真正的国际汉语教师人才，让这个专业的学生学有所用，能够在毕业后获得与专业相关的职位，是两个专业的基本目标。这一特定的培养目标也决定了该专业人才培养过程中应该具备国际化特质。

---

[*] 本文系华中师范大学2018年研究生教学改革研究项目"汉语国际教育专业硕士培养国际合作现状与发展研究"（项目编号2018JG11）、华中师范大学2018年校级教学研究项目"汉语国际教育专业人才实践能力培养的体系化研究"（项目编号2018030）、华中师范大学2017年校级教学研究项目"汉语国际教育专业人才培养的国际化研究与实践"（项目编号2017026）、华中师范大学中央高校基本科研业务费项目［CCNU18TD017］的研究成果。

[**] 李炜，华中师范大学文学院。

然而，从现有国内高校在汉语国际教育专业本科及硕士毕业生的就业情况来看，该专业的学生在毕业后大多从事中小学语文教育工作，或者从事与中文相关的行政工作，只有少数在国际学校及培训机构、公司担任汉语老师或汉语教学相关教学网络资源开发，整体就业情况基本没有与该专业方向的现有培养目标保持一致。有研究者对上海六所开设汉语国际教育硕士专业的高校毕业生进行了调查，其中针对"您现在是否从事对外汉语教学工作"这一问题回答"否"的人数占比60.64%。[1] 这一数据在国内其他高校基本近似甚至更高。"据笔者调查，许多院校该专业的本科毕业生从事专业对口工作的比例不到5%（不含考研生），甚至全班没有一人从事汉语国际教育专业对口的工作，硕士层次稍好一些，但普遍在20%左右，能达到50%以上的培养院校已经属于较好水平。"[2] "培养数量多，对口就业少"可以说是汉语国际教育本科和硕士培养的突出问题。而开展该专业人才培养的国际合作，让学生真正能够不出国门教授国外学生，或者到境外进行国际汉语教学理论学习、教学实践乃至根据当地教师资格认证要求通过考试最终获得境外的相关教师资格证，是具有可行性的、能够改善该专业现有培养及就业情况的途径。如何加强国际合作，形成创新培养模式和改革，让学生真正实现学以致用，坚持以能力培养、提升职业能力为导向，无疑是汉语国际教育专业人才培养应该思考的重要问题。

汉语国际教育专业人才培养的国际合作应主要应该包括两方面的内容，其一为发展汉语国际教育专业学生教学实践的国际合作，其二为建立汉语国际教育专业硕士联合培养的国际合作。华中师范大学文学院自2014年以来，在汉语国际教育专业人才培养的国际合作方面开展了一系列的工作，取得了突破性的进展，下面从两方面具体加以论述。

---

[1] 吴怀成：《汉语国际教育专业硕士生培养之管见——以该专业毕业生跟踪调查为例》，《国际汉语学报》2017年第1期。

[2] 吴应辉：《汉语国际教育面临的若干理论与实践问题》，《云南师范大学学报》（哲学社会科学版）2016年第1期。

一 发展汉语国际教育专业学生教学实践的国际合作

2006年华中师范大学开始招收对外汉语专业的本科生，最初国际文化交流学院是对外汉语专业本科教学的主体单位，2008年学校将其变更，文学院成为该专业本科教学的主体单位，2012年教育部本科专业目录将该专业更名为汉语国际教育（学科代码：050103）。国务院学位委员会在2008年批准正式设立"汉语国际教育硕士"专业学位（学科代码045300），华中师范大学是全国第一批获得汉语国际教育专业硕士点的大学。此外，根据中国语言文学一级学科博士点单位可以自主增设二级学科学位点的政策，增设了对外汉语教学三年制学术型硕士点，因此文学院于2009年开始招收对外汉语教学的学术型研究生和汉语国际教育专业硕士研究生。

文学院对外汉语教学及汉语国际教育专业的学生在教学实践上原则上以我校国际文化交流学院为实习基地，国际文化交流学院一直招收不同层次水平的海外留学生学习汉语，在汉语教学方面有足够的生源，任课教师作为实习指导教师也有着丰富的教学及管理经验。本专业所有学生均可在每年的9—11月在国交院进行集中实习，或者部分经过遴选的学生能够在每学期担任国交院的兼职汉语教师。因此，在发展汉语国际教育专业本科及硕士学生教学实践的国际合作方面，我们主要着力于开拓与境外院校的实践教学合作和开展与境内国际学校的实践教学合作两方面。

（一）开拓与境外院校的实践教学合作

第一，选派学生到海外孔子学院当志愿者教师。华中师大在海外建有四所孔子学院，分别是美国堪萨斯大学孔子学院、加拿大卡尔顿大学孔子学院、澳大利亚纽卡斯尔大学孔子学院和印度尼西亚泗水国立大学孔子学院。这四所孔子学院的志愿者教师大部分都在汉语国际教育专业及对外汉语教学方向的在读硕士生中产生，他们通过院方及汉办遴选可以到海外孔子学院任教。近年来，外派志愿者人数逐步增多。海外孔子学院的汉语教学具有多元化的教学对象及丰富的教学形式，有的孔院还采用远程汉语教学，加上志愿者教师还需参与诸多文化活动的设计及举办，可以说是从多方面全面地锻炼了学生作为汉语教师的各方面能力。

第二，遴选学生担任与美国大学合作的短期汉语培训班教师。自2014年开始，华中师范大学文学院每年都与美国孟菲斯大学合作举行暑期汉语教学项目（以下简称为CCNU-UM项目），孟菲斯大学的学生来文学院参加为期5个星期的汉语强化培训项目，遴选在校的部分汉语国际教育本科生及硕士生进行汉语教学。短期汉语学习班能让学生对国外大学在校生进行真实的、高强度的汉语教学实践，截至目前已经为42人次的汉语国际教育专业的学生提供了汉语教学实践机会。通过把外国学生引入到本校学习，培训班就在华中师大校内举办，既有本专业教师对学生进行实践教学指导，还有来自孟菲斯大学的汉语教师进行指导，可谓是双重实践教学指导，对学生对外汉语教学相关能力的增长起到了确确实实的提高作用。目前CCNU-UM项目已经建立了稳定的长期合作关系，并形成固定的短期班学生实践教学的指导模式与进程。

（二）开展与境内国际学校的实践教学合作

事实上，国际汉语教师的教学对象从幼儿园到高等院校都有，层次不一，因此，汉语国际教育专业的实践教学也应体现教学对象的多层次性，尽可能地给学生提供针对不同年龄层次的汉语教学实践机会。在前期沟通的基础上，2018年年初开始，华中师范大学文学院开始与武汉枫叶外籍子女学校合作，汉语国际教育专业的学生经过选拔可以去该校实习。与华中师大国交院的汉语教学对象主要为成人不同，武汉枫叶外籍子女学校的学生主要为外籍幼儿和青少年，这对于汉语国际教育专业的学生而言是较为难得的实践机会。考虑到学生的语言背景不同，该校的中文课有两个班：外籍班和华裔班。实习教师分别在两个班各自进行了6周总共为期12周的教学实践，这一实践时间比在华中师大国交院的实习要多出一个月。在整体上采用加拿大教学模式的国际学校中教授青少年中文课，从求职角度而言对汉语国际教育专业的学生更具有实际意义，因为基本上该专业的本科及硕士研究生不可能进入大学教授对外汉语，而国际学校的汉语教师则是一个更符合专业学习目标、培养定位的预期职位。相关实践经历在国际学校求职过程中也更具经验价值。

总之，多层面地深化汉语国际教育专业学生教学实践的国际合作，在全国大部分高校主要以汉办志愿者为主的基础上，开展有特色的美国大学汉语短期班教师实习以及国际学校中文教师实习项目等，通过构建和逐步完善汉语国际教育专业的实践教学国际合作，争取校内实践教学与校外实践教学相结合，境内实习与境外实习相结合，提供针对不同年龄不同层次的教学对象进行汉语教学的实践机会，让该专业的学生获得切实的教授外国人汉语教学的实践经验，并形成具有借鉴性的操作施行模板。如此才能建立立体化、多层面、系统化的教学实践国际合作体系，让学生在对外汉语教学职业能力的提升上有坚实、长足的进步。当然，在海外孔院志愿者申请上，华中师大国际合作与交流处一般是在本校合作孔子学院志愿者申请数量满额的情况下才会批准学生申请非华中师大合作孔子学院的志愿者，这也是一大瓶颈，相对阻碍了更多学生获得作为志愿者出国教汉语的机会，文学院还需进一步与相关部门就此事沟通协商。文学院还拟开展赴俄罗斯进行汉语教学实习等项目，将来我们还将积极寻求与海外大学、中小学合作，争取建立多项教学实习合作项目，建立稳定的长期合作关系，从各方面拓宽海外实习渠道，使本专业的学生拥有足够的国际汉语教学实践机会。

二 建立汉语国际教育专业硕士联合培养的国际合作

依照汉语国际教育专业硕士学位的自身特点来量身打造国际化合作途径，从让学生获得真实的海外专业培养途径、切实培养学生的能力出发，力图让他们毕业后能够从事与所学硕士专业相关的岗位职业，还有很重要的一条就是尝试从多种渠道建立汉语国际教育专业硕士的国际联合培养。目前，我们主要从以下两方面着手开展相关工作，并取得了突破性的进展。

（一）学生参加与境外大学交换生项目或相关培训项目

与单纯的汉语教学实践不同，把学生送到国外去交换学习或参加与国际汉语教学相关的培训项目，不仅能够使学生在专业理论上进一步深入学习，同时有更多的国际汉语课堂教学机会，在真实的课堂教学中学会有效教学，从而获得汉语教学理论及实践经验的双重提升。

从 2018 年开始，华中师大文学院与美国孟菲斯大学签订了交换生协议，学生经过报名、遴选，可以选择到孟菲斯大学进行为期半年或一年的交换生学习。文学院 2018 年秋季到孟菲斯大学进行交换的一名对外汉语专业学硕研究生，入学后不仅选修了与专业相关的理论课程，还担任了该校世界语言系一位汉语老师的助教，参与到世界语言系的日常汉语教学工作之中。此外，该生还给 2018 年在美国举办的国际汉语教学研讨会（2018 International Conference of Chinese Language and Research，UCSB）提交了会议论文并被录用，参与了小组报告，在专业学术研究上也有了更为广阔的参与及深入研究的机会。在与国内导师沟通交换学习的计划中，该生还列出了力争次年再参加学术会议的研究目标。2018 年暑期，文学院对外汉语教研室的老师和三名研究生（1 名对外汉语学硕研究生，2 名汉语国际教育专硕研究生）经过申请入选前往美国西密歇根大学参与了前后为期五周的中文教师学术项目。该项目分为线上与线下的中文教学理论学习及教学实践，第一周为网络学习中文教学理论并参与网上讨论，第二周为实地学习中文教学理论并完成相关理论探讨，第三、第四周为中文教学实践，教学对象为当地中小学生，第五周为线上中文教学。通过参与中文教师学术项目，与美国本土汉语教师进行了深入的交流学习，团队成员最后都获得了相应的项目认证证书，对于参与的研究生而言，无论是将来继续进行学术研究还是求职，都是大有裨益。

（二）与海外高校签署合作协议、联合培养硕士研究生

对攻读汉语国际教育本科、硕士或对外汉语教学硕士的学生而言，如果能够到境外高校进行国际汉语教学理论学习、教学实践乃至根据当地教师资格认证要求通过考试最终获得境外的相关教师资格证，无疑是更为符合专业培养目标定位的学习就业模式。华中师大先后与美国两所高校签署了相关协议，从本科到硕士以及硕士的联合培养两个方面开展了相关工作。

在本科生申请境外高校相关专业硕士方面，华中师大在 2013 年与美国乔治福克斯大学签订了合作备忘录，2016 年开始，文学院陆续有本科生申请了乔治福克斯大学的 MAT（The Master of Arts in Teaching）硕士项目，该项目主要是针对美国 K-12 教师设计的学位，旨在帮助学习者提升相关教育技能或获得教师执照。华中师大与乔治福克斯大学的合作项目主要目的是培养持俄勒冈州教师资格证的在美小学汉语教师。项目一共 5 个

学期，13 门课，36 个学分，其中后两个学期，在上课的同时还要到当地公立学校进行实习（计入课时）。在课程学习上，中国学生与其他修读该项目的美国学生没有差别，但在实习阶段，中国学生会被安排到有 Chinese Immersion Program 的课堂教授汉语。目前文学院有 4 名学生在修读该项目，据了解，已有 3 位学生通过了俄勒冈州初级教师执照认证的相关考试。考试包括两项，第一个是 Protecting Student and Civil Rights in the Educational Environment，简称为民权考试；第二个是 Subject Matter Exam，依据即将从事的教师类型所需要教授的科目来决定。将来学生如果想要获得专业教师执照，还需要积累 2—3 年的工作经验并继续修完相应的课程。

关于选派部分研究生到海外合作院校继续深造，有学者已经提出过具体的联合培养模式建议："对继续进行深造的学生可以采取'1+2'或'2+1'的联合培养模式。所谓'1+2'是指研究生在国内攻读 1 年硕士课程，在国外合作校攻读 2 年相关硕士课程及进行教学实践，包括写中外毕业论文，毕业论文通过后可以获得中外两个硕士学位；所谓'2+1'是指研究生在国内攻读 1 年硕士课程，在国外合作校攻读 1 年相关硕士课程或教学实践 1 年，第三年在国内完成中外两个毕业论文的写作，毕业论文通过后仍可获得中外两个硕士学位。"①

2018 年年初，美国西密歇根大学开始与我校进行签订课程衔接协议的商谈，希望能够开展在汉语第二语言教育的教育学硕士（Master of Arts in Teaching Chinese as a Second Language）学位培养的课程衔接互认，从而拓展协议双方在汉语国际教育专业联合培养创新性人才方面的合作。协议主要内容为我校汉语国际教育及相关专业学生到该大学攻读汉语第二语言教育的教育学硕士学位，学生在我校所修部分课程学分可以转移到该硕士项目，获得对方承认并减免相应学分的学费。学生在完成这个专业的学习后能够获得第二语言教育的教育学硕士和考密歇根州教师的资格。通过资格考试后，他们可以取得在该州从事中小学中国语言和文化教学的教师资格。目前协议已经签署完毕，根据汉语国际教育专业硕士和对外汉语学术型硕士的培养计划，华中师大汉硕的"汉语作为第二语言教学""汉外语言对比""汉语语言要素教学""教学调查与分析"等课程及毕业论文

---

① 李春玲：《关于汉语国际教育师资培养的新构想》，《云南师范大学学报》（对外汉语教学与研究版）2015 年第 1 期。

可以转移为西密大汉语第二语言教育的教育学硕士的"第二语言习得与教学""汉语语言和科学研究"等课程及毕业论文的 9 个学分；华师学硕的"对外汉语教学概论""汉语作为第二语言习得研究""汉外语言对比""对外汉语教学法"等课程可以转移为西密大汉语第二语言教育的教育学硕士的"第二语言习得与教学""汉语语言和科学研究"等课程的 6 个学分；华中师大汉语国际教育本科专业的部分课程如"第二语言习得理论""第二语言教学概论""对外汉语教学法""应用语言学""跨文化交际"等也可以转移到该校部分硕士课程的 6 个学分。互认学分可以节省学费和缩短修读时间，华中师大在读研究生如果按照双方的硕士项目要求完成足够学分，学生将能获得两校的硕士学位。签署此协议有助于为文学院汉语国际教育专业的本科生、汉语国际教育及对外汉语专业的研究生提供更好的国际化学习与实践环境、就业机会，更好地实现人才培养目标及学生就业对口规划。据了解，密歇根州目前汉语教师尚有一定缺口，如果学生能顺利从该校毕业并在密歇根州找到汉语教师的职位，对于该专业的学生培养及就业来说是真正实现了专业人才培养目标，无论是对于学生个人还是本校该专业的发展都是非常有利的。

总之，建立汉语国际教育专业硕士联合培养的国际合作可以从两方面着手：一方面，可以把本专业硕士学生送到国外高校相关专业去做交换生或参与相关培训项目，进行专业理论的学习和实践；另一方面，可以与有关海外高校采取联合培养的方法，进行专业课程衔接学分互认，并与当地教师任职资格认证相结合。国际交换、培训及联合培养合作项目越多，就越能为本专业学生提供真实、丰富的理论学习及教学实践机会，乃至于直接在境外就业的机会，更能实现本专业硕士的人才培养目标。

综合以上论述，近年来华中师范大学文学院在汉语国际教育专业人才培养的国际合作上从发展汉语国际教育专业学生教学实践的国际合作、建立汉语国际教育专业硕士联合培养的国际合作两方面开展了具体的工作，落实相关规划协议，力图因地制宜地建立符合人才培养目标、学科发展规律的国际合作模式，提出具有实证基础、切实可行的合作模式建议及解决方案，最大限度地实现本专业、本方向硕士学位的人才培养目标，让学生毕业后能够从事与所学专业相关的岗位职业，有益于促进汉语国际教育专业本科、硕士和对外汉语教学方向硕士的人才培养及就业情况的优化，争取起到引领方向、发挥示范的作用。该专业的教师将进一步研究学生教学实践的海外合作体系建设渠道及培养指导规范，建立稳定的实习基地，争取每年选派部分学生到海外高校进行交流及教学实践，同时持续跟踪硕士联合培养的国际合作，形成具有实证基础、切实可行的国际合作模式建议及解决方案，为本校汉语国际教育专业人才培养的国际合作具体执行汲取优秀的经验，促进专业人才培养的良性发展。

浅析国际汉语教师应具备的跨文化交际素养

王芷馨 *

摘 要：近年来，随着经济全球化的进程逐渐加快，我国的综合国力不断增强，人才跨国流动日益频繁，汉语也从 2000 年以前的非普遍教授语言转变为如今的全球热门语言。身为一名优秀的国际汉语教师，除了具有良好的专业知识、教学技能以及文化素养，良好的跨文化交际能力也必备技能之一。

关键词：国际汉语教师；跨文化交际素养；跨文化交际能力

近年来，随着经济全球化进程的逐渐加快，我国的综合国力不断增强，汉语国际推广工作也在不断地深入，对于国际汉语教师的需求也在不断增加，越来越多的汉语国际教育专业及相关专业的学生们投入这一队伍中来，成为填补教师缺口的重要力量。如何培养一支质量优秀且成熟的国际汉语教师队伍，是从事汉语国际教育和推广事业人士及相关部门所必须面对的挑战和思考的问题。除了对专业知识和教学技能的重点关注，如何培养跨文化交际素养，使之在具备汉语教学基础和汉语教学方法的同时拥有较强的跨文化交际素养也日益成为一个研究的重点。拥有良好的跨文化交际素养有助于海外的国际汉语教师更快地融入当地的文化之中，得体地与不同文化背景的当地人进行交流，避免由于文化不同所造成的跨文化交际障碍。良好的跨文化交际素养也可以尽可能地帮助他们掌控课堂节奏，有目的、有意识地引导学生进行跨文化交际，将学生的母语文化与中国文化进行良性对比，让学生在习得语言知识的同时加深对中国文化的了解，培养正面的跨文化交际情感。

---

* 王芷馨，云南师范大学华文学院。

一　汉语国际传播视角下的跨文化交际

"跨文化交际"作为一门独立的边缘学科于 20 世纪 50 年代在美国兴起，随后 1959 年，被誉为跨文化传播学第一人的美国人类学家爱德华·霍尔（Edward Hall）出版了跨文化交际学的奠基之作——《无声的语言》，标志着跨文化交际学的诞生。十年之后，国际传播学会创立了跨文化交际学分学会，并正式认定其作为一个分支归属于传播学。1974 年，象征着跨文化交际学研究已基本步入日趋完善轨道的《国际与跨文化交际学年刊》开始创刊发行。

相较于国外，国内的跨文化交际学研究起步较晚，在对外汉语教学领域的跨文化研究最早可追溯于 20 世纪 90 年代毕继万和张占一发表于《天津师大学报》的《跨文化意识与外语教学》。但是正如胡文仲先生所说："国内关于跨文化交际能力的研究和关注是比较晚的，且我国跨文化交际研究也长期以来一直偏重于外语教学，研究领域还不够宽广，研究的视野也不够广，学科参与比较单一。"在接受国际上第二语言教学的影响后，我国对跨文化交际的相关认识在对外汉语教学领域也日益加深。当时极具影响力的《世纪汉语教学》《语言教学与研究》等杂志上也开始相继刊登了许多跨文化交际学和汉语教学的相关文章。张占一（1984）根据奥斯华尔特的大小 C 文化提出应该将第二语言教学中的文化教学内容分为知识文化和交际文化，他认为在第二语言进行教学时，如果学生不懂得对应的交际文化，就会影响到相关教学的成效，从而导致学生在交际的过程中达不到理想的效果。该理念的提出促使了"交际文化、语言国情学、文化导入论"三种代表性理论的出现和讨论，其重点都在探讨对外汉语教学中文化因素的地位及作用。在经过一系列的研究和磨合后，最终形成以培养学生的跨文化交际能力作为对外汉语的教学目标为共识。2012 年国家汉办旨在提高国际汉语教师的专业素质和教学水平，将 2007 年年底所颁布的《国际汉语教师标准》进行了相应的修订完善。新标准同旧标准相较而言，更加着重强调了一名合格的国际汉语教师所应具有的汉语教学、中华文化传播、跨文化交际这三项重要技能。除此之外还应该具备语言基本知识与技能、文化与交际、语言习得策略、教学方法、教师综合素质这五项专业知识。新标准在有关"文化与交际"这一项中要求国际汉语教师应当具有中国文化、中外文化对比与跨文化方面的知识储备。这意味着作为一名合格的国际汉语教师除了需要储备有关中国所特有的文化知识、思维方式、道德标准、生活习俗、人文地理、价值观念、历史发展、宗教信仰、哲学智慧、审美情趣等方面的知识，还应该对日常所授课班级学生母语国家的文化知识、基本文化脉络有着更深程度的了解。理解双方文化的主要异同点及明确文化的不同对于日常汉语言教学的影响，同时还要能够将上述的理论知识转化应用到具体的教学实践中去。

　　新标准中对于国际汉语教师的要求准则除应当了解中外文明和历史以外，还提出国际汉语教师群体应该能够在迥然不同的文化氛围下做到求同存异，开展有效的汉语教学，同时能够帮助汉语言学习者克服在日常学习过程中由于不同文化和交际失误而造成的各种困难的要求。这样的要求意味着教师在授课的过程中应该主动内嵌着跨文化交际相关知识，提升自身与学生的跨文化交际素养以减少不必要的跨文化交际障碍和冲突。支撑国际汉语教师必备的三大能力除教学能力和中华文化传播能力之外，拥有跨文化交际素养也是三足鼎立之中不可缺少的一部分。而对于赴海外教学的教师们而言，无论是掌握中国文化传播能力还是汉语的教学能力，其本质上都是一种跨文化交际素养的一种外显形式。可见，国家汉办对于国际汉语教师的跨文化交际素养的重视程度与日递增，并且十分迫切地需要具有较强跨文化交际能力的高素质国际汉语教师。

二　国际汉语教师应具备的跨文化交际素养

　　从非热门语言到如今的汉语热，每年所需的汉语国际教师数量逐年递增，越来越多的非本专业的教师投入这一广大的队伍中来。而这些来自相邻甚至毫不相关专业的教师，仅仅凭着一腔热血投入汉语国际推广的事业中，也造成了国际汉语教师队伍良莠不齐的现象。身为跨专业的他们未曾经历过大学四年的系统化专业学习，因此无论是在语言能力还是在教学能力上都同本专业背景的教师有着一定的差距。从跨文化层面来看，由于缺少跨文化交际素养很可能会导致他们在汉语的教学过程中难以真正地做到游刃有余，不能妥善处理在课堂中因为文化和母语的不同而导致的一系列跨文化交际的问题和障碍。除此之外，汉语教学既然是以培养学生的跨文化交际能力为目标，那么身为国际汉语教师若要胜任此项工作，必须从自身做起，兼修相应的内功和外功。而所谓内功便是一直所强调的跨文化交际相关知识的素养，外功则是跨文化交际素养的外显形式——跨文化交际能力。要想在汉语教学过程中培养学生良好的跨文化交际能力，首先应该培养的就是国际汉语教师自己的跨文化交际素养。

（一）树立文化差异意识

跨文化交际素养的基础是具有文化差异意识，即指在交际活动的始终都贯穿着不同文化之间具有不同的差异认识。在跨文化交际的过程中若是缺乏了相应的文化差异认识，就很容易出现跨文化交际障碍。而造成此类障碍的原因，按照胡文仲先生的说法有三点：一是认识上的误区。当与不同文化背景的人们进行交际时最容易犯的错误就是误认为对方与自己无差别。而一旦发现对方的实际行为与自己预期设想不相符，就会出现迷茫、困惑、失望，最终导致跨文化交际失败。二是刻板印象。虽然我们未曾同某一文化有过接触，但是从各类媒体或外界所了解的资料中我们已经对它有了一种先入为主的印象。三是民族中心主义。是指以本民族的文化为最优解为标准去衡量他国文化、观念、意识等。除此之外学界还较为认可贾玉新所提出的定式与偏见，民族/群体中心主义；毕继万的三项心理干扰因素：文化中心论、文化模式论以及文化偏见。

国际汉语教师所从事的教学活动本身就是一个极具代表性的多元复杂型的跨文化交际活动，教师除了需要在教学活动中处理好与教学内容相关的文化差异问题，还需要在日常与学生的直接交往中妥善处理跨文化交际问题。因此教师应该在意识层面上做好跨文化交际的相关准备，防止出现上述的各类错误态度。首先，树立正确的认知。意识到每一种文化都具有自己的特点，没有绝对意义上的对错，只有相对意义上的不同。在与不同文化背景的人们进行交际的过程中，应从思想上和心理上做好文化差异认识的准备，有意识地克服用本文化去衡量异文化的心理，以避免由此造成的跨文化交际障碍。其次，克服民族中心主义与偏见。无论是身处国内教授留学生的国际汉语教师，还是远赴海外进行中国文化传播的国际汉语教师及志愿者，都应该秉持第三方的态度来看待本国文化与异文化，公平客观地做好旁观者的角色，贯彻落实好既不会厚此薄彼也不会厚彼薄此。乐于去了解不同文化之间的异同，即使在面对异文化中难以接受的内容时，也能以冷静的态度公正地去对待并做出理性的判断，尽力克服不良的偏狭心理。最后，理性地依靠定式。定式思维不是绝对的错误，有时候利用与客观事实相符合的定式思维可以有助于交际的顺利进行。比如，泰国尊崇慢文化、以师为尊、重佛教这类基本信息为笔者作为汉语教师赴泰之初起到了帮助作用。但同时，文化并非一成不变的，而是一个动态的发展过程，如若不与时俱进地更新定势思维会具有消极影响，干扰到跨文化交际的正常进行。

（二）保持正确的文化依附

在日常的教学活动中师生双方所围绕的都是汉语文化，因此从理论上来说应该都依附于汉语文化。从学习汉语者角度而言，对于中国文化的依附倾向是必然的，学习者主体不同所依附倾向的程度也不同。而作为国际汉语教师，保持自身依附于中国文化的同时引导学生进行正确程度的文化依附是必须要做的。因此不管是在国内任教还是远赴海外的国际汉语教师在引导学生之时，应当注意避免本民族文化优越论和文化自卑论。不要因中国悠久的历史文化而对他国文化置若罔闻，也不要在教学过程中一味倒向学生的母语文化，在传道、授业、解惑的同时对于文化依附做到张弛有度。

（三）建立多元文化意识

多元文化意识是指除对自身母语文化的深度掌握之外，对于他国文化也有着深层次的了解。作为在当今汉语国际教育推广时代下的一名国际汉语教师，单单只具备两种文化的意识已经不能，唯有建立多元文化意识才能拔得头筹。因此，身在国内从业的国际汉语教师应当针对授课班级学生的不同，调整自身行为举止，多方面多角度地了解学生母语文化，以开放尊重和包容的态度与学生进行日常的交流活动，避免因缺乏跨文化交际中的多元文化意识而造成矛盾与障碍。而远赴海外从业的国际汉语教师由于日常所处的环境的不同，课上与课后都需要与文化背景不同的人们进行跨文化交际，这要求他们需以理性客观的态度对异文化进行适应，既能秉承中国传统文化又能与当地学生和居民保持友好关系，做到正确理性的相处，保持多元文化意识的自觉性。

三　结语

虽然有关于跨文化交际素养的培养和研究我国现在还处于起步阶段，但目前对于该方面的关注正在日益增加。笔者认为身为国际汉语教师一定要明确，无论是日常的工作还是生活，跨文化进交际都是贯穿始终的。因此，国内汉语教学实训和海外实习的教学实践是最直接有效提高跨文化交际的策略，只有这样才能为汉语推广事业源源不断地提供高质量高素质的合格汉语教师。

参考文献

胡文仲：《跨文化交际学概论》，外语教学与研究出版社 1999 年版。
陈国明：《跨文化交际学》，华东大学出版社 2009 年版。
刘珣：《对外汉语教育学引论》，北京语言大学出版社 2000 年版。
严文华：《跨文化沟通心理学》，上海社会科学院出版社 2008 年版。
孙英春：《跨文化传播学》，北京大学出版社 2013 年版。
贾玉新：《跨文化交际学》，上海外语教育出版社 1997 年版。
彭军：《国际汉语教师跨文化交际能力调查研究》，《辽宁师范大学学报》（社会科学版）2013 年第 5 期。
江傲霜、吴应辉、付康：《泰国汉语教师志愿者教学情况调查队志愿者培训工作的启示》，《民族教育研究》2011 年第 5 期。
江傲霜、吴应辉：《泰国汉语教师志愿者教学适应能力探析》，《华文教学与研究》2012 年第 1 期。
朱志平、赵宏勃：《汉语教学的国际化进程——聚焦 21 世纪汉语师资的培训与培养》，《北京师范大学学报》（社会科学版）2013 年 2 月。
国家汉办暨孔子学院总部 2017 年度报告，［EB/OL］. http://www.hanban.edu.cn/report/pdf/2017_final.pdf.
2018—2019 学年泰国汉语教师志愿者项目工作会议，［EB/OL］. http://www.jiaohanyu.com/article/793.
张占一：《汉语个别教学及其教材》，《语言教学与研究》1984 年第 3 期。

面向海外五个教学层次的
汉语国际教育专业硕士的培养

吴成年 *

摘 要：多层次海外汉语教学、专业培养目标、海外实习分布与反馈意见等表明汉语国际教育专业硕士的培养要面向海外五个教学层次，即幼儿园、小学、初中、高中、大学与社会成人教学。其方式在培养理念、专业课程开设、教学实习等方面有着具体的内容，这种培养方式的顺利实行，有赖于培养单位和导师们的观念转变、与相关资源库的建设。

关键词：海外五个教学层次；汉语国际教育专业硕士；培养

一 引 言

根据《汉语国际教育硕士专业学位研究生指导性培养方案》（下文简称《培养方案》）的规定，汉语国际教育硕士专业学位研究生的培养目标是："培养具有熟练的汉语作为第二语言教学技能和良好的跨文化交际能力，适应汉语国际推广工作，胜任多种教学任务的高层次、应用型、复合型专门人才。"为实现这一培养目标，该方案对培养要求作出如下规定：

1. 掌握马克思主义基本理论，具备良好的专业素质和职业道德。
2. 热爱汉语国际教育事业，具有奉献精神和开拓意识。
3. 具有系统的专业知识、较高的中华文化素养和跨文化交际能力。
4. 具备熟练的汉语作为第二语言教学技能。
5. 能流利地使用一种外语进行教学和交流；能熟练运用现代教育技术和科技手段进行教学。

《培养方案》对汉语国际教育硕士的培养目标与培养要求的规定简洁

---

* 吴成年，北京师范大学国际中文教育学院。

明确，对该专业硕士的培养具有重要的指导意义。结合《培养方案》，国内各高校专家对汉语国际教育硕士的培养作出进一步的探讨。如张和生（2008）根据北京师范大学对汉语国际教育专业硕士的培养实践，认为要培养学生的四种能力：1. 外语能力；2. 中华文化素养与文化技能；3. 跨文化交际能力；4. 汉语教学能力。程爱民（2008）结合南京大学该专业硕士培养实践，主张汉语国际教育专业硕士教育应采用"基础、通识、专业、技能"四位一体的培养模式。刘富华（2008）总结吉林大学汉语国际教育专业的培养模式为：突出课程设置的综合性、加强教学的实践性、体现培养的针对性、强化汉语教学的文化性。李泉（2009）针对海外教学的复杂情况，主张对汉语国际教育专业硕士应采取专业知识与教学方法技能并重的教学理念。冯丽萍（2009）主张汉语国际教育专业硕士培养方案的制定，应注重广泛征求意见、面向实际需要、多层次培养人才、加强实习管理等。

以上不同学者的探讨都是围绕如何实现汉语国际教育专业硕士的培养目标，提出不同的培养模式、培养方案与建议。而在对汉语国际教育专业硕士的具体培养中，目前一些院校的培养方式有待完善。2009年国家汉办组织中外专家对24家试点院校的汉语国际教育专业硕士的培养质量进行检查，大部分院校通过这次检查，但有7所院校受到警告、要求整改，主要原因是对汉语国际教育专业硕士的培养方式与学术硕士区分不清，针对性不强。（赵金铭，2010）为了解决海外汉语教学师资紧缺的问题，除了加强对派出教师和志愿者的培训，汉语国际教育硕士培养单位已由首批24所将扩大到目前的147所[①]。可见，汉语国际教育硕士的培养规模不断扩大，加强该专业硕士培养的针对性、提高培养质量非常重要。

本文在现有的研究成果的基础上，提出应加强汉语国际教育专业硕士培养的针对性，即应根据海外五个教学层次来对汉语国际教育专业硕士进行有针对性的培养。海外这五个汉语教学层次包括：幼儿园、小学、初中、高中、大学与社会成人教学，基本涵盖了海外的不同层次的汉语教学。

---

① 参见全国汉语国际教育专业学位研究生教育指导委员会官网 http://jzw.ecnucpp.com/detail/152。

二 面向海外五个教学层次的汉语国际教育专业硕士培养的必要性

汉语国际教育专业硕士的培养是为了解决海外汉语教师紧缺的矛盾，就必须想方设法满足海外汉语国际推广的需求。

1. 汉语国际推广新形势发展，需要汉语国际教育专业硕士的培养必须面向海外的五个教学层次。如今海外的汉语国际推广的快速发展，已由过去集中在大学阶段的汉语教学，扩散到遍及幼儿园、小学、初中、高中、大学与社会成人教学等五个层次。"目前，除国外主流大学中文系或东亚系的汉语教学外，大量的中学、小学、甚至幼儿园也开设了汉语班。"（赵金铭，2008）

截至 2018 年 12 月 31 日，全球 154 个国家（地区）建立 548 所孔子学院和 1193 个孔子课堂。[①] 孔子学院成立 14 年来，累计培养培训各类学员 1100 万人，带动全球学习使用汉语达 1 亿多人。[②] 据统计，2010 年美国 4000 多所中小学开设了汉语课，中小学生学习汉语的人数已超过 16 万人，是 5 年前的 8 倍，1000 多所大学开设汉语专业，招生规模达 5.2 万人。法国大中学校学习汉语人数连续几年，每年增长 40%，目前已达 4.6 万人。泰国近千所大中小学开设汉语课，学生达 50 万人。澳大利亚 700 多所中小学开设汉语课，学生达到 11 万人。非洲各国学习汉语人数大幅增长，阿根廷、智利等拉美国家颁布法令，鼓励大中小学开设汉语课。目前，"汉语桥"世界大学生中文比赛、世界中学生中文比赛、在华留学生汉语大赛，已经吸引了 60 个国家 8 万多名学生参加。（王文乐，2010）

从上述数据报道中可以看出，海外的汉语教学已呈现出多层次的发展趋势，遍布多个国家和地区的小学、初中、高中、大学与社会成人教学等不同阶段，甚至还发展到上述报道尚未提及的幼儿园教学阶段。"国际上汉语教学的规模和层次也进入快速发展的阶段，东北亚、东南亚、北美、欧洲、中亚、大洋洲、非洲、拉丁美洲学习汉语的人数在不断增长，虽然

---

① 参见国家汉办官网 http：//www.hanban.org/confuciousinstitutes/node_10961.htm。
② 参见国家汉办官网 http：//conference.hanban.org/pc/news_details.html? main_lan = cn&_id = 8。

没有具体可征的统计数据，但是这种发展趋势是毋庸置疑的。"（崔希亮，2010）

2. 汉语国际教育专业硕士培养目标要求"胜任多种教学任务"，也就是要求所培养的该专业硕士能胜任海外不同层次的汉语教学任务。但作为培养该专业硕士的各高校如果不能将"胜任多种教学任务"的内容具体化、明确化，有针对性地培养学生这方面的意识与能力，学生在面临具体的海外教学任务时，难免有"学非所用，用非所学"的缺憾，难以达到专业培养目标的要求。

3. 海外学生的实习分布的广泛性，表明汉语国际教育专业硕士的培养应面向海外不同的教学层次。以北京师范大学首批2006级47名汉语国际教育专业硕士的海外实习情况为例，在幼儿园工作的6人，在小学工作的15人，在中学工作的16人，在大学工作的10人。（张和生，2008）值得注意的是，汉语国际教育专业硕士在参加出国前的各种选拔面试时，并不知道将来要从事海外哪个层次的汉语教学，因此必须有应对不同层次汉语教学的能力。

4. 从海外学生实习的反馈意见来看，汉语国际教育专业硕士的培养必须面向海外不同教学层次。一位北京师范大学2006级的汉语国际教育专业硕士在海外实习报告中谈道："知识性和实践性要更多地结合。知识性可以针对不同学生的年龄段展开，介绍一些讲授知识给学生的方法，比如三岁小孩儿的歌曲大概一首有几个词什么的，四岁小孩儿适合玩儿的游戏；可以再设置一些具体点的实践课程……"（王宏丽，2008）另一位汉语国际教育专业硕士结合自己的海外实习经历指出应针对不同教学对象准备相应的教学资料和培训试讲，"在一年的培训中，我们针对美国各年龄段的学生进行了模拟试讲，并分为幼儿组、小学组、中学组和大学组进行了文化宣讲。但是在选拔到任以后，面临的问题是很多学校的汉语教学是从零做起，学校没有任何汉语教学资源……这就给国际汉语教育硕士专业设置提出了启示：分年级进行课程设置、教材选编、教室装饰和学习如何与美国校方商议等进行练习和操作。这样就会使教学目的更加明确，教师不管分到哪个年级应对起来也会得心应手"。（吴继峰，2008）一位在美国蒙台梭利国际学校实习过的汉语国际教育专业硕士建议该专业的课程设置应注意到教学对象的年龄问题，适当加强教育学和心理学方面的课程教学，"尤其是针对美国中小学及幼儿的教育、心理研究部分，如美国流行

的中小学幼儿园教学法、美国中小学学生及幼儿心理特点、儿童认知发展阶段性特点等"。（郑晓明，2008）

为了让汉语国际教育专业硕士更顺利地适应海外教学工作的需要，更好地进行汉语国际推广工作，作为培养该专业硕士的高校应顺应客观形势发展的需要，对该专业硕士的培养应面向海外不同的教学层次。

三　面向海外五个教学层次的汉语国际教育专业硕士培养的挑战与可行性分析

将汉语国际教育专业硕士的培养基于海外的五个教学层次，实非易事，需要面对很多困难和挑战，这也是汉语国际教育专业硕士培养与传统的语言学与应用语言学专业的对外汉语教学方向的硕士的培养完全不同的地方。对外汉语教学方向的硕士培养主要面对国内大学的对外汉语教学，远没有汉语国际教育专业硕士所面临的教学对象那样复杂多样。

（一）面向海外五个教学层次的汉语国际教育专业硕士培养所面临的挑战

目前国内培养汉语国际教育专业硕士的高校师资最熟悉的阵地是国内大学阶段的对外汉语教学，其中不少教师有公派出国在海外大学任教的经历和经验，对海外大学的汉语教学情况还有一定的了解。但国内高校对外汉语教学界的绝大部分师资没有在海外中小学幼儿园直接任教的经验，因此对海外中小学幼儿园的汉语教学非常缺乏了解。而目前所培养的汉语国际教育专业硕士需要面向海外的五个不同教学层次，这对培养该专业的高校与导师们是最大的挑战。

（二）面向海外五个教学层次的汉语国际教育专业硕士培养的可行性分析

1. 汉语国际教育专业硕士在海外的实习工作经历，为培养他们的高校与师资提供重要的个案研究对象。对这些个案的研究，可以总结对该专业硕士培养的工作得失，不断提高该专业硕士的培养水平。

2. 汉语国际教育专业硕士根据海外的实习工作经历经验而写的调查报告、论文、毕业论文、教学日记、教学案例等，都可以丰富该专业的导师们对海外不同层次的汉语教学的了解，为更好地培养该专业硕士提供重要的经验与理论参照。

3. 国家汉办近些年派出大量的志愿者奔赴世界各地进行汉语教学，这些志愿者在海外不同地方不同层次的汉语教学所积累的丰富经验，是我们了解研究海外不同层次的汉语教学的重要资源。这些志愿者在不同教学环境、教学层次中所遇到的问题，很多是汉语国际教育专业硕士在海外教学也将面临的，志愿者的很多经验、感受通过国内高校教师的理论分析与研究可以上升为重要的理论研究成果，为进一步有针对性地培养汉语国际教育专业硕士提供重要的参照。

4. 汉语国际教育专业硕士、志愿者教师在海外教学生活的录像、照片等，为更有针对性地培养汉语国际教育专业硕士适应海外不同的教学层次提供了鲜活的参考材料。

综上所述，培养汉语国际教育专业硕士面向海外五个层次的汉语教学，这是培养国际汉语师资所面临的前所未有的挑战，但我们目前仍有很多相关的教学资源有待收集、整理、研究、使用，这些资源的有效利用程度直接影响着我们对汉语国际教育专业硕士的培养质量。

四 面向海外五个教学层次的汉语国际教育专业硕士培养的具体内容

面向海外五个教学层次的汉语国际教育专业硕士的培养在培养理念、课程开设、教学实习等方面有着具体的内容。

（一）面向海外五个教学层次的培养理念

面向海外五个教学层次的汉语国际教育专业硕士的培养理念是"浓缩理论、强化实践、面向海外五个教学层次"。该专业硕士的培养目标定位于"高层次、应用型、复合型专门人才"，要求该专业硕士既有一定的理论修养，又有很强的教学实践能力。汉语国际教育专业硕士的培养在第一年集中学习所有的专业课程，随后的第二年就要参加教学实习。在这种专业课程学习非常密集、专业课程学习时间非常有限的条件下，任课教师们对专业理论的介绍必须是浓缩的，而且对理论的介绍优先考虑与教学实践关系密切的、对教学实践能起切实指导作用的理论。

(二) 面向海外五个教学层次的课程开设

《培养方案》对专业课程的设置有明确的规定，符合该专业培养目标的要求。在具体课程的开设上，有必要增加面向海外五个教学层次的针对性内容。李彦春（2009）、盛双霞（2009）、王建昆（2009）、王学松（2009）、朱瑞平（2009）、朱小健（2009）结合自己的教学实践，对各自所开的课程加以分析总结，在如何加强课程的开设质量方面作出有价值的探讨。下面谈谈《培养方案》中不同类型的专业课程的开设如何面向海外五个教学层次。

1. 教育学与心理学课程的开设。除了有一些基本的教育学心理学理论，应有针对不同年龄阶段教学对象的教学特点与心理特点的理论介绍与分析。这样汉语国际教育专业硕士对不同层次的教学对象的特点有基本的了解与认识。

2. 教学类课程的开设，可针对海外五个不同教学层次的特点与要求。如"汉语作为第二语言教学法""课堂教学研究""汉语教材分析与编写""汉语教学案例分析"等课程，都可以根据海外五个教学层次，幼儿园、小学、初中、高中、大学及社会成人教学等不同层次，进行有针对性的教学。

3. 语言类课程的开设，也可以结合海外五个不同教学层次的特点。如"汉语语言学导论""汉语语音概说""汉语语法概说""汉语词汇概说""汉字概说"等语言类的课程，除了介绍各语言要素的基本理论，还可以根据海外不同层次的汉语教学要求确定语言要素的教学内容、教学次序和教学方法等。

4. 国情与文化类课程的开设，除了提升汉语国际教育专业硕士自身的文化素养、适应海外的社会环境与工作环境，也可以结合海外不同层次教学的要求与特点来介绍中国文化与中华才艺，如针对幼儿园、小学、初中、高中、大学与社会成人教学可以介绍哪些中华文化要点与内容，怎样介绍和以怎样的形式来介绍等。又如学唱中国歌，哪些中国歌适合幼儿园，哪些适合中小学，哪些适合大学与社会成人阶段等，再如众多的中华才艺哪些适合海外不同层次的汉语教学等。

（三） 教学实习

整个教学实习包括实习前的准备，实习中的记录、跟踪调查与互动，实习后的反思与总结这三个阶段。

1. 实习前的准备

汉语国际教育专业硕士在正式实习前应有针对海外不同教学层次的教学录像观摩和模拟性教学实践，并最好有课堂见习的安排。一位汉语国际教育专业硕士根据自己的教学实习经历指出："如果我们把汉语国际教育硕士的培养方向定在面向海外的中小学及幼儿园，那么应该创造条件，在学习课程之余到不同的中小学、幼儿园和国际学校进行观摩并讨论，对K-12年龄段的学生特点及教师掌控教学的方式建立感性、理性的双重认识。"（郑晓明，2008）当汉语国际教育专业硕士有这样的教学录像观摩、模拟性教学实践、课堂见习这三个过程，学生对不同层次的课堂教学逐渐熟识和适应，为顺利地进入正式实习阶段作了有针对性的准备。

除了加强对海外不同层次的课堂教学的熟识，汉语国际教育专业硕士还应该学会针对海外不同教学层次练习布置中文教室、办公室，设计开展适合不同年龄阶段教学对象的课外活动。还可以设置一些情境模拟海外开展不同层次的汉语教学可能遇到的挑战，有意识地培养学生的公关能力、适应能力和应变能力，增强学生在海外进行教学实习的适应能力与开拓教学工作局面的能力。（许嘉璐，2008）

此外，实习之前的汉语国际教育专业硕士可以与正在海外实习的汉语国际教育专业硕士或志愿者及时进行联系，或与已有海外实习经历的汉语国际教育专业硕士、志愿者进行座谈，为自己顺利进入正式实习阶段汲取宝贵的经验教训。

2. 实习中的记录、跟踪调查与互动

北京师范大学首批2006级汉语国际教育专业硕士47人在实习过程中积累了很多好的做法与经验，如每个学员在海外实习期间坚持写工作日记，全班还有一个共同的博客"那些花儿——在海外"，"同学们通过博客交流教学经验、探讨教学问题，把在海外的生活和教学生动地记录了下来，为以后师弟师妹的出国实习提供了一笔宝贵的资料"。（吴继峰，2008）除了文字记录海外的实习情况，汉语国际教育专业硕士还可以有意识拍摄一些照片、教学录像，积累一些宝贵的教学材料，为日后的总结与研究提供丰富的第一手资料。

为了及时了解这批学生海外实习动态，北京师范大学北京汉语国际推广中心编制了《国际汉语教师素质与能力海外自评表》，在这批学生赴海外实习3个月后发放，进行调查。（王宏丽、朱小健，2008）这些跟踪调查既可以及时了解该专业学生在海外的实习情况，也为今后改进该专业硕士课程设置、提高培养质量提供重要的反馈意见与参照。

一个人的经验与能力毕竟是有局限性的，北京师范大学2006级汉语国际教育专业硕士47人在海外实习期间，全班同学通过共建的班级博客及时地进行互动和沟通，突破了孤军奋战的限制。除了班级同学之间的互动，该专业的硕士在海外实习期间还可以与培养他们的高校教师、导师进行互动，在及时的交流沟通中更好地应对实习中的困难与挑战。

3. 实习后的反思与总结

汉语国际教育专业硕士在海外的实习工作一般比较忙碌，很难有充裕的时间进行深入地反思与总结。等实习工作结束后，汉语国际教育专业硕士有必要对自己的实习经历经验进行理论化的梳理与总结，对自己所进行的特定汉语教学层次加以研究，形成实习报告、论文、学位论文、教材、教学补充材料、教学案例等多种教学与研究成果形式，努力使自己成为既有教学实践经验又能研究的高层次的专业人才，为自己毕业后的正式工作在教学经验与能力上作了很好的准备，也为汉语国际教育专业硕士的培养、该专业其他硕士的实习与研究提供重要的经验与理论参照。

从培养理念，到有针对性的专业课程的开设，到具体的教学实习，达到对面向海外不同教学层次的汉语国际教育专业硕士的有效培养，使该专业硕士的培养切合海外不同教学层次发展的需要。

五　结语

面向海外五个教学层次的汉语国际教育专业硕士的培养是立足于海外汉语国际推广新形势发展的需要，有助于培养适应海外不同层次教学需求的新型高层次的教师队伍，这样的师资队伍有别于主要面向国内大学的对外汉语教学的师资队伍。在当前海外汉语教学发展呈现多层次化特点的情形下，非常迫切也非常有必要培养面向海外不同教学层次的汉语国际教育专业硕士。

尽管这种面向海外五个教学层次的培养方式与目前培养该专业硕士的绝大部分导师所熟知的国内对外汉语教学领域相差甚大，充满着困难与挑战，但随着相关资源、培养实践经验与理论的不断积累，这种培养方式仍是可行的，具有很强的可操作性与针对性。

这种面向海外五个教学层次的培养方式在培养理念、专业课程开设、教学实习等方面有着相应的内容。经过这样目标明确、针对性与实践性很强的培养，汉语国际教育专业硕士奔赴海外实习或工作时，才能像该专业培养目标所要求的那样，"胜任多种教学任务"。

当前，这种面向海外五个教学层次的培养方式能否顺利实行有赖于两个方面：

一是有赖于培养汉语国际教育专业硕士的高校与导师的观念意识的调整和转变，使该专业硕士的培养面向海外的五个汉语教学层次。

二是有赖于对面向海外五个汉语教学层次的资源库的建设。该资源库包括海外五个汉语教学层次的教学概况、教育政策、教学大纲、课程设置、教学规模、教学录像、教学法、师资、教材、课外活动、各种调查反馈意见、相关研究文献等材料的收集整理。有了这样内容丰富、功能多样的资源库，面向海外五个教学层次的汉语国际教育专业硕士的培养就可以建立在坚实的基础之上。

参考文献

程爱民：《论汉语国际教育专业硕士的培养模式》，《国际汉语教育人才培养论丛》（第一辑），北京大学出版社2008年版。

崔希亮：《汉语国际教育"三教"问题的核心与基础》，《世界汉语教学》2010年第1期。

冯丽萍：《论汉语国际教育专业硕士培养中的若干问题》，《长江学术》2009年第1期。

李泉：《汉语国际教育硕士培养目标与教学理念探讨》，《语言文字应用》2009年第3期。

李彦春：《汉语国际教育专业硕士教学法课建设的思考》，《国际汉语教育人才培养论丛》（第一辑），北京大学出版社2008年版。

刘富华：《汉语国际教育硕士专业课程与培养模式》，《国际汉语教育人才培养论丛》（第一辑），北京大学出版社 2008 年版。

盛双霞：《教学有法，教无定法——关于汉语国际教育专业"课堂教学研究"课程建设的思考》，《国际汉语教育人才培养论丛》（第一辑），北京大学出版社 2008 年版。

王宏丽：《北京师范大学汉语国际教育硕士培养模式研究》，《国际汉语教育人才培养论丛》（第一辑），北京大学出版社 2008 年版。

王宏丽、朱小健：《汉语国际教育硕士生的海外实习与学位论文开题》，《国际汉语教育人才培养论丛》（第一辑），北京大学出版社 2008 年版。

王建昆：《汉语国际教育专业硕士"汉语本体知识与对外汉语教学"课程建设的思考》，《国际汉语教育人才培养论丛》（第一辑），北京大学出版社 2008 年版。

王文乐：《孔子学院迈入发展新阶段》，《神州学人》2010 年第 1 期。

王学松：《汉语国际教育硕士专业"中国古典诗词"课探析》，《国际汉语教育人才培养论丛》（第一辑），北京大学出版社 2008 年版。

吴继峰：《北京师范大学汉语国际教育硕士专业课程设置研究——以在美国密歇根州立大学孔子学院教学实习为例》，《国际汉语教育人才培养论丛》（第一辑），北京大学出版社 2008 年版。

许嘉璐：《解放思想 交流经验 共探新路——在"国际汉语教育人才培养研讨会"开幕式上的讲话》，《国际汉语教育人才培养论丛》（第一辑），北京大学出版社 2008 年版。

许嘉璐：《（2009）许嘉璐会长在世界汉语教学学会第八届理事会第二次全体会议开幕式上的讲话（节选）》，《世界汉语教学学会通讯》2010 年第 4 期（第八届理事会第二次全体会议特刊）。

张和生：《汉语国际教育硕士专业学科建设刍议》，《国际汉语教育人才培养论丛》（第一辑），北京大学出版社 2008 年版。

赵金铭：《汉语国际传播研究述略》，《浙江师范大学学报》（社会科学版）2008 年第 1 期。

赵金铭：《国际汉语教育硕士专业学位的两个科学体系》，《国际汉语教育人才培养论丛》（第二辑），北京大学出版社 2010 年版。

郑晓明：《美国蒙台梭利国际学校需要什么样的中文老师？——以伯克利蒙台梭利国际学校为例谈汉语国际教育硕士的培养》，《国际汉语教育人才培养论丛》（第一辑），北京大学出版社 2008 年版。

朱小健：《"汉语语言学导论"课程琐议》，《国际汉语教育人才培养论丛》（第一辑），北京大学出版社 2008 年版。

朱瑞平：《汉语国际教育专业硕士班"中国文化"课的教学及相关思考》，《国际汉语教育人才培养论丛》（第一辑），北京大学出版社 2008 年版。

汉语教师中国志愿者学科教学知识体系调查研究[*]

杨泉 朱瑞平[**]

摘 要：本文在学科教学知识的基础上，结合《国际汉语教师标准》提出了汉语国际教育领域中学科教学认知的四要素，并针对这些要素进行了为期三年的跟踪调查，研究了具有不同教育背景的国际汉语教师学科教学认知体系的建构和发展过程。为更好地开展志愿者培训工作提供了方法论和数据方面的支持。

关键词：学科教学知识；学科教学认知；国际汉语教师

一 研究现状及意义

"学科教学知识"（Pedagogical Content Knowledge，PCK）最早由美国斯坦福大学舒尔曼（Lee Shulman）教授提出，是指将特定的学科内容与教育知识整合在一起的新的知识形式，是学科知识与教学法知识的有机融合。科克伦（Cochran）等从建构主义的角度提出了一个更为综合性的概念，即"学科教学认知"（Pedagogical Content Knowing，简称PCKg）。冯茁（2006）认为学科教学认知在更高的层面上强调了学科教学知识形成过程的动态性和建构性，它意味着学科教学知识不会随着学科知识和一般教学法知识的获得而自然形成，相反它带有明显的个体性、情境性和建构性的特征。李广（2013）将国外对于教师PCK的研

---

[*] 基金项目：汉语国际教育专业学位研究生教育研究课题《汉语国际教育硕士学科教学知识体系建构研究》资助（项目编号：HGJ201730）；中央高校基础科研经费资助（北京师范大学自主科研基金资助）文科重大项目（项目编号：2009AC-4）；汉语海外传播河南省协同创新中心项目资助。

[**] 杨泉、朱瑞平，北京师范大学国际中文教育学院。

究划分为准备期、初创期、拓展期和深化期。在研究的深化期，PCK 在各学科教育领域得到了广泛的重视，在英语、化学、语言、数学等学科都取得了很多研究成果。很多学者普遍认为新手教师、优秀教师与专家教师的主要区别就在于是否拥有"学科教学知识"。在汉语国际教育领域，仅郭睿（2015）从理论上探讨了汉语教师的学科教学知识体系。

国际教师中国志愿者培训是国际汉语教师职前培训的一种，培训目标是使学员具备较好的汉语作为第二语言教学的教学技能、课堂管理技能、中华文化传播技能和跨文化交际能力，能迅速适应赴任国生活，胜任志愿服务工作。[①] 参加培训的志愿者背景悬殊，有的没有专业背景，有的没有教学经验，但经过培训后，绝大部分都可以很好地完成海外汉语教学工作，很多人在志愿者工作结束后还会继续从事汉语国际教育工作。他们对汉语国际教育领域从陌生到胜任的过程就是国际汉语教师学科教学认知的发展过程，因此我们以志愿者为研究对象，最终可以探清各类型国际汉语教师学科教学知识体系的建构规律，为学科教学知识理论发展提供实证性支持，为国际汉语教师的学科教学认知建构提供可行性方案，也为汉语教师及志愿者培训提供参考。

二 研究思路及方法

（一）调查过程

我们针对全国 13 家志愿者培训单位的共计 3682 名志愿者，展开了为期三年[②]的跟踪调查，共分三个阶段：

第一阶段：汉语教师志愿者接受培训前。在培训前很多学员从未上过讲台，他们对国际汉语教师只有感性认识，处于职前教师阶段，我们把这一阶段的志愿者称为预备教师。

第二阶段：汉语教师志愿者接受培训后。学员经过几个月的培训后，对国际汉语教师有了一定的理性认识，但还缺乏实践经验，我们把这一阶段的志愿者称为准教师。

---

① 参见孔子学院总部/国家汉办《汉语教师志愿者培训大纲》（600 学时）。

② 时间为 2010—2012 年。

第三阶段：志愿者从事海外汉语教学工作一至两年以后。从事志愿者工作一年以后，既有理性认识，又有实践经验，我们把这一阶段的志愿者称为教师。

（二）调查对象

朱瑞平、钱多（2015）研究发现，2010年至2012年的3682名志愿者身份与专业背景不尽相同。从身份看，教师只有7%，其余都是学生；从专业看，42.71%的志愿者专业为汉语国际教育，其他专业有外语、中文、社会学等。最终我们按是否是汉语国际教育专业、是否具有教学经历将调查对象分为四组：

第一组：非汉语国际教育专业且无教学经验。
第二组：汉语国际教育专业但无教学经验。
第三组：非汉语国际教育专业但有教学经验。
第四组：汉语国际教育专业且有教学经验。

为方便描述，我们下面对第一组到第四组分别用AC、AD、BC、BD来表示上示。

（三）调查内容

科克伦提出的PCKg主要包括四方面内容：（1）学科内容知识（Knowledge of Subject Matter）；（2）教学法知识（Knowledge of Pedagogy）；（3）关于学生的知识（Knowledge of Students）；（4）关于学习情境的知识（Knowledge of Environmental Contexts）。[1] 我们将PCKg与汉语国际教育领域结合后，首先得到四方面知识：汉语国际教育学科知识、汉语国际教育教学知识、汉语学习者的知识、汉语教学情境的知识。然后将这四方面知识与《国际汉语教师标准（2012版）》等相关文献[2]进行比

---

[1] 参见Cochran, Kathryn F., DeRuiter, James A., King, Richard A., "Pedagogical Content Knowing: An Integrative Model for Teacher Preparation", *Journal of Teacher Education*, 1993, 44 (4): 263-272.

[2] 另外还参考了《汉语教师志愿者培训大纲》（600学时）、《国际汉语教师证书考试大纲（2015版）》等文献。

较研究，最终得出国际汉语教师的 PCKg 的基本框架体系[①]：

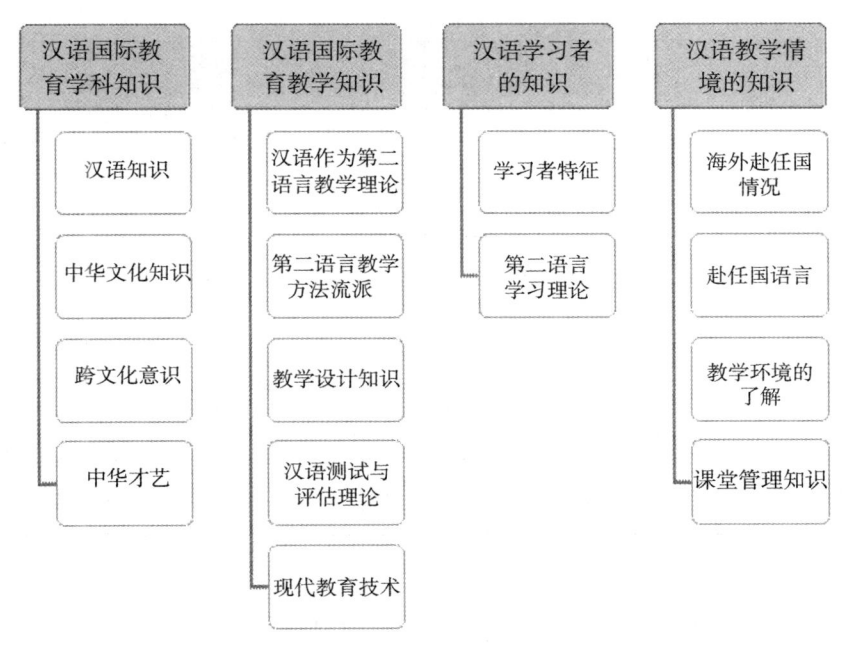

图 1　国际汉语教师的 PCKg 框架图

（四）数据处理

1. 游程检验

本次调查共获得有效问卷 7784 份，为了研究方便，我们根据总调查问卷中不同组别的数量比例分别抽取了 AC 组 67 份，AD 组 7 分，BC 组 73 份，BD 组 11 份，共 158 份样本。这样每组具有四个方面三个阶段的分项成绩和阶段总成绩，共 15 项数据。为了保证取样数据的科学合理性，首先我们对抽取的 158 份样本数据进行关于中位数的游程检验，结果如表 1 所示：[②]

[①] 本文中汉语国际教育学科知识简称"学科"、汉语国际教育教学知识简称"教学"、汉语学习者的知识简称"学生"、汉语教学情境的知识简称"情境"。

[②] 说明：图 1 中（1），（2），（3）分别表示 1、2、3 三个不同的阶段，下同。

表 1　　　　　　　　抽样数据的随机性检验结果

游程检验

	(1)学科	(1)学生	(1)教学	(1)情境	(2)学科	(2)学生	(2)教学	(2)情境	(3)学科	(3)学生	(3)教学	(3)情境
检验值[a]	4	4	3	4	5	4	3	4	5	4	3	4
案例 < 检验值	23	63	40	57	62	48	23	40	63	33	23	17
案例 ≥ 检验值	135	95	118	101	96	110	135	118	95	125	135	141
案例总数	158	158	158	158	158	158	158	158	158	158	158	158
Runs 数	41	71	58	80	72	64	38	62	84	47	36	31
Z	0.225	-0.959	-0.581	1.061	-0.727	-0.724	-0.744	0.265	1.205	-1.506	-1.390	-0.144
渐近显著性（双侧）	0.822	0.338	0.561	0.289	0.467	0.469	0.457	0.791	0.228	0.132	0.165	0.886

注：a. 中值

随机性验证表明，各组数据在 0.05 的水平下，均具有很好的随机性，因此使用这 158 份样本进行研究是合理的。

2. Kolmogorov-Smirnov 检验

其次对每组各阶段成绩进行了 Kolmogorov-Smirnov 检验，AC 组各阶段的检验结果如下：

表 2　　　　　AC 组三个阶段成绩正态性检验结果

	原假设	测试	Sig.	决策者
1	一阶段成绩的分布为正态分布，平均值为 14.43，标准差为 1.68	单样本 Kolmogorov-Smirnov 检验	0.061	保留原假设。
2	二阶段成绩的分布为正态分布，平均值为 15.75，标准差为 1.70	单样本 Kolmogorov-Smirnov 检验	0.076	保留原假设。
3	一阶段成绩的分布为正态分布，平均值为 15.87，标准差为 1.58	单样本 Kolmogorov-Smirnov 检验	0.158	保留原假设。

显然在 0.05 的显著性水平下，AC 组的三阶段成绩满足正态性检验，说明每组成绩满足正态分布，因此可用每阶段组内的均值来表示该阶段的 PCKg 水平。

其他各组的三阶段 Kolmogorov-Smirnov 检验的显著性水平分别为：

AD 组：[0.529, 0.796, 0.598]

BC 组：[0.088, 0.013, 0.015]

BD 组：[0.664, 0.854, 0.947]

从上述结果可以看出各组都是满足在 0.01 的显著性水平下的正态分布，我们可以使用其均值来表示各阶段的水平，并验证其差异的显著性。

最后我们对每组各阶段 PCKg 四个方面的得分情况进行处理，首先对各个方面的得分进行了 Kolmogorov-Smirnov 检验，AC 组一阶段检验结果如下：

表 3　　　　　　　AC 组第一阶段四方面得分检验结果

	原假设	测试	Sig.	决策者
1	（1）学科 的类别以相同概率发生	单样本卡方检验	0.000	拒绝原假设
2	（2）学生 的类别以相同概率发生	单样本卡方检验	0.000	拒绝原假设
3	（3）教学 的类别以相同概率发生	单样本卡方检验	0.033	拒绝原假设
4	（4）情境 的类别以相同概率发生	单样本卡方检验	0.000	拒绝原假设

上表显著性水平的结果表明，我们应该拒绝各方面得分是正态分布的假设，而认为在同一组中每一项的得分情况不是正态分布，虽然它们的和是正态分布。这和实际情况是相符的。例如在一次考试中，学生总评成绩是正态分布，但由于不同题目难度水平的差异，具体到某个题的得分一般不再是正态分布。这说明当我们考察 PCKg 的某个方面在不同阶段的变化时，应该使用非参数检验的方法。

其他组别和阶段的 PCKg 的单个方面的检验结果也都类似，绝大部分都不是正态分布，在此不再赘述。

3. 斯皮尔曼检验

验证各组的 PCKg 单方面样本的分布后，我们需要对各组不同阶段 PCKg 四个方面的相关性进行验证，从中可以发现各要素之间的联系。如果 PCKg 的四个方面存在较强的相关性，则说明在这四个方面中有某些方面的得分可以由其他方面的得分来表示，PCKg的构成要素存在冗余，应进一步精简完善PCKg的构成要素。经检验，被比较变量不服从正态分布，因此使用了非参数检验的斯皮尔曼等级相关法进行检验。

AC组各阶段PCKg要素间相关性验证。第一阶段四方面相关性检验结果如下：

表4　　　　　　　　　AC组第一阶段四方面相关性分析

相关系数

			（1）学科	（1）学生	（1）教学	（1）情境
Spearman的rho	（1）学科	相关系数	1.000	0.082	0.107	-0.561**
		Sig.（双侧）	—	0.511	0.389	0.000
		N	67	67	67	67
	（1）学生	相关系数	0.082	1.000	-0.332**	-0.162
		Sig.（双侧）	0.511	—	0.006	0.190
		N	67	67	67	67
	（1）教学	相关系数	0.107	-0.332**	1.000	0.132
		Sig.（双侧）	0.389	0.006	—	0.289
		N	67	67	67	67
	（1）情境	相关系数	-0.561**	-0.162	0.132	1.000
		Sig.（双侧）	0.000	0.190	0.289	—
		N	67	67	67	67

**. 在置信度（双测）为0.01时，相关性是显著的。

检验结果表明，在第一阶段，当显著水平为0.01时，"学科"和"情境"间，"学生"和"教学"间存在显著的相关性。结合该组背景可知，对于"非汉语国际教育专业且无教学经验"的志愿者，他们在第一阶段对国际汉语教育还缺少了解，因此对"学科"与"情境""学生"与"教学"，无法进行更加深入的区别，得分间存在一定的相关性。

继续对AC组第二阶段四项间的相关性检验发现，当显著水平为

0.01 时，"学科"和"情境"间，"学生"和"教学"间存在显著的相关性。但在第三阶段，这四个方面任意两项之间无显著相关性。这说明对这一类背景的志愿者在培训后，随着对该领域认识的增加，相关项之间的显著性水平有所降低。在第三阶段原来的相关性消失，说明志愿者经过工作实践后，对本领域有了更加深入的理解和认识。同时也说明我们确定的 PCKg 四个方面，各表示不同的能力要素，相互之间不能取代。

AD 和 BD 组教育背景类似，各阶段 PCKg 要素间相关性经过斯皮尔曼法检验表明，三个阶段的 PCKg 要素都无显著相关性。

BC 组各阶段 PCKg 要素间相关性验证。在第一阶段"学科"和"情境"间存在显著性水平为 0.01 的相关性；第二阶段"学科"和"情境"的相关性不变；第三阶段"学科"和"情境"的相关性不变，"学生"和"情境"间产生了显著性水平为 0.01 的相关性。结果表明，前期具有的不同学科的教学经验会对志愿者的 PCKg 要素间关系产生重要影响。

从以上分析可以看出，AD 组与 BD 组被试，虽然教学经验不同，但都受过汉语国际教育专业教育，这两组被试形成 PCKg 要素间关系的过程比较相似。AC 组的被试经过第三阶段后，结果与 AD 和 BD 组相似。有过其他方面教学经验的 BC 组被试在形成汉语国际教育的 PCKg 要素间关系时，会受先前形成的其他领域 PCKg 的潜在影响。总之，统计结果表明，本文建立的汉语国际教育 PCKg 要素相互独立，能够很好地体现国际汉语教师志愿者水平。该结果也说明，汉语国际教育的 PCKg 要素与其他学科的 PCKg 要素有重要区别。

三 统计结果分析

（一）各组成绩在不同阶段变化过程分析

前面数据处理结果表明，三阶段成绩均为正态分布，可以用各阶段的均值来表示该阶段的整体水平。因此我们将三阶段成绩相互进行均值相等的假设检验，用以研究 PCKg 成绩在各个阶段的变化情况，分析 PCKg 的形成过程。

（1）AC 组三阶段 PCKg 成绩对比分析

表 5　　　　　　　　　　AC 组三阶段成绩检验

成对样本检验

	成对差分					t	df	Sig.（双侧）
	均值	标准差	均值的标准误	差分的95%置信区间				
				下限	上限			
对 1 一阶段成绩-二阶段成绩	-1.31343	1.97874	0.24174	-1.79609	-0.83078	-5.433	66	0.000
对 2 一阶段成绩-三阶段成绩	-1.43284	1.98650	0.24269	-1.91738	-0.94829	-5.904	66	0.000
对 3 二阶段成绩-三阶段成绩	-0.11940	2.47118	0.30190	-0.72217	0.48337	-0.396	66	0.694

检验结果说明该组第一阶段与第二阶段和第三阶段的均值相等的显著性水平为 0.000，因此拒绝原假设，认为成绩存在显著性差异，且二三阶段的均值比第一阶段均值有显著性提高。二三阶段均值显著性水平为 0.694，因此接受原假设，二三阶段均值无显著性差异。

检验结果说明 AC 组的 PCKg 在第二阶段形成，在第三阶段得到巩固。

（2）AD 组三阶段 PCKg 成绩对比分析

表 6　　　　　　　　　　AD 组三阶段成绩检验

成对样本检验

	成对差分					t	df	Sig.（双侧）
	均值	标准差	均值的标准误	差分的95%置信区间				
				下限	上限			
对 1 第一阶段和-第二阶段和	-0.85714	2.26779	0.85714	-2.95450	1.24021	-1.000	6	0.356
对 2 第一阶段和-第三阶段和	-0.57143	2.22539	0.84112	-2.62958	1.48672	-0.679	6	0.522
对 3 第二阶段和-第三阶段和	0.28571	1.25357	0.47380	-0.87364	1.44507	0.603	6	0.569

该结果表明 AD 组三阶段均值间无显著性差异，说明该组 PCKg 在第一阶段已经形成。

(3) BC 组三阶段 PCKg 成绩对比分析

表 7   BC 组三阶段成绩检验

成对样本检验

	成对差分					t	df	Sig.（双侧）
	均值	标准差	均值的标准误	差分的95%置信区间				
				下限	上限			
对1 第一阶段和-第二阶段和	-1.04110	2.11764	0.24785	-1.53518	-0.54701	-4.200	72	0.000
对2 第一阶段和-第三阶段和	-1.36986	2.24541	0.26281	-1.89376	-0.84597	-5.212	72	0.000
对3 第二阶段和-第三阶段和	-0.32877	1.84131	0.21551	-0.75838	0.10084	-1.526	72	0.132

检验结果说明该组第一阶段与第二阶段和第三阶段的均值相等的显著性水平为 0.000，因此拒绝原假设，认为成绩存在显著性差异，且二三阶段的均值比第一阶段均值有显著性提高。二三阶段均值显著性水平为 0.132，因此接受原假设，二三阶段均值无显著性差异。该组 PCKg 形成过程与 AC 组相同。

(4) BD 组三阶段 PCKg 成绩对比分析

表 8   BD 组三阶段成绩检验

成对样本检验

	成对差分					t	df	Sig.（双侧）
	均值	标准差	均值的标准误	差分的95%置信区间				
				下限	上限			
对1 第一阶段和-第二阶段和	0.00000	2.28035	0.68755	-1.53196	1.53196	0.000	10	1.000
对2 第一阶段和-第三阶段和	-1.00000	2.09762	0.63246	-2.40920	0.40920	-1.581	10	0.145
对3 第二阶段和-第三阶段和	-1.00000	1.78885	0.53936	-2.20177	0.20177	-1.854	10	0.093

该结果表明 BD 组三阶段均值间无显著性差异，说明该组 PCKg 形成过程与 AD 组相同，在第一阶段已经形成。

以上结果说明，AC 组与 BC 组的 PCKg 建构过程基本相同，都是在第二阶段形成，在第三阶段得到巩固。AD 组与 BD 组的建构过程基本相同，都是在第一阶段就已经形成了。因此，汉语教师志愿者 PCKg 的建构过程与是否受到过汉语国际教育专业教育关系较大，与是否有教学经验关系不大。

（二）同一阶段不同组别间成绩对比分析

为研究具有不同背景的志愿者在相同阶段 PCKg 成绩之间的差异，我们对相同阶段不同组的 PCKg 均值相同这一假设进行 t 检验，来研究不同的教育背景和实践经历在各个阶段对 PCKg 的影响。在下列表格中，不同组别对应的数值是检验时的 p 值，相同组别对应的位置即对角线位置是该组的均值。由于数据的对称性，我们仅列出对比矩阵的上三角部分。

表 9　　　　　　　　第一阶段各组间对比分析

组别	AC	AD	BC	BD
AC	14.433	0.754	0.364	0.014
AD	—	14.714	0.974	0.345
BC	—	—	14.684	0.043
BD	—	—	—	15.636

从上表可以看出，在培训前阶段，各组别 PCKg 水平由高到低分别是 BD，AD，BC，AC。且在 0.05 的显著性水平下，BD 与 AC 和 BC 间有显著性差异，但 BD 与 AD 间无显著性差异，AD 和其他两组差异不显著。这说明在汉语教师志愿者的培训过程中，受过专业教育且经过教学实践对 PCKg 的养成具有重要意义。在其他专业方向有过教学经历对 PCKg 的养成无显著影响。

表 10　　　　　　　　第二阶段各组间对比分析

组别	AC	AD	BC	BD
AC	15.743	0.747	0.942	0.853
AD	—	15.571	0.772	0.930
BC	—	—	15.726	0.879
BD	—	—	—	15.636

检验表明，经过培训后，在 0.05 的显著性水平下，不同背景的志愿者在 PCKg 成绩上无显著性差异。

表 11　　　　　　　　　第三阶段各组间对比分析

组别	AC	AD	BC	BD
AC	15.866	0.362	0.464	0.110
AD	—	15.286	0.233	0.077
BC	—	—	16.055	0.213
BD	—	—	—	16.636

检验表明，经过实践后，在 0.05 的显著性水平下，不同背景的志愿者在 PCKg 成绩上无显著性差异。

以上检验结果说明，不论志愿者来自什么专业背景，是否有过教学经验，只要愿意努力，经过培训及实践以后，都能成为合格的汉语教师志愿者，其最终成绩无显著性差异。

四　结　论

通过本文的调查、统计与分析，我们可以得出如下结论：

1. 从四种被试在同一阶段的 PCKg 成绩统计结果来看，不同专业背景的受训者最终都可以很好地完成 PCKg 的建构，而成为一名合格的汉语教师志愿者。在培训的过程中，首先要给学员建立起 PCKg 意识，提醒他们 PCKg 建构过程是动态完成的。因为每个人学科背景及教学经历不同，尽管他们在同一时间接受培训，但每个人可能处于 PCKg 的不同建构阶段。因此不宜过于自信，也不要盲目自卑，适时发现自己身上的优势和不足，及时调整自己的心态和知识结构，才能使自己成长为合格的汉语教师志愿者。

2. 从相同背景的被试自评水平在不同阶段变化过程来看，有汉语国际教育背景的被试其 PCKg 的建构过程在第一阶段就已经完成了，而没有汉语国际教育背景的被试其 PCKg 的建构是在第二阶段完成的。在汉语教师志愿者培训过程中，应该有针对性地为学员分背景进行区别教学。对于无专业背景的学员应该更加注意其 PCKg 四个方面概念的区分，尽早建立起其学科教学认知体系；而对于有专业背景的学员则应该更重视在 PCKg 概念的基础上进行理论深化，继而将理论与实践结合起来，提高学员的应用能力。

参考文献

Cochran, Kathryn F., DeRuiter, James A., King, Richard A., "Pedagogical Content Knowing: An Integrative Model for Teacher Preparation", *Journal of Teacher Education*, 1993, 44 (4): 263-272.

Cochran, Kathryn F., "And Others, Pedagogical Content Knowledge: A Tentative Model for Teacher Preparation", *Annual Meeting of the American Educational Research Association*, 1991.

Shulman, L. S., "Those Who Understand: Knowledge Growth in Teaching", *Educational Researcher*, 1986, 15 (2): 4-14.

常攀攀、罗丹丹：《PCK 视阈下的教师专业发展路径探究》，《教育理论与实践》2014 年第 17 期第 34 卷。

冯茁、曲铁华：《从 PCK 到 PCKg：教师专业发展的新转向》，《外国教育研究》2006 年第 12 期第 33 卷，总第 198 期。

郭睿：《学科教学知识：汉语教师应具备的核心知识》，《国际汉语教学研究》2015 年第 4 期。

国家汉语国际推广领导小组办公室：《国际汉语教师标准》，外语教学与研究出版社 2012 年版。

孔子学院总部/国家汉办：《国际汉语教师证书考试大纲》，人民教育出版社 2015 年版。

李广、徐哲亮：《近三十年来国外教师 PCK 研究的述评》，《教育导报》2013 年 5 月。

廖元锡：《PCK——使教学最有效的知识》，《教师教育研究》2005 年 11 月第 17 卷第 6 期。

吕立杰：《教师学习理论对教师教育课程的启示》，《教师发展研究》2010 年第 22 期。

王玉萍：《论外语教师 PCK 发展路径》，《外语界》2013 年第 2 期总第 155 期。

杨薇、郭玉英：《PCK 对美国科学教师教育的影响及启示》，《当代教师教育》2008 年 9 月第 1 卷第 3 期。

朱瑞平、钱多：《汉语教师志愿者背景——动机与志愿者项目的可持续发展研究》，《国际汉语教学研究》2015 年第 1 期。

汉语教学人才融入学会发展的服务机制[*]

袁礼　田会超[**]

摘　要：从事汉语教学的教师、学者及后备人才，是世界汉语教学学会重点培养和服务的对象。本文扼要地梳理出世界各地汉语教学发展及学术组织建设，通过分析人才队伍建设的需求，从学术团体视角，提出对策建议与创新机制等。

关键词：汉语；教学人才；世界汉语教学学会；发展；机制

一　引言

中国开展对外汉语教学历史悠久。向周边国家和地区传播汉语是历代王朝的国家政策之一，加之中华文明的强大吸引力，自魏晋南北朝时期宗教引入，隋唐时期大规模遣唐使，至明清传教士的西学东渐，面向外国人的汉语教学在历史长河中绵延至今。中国周边国家尤其是朝鲜半岛、日本、越南很早就接受汉字和进行汉字教育，同属"汉文化圈"。

以清华大学东欧交换生中国语文专修班为开端，新中国的对外汉语教学事业从无到有，逐步确立①。改革开放40余年，"对外汉语教学"已经发展成为以"汉语国际教育"为名称的新学科②。2018年7所院校试点首批招收汉语国际教育方向教育博士专业学位研究生22名③，更是标志着学科体系建设的完善。

---

[*]　本文作者曾在第七届全国汉语国际人才培养论坛暨专业硕士培养工作研讨会（2018年12月）宣讲主要内容。

[**]　袁礼、田会超，世界汉语教学学会。

① 张西平：《世界汉语教育史》，商务印书馆2009年版。

② 刘利：《从"外汉语教学"到"汉语国际教育"》，《光明日报》2018年12月23日。

③ 教育部对十三届全国人大一次会议第1825号建议的答复。

世界范围内的汉语教学随着时代进步也得到了传承和发展。东南亚国家如泰国、印度尼西亚、柬埔寨、马来西亚等以华文教育体制传承汉语教学；西欧国家如法国、德国、英国和意大利等再度出现"中国热""汉语热"，教学机构日益多种多样，规模不断扩大，体制不断完善；美洲、大洋洲，如美国、加拿大、澳大利亚等主流社会学习汉语的热情高涨，汉语学习受其青睐。孔子学院和孔子课堂的发展就是成功案例。截至2018年1月，世界上共有154个国家和地区，建立了548所孔子学院、1193个孔子课堂和5665个汉语教学点[①]。这充分显示出了汉语教学在世界范围内的发展状况。

在汉语国际教育事业中，如何解决"三教"问题的核心——教师问题，是当前的迫切需要。诸多专家学者主要从高校、孔院建设的角度进行了讨论，本文则从社会团体的角度尝试讨论人才问题。本文指称的汉语教学人才，主要包括世界各地从事汉语教学的教师、专家学者及预备从事汉语教学工作的人士。

二 世界各地汉语教学专业学术团体

1983年"中国教育学会对外汉语教学研究会"宣告成立，标志着对外汉语教学作为一个专门学科正式创立[②]。经过对外汉语教学工作者的积极倡议和对外交流，1987年中国发起成立的世界汉语教学学会（以下简称世汉会），是由世界各地从事汉语教学的教师、学者、大学和与相关机构组成的民间社会团体，旨在促进国际汉语教学、研究和推广，加强世界各地汉语教学与研究工作者之间、机构之间的联系，增进各国人民之间的相互了解和友谊。截至目前，世汉会已吸收会员（单位）5025个，分布在79个国家和地区，其中中国会员占三分之二。

据不完全统计，除世汉会之外，世界各地共有类似专业学术团体或机构共46个，亚洲25个，美洲13个，欧洲5个，大洋洲2个，非洲1个。各地的学术团体大多以召开专题研讨会、举办培训班、刊发文章、发放团体奖励与奖学金等形式促进汉语教学、推广汉语事业。世汉会已吸收其中

---

① 数据来源于2018年孔子学院总部发展规划处工作报告。
② 赵金铭：《对外汉语教学概论》，商务印书馆2004年版，第6页。

14 个团体为会员，例如英国汉语教学研究会、智利中文教师协会、阿根廷中文教师学会等，并与其他部分学术团体建立了沟通合作机制。如何进一步深化学会间的合作，促进资源共享，本文将在后文中做出探讨。

三　汉语教学人才队伍建设问题与需求

汉语教学人才分布在不同国家、不同岗位，自然会形成一个个群体或团队。从事汉语教学工作的群体和团队是有差异的，可以把团队看作群体的子集概念。从组织行为学来看，团队需要通过大家共同努力，产生积极的协同作用，团队绩效远远大于个体绩效之和；群体成员之间主要是共享信息，帮助每个成员更好地完成自己的职责，并不一定需要完成要求成员共同努力的集体任务[①]。

本文探讨研究的服务机制，在不同情境下就有群体与团队的区别考虑。

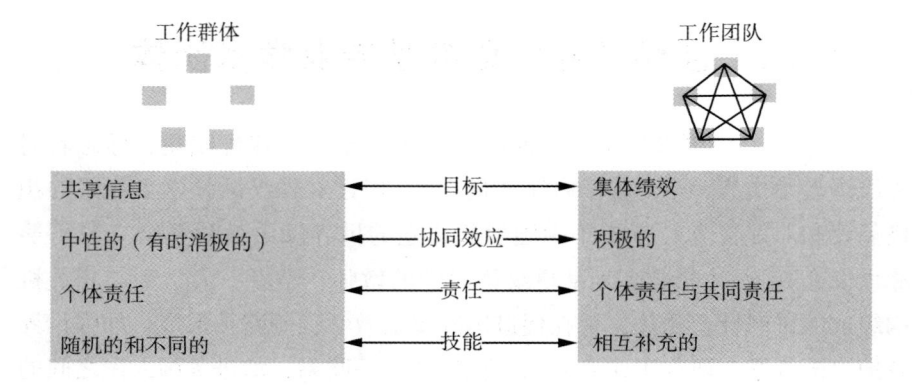

工作群体		工作团队
共享信息	←目标→	集体绩效
中性的（有时消极的）	←协同效应→	积极的
个体责任	←责任→	个体责任与共同责任
随机的和不同的	←技能→	相互补充的

（一）需要建立有效的多元化管理

汉语教学人才队伍，客观上有多元化这一明显的特征，尤其是个体的专业背景、年龄、性别、国别等表层多元化特征，会导致外部人士通过刻板印象和假设来感知和关注群体。例如中国公派汉语教师、志愿者和回国

---

① ［美］Stephen P. Robbins，Timothy A. Juede：《组织行为学》，孙健敏、王震、李原译，中国人民大学出版社 2016 年版，第 246 页。

任教的外国本土教师，在同一所孔子学院（或其他教育机构）开展汉语教学时，会有很大差异感。但随着深入了解，能发现群体共有更多特征，例如人格、教学的方式方法等深层次内涵式的不同，他们就会更加关注深层多元化的差异。

群体中人才之间的多元化差异，也会导致错误的沟通、理解甚至冲突，有人认为中国绝大部分老年人具有高中以上学历，完全能够胜任教授汉语的工作，其"小儿科"的论调在对外汉语专业建立几十年后仍然存在是非常可怕的。

正如白建华（2019）在本会"汉教讲说"系列报告所讲，汉语教师发展关键在于因材施教，如何促进多元的汉教人才发展是值得思考的。如果想更好地推进汉语国际教育事业和学科建设，必须充分观察和分析汉语教学人才表层和深层的多元化差异，凝聚语言、心理、教育、跨文化理解等多个领域"老中青"智力资源，制订合理的公共政策和行动方案，组建不同的教学与学术团队，这就是有效的多元化管理。

（二）需要研究全球化价值观：汉语教学人才的文化差异

随着中国经济增长，孔子学院建设布局加速，世界各地对汉语教师的需求与日俱增。据国际汉语教师协会估计，2015年全球汉语教师缺口已超500万人[①]。吴应辉（2016）指出，中国教师培养多，本土教师培养少，通用教师多，国别化、区域化、语别化教师少。其对国别化、本土化的阐释不够深入，国别之间选用汉语教学人才到底有什么区别？需要考量哪些因素？如何选拔适合、愿意扎根本土的开展汉语教学的教师？"愿意""适合""选人""教什么""岗位"，本质上体现出不同的价值观。全面考虑世界各地汉语教学的相同与区别之处，自然而然就是全球化价值观，这是当前需要研究的课题之一。据了解，攻读汉语国际教育硕士学位的各国学生，毕业后从事汉语教学的只是少数，是因为汉语教学岗位少？这绝不是主要原因。

根据吉尔特·霍夫斯泰德（Geert. Hofstede）文化维度理论推论，在不同的国家推动汉语教学，要尊重汉语教学人才的文化差异，对照当前各

---

① 国际汉语教师协会：《对外汉语教师缺口大，教师现状冰火两重天》，itact.com.cn//hyzx/2016/0117/5843.html。

国孔子学院建设数量，以文化差异来验证因果，并做出合理解释。对于汉语教学而言，核心是培养人才、团结人才，也因此必须深入研究全球化价值观，充分考虑文化差异，因材施教，因地制宜。

（三）需要认识偏差：人才培养、就业与选聘规则

汉语国际教育专业的目标是培养从事汉语教学人才。施家炜（2016）指出从本科毕业生去向来看，能够直接从事对外汉语教学工作的仅占 10% 左右，吴应辉（2016）调查发现，硕士层次从事专业对口工作的比例普遍在 20% 左右。就笔者随机调查来看，尚未达到该比例。据了解，南京某 211 师范类高校 2015 级专业硕士研究生，26 名硕士中仅有 4 人从事相关工作。导致汉语国际教育专业就业状况主要有以下三个原因：

1. 就业期望高，岗位机会少、社会认可度差。例如，中国高校教师编制多数要求博士学位，很多省份未将汉语国际教育专业纳入公务员和中小学教师招考目录。由于汉语国际教育硕士生入学前的专业背景复杂，素养不同，各高校对硕士生知识体系的塑造、汉语教学技能的培养操练也不一致，质量参差不齐，是社会和用人单位产生偏见的诱因之一。

2. 学科设置、学院建制和职业资格认定等现实状况，导致毕业就业指导存在问题。部分高校汉语国际教育本科专业为非师范类专业；汉语国际教育硕士点分布建制在不同的学院；对外汉语教师资格认定不规范或渠道不通畅；毕业生无法被国民教育体系内教育机构或正规雇主聘用。由此造成了"人才流失是常态"的被动局面和就业惯性。

3. 国内汉语国际教育专业生，由于文化差异、工作环境、家庭伦理、薪资待遇等诸多现实因素制约，不能成规模、成体系地赴海外教学。而海外国家本土汉语教师正式职位少且薪资低，临时聘用多，且从事其他职业如旅游等收入较高，导致本土汉语教师流动性强，专业投入少，业务水平很难提高，甚至放弃从事教学事业。

中国每年向世界各地推荐和派出各类汉语教师和专家人才，帮助有关国家和地区及学校开展各级汉语教学，研发有关国家国民教育体系中的汉语课程大纲，这似乎是汉语教学人才出口的唯一主渠道。以 2018 年为例，孔子学院总部向 152 个国家公派教师（任期 2 年）和汉语教师志愿者（任期 1 年）近万人。由官方选聘的汉语教职和资助的研究项目毕竟数量有限，对于广大渴望从事汉语国际教育相关人员来说只是"杯水车薪"。

四 相关对策与思路

世汉会作为中国登记注册的国际社会组织，业务主管单位是教育部，秘书处设在孔子学院总部/国家汉办，2011 年 10 月与联合国教科文组织建立合作关系。面对汉语教学人才队伍建设的问题和困难，世汉会必须担当责任，履行义务，积极为专门人才的培养、就业与职业发展提供咨询，并采取有力措施建立相应服务机制。

（一）汉语教学人才融入世汉会的能力建设互益机制

1. 以学术会议带动能力培训。世汉会先后在北京、德国汉诺威、上海、沈阳、西安等地举办了十三届国际汉语教学研讨会并出版论文集，坚持每三年举办一次，会议规模均超过 30 个国家 300 余人。自 2013 年起先后举办六届暑期高级讲习班，传播最前沿的技术经验和学术成果，每届规模均在 300 人左右，累计培训青年学者教师逾千人。通过汉语教学人才的互学互鉴，相互研讨，由此在一定范围内建立了交流合作、共同提高的群体（团队）氛围。

2. 网站平台发布电子刊物《世界汉语教学学会通讯》每年四期，已被中国知网（CNKI）收录。世汉会鼓励汉语教学人才撰写世界各地汉语教学最新动态和发展情况，并与出版社、期刊杂志社建立优秀学术作品合作发表机制，帮助汉语教学人才提升学术职称和获取学位教育能力。

3. "汉教讲说"系列学术公益视频。由世汉会理事带头，就汉语国际教育领域内相关问题，定期推送专家学者有关汉语教学的各类学术讲座、各地教学经验、会员成果及其他有益的学术资源，从而提供后备人才与学术专家之间交流的机会，形成一定的沟通机制，为其学术发展提供帮助和指导。

（二）吸纳汉语教学人才的二级机构（专业委员会）会员机制

按照"理事办会""会员办会"的工作理念，支持理事带头组织会员和汉语教学人才就某一专题筹建"专门委员会"开展学术研究活动，鼓励优先考虑教师发展，专门人才的学位培养与就业选拔与入职标准等，这有利于提高汉语教学人才队伍质量建设。

学会二级机构可获得一定资助，开展组织培训、承担研究课题。通过专门委员会树立典范效应，发挥专家学者在业内的引领作用，扩大学会学术影响力，由此吸引业内汉语教学人才融入世汉会发展的积极性。

通过专业委员会的运作，实现对汉语教学人才实现有效的多元化管理与服务，以人为本，建立有兴趣有科研能力的专业团队，深入汉研究语教学，共同培育学术成果，把个性学术、个人学术，叠加同化为跨国、跨学科的学术团队和学术共识。

（三）以人为本的奖励与荣誉表彰

历届高级汉语研修班均评审颁发"创新论文奖"证书及奖金，已连续评选了六届。计划资助出版汉语国际教育领域的优秀研究生学位论文；筹措经费为汉语国际教育人才提供奖学金，为国际访问学者提供资助。

通过会员评价管理的形式，建立汉语教学人才档案并提供奖励，主要分为三类：一是对青年学生试行学分银行，在学生考研、读博、就业推荐等方面提供介绍信、奖学金、就业基金等；二是对从事汉语教学的教师学者累计课时、成果发表质量进行统计评估，对优秀者颁发世汉学会荣誉证书，同时授予其金牌教师、银牌教师等称号；三是对从事汉语教学工作30年以上的教师和学者，以及在行业内有重大突出贡献的人才予以表彰宣传。

（四）支持团体建设，吸纳单位会员，帮扶个体

支持世界各地成立汉语教师协会，旨在凝聚本土化汉语教学人才，帮助、指导和带动汉语国际教育专业本土毕业生回国就业并在职业上健康持续发展。要完善与各地教师协会沟通合作机制，特别扶助那些服务于国民教育体系大中小学之外（民办机构或个体）的汉语教师。

世汉会目前有中国以外的单位会员（与汉语教学相关机构）82家，其中美洲19家，欧洲26家，亚洲27家，非洲2家，大洋洲8家。世汉会将充分发挥单位会员资源优势，为汉语教学人才的就业、择业创造友好的职业环境，也为单位会员凝聚和使用人才建立快捷通道。

汉语教师协会和世汉会单位会员，都是为汉语教学人才服务的有组织、有共同信念的群体，能提供专业对口、相对熟悉的合作环境，进而形

成自主互动的工作群体/团队。群体/团队人才的多元化，必将使个体最大限度地获得技术、能力和创新思维，进而优化汉语教学人才队伍质量。

五　总结

世汉会积极推进汉语教学人才队伍建设，正确引导人才融入社团发展，是适应事业发展的必然要求，同时也是汉语国际教育人才培养的需求。当然，事业发展不可能一蹴而就，这是一个齐心协力、群策群力的奋斗过程，希望广大汉语国际教育事业的从业者能与学会共同成长，共同进步。

参考文献

安亚伦、段世飞：《"一带一路"倡议下的汉语国际教育：现状、问题及对策》，《湖南师范大学教育科学学报》2018年11月第17卷第6期。

崔希亮：《汉语国际教育的若干问题》，《语言教学与研究》2018年第1期。

李宇明、施春宏：《汉语国际教育"当地化"的若干思考》，《中国语文》2017年第2期。

亓海峰、邵滨：《高校汉语国际教育专业硕士人才培养的问题与思考》，《辽宁师范大学学报》（社会科学版）2018年7月第41卷第4期。

施家炜：《汉语国际教育专业人才培养的现状、问题和发展方向》，《国际汉语教育》（中英文）2016年第1期。

［美］斯蒂芬·罗宾斯、［美］蒂莫西·贾奇：《组织行为学》，孙健敏等译，中国人民大学出版社2016年版。

王建军：《汉语国际教育师资本土化的基本内涵、培养模式与未来走向》，《云南师范大学学报》（对外汉语教学与研究版）2015年5月第13卷第3期。

吴应辉：《汉语国际传播事业新常态特征及发展思考》，《语言文字应用》2015年11月第4期。

吴应辉：《汉语国际教育面临的若干理论与实践问题》，《云南师范大学学报》（哲学社会科学版）2016年1月第48卷第1期。

张西平:《世界汉语教育史》,商务印书馆 2009 年版。

张新生、李明芳:《汉语国际教育的终极目标与本土化》,《语言战略研究》2018 年第 6 期。

赵金铭:《对外汉语教学概论》,商务印书馆 2004 年版。

国际汉语教师中华文化传播能力培养模式创新探索[*]

张淑慧　王晖　李霞[**]

摘　要：在海外从事汉语国际推广所需的中华文化传播能力，本质上是一种实践能力、执行能力、应用能力。因此，在面向国际汉语师资的该项能力的培养中，应突出主体性、应用性教学理念，实行应用性和实践性为特色的培养模式。充分利用学校及社会资源，为汉语国际教育硕士创造培养文化传播能力的应用和实践平台，培养其从事中华文化传播所需的公关能力、组织能力、应变能力等，从而使其具备从事汉语推广工作时中华文化传播所需的各项实践能力。

关键词：国际汉语教师；中华文化传播；培养模式创新

一　问题的提出

《全日制汉语国际教育硕士专业学位研究生指导性培养方案》中指出，本专业学位培养目标为"主要培养具有熟练的汉语作为第二语言教学技能和良好的文化传播技能、跨文化交际能力，适应汉语国际推广工作，胜任多种教学任务的高层次、应用型、复合型、国际化专门人才"。其培养要求中明确提出获得本专业学位的研究生要"具有较高的中华文化素养和传播能力"。中华文化的文化素养是"以'文化知识'的累积为基础，经过吸收、内化、融通的过程，最后形成体现在一个人身上的文化知识、能力、气质和精神"（王学松，2011）。而中华文化的传播能力则是外在的践行能

---

[*] 本文系 2017 汉考国际科研基金项目（CTI2017B09）、山东省研究生教育质量提升计划项目（SDYJG19053、SDYAL19054）、青岛市教育科学"十三五"规划 2020 年度项目（QJK135C1225）、青岛大学教研项目（QDYAL18002）的研究成果。

[**] 张淑慧、王晖、李霞，青岛大学国际教育学院。

力,表现为跨文化的交际能力和文化传播所需的实践能力。

在面向海外汉语教学与中华文化传播所需的国际汉语师资的培养中,"中华文化素养"与"中华文化传播能力"两方面缺一不可(曹霞 2012,杨丽姣 2012)。通过对国内汉语国际师资的文化类的培养课程、培养内容的考察与分析,我们发现了以下两个方面的问题。

(一)文化类课程设置失衡

我们搜集了国内 24 所本专业硕士培养院校的文化类课程目录,通过统计与对比可见,在开设的文化类课程中(参见表1),除了"中华文化与跨文化交际"必修课,均开设了其他文化类选修课,文化类课程的重要性得到充分体现。这些课程 90% 以上是文化知识类的文化素养课程,知识理论内容多,而中华文化传播能力相关的文化实践型、文化应用型课程严重缺乏,存在两类课程的比例失衡问题,这直接导致了师资培养中"文化传播能力"培养的缺失,中华文化传播所需的实践和应用能力培养不足。

表 1　　　　　　　　　文化类课程情况列表

培养方案课程	个别增开课程
中国文化与跨文化交际	国际汉学研究
中华文化技能	中国民俗专题
当代中国概况	哲学原理
中国思想史	中外文化交流
礼仪与公共关系	文化原典导读
国别与地域文化	外语人文经典选读
国际政治与经济专题	世界文学、外国文学
	中国文学鉴赏
	中国古代文学、当代文学
	中国古典诗词鉴赏研究

(二)中华文化"知识素养"与"传播能力"培养的失衡

从以上对文化类课程设置的分析可见,在国际汉语师资的培养中,"中华文化知识素养"与"中华文化传播能力"也存在相应的失衡问题,前者优于后者，除了"中华才艺"课程，教学方式和培养模式多局限于课堂讲授、讨论式互动等形式，缺乏实践型、应用型的教学，这将导致国际汉语师资从事中华文化传播所需的公关能力、组织能力、应变能力等践行能力不能得到充分的培养和提高。

总之，与汉语国际教育硕士应用型、复合型人才培养目标相适应，文化类课程设置与培养模式应该凸显应用和实践特色，不仅重视"中华文化知识素养"的培养，更需要通过培养模式的创新，实现"中华文化传播能力"的培养，切实提高中华文化海外传播的效率。

二 中华文化传播能力培养模式创新探索

（一）革新培养理念与文化教学体系

以中华文化素养与中华文化国际传播能力的培养为核心目标，借鉴"体验学习、合作学习、探究性学习"等国外先进教学理念和手段，搭建中华文化教学实践平台和基地，革新培养理念与文化教学体系。

在面向国际汉语师资的中华文化教学体系的革新与建设上，我们遵循如图1所示的教学改革原则与理念，中华文化传播能力的实践型、应用型培养主要体现在以下四个方面：

1. 凸显中华文化在跨文化环境下传播实践能力的培养目标。
2. 突出应用和实践为特色的培养模式。
3. 充分利用社会资源创造培养文化传播能力的应用和实践平台。
4. 贯彻任务教学法，突出学生主体性、应用性教学理念。

（二）以实践为主导、以体验为特色，创建多元文化课程体系

改革传统"理论知识占主导"的课程系统，凸显跨文化交际能力培养目标，将本专业硕士文化课程的建设与其他学历、非学历留学生文化课程建立衔接机制，扩展文化类课程的选修类型，面向研究生、本科生、非学历语言生3个层次，建构了"才艺型、体验型、跨文化交流型、理论型"4大课程模块，形成了"文化实践、文化体验"为特色的课程体系。

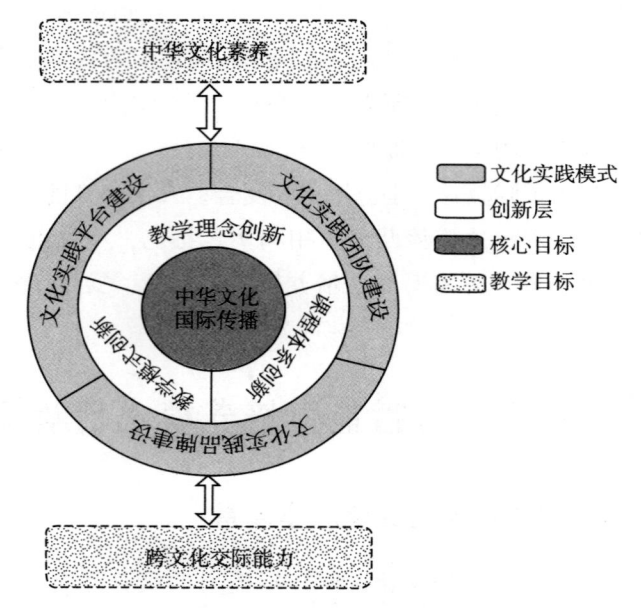

图1 培养理念与文化教学体系的创新

表2　文化课程分类表

课程模块	具体课程	课程层次	备注
才艺型	功夫课（含太极拳）、舞龙舞狮课、书法课、国画课、古琴课、*传统手工艺课	研究生 本科生 语言生	研究生独立开课 *为研究生专设课程 #含戏剧、民俗表演、高跷、秧歌等。
体验型	茶艺课、中国电影欣赏课、中国传统音乐欣赏课、#中国社会与文化体验课		
跨文化交流型	中外文化交流活动课、*跨文化交际课		
理论型	国学课、*当代中国、*中华传统文化专题课		

（三）应用国外先进教学方法与手段，创建"2+3"教学模式

革新"知识型、课堂灌输型"的单一化的传统文化教学模式，将"任务型教学法"（Task-based Approach）（罗德·埃利斯，2016）、"体演文化教学法"（Performed Culture Approach）（吴克伟，2010）2种先进教学法与"合作学习、体验学习、探究性学习"（靳洪刚，2011）3种教学手段相结合，构建了"2+3"实践型文化教学模式（见图2），提高了文

化教学效果。

图 2 "2+3" 实践型文化教学模式示意图

（四）创建"三位一体"的文化教学实践体系运作机制

建立"文化课程→文化俱乐部→文化实践活动"相结合的"三位一体"的文化教学运作机制，保证了新型文化教学体系的高效、良性运转。具体见图 3。

图 3 "三位一体"的文化教学实践体系运作机制

本专业硕士根据个人兴趣选择和参加各类文化课程，课上学习各种文化才艺、文化知识；课后加入文化主题俱乐部，中外学生一起强化文化兴趣、拓展文化才艺、进行文化互动交流；以俱乐部为单位，策划、组织、参加各种文化实践活动。"三位一体"的文化教学体系运作机制，将"课上与课后""课堂与社会""所学与应用""理论与实践"建立了系统化、程序化的有机联系，极大提高了文化教学的效率和水平，提高了本专业硕士的中华文化传播能力，得到了师生的一致好评。

三 实践型、应用型培养模式的效果分析

文化课程、教学模式、文化实践教学体系的建设与实施,建构了实践型、应用型的文化传播能力培养模式,实现了本专业硕士作为国际汉语师资所需的中华文化素养与中华文化传播能力的培养。

(一) 文化传播实践能力培养方面

在培养模式创新实施过程中,为突出中华文化传播能力与跨文化交际能力的培养,我们通过"建平台、组团队、创品牌",创建了"应用与实践"为特色的文化传播实践体系,开展了一系列文化传播主题活动,并取得了很好的培养效果。

1. 文化传播实践平台建设方面

走出校园,与社会团体和单位建立合作关系,搭建文化教学实践平台,为留学生提供进行中华文化实践、体验中国社会文化,与市民进行文化互动交流、进行跨文化交际的机会;打造开放性文化实践基地,进行文化考察和实践。具体见表3。

表3　　　　　　　　文化传播实践平台建设情况

	合作单位	实践平台	开展活动	社会反响
2010年10月	青岛市文化艺术产业孵化基地	建立"跨文化交流文化实践基地"	举办第三届"国际文化艺术节"	报社、电视台
2010年5月	青岛老年大学	建立留学生文化实践交流关系	组织留学生参观、交流、互动活动	报社、新闻网
2012年9月	云南大益茶道院	建立茶文化合作交流关系	开办"青岛大学中外研究生茶道班"	新闻网
2013年11月	青岛茶皇会	建立"茶文化实践基地"	开办留学生茶文化体验课	网络
2013年12月	红宇敬老院	举办社会公益活动	走访敬老院、慰问关爱老人	青岛电视台、《青岛日报》
自2008年起	劈柴院、青岛博物馆、青岛啤酒博物馆、台东茶叶市场、民俗文化街等	开放性文化实践基地	组织留学生进行参观、访问、交流、考察等	报社、电视台

2. 文化传播实践团队建设方面

在负责老师的监督和指导下，由本专业中、外生源硕士创建"中华文化主题俱乐部"，吸收各国留学生、中国学生根据各自兴趣加入。各俱乐部由学生自行制定章程和规定，并以俱乐部为单位，与青岛大学学生团体 SICA 合作，共同参与和负责策划、组织、实施一系列不同主题的社会文化活动、中国文化推广活动。

3. 文化传播实践品牌建设方面

吸收青岛市外商以及其他外国友人参与，与市民互动，以俱乐部为单位，组织留学生进行中外跨文化交流与体验，打造文化实践活动品牌。具体见表 4。

表 4　　　　　　　　文化教学实践活动品牌建设情况

文化实践活动主要品牌	具体内容	举办情况
国际文化艺术节	与市民、政府、公司、电视台等合作，举办中外美食、文艺节目表演、中外文化交流互动	自 2008 年第一届，至 2017 年连续举办 10 届
参与国家级赛事	国家汉办、孔子学院"汉语桥"中文比赛。 教育部"留动中国"九州赛。 培养和展示留学生文化才艺、文化交际能力	2011 年至今共参加三届"汉语桥"中文比赛；2013 年参加首届流动中国比赛
社会公益活动	与青岛公益团体、青岛日报、青岛新闻生活广播 FM97.3 等社会单位合作，组织留学生联合举办关爱老人社会公益活动	大爱无疆·青岛高校留学生关爱老年人公益活动启动仪式；关爱老人·走进红宇敬老院；"关爱高龄老人·大家一起行动·《牵挂》走进敬老院"活动
新年文艺晚会	以俱乐部为单位，由中外学生联合策划、组织、实施中外文化交流、中华才艺展示	每年一届，已举办 10 届
青岛大学运动会开幕式文化演出	组织舞龙舞狮方队、功夫方队、民俗方队、传统才艺方队（京剧、变脸、武术、踩高跷、胶东秧歌等），进行文化才艺展示和表演	每年春季学期举办
中国社会文化考察活动	组织留学生参观和考察中医院、博物馆、老年大学、茶馆、劈柴院、台东、文化市场等，进行文化体验，与市民进行跨文化交流	每学期组织相关活动

自 2009 年至今，共有近两百名国内生源、一百多名国外生源（来自

近20个国家）的汉语国际教育硕士作为国际汉语教师志愿者被派往世界各地孔子学院、大中小学等从事汉语国际推广和中华文化国际传播工作；此外，来自世界各国的留学生，回国后成为中华文化国际传播的使者，从事中国茶、中国功夫等中国文化的传播与交流工作。

此外，我们对培养模式创新相关成果进行了总结，"面向留学生的中华文化国际传播与体验项目建设"获全国高校校园文化建设优秀成果奖优秀奖（2012）；"面向留学生的中华文化体验项目建设"获山东省高校校园文化建设优秀成果奖二等奖（2012）；"中华文化国际传播背景下的高校留学生文化课程体系改革与创新研究"获山东省教育科学研究优秀成果奖二等奖、山东省第八届高等教育省级教学成果奖二等奖（2018）。

总之，"实践型""应用型"培养理念与模式的实施、相关文化传播实践品牌活动的开展，使作为国际汉语教师的本专业硕士从事中华文化传播所需的公关能力、组织能力、应变能力等得到了充分实践和培养，取得了很好的培养效果。

（二）科研应用和支撑方面

为更好促进国际汉语师资文化传播能力培养模式的创新，我们对相关内容进行了研究和探索，分别成功申报了"山东省高校研究生教育创新计划项目"（2011）、"山东省'十二五'语言文字应用科研项目"（2014）、"山东省教育科学研究项目"（2015）、"山东省导师能力提升项目"（2017）、"青岛大学研究生教育创新计划项目"（2016）等研究课题，并出版了本专业硕士文化课程教材《中国文化与跨文化交际》（商务印书馆，2017），一系列研究课题的开展有力促进了该培养模式的创建与实施。

在已有研究的基础上，我们参加了第十一届世界汉语教学大会（2011）、第十一届国际汉语教学学术研讨会（2013）、全国汉语国际教育人才培养论坛（2012、2013）等会议，就汉语国际推广背景下的"中华文化国际传播"问题，与处于国际教育一线的专家与学者进行了交流，并得到了一致好评。

（三）社会反响方面

该培养模式实施过程中，一系列文化品牌活动的打造和开展，建立了与社会团体和单位的有效合作机制，提供和搭建了中外跨文化交流的更广阔的空间和平台，使得文化品牌活动"走出校园、走进社会"，促进了中外学生、青岛市外商与青岛市民的中外文化交流与互动，增进了青岛市民与世界各国人民之间的了解和友谊，得到了诸多媒体的关注和报道，如青岛电视台都市频道、《半岛都市报》《青岛早报》《青岛晚报》、中国网等，提升了城市文明，也为青岛市文化事业以及城市国际形象的推广做出了积极贡献。

参考文献

曹霞：《浅论汉语国际教育专业硕士文化素养的培养》，《国际汉语教育人才培养论丛》（第三辑），北京大学出版社 2012 年版。

汉语国际教育专业硕士教学指导委员会网站，http：//www.mtcsol.org/node_11243.htm；专业说明网站，http：//www.moe.edu.cn/edoas/website18/67/info36367.htm。

靳洪刚：《现代语言教学的十大原则》，《世界汉语教学》2011 年第 1 期。

［新西兰］罗德·埃利斯：《任务型教学法新理念与国际汉语教学》，外语教学与研究出版社 2016 年版。

王学松：《再论汉语国际教育硕士专业学位研究生的文化知识和文化素养》，《国际汉语教育人才培养论丛》（第二辑），北京大学出版社 2011 年版。

吴伟克：《体演文化教学法》，湖北教育出版社 2010 年版。

杨丽姣：《汉语国际教育硕士跨文化能力培养试析》，《国际汉语教育人才培养论丛》（第三辑），北京大学出版社 2012 年版。

谈谈汉语国际教育硕士专业
学位论文选题的问题

柯航[*]

摘　要：教指委为汉语国际教育硕士学位论文写作提出了相关要求和规范，本文回顾了教指委文件跟学位论文选题有关的内容，分析了五大论文形式的要求和规范，指出现阶段典型案例分析和教学实验报告论文形式偏少。本文还分析了七大类常见选题形式，可供选题参考。

关键词：汉语国际教育；学位论文；选题；论文写作

一　权威文件中的汉硕学位论文选题

汉语国际教育硕士专业学位是与国际汉语教师职业相衔接的专业学位，主要培养具有汉语作为第二语言或外语教学技能的人才，同时要具有良好的文化传播技能、跨文化交际能力，胜任多种汉语教学任务，属于高层次、应用型、复合型、国际化专门人才。该学位是在国际汉语教育事业和孔子学院蓬勃发展的大背景下应运而生的专业学位，是我国特有的专业学位类型。2009 年，有关专业学位教育指导委员会组织专家制定了《全日制汉语国际教育硕士专业学位研究生指导性培养方案》[①]，建议汉硕学位论文选题应紧密结合汉语国际教育实践，要有应用价值。关于学位论文形式，也给出了专题研究、调研报告、教学实验报告、典型案例分析、教学设计等五种形式。

---

[*] 柯航，北京师范大学国际中文教育学院。

[①] 本文提到的四个文件《全日制汉语国际教育硕士专业学位研究生指导性培养方案》《全日制汉语国际教育硕士专业学位外国留学生指导性培养方案》《汉语国际教育硕士专业学位基本要求》《汉语国际教育硕士专业学位论文撰写指导性意见》，均来自《2017 年国务院学位办审核增列 37 所汉语国际教育专业学位授权点研究生培养工作培训文件资料汇编》。

为了加强汉硕外国留学生的培养工作,全国汉语国际教育硕士专业学位教育指导委员会在 2010 年发布了《全日制汉语国际教育硕士专业学位外国留学生指导性培养方案》。该方案对留学生的学位论文撰写提了一些指导性意见,如学位论文必须用中文撰写,学位论文选题应紧密结合汉语国际教育实践,有应用价值。学位论文内容相较国内研究生略有变化,强调应以针对本国学生的教学实验报告、教学典型案例分析、教学设计为主。值得注意的是,这里没有提及"专题研究、调研报告",应该是有降低留学生学位论文难度的用意,不过从我们的论文写作指导实践来看,以专题研究和调研报告的形式出现的汉硕留学生学位论文并不在少数。

为进一步促进本专业学位论文工作的规范,教指委又发布了《汉语国际教育硕士专业学位基本要求》,指出获取该学位应该具备的基本素养、应该掌握的基本知识、应该具备的基本能力等。该文件强调,学位论文的目的是通过与研究相关的调查、观察、实验、设计、分析、文献搜集整理及撰写等工作,使攻读该学位的学生进一步掌握并综合运用所学知识,增强汉语作为第二语言/外语教学技能、中华文化传播技能和跨文化交际能力。该文件在学位论文的选题要求方面提了几条建议,即学位论文选题应当紧密结合国际汉语教育实践,要具有明确的应用价值,体现学生综合运用相关学科理论、方法和技术解决实际问题的能力。这里说的国际汉语教育实践,包括汉语作为第二语言/外语教学、中华文化传播、跨文化交际及汉语国际推广等。

在另一个文件《汉语国际教育硕士专业学位论文撰写指导性意见》中,对论文选题的指导性意见与此基本相同,稍有不同的是提出了更为具体的选题要求,比如选题应该基于国际汉语教育或推广实践的基本问题,应该力求关注国际汉语教育实践的前沿问题;论文成果应该具有明确的社会效益或应用价值;此外还强调了论文选题要有新意。

二 选题的五种学位论文形式

2009 年,教指委组织专家制定了《全日制汉语国际教育硕士专业学位研究生指导性培养方案》,对汉硕专业论文有较为明确的指导性意见,把学位论文形式划分为专题研究、调研报告、教学实验报告、典型案例分析、教学设计 5 种。不过,从现有的发表论文来看,这五种学位论文的形式具有极大的不平衡性。

首先是专题研究，它指的是从汉语国际教育学科的某一个专题入手，深入而细致地研究。专题研究的特点是研究范围不大，但是要求有理论深度，要认真掌握已有的重要研究成果，对所研究的问题要有细致描写，密切联系相关理论，在此基础上得出新的看法和结论。常见的专题包括汉语教学法、汉语习得、跨文化交际、课程设计、教材分析、本体（语音、汉字、词汇、语法等）、教学资源、学习环境、教师发展、语言测试等。专题研究形式的汉硕论文占比最多，综合马燕华（2020）、冷凌飞（2019）、郭任昕（2020）等人的统计来看，专题研究类的论文占比约70%。专题研究在汉语国际教育学科成立之前就有成熟的研究范式和路径，指导教师对此比较熟悉，可能正是因为这种路径依赖，在强调面向课堂、面向教学的汉语国际教育领域，以专题研究为形式的学位论文仍然占到了过于夸张的比重。此类选题极为常见，本文就不赘举例了。

其次是调研报告。有时汉语国际教育中的某项教学实践情况需要进行深入调查，摸清问题的来龙去脉，还需要结合相关政策和规定，形成比较可行、具有较高参考价值的建议。把这类调查结果和参考建议总结成文，就是调研报告。调研报告时效性比较强，有时需要处理教育实践中遇到的亟待解决的重大问题，比如教材编写和修改、教材使用情况、教师培训和发展、课程设置和调整等，均具有重要的反馈和指导意义。该类型的论文也比较多，综合郭任昕（2020）等人的数据来看，约占20%。典型的题目如《首尔阳川区CPIK项目汉语教学情况调研报告》《重庆耀中国际学校汉语教学现状调研报告》《罗马尼亚埃琳娜·库扎国立中学儿童汉语教学情况调研报告》《秘鲁天主教大学孔院汉语直播课中网络工具应用的调研报告》等。

再次是教学实验报告。教学实验是一种人为控制且有效果对比的教学活动，研究者根据既定的教学目标，设立多个条件相同的教学平行组，使用不同的教学方法或教材进行教学，对教学受试者施加不同影响。在此过程中，研究人员需要深入观察，详细记录教学中的变量以及因为变量调整而产生的效果差异。把上述教学实验过程写下来，分析变量与教学效果之间的因果关系，得出相应结论，总结成文，这就是教学实验报告。国际汉语教育属于第二语言教学，虽然已经有了很多常规且成熟的教学方法，但国际上还有很多新的方法可以借鉴，年轻教师在借鉴的基础上也可以自创新的教学方法，新方法能否有效提升汉语教学效率，就需要进行教学实验进行对照验证。此外，教材开发也需要教学实验，尤其是有些大型汉语教材，有可能需要面向全世界推广，在推广之前，更有必要做这种教学实验，否则浪费人力物力是小事，贻误国际汉语教育大业非同小可。然而遗憾的是，教学实验报告在国际汉语教育硕士学位论文中非常少，尚不足1%。本形式下的典型题目如《字理识字教学法在对外汉语教学中的应用》《多模态教学模式在对外汉语教学中的应用研究》《多模态教学在对外汉语听力课中的应用与研究》等。

下面谈谈典型案例分析。汉语教学中的典型案例分析通常是以教学者或学习者为观察对象，以课堂教学、跨文化交际、文化传播等为研究内容，通过一系列真实而又典型的教学素材，对教学情境进行详细观察和描述，全面反映出该教学实践的过程，最后结合相关理论，总结其成功原因和有待改进之处。典型案例分析有利于汉语教学者回顾、总结教学过程和得失，可以重新认识和反思教学，内化自己对相关教学理论的掌握和运用，从而可以切实提高教学的理论水平和教学水平。典型案例分析对学习者也有良好的借鉴作用。通常来说，案例分析叙事较多，里面包含大量的课堂教学细节，而要从纷繁的细节中结合相关理论进行分析实属不易。对于传统学科，要把教学中的典型案例写成硕士学位论文，可能会认为不像论文，有点小题大做。也许正是因为这个缘故，以典型案例分析作为汉硕学位论文的比较少。有的高校因为有经验丰富的指导教师特意推行，所以有少数学生选择该种形式的论文，常见的题目有《某国本土汉语学习成功人士案例研究》，通过深入调研一个汉语学习成功者的个人经验，在典型案例分析这种学位论文写作范式方面做了有益探索（马燕华 2020）。其他题目还有《基于多元智能理论的华裔儿童线上"一对一"汉字教学案例分析》《拉脱维亚初级汉语课堂管理案例分析》《非语言交际在对外汉语教学中的案例分析》等。

最后说说国际汉语教育的教学设计。教学设计需要根据课程标准的要求和教学对象的特点，将教学所涉及的关键要素做出合理安排，为将要进行的课堂教学拟订合适的教学方案，内容包括课堂教学目标、教学重点难点、教学方法、教学步骤与时间分配等。对于国际汉语课堂教学来说，教学设计是把第二语言教学的原理转化为教学材料和教学活动相结合的计划，要遵循教学过程的一般规律，根据教学对象的特点，拟定适合他们的教学目标，这样教师才能清楚地定位这堂课的教学内容和重点。教学设计是以系统方法为指导，汉语教学的各要素应该看成一个系统，教师在拟定教学设计之前，要分析每一堂课中的教学问题和需求，找到教学中的重点和难点，利于学习者掌握教学要点，使课堂的教学效果达到最佳。总之，合理的教学设计可以帮助学习者获得知识和技能，提升学习者的学习效率和兴趣，它是国际汉语教育技术的重要组成部分。目前学位论文中的教学设计占比不是很大，从前面提到的数据综合来看，还不到总数的10%。本类形式下的典型选题有：《基于产出导向法的对外汉语初级综合课教学设计》《基于多模态教学模式的对外汉语初级口语教学设计》《对外汉语中级综合课〈历史伟人孔子〉线上教学设计》等。

从以上分析我们可以看到，教指委所推荐的五种学位论文的形式在教学实践中出现了极大的不平衡性，专题研究占比达70%，调研报告占比约20%，教学设计占比接近10%，而典型案例分析和教学实验报告加起来约占1%。国际汉语教育是一门面向课堂、面向教学实践的新学科，而跟教学密切相关的典型案例分析和教学实验报告在汉硕学位论文中占比过低。

三　常见选题类型

教指委的系列文件里提到汉硕论文选题的地方都比较宽泛，没有做统一规定。比如《汉语国际教育硕士专业学位论文撰写指导性意见》里面提到，"论文应紧密结合国际汉语教育实践进行选题且具有一定的应用价值，体现研究生综合运用科学理论、方法和技术解决实际问题的能力。国际汉语教育实践，既包括汉语作为第二语言/外语教学，还包括中华文化传播、跨文化交际等"。《全日制汉语国际教育硕士专业学位研究生指导性培养方案》提到"研究生要通过实习实践为学位论文选题和完成创造条件，学位论文选题应紧密结合汉语国际教育实践"，并强调选题"应基于国际汉语教育或推广实践的基本问题""应力求关注国际汉语教育实践的前沿问题""论文成果应具有明确的社会效益或应用价值"。但究竟应该选什么内容作为论文的研究选题，这个就需要各培养单位及指导教师来因地制宜地设计了。选题分类目前暂时没有统一标准，我们主要参考马燕华（2020）、于欣可（2022）、蔡丽萍（2019）、郭任昕（2020）等几家的研究，大致分为 7 类：课堂教学、教材、教师发展与汉硕培养、汉语习得与偏误、汉语本体、文化传播与跨文化交际、语言测试。

（一）课堂教学

课堂教学是汉语教学最基本的教育手段，是教师引导学生习得语言知识、提升语言技能的过程。研究课堂教学对于国际汉语教育来说非常重要，有助于教师反思教育过程中的经验和得失，在吸纳相关教学理论的过程中，提升自身理论素养，从而达到提升教学水平的效果。从课堂教学的过程来看，选题可以包括课程设计、语言要素教学（含语音、汉字、词汇、语法等）、语言技能教学（含精读、口语、听力、阅读、写作等）、课堂管理、教学法、教学设计、文化教学等。以下选题均来自知网，可供参考：

课程设计	对外汉语中国传统"家风"文化选修课程设计 对外汉语初级阶段语言要素微课设计 缅甸东枝兴华学校"汉语课"课程设计研究
语言要素教学	CHIPROT 在汉语语音教学中的应用研究 "纟"部字偏误分析及对外汉字教学策略研究 对外汉语成语教学研究 构式"不 X 也得 X"及其对外汉语教学策略研究
语言技能教学	基于交互理论的海外儿童线上一对一初级汉语综合课教学策略研究 思维导图在产出导向型汉语口语教学中的应用研究 基于图式理论的对外汉语初级听力教学研究 产出导向法在中级汉语写作教学中的应用研究 基于图式理论的中级汉语阅读课语块教学研究
课堂管理	缅甸云华师范学院华裔儿童线上汉语课堂问题行为研究 泰国小学汉语课堂问题行为分析及对策研究 英国中小学线上汉语教学课堂管理案例分析
教学法	情境教学法在科摩罗中学汉语教学中的实践研究 情境教学法在对外汉语动物类成语教学中的应用研究 蒙古国汉语辅助课教学模式探索
教学设计	蒙古国预科生汉语动量词网络课程教学设计 多模态视角下对泰初级汉语在线教学设计研究 对外汉语语法微课的教学设计研究
文化教学	吉尔吉斯斯坦孔子学院本土教师课堂中国文化教学现状 美国密苏里大学孔子学院中华文化活动研究 艾因夏姆斯大学文化课教学现状及对策研究

（二）教材

"教材是教师教学和学生学习所依据的材料……在教学活动的四大环节中，教材占有很重要的地位"（刘珣，2000）。国际汉语教育是一个庞大的学科，教材种类极其丰富，大致可以从课程类型、水平等级、学习者特点等方面来分类。初中级汉语教学一般分综合课、听力、阅读、写作、口语等课程，进入中高级阶段，还会增加相应的文化、汉字、文学、历史等方面的课程。因此以教材为研究对象的论文不但要细分课程，还要注意区分学习者的汉语水平，有的时候甚至需要区分学习者的语言文化背景。各选题我们举例如下：

综合课教材	《魅力汉语》（中级）课文研究 《发展汉语》综合教材中新闻类课文的选篇情况及教学研究
口语教材	辽宁省高校汉语口语教材使用现状调查研究 《汉语会话301句》与《开门！中国语》对比研究
听力教材	对外汉语初级听力教材语料选择的分析与研究 基于"5C标准"的三部中级商务汉语听说教材比较研究
阅读教材	中级汉语阅读教材《科普汉语阅读》研究 基于图式理论的初级汉语综合教材对比研究
写作教材	高级汉语写作教材范文选用比较研究 语篇视角下的对外汉语中级写作教材研究
其他	汉语国际教育中的系统型中华文化教材之考察 对外汉语教学中中医养生文化辅助教材设计 汉语教材的趣味性研究

（三）教师发展与汉硕培养

教师应该终身学习，汉语教师也不例外，这是教师专业的内在需要，是汉语教师事业不断进步的动力所在。汉语国际教育专业本身是一门比较新的学科，教师队伍中有相当一部分是从传统的语言文学专业和外国语言文学专业转过来的，他们所受的教育与汉语教育这个实践性特别强的专业的要求还是有一定的距离。而且因为学科发展需要，有时候还需要吸纳一些历史、文化、经贸等学科的教师，他们在汉语教育理论和实践方面的知识也亟须补充和提高。此外，国际上有关教师发展的新理论和新观念不断推陈出新，即使是科班出身的专业教师，也有必要了解国际研究前沿保持。因此，汉语国际教育方面的教师培训一直是国内各高校比较重视的一项工作，也是论文写作的一个热点。汉语国际教育硕士的培养目标是让他们成为合格的汉语教师，他们中的大多数人都会参与到国际汉语教育实践中去，不少汉硕还远赴国外，以志愿者的身份进入一线汉语教学，因此他们也可以被看作浅资历的汉语教师。有关选题举例如下：

- 基于线上汉语教学实习的新手教师教学能力发展研究
- 赴泰汉语教师志愿者有效教学决策认知调查研究
- 跨文化交际视阈下韩国孔子学院汉语教师志愿者专业化发展研究
- 菲律宾宿务地区公立中学本土汉语教师教学现状调查
- 泰国中小学本土汉语教师现状与发展策略研究
- 对外汉语新手教师实践性知识发展的自我叙事探究
- 外语专业背景的国际汉语教师个人实践性知识探究：教师生活史视角
- 匈牙利孔院汉语教师专业发展现状调查研究
- 国际汉语教师的中国文化价值观传播情况调查

（四）汉语习得与偏误

语言习得是学习者在特定的语言环境中，通过多种学习手段和方法，逐渐掌握一种语言的过程。在语言习得过程中，学习者由于受到母语影响，难免会出现某种形式的偏误，所以有的研究者会把这种偏误跟习得过程结合起来一起研究。而当我们要分析某个语言要素的偏误形式背后的原因，往往也离不开借鉴语言习得理论。正是因为习得和偏误之间存在这种有机联系，不少论文题目也是习得和偏误并举，所以本文也就把二者放到一起了。该论题下的典型选题如下：

- 吉尔吉斯斯坦学生汉语否定副词习得偏误分析
- 中高级阶段柬埔寨学习者汉语排他性语义习得
- 中级汉语水平蒙古国学生汉语声调习得实验研究
- 蒙古国学生现代汉语"才"和"就"习得偏误研究
- 中级汉语学习者口语语篇指称衔接手段习得研究
- 泰国汉语学习者副词"都"的习得研究
- 非洲留学生汉语轻声习得的实验语音学研究

（五）汉语本体

在汉语教学实践过程中，学习者总会遇到跟汉语本体有关的问题，有些问题甚至是现有语言学界本体研究所没有关注过的或者讨论不够透彻的，事实上，汉语教学界为汉语本体研究提供了大量研究启发。此外，很多汉语教师原来也都从事汉语本体研究，因此本体方面的选题也比较容易受到重视。本体方面的选题分类和举例如下：

语音	莫桑比克学生普通话声母习得偏误和实验分析 泰国学生汉语元音偏误声学实验分析
汉字	新标准下韩国初级综合汉语教材汉字分析 《新HSK词汇大纲》中"土"部汉字的隐喻和转喻研究
词汇	面向第二语言教学的现代汉语三音节词语研究 反义词"苦"和"甜"的不对称及其对外汉语教学研究
语法	面向泰国中小学的汉语比较句教学研究 现代汉语近义绝对程度副词辨析
语用	对外汉语教材中的言语行为分析 俄罗斯留学生汉语礼貌语使用情况调查研究
语义	基于语料库的近义词搭配研究 汉语区别词的语义逻辑性及其对外汉语教学研究
篇章	韩国留学生汉语写作语篇衔接问题研究 中高级韩国学生记叙文中话题链使用情况研究

（六）文化传播与跨文化交际

语言和文化密不可分，语言是文化的载体，甚至可以说，学习一门语言，最终是学习另一种文化。汉语国际教育本质上是中华文化走向世界的体现，汉语教学也是展示中华文化的过程。而当两个来自不同文化的学习者，都是用汉语来交流的时候，他们其实是在跨过各自的文化障碍而交际。有关文化传播和跨文化交际的选题举例如下：

文化传播	文化内容短视频在对外汉语教学的应用研究 吉林地域文化在汉语国际教育中的应用研究
跨文化交际	泰国对外汉语教学中的跨文化交际障碍研究 来华留学生文化移情能力的培养研究
文化对比	跨文化交流视角下中越禁忌文化对比及教学研究 中泰中学课堂文化对比及汉语课堂启示

（七）语言测试

语言测试是语言学习过程中，采用一定标准来测量学习者学习成效的一种手段，可以帮助我们获得学习者的习得反馈，及时调整下一阶段的教学安排，有利于语言学习者在既定的学习时间取得最大成效。根据语言测试的用途、评分方法、命题方法等，语言测试也可以划分出很多种类，其中每一个种类都值得从不同角度做新的探索。有关分类和选题举例如下：

课程测试	卢旺达初级汉语成绩测试研究 泰国初中汉语综合课成绩测试现状调查与研究
水平测试	新 HSK 阅读输入材料的语段分析 泰国汉语水平测试体系构建研究
练习	《中级汉语阅读教程》练习设置研究 老挝汉语综合课课外作业效果研究
测试对比	新汉语水平考试与日本"中国语检定考试"的比较研究 新 HSK 六级与新托福听力测试对比研究

四 结语

教指委所发布的系列文件对汉语国际教育教育硕士专业学位论文的指导工作提供了全方位的指导意见，规定学位论文可以是专题研究、调研报告、教学实验报告、典型案例分析、教学设计五种形式，而留学生的学位论文则没有提到"专业研究"和"调研报告"。从论文指导实践来看，五大论文形式之间存在极大的不平衡性，"专题研究"论文过多，"典型案例分析"和"教学实验报告"则过少。

教指委系列文件对汉语国际教育专业硕士学位论文选题也提出了相关意见，比如应当紧密结合国际汉语教育实践，要具有明确的应用价值，体现学生综合运用相关学科理论、方法和技术解决实际问题的能力等。我们结合前人的研究成果和已经发表的硕士学位论文题目，把学位论文选题划分为七大类，分别是课堂教学，教材，教师发展与汉硕培养，汉语习得与偏误，汉语本体，文化传播与跨文化交际，语言测试。每个大类下面还可以划分若干小类，对汉语国际教育专业硕士研究生选题有一定的参考意义。

参考文献

蔡丽萍：《全国汉语国际教育专业硕士学位论文选题研究》，硕士学位论文，四川外国语大学，2019年。

郭任昕：《汉语国际教育专业硕士学位论文选题研究》，硕士学位论文，云南大学，2020年。

冷凌飞：《汉硕教学类学位论文选题调查研究》，硕士学位论文，江西师范大学，2019年。

刘弘、杨喆：《汉语国际教育学术型硕士与专业型硕士学位论文选题之比较研究》，《海外华文教育》2013年第3期。

刘珣：《对外汉语教育学引论》，北京语言大学出版社2007年版。

马燕华：《论汉语国际教育专业硕士学位论文选题特点与可拓展之空间》，《海外华文教育》2020年第4期。

亓海峰：《国际汉语教育硕士学位论文选题和研究方法调查分析》，《云南师范大学学报》（对外汉语教育与研究版）2015年第1期。

杨冬：《汉语国际教育专业硕士学位选题研究》，硕士学位论文，黑龙江大学，2019年。

于欣可：《汉语国际教育专业留学生硕士学位论文选题调查研究》，硕士学位论文，吉林外国语大学，2022年。

课程建设篇

"国际汉语教学理论"的课程设计与实施

陈敬玺[*]

摘　要：本文认为"国际汉语教学理论"这一门核心课程的内容设置和具体实施必须体现整合与提升学生对本专业的认知、培养学生从事国际汉语教学的基本能力这一双重目标。为此，我们将其设置在入学后的第一学期，教学内容包括理论介绍和模拟实践两个板块，课时比例为 2∶1。理论板块由"总论""第二语言教学法流派""第二语言习得理论基础""国际汉语教学总流程"和"国际汉语教学与中华文化传播"五个专题构成。模拟实践则由小组集体备课、说课、演示和点评四个环节组成。培养实践证明，这样的设置和实施基本上起到了课程的核心、引领作用。

关键词：汉语国际教育；国际汉语教学理论；课程设置；模拟实践

"汉语国际教育专业硕士学位"（MTCSOL）项目旨在"培养具有系统扎实的汉语基础知识和中国文化功底，有熟练的汉语作为第二语言的教学技能，有较强的外语口语和跨文化交际能力，能胜任多种类型国际汉语推广工作的高层次、应用性、复合型汉语国际教育专门人才"。于是，如何帮助学生尽快获得汉语作为第二语言教学的基础知识和基本技能，就成为本项目课程设置与教学过程中的一个首要问题。

本文基于西北大学近十年汉语国际教育专业硕士培养工作的经验，对"国际汉语教学理论"这一门核心课程在整合与提升学生汉语作为第二语言教学的基础知识和基本技能过程中的做法进行一些总结和反思。

---

[*] 陈敬玺，西北大学。

一　三大课程群与"国际汉语教学"课程

基于教指委的指导性意见和本校的实际教学条件，西北大学的"汉语国际教育专业硕士学位"（MTCSOL）培养方案将其学习课程分成三大类别：（1）核心课程；（2）拓展课程；（3）训练课程。

核心课程包括公共课和学位课。公共课包括政治和外语，学位课则包括国际汉语教学理论、第二语言习得理论、国际汉语课堂教学案例分析、中国文化概论、英语国家文化基础和跨文化交际与中外文化比较六门课程。前三门课程旨在帮助学生获得与提升汉语作为第二语言教学的知识和技能，后三门旨在引导学生深入了解中外文化知识并获得必要的跨文化交际技能。

拓展课程包括教学、文化、教育管理三类。教学类拓展课程有汉语语言要素专题、汉外语言对比研究、国际汉语教材分析与编写、国际汉语测试与评估、现代语言教育技术等。文化类拓展课程有中华文化传播与跨文化交际、中外礼仪等。教学管理类拓展课程包括教育心理学专题和教育学专题。

训练课程也分为三类：教学实践、文化语用和论文写作。教学实践类有教学调查与分析、课堂观察与实践。文化语用类有中华文化技能、陕西文化才艺、汉语文化与汉语语用。论文写作类即应用语言学学术论文写作。

三大类别的课程又可以重组为三个课程群：语言技能、教学理论与实践和文化与跨文化交际。主要由国际汉语教学基础理论与教学实践组成的第二个课程群对于本专业学位人才的培养是最为至关重要的，因为进入本专业培养点的学生大多是应届本科毕业生，基本上没有相关的教学理论积淀和教学经验准备。如何在有限的时间内，帮助他们获得汉语作为第二语言教学的基本理论素养和课堂教学经验，自然成为我们培养工作的重点和难点。

"国际汉语教学理论与实践"课程群在核心、拓展、训练三类课程中都有渗透：核心课程里有国际汉语教学理论、第二语言习得理论和国际汉语课堂教学案例分析三门，拓展课程里有国际汉语教材分析与编写、国际汉语教学测试与评估和现代语言教育技术三门，训练课程里则有教学调查与分析和课堂观察与实践两门。在所有的八门课程里,"国际汉语教学理论"无疑占据着核心和关键的位置:不仅在整个课程群里而且在三门核心课程中都担当着"引领"和"开路"的角色。本课程的教学设计和实施,对于本专业硕士学位生的专业能力培养无疑具有"一票否决"和"一荣俱荣"的作用。

二 "国际汉语教学理论"课程的内容设置

从最初的"对外汉语教学理论"到现在的"国际汉语教学理论",我们一直秉承"引领""开路"和"理论与实践结合"的理念对本课程的教学内容与课时数目进行设置。具体做法为:(1)课程优先在第一个学期开设,占2个学分和36个学时;(2)内容包括"理论原理"和"教学实践"两个部分,课时比例为2:1,即理论24个学时,实践12个学时;(3)"理论"部分由5个专题构成,"实践"部分由两个模块组成。

"理论原理"的五个专题为:(1)"总论";(2)"第二语言教学法流派";(3)"第二语言习得基础";(4)"国际汉语教学的流程";(5)"国际汉语教学与中华文化传播"。"教学实践"的两个模块为:(1)"课堂教学观察";(2)"小组备课和说课、讲课"。

"总论"针对三个问题:(1)作为事业的"对外汉语教学"与"国际汉语教学";(2)作为学科的"对外汉语教学"与"汉语国际教育";(3)作为研究领域的"汉语作为第二语言教学"。第一个问题涉及汉代至新中国成立前的"对外汉语教学"历程与成立后的"对外(国际)汉语教学"事业。七十年的"对外(国际)汉语教学"事业分解成三个阶段:(1)前30年的"艰难起步";(2)中间20年的"蓬勃发展";(3)最近20年的"走向世界"。历史的回顾有助于树立和增强学生的自豪感、使命感和责任意识。

第二个问题旨在确立学生的学科意识和国际视野,学习内容包括两个方面:(1)学科的发展历程;(2)学科的理论基础。对学科发展历程的考察分为三个阶段:(1)1984年以前"没有番号的游击队";(2)1984年的"对外汉语教学"学科;(3)2012年的"汉语国际教育"综合学科。对学科理论基础的分析分为四个方面:(1)语言学基础;(2)教育学基础;(3)心理学基础;(4)文化学基础。

第三个问题针对第二语言教学与国际汉语教学的研究领域，学习内容包括：（1）第二语言教学的性质、特点与研究领域；（2）汉语作为第二语言（国际汉语教学）的性质、特点与研究领域。这些内容的梳理和探讨有助于培养学生发现问题、分析问题与解决问题的教学研究能力。

"第二语言教学法流派"与"第二语言习得基础"是对第二语言"教与学"的方法、原理之简要介绍，旨在为其后开设的"国际汉语教学法"与"第二语言习得理论"课程进行一种铺垫和准备。"第二语言教学法流派"对历史上出现的西方外语教学法做出一个梳理，以便在国际汉语教学过程中借鉴使用其中的有效方法与技巧。为此，我们以第二次世界大战为分界点将历史上的外语教学法分解为"传统的教学法"和"现代的教学法"。以"言语技能"为培养目标的"传统教学法"，我们重点介绍三种：语法翻译法、直接法和听说法。以"交际能力"为培养目标的"现代教学法"，我们依据"交际"和"认知"的线索对功能—意念法、交际法、任务型教学法与认知教学法进行重点介绍。通过对这些教学法的背景介绍和优缺点分析，逐步引导学生对"在什么阶段、针对什么样的学生可以借鉴使用哪一种方法"的问题与"结构""功能"和"文化"相结合的国际汉语教学理念和原则有一个切身的认识和理解。

"第二语言习得基础"通过对世界第二语言习得研究成果的介绍和分析促成学生对第二语言学习与获得过程和原理的理解，培养其自觉践行"学习者中心"的语言教学理念。教学内容包括"第一语言习得原理"和"第二语言习得原理"两个部分。前者聚焦于对语言习得过程的介绍与习得行为的解释，包括行为主义、心灵主义、功能主义和心理语言学的观点。后者包括第二语言习得的概念界定和特点介绍与习得行为和过程的解释（或者研究方法），包括语言对比分析（CA）、语言习得偏误分析（EA）、塞林克的中介语（Interlanguage）理论、克拉申的"输入"理论和舒曼的"文化适应"理论。

"汉语作为第二语言（国际汉语）的教学流程"包括总体设计、教材编选、课堂教学和测试评估四大环节。"总体设计"部分的教学目标是引导学生学习和了解相关的课程标准与教学大纲，尤其是《国际汉语教师标准》《国际汉语能力标准》《国际汉语通用课程大纲》与《汉语水平等级大纲》《汉语语法等级大纲》《汉语水平词汇与汉字等级大纲》。"教材编选"部分的教学目标是引导学生理解国际汉语教材编写与选择的原则

(即"适合于特定该教学语境",包括交际、实用、科学、趣味等要求),掌握语言教材分析的基本思路与具体方法。"课堂教学"部分旨在通过对教学内容、原则、方法、技巧的介绍,引导学生进行备课与撰写教案的实际训练,为同步进行的模拟课堂教学做好前期准备。"测试评估"部分旨在通过对测评理论(包括测试目的、作用、种类)的介绍学习和具体案例(包括对新旧HSK、YCT与新旧BCT等汉语考试)的分析讨论,帮助学生掌握现代测试理念和方法,进而指导他们进行诊断性测验和成就性考试的命题练习。专题学习训练之后即开始为期六周的模拟课堂教学实践。

"国际汉语教学与中华文化传播"涉及两大内容:(1)"文化与跨文化交际"(即三大"国家标准"中对文化的要求);(2)"国际汉语教学中的文化因素"。前者包括对文化差异与文化障碍、跨文化交际意识和能力的认知和训练,后者则聚焦于语言教学中的"文化渗入"与"中国国情"的教学方法与技巧。

通过五个专题的学习与训练,学生对国际汉语教学的事业、学科、研究领域与教学流程、教学内容,对第二语言教学的研究领域、教学方法和教学原理都有了一个基本的了解和体验,接下来的任务便是国际汉语课堂教学的模拟实践了。

"教学实践"包括两个模块:(1)"课堂教学观察";(2)"小组备课和说课、讲课"。第一个模块在校内的国际交流学院和区内两个教育实习基地里进行,通过随堂听课和课后讨论引导学生对国际汉语课堂教学获得一种实际体认。第二个模块在课内进行,通过小组备课、说课和讲课同学、教师讨论点评使学生对国际汉语课堂教学有一种实际的感受与体验。"教学实践"的结果评定与"理论原理"的考试结果与其构成学生该课程的成绩。

在完成了本课程的"引领"和"开路"角色之后,我们又设置了三个途径来提升学生的国际汉语教学理论素养与实践能力。其一,开设第二语言习得理论、国际汉语教学法与微课教学设计与实施三门支撑性课程。其二,组织学生到国内的教学实习基地或者通过国家汉办汉语教师志愿者项目在海外教学机构完成国际汉语教学的实训培养。其三,通过毕业(学位)论文的开题、研究和撰写、答辩,引导学生对国际汉语教学的理论原理、实践经验与行动研究进行整理和升华,提高他们理论与实践相结合的素养与能力。

三　课程实施九年之后的反思

"国际汉语教学理论"课程已经在九届学生里面完成了教学实施，取得了预期的成效。不过，"如何在有限的时间内培养出学生的国际汉语教学理论素养与实践能力？"依然是摆在我们面前的一大困境。具体来讲就是三个方面的问题。（1）如何能够让学生获得足够的国际汉语教学实践机会？（2）如何有效地帮助学生通过"国际汉语教师资格证"考试和国际汉语教师志愿者项目的选拔考试？（3）如何引导学生将国际汉语教学课程学习、教学实习和教学研究（学位论文写作）结合起来？

为了解决第一个问题，我们努力开拓区内和境外的实习渠道。目前，我们已经建成区内基地三个：西安博爱国际学校、新汉唐教育集团和韩国三星西安基地。我们又精心组织和选拔合适的学生参加国家汉办的国际汉语教师志愿者项目，每一年都有二三十位学生通过选拔而到本校主办的两所孔子学院或者作为普通志愿者在境外完成为期一年的教学实习工作。

解决第二个问题做法包括两点：（1）在课程（包括"国际汉语教学理论""国际汉语教学法"和"国际汉语课堂观察"等）学习过程之中渗透相关的内容；（2）组织具有针对性的"国际汉语教师资格证考试"和"国际汉语教师志愿者选拔考试"考前培训。目前，"汉考国际"的西北地区考点已经在本校正式设立。

对于第三个问题，我们主要是在论文的选题和审查中做出相应的规定，包括：（1）论文的选题必须紧密结合汉语国际教育教学的实际情况，围绕国际汉语教学和中国文化推广过程中出现的具体问题；（2）论文的基本思路必须是"发现问题—分析问题—解决问题"，论文形式可以是专题研究、调研报告、教学实验报告，也可以是典型案例分析、教学设计等；（3）提倡就某一个具体的教学问题而进行理论探讨和教学设计。从每一届毕业生中评选出来的优秀论文基本上都体现了这样的要求。

国际汉语教学事业方兴未艾，汉语国际教育专业硕士的培养工作也还在探索阶段，希望我们在"国际汉语教学理论"课程上的探索与努力能够对此有所助益。

参考文献

陈敬玺：《国际汉语语言交际能力培养论》，人民出版社 2018 年版。
刘珣：《对外汉语教育学引论》，北京语言大学出版社 2000 年版。
张西平：《世界汉语教育史》，商务印书馆 2009 年版。
赵金铭：《对外汉语教学概论》，商务印书馆 2005 年版。
周小兵：《对外汉语教学导论》，商务印书馆 2010 年版。

对设置"汉字与文化"为汉语国际教育硕士专业必修课程的思考

高慧宜[*]

摘　要：目前至少已有 64 所高校为汉语国际教育硕士专业学位研究生培养单位，共同承担着培养汉语师资的任务；隶属于教育学类的汉语国际教育硕士专业课程的设置一直以来都是各培养单位的一项重要任务。从专业培养目标、专业素养等多方面而言，有必要开设"汉字与文化"作为专业必修课程，其教学内容及教学模式应别具一格，目的在于提高学生的专业素养，为文化自信助力。

关键词：汉语国际教育；专业必修课程；汉字与文化

一　引言

2007 年 5 月，国务院学位委员会办公室下达《关于开展汉语国际教育硕士专业学位教育试点工作和推荐全国汉语国际教育硕士专业学位教育指导委员会委员人选的通知》，批准了北京大学、北京师范大学、北京语言大学、复旦大学、华东师范大学等 25 所研究生培养单位开展汉语国际教育硕士专业学位的教育试点工作；2009 年 6 月，国务院学位委员会办公室下达了《关于批准新增法律硕士等类别专业学位研究生培养单位的通知》，批准了中国传媒大学、中央民族大学、厦门大学、福建师范大学等 39 所院校新增为汉语国际教育硕士专业学位研究生培养单位；据不完全统计，到 2018 年已经有 130 所高校成为汉语国际教育硕士的培养单位，共同承担培养具备扎实的汉语言知识、具备较高中华文化素养和传播能力、具备熟练的汉语作为第二语言教学技能的汉语师资任务；属于教育学门类的汉语国际教育硕士专业课程的研究与设置一直以来都是各培养单位

---

[*] 高慧宜，华东师范大学国际汉语文化学院。

的一项重要任务。

语言教学是紧密围绕语言要素来进行的，汉语教学自然也不例外。汉语教学既要重视语音、词汇和语法的教学，还要重视汉字的教学。不过汉字教学技能的培养如果仅仅只是满足于对汉字形音义的书写和记忆，那是远远不够的。汉字除了是记录汉语的书写符号，本身还是一种有别于其他记录语言的书写符号，即汉字在造字之初即被赋予了特殊的含义，而且之后的选字组词绝大多数又都与汉字本身的形音义有着极大的关联，汉字既是中国千年的文化，又是中国千年文化的承载物，可以说汉字是中华文化的烙印，是中国文化的活化石。以汉字追溯中国文化、从汉字入手研究中国文化、研究以汉字传承的中国文化一直以来都是一项极有意义的工程，可以说汉字与文化间的关系已经成为汉语国际教育视野下不容忽视的一大问题。

当今世界正处于文化交流的全新时代，传播中国优秀传统文化成为汉语教师义不容辞的重要任务。汉语国际教育硕士专业的学生，作为未来从事汉语教学、传播中国文化的主力军，理所应当要坚持文化自信，而文化自信必须基于对中华优秀传统文化的学习和了解。在汉语语言教学实践中，了解并掌握一定的汉字与文化的关系，能更加娴熟地驾驭汉语教学；在中外文化交流的过程中，了解并掌握一定的汉字与文化的关系，能深入浅出地释读中国文化，准确地传递中国文化信息。

二 "汉字与文化"课程的专业独特性

"汉字与文化"并非新事物，不过汉语国际教育视野之下的"汉字与文化"课程却应有其独特性。"汉字与文化"作为汉语国际教育专业的一门专业课程，既要有别于语言四要素教学中的汉字教学（主要以教授汉语学习者如何尽快、准确掌握汉字作为记录语言的工具等为主要目的），又有别于针对汉字进行的学术研究，如汉字构形学（主要任务是"探讨汉字的形体依一定的理据构成和演变的规律"）、汉字字体学（研究"汉字字体风格特征和演变规律"）、汉字字源学（"研究探讨形源的规律和汉字最初构形方式"）、汉字文化学（"既要研究汉字个体字符构形和总体构形系统所携带的文化信息"，又要"观察它与其他文化事项的关系")。①"汉字与文化"课程应该是就汉字研究领域中的汉字与文化的联系的研究成果，进行有针对性的选择，构建一定的课程框架，通过教学的形式把研究的成果有机地融入教学领域的一门专业课程。这是一门不仅要"授人以鱼"，而且要"授人以渔"的汉语国际教育专硕的专业必修课程。

"汉字与文化"课程的独特性与汉语国际教育专业有着极为直接的联系。

首先，汉语国际教育硕士专业的学生文化背景多元化。目前全国大多数学校的汉语国际教育硕士专业的学生可以简单地一分为二，即中国学生（未来的汉语教师）和外国学生（未来的本土汉语教师）。来自世界各国的外国学生的多元化文化背景无须赘述。就专业背景而言，并非所有中国学生的本科专业都是汉语国际教育（当然，本科就开设汉字与文化相关课程的院校并不多），或相关专业如中文专业；而且越来越多的非本专业的学生也积极参与了攻读国际汉语教育硕士学位的行列中。参差不齐的学生专业背景注定了汉语基础知识、汉语教学技能和中华文化相关知识的学习毫无疑问成为不容忽视的重要目标。

其次，汉语国际教育硕士专业的学习年限相对较短。汉语国际教育专业学位要求学生全日制在校攻读学位，学习年限一般为3年（其中专业课程学习时间1年，教学实习1年，撰写毕业论文时间1年，例如华东师范大学）；也有学习年限为2年；但与同等学力学位的其他专业相比，汉语国际教育专硕学生在校的专业课程学习时间较短，学业压力较大，学习担子较重。针对这种情况，"汉字与文化"课程的教学内容和教学模式毫无疑问也受到了挑战。

三 "汉字与文化"的课程内容及模式

目前汉字与文化的研究已取得颇多成果，《汉字文化综论》②《中国汉字文化大观》③ 等都是极有启发意义的汉字文化论著。《汉字文化综论》

---

① 王宁：《汉字构形学导论》，商务印书馆2015年版，第2—4页。
② 何九盈等主编：《中国汉字文化大观》，北京大学出版社1995年版。
③ 刘志基：《汉字文化综论》，广西教育出版社1996年版。

还从单字、字组和字系的角度深入研究了一些汉字与文化的联系，并提供了严谨的探究汉字与相关文化的方法。"《中国汉字文化大观》是一部兼有学术研究和工具书作用的雅俗共赏的读物，力图吸收最新研究成果，系统地、科学地展示汉字的文化功能、价值及其在文化史上的崇高地位"[①]，"对汉字的历史和特征，对以汉字为载体的辉煌文明，对汉字的研究和教学，有较系统的介绍、论述"[②]；不过《中国汉字文化大观》上篇较偏重于对一些汉字本体研究成果归纳，包含了汉字的起源、汉字形体的演变、书写形式、印刷、编排等，还涉及了汉字研究的一些新思路，其中的大多数内容当然也会不同程度地呈现在汉语国际教育的专业必修课"汉语语言学"的课程中。《中国汉字文化大观》下篇以"字里乾坤"统领丰富的汉字文化内容，包括了汉字与兄弟民族文字、汉字在国外的流传和改造、汉字与文学艺术、汉字与农工商、汉字与兵法吏、汉字与衣食住行、汉字与动物、植物等。但就专业背景不一、专业学时捉襟见肘的汉语国际教育专硕生而言，洋洋洒洒的《中国汉字文化大观》内容过于精深，也稍显宽泛；从具体的汉字出发来理解与汉字相关的当今文化事项的事例尚显不足。可以说，至今尚无一本完全符合汉语国际教育专业"汉字与文化"课程的教材。"汉字与文化"作为专业课程自然与汉字研究各领域的成果是不可分割的，尤其是汉语国际教育视野下的"汉字与文化"的相关内容还没达成共识的、完整的教学体系时，"汉字与文化"的课程框架以及内容安排等都有待开发研究。

在此以"礼"字为例，谈谈对"汉字与文化"课程的一些浅见，以期达到抛砖引玉的目的。

《说文》："礼，履也。所以事神致福也。从示。"（以下引文如未标出处，皆出自《说文》——作者按）从字形上可知，"示"字部与祭祀活动相关，自古以来祭祀活动必遵循相关礼制。

自"夏传子，家天下"（宋·王应麟《三字经》），"溥天之下，莫非王土，率土之滨，莫非王臣"[③]的封建社会，无不严格遵从"礼"制。

"神不歆非类，民不祀非族"（《左传·僖公十年》），通过祭祀活动，

---

① 何九盈等主编：《中国汉字文化大观》，北京大学出版社1995年版，第5页。
② 何九盈等主编：《中国汉字文化大观》，北京大学出版社1995年版，第11页。
③ （宋）朱熹集传：《诗经》，上海古籍出版社2013年版，第286页。

"分封制"和"宗法制"得以不断加强；所谓国有国法，家有家规，严格的等级制度和宗族的凝聚力也愈发得到巩固。时至今日，华人在海外依旧喜欢扎堆、抱团、互帮互助也就有源可溯。

"封，爵诸侯之土也。从之，从土，从寸，守其制度也。公侯，百里；伯，七十里；子男，五十里。"诸侯封地为国，大夫封地为家，故而为"国家"。

"国，邦也。从囗，从或。"

"邑，国也。从囗；先王之制，尊卑有大小，从卪。"

一个"囗"（围），形象生动地展现了汉民族自古就喜类聚、好自律、持自卫的生活态度。

同时，从囗、国、围、邑的字形还可知"囗"作为城墙的防御功能和意义。"墙"毫无疑问是汉民族历来保护自己隐私、不干涉他人私事的一道防线和底线；也是中国最为传统的防御工事。

墙，外见于长城，御敌守国、保家卫国：

"秦皇帝得天下，恐不能守，发边戍，筑长城，修关梁，设障塞，具传车，置边吏。"（西汉·刘安《淮南子》卷十二）

"自周衰，戎狄错居泾渭之北。及秦始皇攘却戎狄，筑长城，界中国，然西不过临洮。"①

"秦筑长城比铁牢，蕃戎不敢过临洮。"（唐·汪遵《咏长城》）

墙，内可见于城墙，城池就是城墙和护城河保卫着的、民众赖以生存的一方土地。

小到一户人家，一堵围墙即可划分清楚"门前雪"与"瓦上霜"；欲探听别人隐私即为"听墙根"，害怕"隔墙有耳"就是担心隐私泄露；"红杏出墙"直指逾越规矩之有夫之妇。四壁之内的人可为"家人"，再到"家族""本家"；还有"亲家""仇家""行家""专家"……家有隐私、私产，进而也就不难理解"家"用作量词，如"一家商店""一家医院"等。

"礼"是礼制，亦即"规矩"。

"不以规矩，不能成方员。"（宋·朱熹《孟子集注》）

---

① （汉）班固撰，张传玺主编：《汉书（传世经典文白对照）》，三秦出版社2004年版，第1717页。

书写汉字方块字也须遵循规矩,"九宫格"即是范式:"学书宜用九宫格摹之,当长肥加倍,尽其笔势而纵之。"①

"凡格本一张,须影过十次乃更易。影写至百纸后,令自临摹,亦必尽百纸。近时有九宫格式,安顿间架结构,最便初学。"②

"家塾习字须用仿本,厂肆翻刻各种,苦无佳者。余为录张茂先《励志》诗,作寸余楷书,写得四纸。虽无九宫格,而分行布白,规矩森严,以坡公笔致,仿欧阳《千字文》结构,取便幼学。"③

通过对"礼"字的溯源,还可知礼节、礼数、礼貌都与"礼"相关;即便是亲朋好友互赠物品的"礼物"(HSK 三级词汇),也需遵循中国人送礼的规矩,知晓送礼的忌讳。

从"礼"字出发,不仅能了解汉语语言教学中相关的词语的来历,也能了解中国人的思维方式,为人处世的原则,言行举止的规范,这对一名汉语教师来说无疑是很有必要的。

综上所述,作为汉语国际教育专业的必修课程,"汉字与文化"在课程内容的安排以及课程教学的模式上至少应该特别关注以下几点:

(一) 课程的针对性

"汉字与文化"作为汉语国际教育专业的一门专业必修课程,有较强的针对性。这里的针对性涵盖两个方面的内容:

其一,针对的对象是汉语国际教育专业的研究生,所以该课程的设置必须符合专业学位的要求,满足该专业的学习需要。课程的设置是以提升学生的专业素养为目标,培养学生的职业使命感和责任感。

其二,课程的内容是从具体的汉字出发,了解汉字与文化之间的联系,借助汉字这一活化石来追溯一脉相承的文化及其演变,了解某些文化事项存在的前因后果,根本目的是对现代文化事项的解读。

(二) 课程的导向性

汉语国际教育硕士生或早或晚都要跨出国门开展汉语语言教学实践活

---

① (清)康有为:《广艺舟双楫》,国学大师网(http://www.guoxuedashi.com)。
② (清)黄之骥:《宏远谟斋家塾程课条录》,国学大师网(http://www.guoxuedashi.com)。
③ (清)恽毓鼎:《澄斋日记》,国学大师网(http://www.guoxuedashi.com)。

动,他们除了单纯教授汉语语言知识,还要让外国人了解中国的传统文化。作为一门与文化相关的课程,课程的内容应具有较强的导向性。当今中外文化不断碰撞,或此消彼长,或相互交融;坚持"民族的才是世界的"这一理念就需要正确引导年轻人对中华优秀传统文化进行深入地了解、正确地释读,并使之成为植根于内心的一种文化积淀和个人素养,唯有如此才能坚定地担当中华优秀传统文化的继承者和传播者,这对个人、对国家和对民族都具有极其重要的意义。

(三) 课程的结构性

中国传统文化博大精深,无论是从深度还是广度上来看,"汉字与文化"相关的内容纷繁复杂、包罗万象。虽然如此,作为一门专业课程,"汉字与文化"课程的内容安排也并非毫无章法,而是要将课程结构的合理性和课程内容的最优化有机地结合在一起,逐步形成汉语国际教育专业"汉字与文化"课程的完整体系,杜绝零星散落式或者百科全书式的教学模式。

(四) 注重课程内容的实用性

中国文化博大精深,但就职业走向和职业目标明确的汉语国际教育专硕生而言,"汉字与文化"课程的内容应该是历久弥新的优秀传统文化、传统习俗和观念,是有利于引导该专业的研究生从汉字的角度准确阐释中国优秀传统文化,梳理自身应该掌握的文化知识体系,为未来的职业生涯打下扎实的文化基础。

(五) 课程教学模式的示范性

浩瀚无垠的中国传统文化内容与学生极为有限的在校学习时限和学生有限的文化知识背景,必定要求"汉字与文化"课程既要教授学生文化知识,还要教授学生如何探求汉字与文化之间的联系的研究方法,即"汉字与文化"课程是一门既要"授人以鱼",也要"授人以渔"的专业必修课程。

四 结语

  2017 年 5 月，华东师范大学国际汉语教师研修基地 2017 级的 32 名汉语国际教育专业硕士生，对全国 33 所大学的汉语国际教育专业硕士课程设置情况进行了调查，其中包括北京大学、北京师范大学、北京语言大学、中国人民大学、北京外国语大学、东北师范大学、南京师范大学、南京大学、上海交通大学、厦门大学、暨南大学、中山大学，调查结果显示当时还鲜有专门开设汉字与文化课程的院校。2018 年 9 月，华东师范大学国际汉语国际文化学院 2018 级的 47 名汉语国际教育专业硕士生又对全国 61 所高校进行了调查，发现至少已有 15 所高校开设了汉字与文化相关的课程。"汉语国际教育硕士专业学位是与国际汉语教师职业相衔接的专业学位。主要培养具有熟练的汉语作为第二语言教学技能和良好的文化传播技能、跨文化交际能力，适应汉语国际推广工作，胜任多种教学任务的高层次、应用型、复合型、国际化专门人才。"[1] 随着国家经济战略发展方向的确立，文化传播、文化交流拥有了更为重要的意义。文化是一个国家、一个民族的灵魂之所在，建设文化强国、提升国家文化软实力、向世界展示中国优秀传统文化需要汉语国际教育专业的学生在文化传播回归到汉语教学中时，充分认识汉字作为汉语语言要素教学之外的文化功能，掌握与汉字相关的中国传统文化。作为中华文化的使者，汉语国际教育专硕生应该坚持中华优秀传统文化，弘扬中华传统文化，增强文化自信，讲好中国故事。

---

[1] 国务院学位办：《全日制汉语国际教育硕士专业学位研究生指导性培养方案》，2009 年。

"汉语+国际+教育" 多维互动课程体系新范式研究[*]

林科　刘阳[**]

摘　要：在汉语国际教育事业迅猛发展的新形势下，以培养国际汉语教师和文化交流传播人才为目标的汉语国际教育专业，也成为国家重视、社会关注和最具国际化特色的热门专业、朝阳专业。着眼于加强汉语国际教育本科专业课程体系建设，整体提升汉语国际教育人才培养质量，本文尝试构建"汉语（语言和文化：教、学和传播什么？）+国际（国内和国外：何地教、学和传播？）+教育（课堂和实践：怎么教、学和传播？）"多维互动课程体系，以推进汉语国际教育课程体系建设优化完善，助力汉语国际教育事业可持续发展。

关键词：汉语国际教育；多维互动；课程体系；课程设置

汉语国际教育专业是指以培养中外籍国际汉语教师和文化交流传播人才为目标的专业，根据教授对象可分为：汉语国际教育本科（中/外籍）、汉语国际教育硕士（中/外籍）、汉语国际教育博士（中/外籍）。本科专业目录中，"汉语国际教育（050103）"归属于文学门类的中国语言文学类；研究生学位目录中，"汉语国际教育（0453）"作为专业硕士学位归为教育学门类；2015年北京语言大学作为全国首家自主增设的"汉语国际教育"二级学科博士点开始招生，自此，汉语国际教育学士、硕士、博士体系初步形成。近年来，汉语国际教育专业实现了跨越式发展，据统计截至2022年，全国已有409所高校开设了汉语国际教育本科专业，196

---

[*] 基金项目：绵阳市哲学社会科学重点研究基地绵阳职业教育研究中心科研项目：后疫情时代推进"中文+职业技能"教育提升高职院校国际化办学水平研究（MZY22C06）。

[**] 林科，绵阳职业技术学院党委办公室、学校办公室。刘阳，绵阳职业技术学院党委学生工作部、学生工作处。

所高校设有汉语国际教育专业硕士点，百余所高校招收对外汉语教学方向硕士，还有数十所高校培养汉语国际教育方向博士[①]，在校学生七万余人。

目前，国内外汉语国际教育人才面临"供需关系"失衡、外派汉语教师和志愿者质量不高等困境，严重制约着汉语国际教育事业的可持续发展。如何突破这些困境需要研究汉语国际教育人才培养的全过程，其中课程体系建设是最为关键的一环。众所周知，课程体系是学生培养的主要载体，也是教学活动的核心内容之一，而课程体系建设是教育的基础性工作，直接关系到学生知识的构建、能力的塑造和素养的提高，确保着人才培养的质量。汉语国际教育课程体系建设是一项长期的、复杂的、系统的、动态的工程。

一 汉语国际教育课程体系建设研究现状

从 20 世纪 90 年代"对外汉语课程体系"提出设计到 2012 年专业更名后，一直到现在关于"汉语国际教育课程体系建设"的研究伴随着该专业发展的全过程，现简要梳理如下：

（一）关于"汉语国际教育课程体系"的研究

邢永革等（2014）分析了汉语国际教育专业在教育部颁发的新旧本科目录中的新变化，及专业计划调整过程中遇到的问题和原因，提出了包括打通学校内部院系间的授课壁垒，谋求多学科合作；提高选修课比例；改革考核办法，评价形式多样化；照顾专业层次性等汉语国际教育本科专业课程体系构建建议。[②] 该文主要基于专业建设和教学实践方面，为汉语国际教育本科专业课程体系的调整打开了思路，提出了自己的建议，但并未就具体的课程建设展开深入讨论。

---

① 各高校设立的对外汉语教学、国际汉语教育、汉语国际推广、汉语国际传播等硕士或博士学位实为同一领域的研究，可统称为汉语国际教育方向的硕士或博士。

② 邢永革、弯淑萍：《汉语国际教育本科专业课程体系构建的思考》，天津市社会科学界联合会：《科学发展·协同创新·共筑梦想——天津市社会科学界第十届学术年会优秀论文集（下）》，天津市社会科学界联合会，2014 年，第 6 页。

王振顶（2011）指出需优化对外汉语专业技能培养与教师职业技能训练，以及注重应用技能型课程与创新研究性选修课程。提出了"一体两翼"课程体系：语言课处于核心位置，体现为中外双语的强化，同时辅以中外文学文化交流知识与技能、教师教育技能与素质的特点。[①] 该文针对对外汉语本科专业教育教学实践中存在的三个突出问题，从人才培养模式的七个方面进行了探讨，对其中课程体系的分析只是点到为止，未能全面阐发。

彭熠（2014）提出基于"第二语言习得理论"和三种"关键传播能力"创新汉语国际推广人才培养的课程体系，并着重讨论从整合专业课程，突出"双语双文化"的专业特点；设置"文化+语言"课程实现汉语国际推广的需求；强化实践性教学，突出高职人才培养的实用性和职业性特征等三方面创新汉语国际推广人才培养模式。[②] 该文围绕"双语双文化"专业特色，重构对外汉语课程体系，提高学生使用英语（或其他语言）进行语言教学与文化传播的能力。但只抓住了能力培养这一方面，未能综合分析知识、素质等人才培养的其他维度。

李国慧（2014）通过对汉语国际教育硕士专业的学科定位及课程体系构架的研究，认为该专业课程体系构建应该体现开放性教学理念、注重知识性内容组合、强化技能性课程设置、突出实践性体系构建及突出跨文化意识整体设计等发展趋向；并讨论了以预备课程为先导，核心课程为基干，操练课程为侧翼，延展课程为补充，加上有效实践环节的"四大模块+一大环节"课程体系构想。[③] 不过，文章并未对每个课程模块中具体课程是什么样的关系、应该怎么分配课时等提出建议。

（二）关于"某一地域、院校汉语国际教育课程体系"的研究

李建宏等（2011）通过对新疆某大学对外汉语专业课程设置的调

[①] 王振顶：《地方高师对外汉语人才培养模式与课程体系的研究与实践》，《教育与教学研究》2011年第1期。

[②] 彭熠：《汉语国际推广人才培养课程体系创新研究与实践》，《湖南大众传媒职业技术学院学报》2014年第6期。

[③] 李国慧：《汉语国际教育硕士课程体系构架》，《语文教学通讯·D刊》（学术刊）2014年第2期。

查分析，提出以人才培养为导向，以加强课程建设为抓手，更新教学理念；确定专业的科学定位、定性；搭建教学平台、优化课程设置、形成科学课程体系，注意课程的整体性、渐进性和连续性，突出实践教学和市场需求导向；以及加快专业化、国际化师资培训进程等改革建议。① 该文最后也指出研究的不足之处，包括没能解决如何分配理论和实践课程、如何挖掘地域与高校潜在课程资源、如何协调共享兄弟院校课程资源等问题。

张如梅（2014）分析了汉语国际教育本科专业课程体系建设需要明确社会需求、专业定位和培养目标的构建原则，紧跟学校的办学特点，强调专业能力，来解决专业定位模糊、培养目标含混、课程设置与社会脱节的问题；通过设计课程模块，构建出课程体系中的语言、文化、文学、专业理论与技能、专业实践 5 个专业课程模块，并提出各模块间及各模块中课程的学分所占比例。② 该文仅归纳总结了某一学院的实践经验，没有具体提出汉语国际教育课程体系建设的实施细则。

朱珠（2015）探讨了在开放教育模式下，以实际运用为导向，以培养汉语教师这一职业需求为目标，构建以英语、计算机为主的预备课程，以对外汉语教学技巧、对外汉语本体知识等为主的核心课程，以偏误分析、跨文化知识学习等为主的拓展课程，以中华才艺展示等为主的素质教育的课程体系，并总结了该体系的优势。③ 该文虽开辟了开放教育模式下本专业课程体系的探索，但也只是构建出课程体系的简单框架，并未形成可供操作的课程建设方案。

孔稚凤等（2016）提出需要结合地域经济社会发展优势和院校特色制定汉语国际教育人才培养目标，利用学分制杠杆，适当提高基础知识、技能类和实践类学分；科学设置课程计划，知识与技能并重，理论与实践结合，注重培养学生的文化知识以及教学能力，注重学生的实习和实践，

---

① 李建宏、范晓玲、剧朝阳、郑茹娟、黄继烈：《新疆高校对外汉语本科专业课程体系改革与建设研究》，《新疆大学学报》（哲学·人文社会科版）2011 年第 4 期。

② 张如梅：《新形势下汉语国际教育本科专业课程体系构建研究——以大理学院为例》，《大理学院学报》2014 年第 7 期。

③ 朱珠：《开放教育模式下汉语国际教育专业课程体系设置——以云南开放大学为例》，《湖北函授大学学报》2015 年第 21 期。

让学生在实践中运用所学知识。① 该文最后也反思了学分制改革尚需深入、管理手段尚需规范和精细等问题，这些问题还有待进一步解决。

（三）关于"汉语国际教育某一课程、技能的课程体系"研究

何建（2015）对开设"古代汉语"课程的必要性和设置思路进行了探索，指出"古代汉语"课程设置应该遵循实用性、知识性等开设原则以及利用探究法、比较法、信息化等教学法进行教学。② 该文着眼于汉语国际教育专业的某一基础必修课，提出了课程体系建设中的子系统构建思路，但未详细介绍该课程开设的时间、跨度、学分、学时以及与其他课程的关系等内容。

王晓平（2016）指出对外汉语教育心理学课程体系的构建需要在教育心理学的基础上，通过教育心理学教师、其他专业课教师以及学生的三方合作，实现教学内容和教学方法的整合，将与对外汉语专业相关的内容纳入其中。③ 该文探索了对外汉语专业某一基础课，提出了对外汉语具体课程建设的设置理念和教学模式，但所涉课程体系探索内容不足。

陈慧（2013）首先提出开设中华才艺课的重要性及其特点，然后分析了中华才艺课设置的现状及其问题，最后提出了中华才艺课程体系建设贯穿于整个本科教学过程，包括以书法、饮食等为主的核心课程，以茶文化、酒文化等相关的辅助课程和以比赛、晚会等形式为主的实践课程，并提出了与之相关的考评模式、实验室建设模式。④ 该文就汉语国际教育本科专业某一技能课程展开了深入研究，充实了这一类型课程体系的研究理论，但未能展现该专业课程体系的全貌。

从现有研究成果看，一方面，已有成果的研究视角涉及"某一地域、

---

① 孔稚凤、朱睿、刘云春：《汉语国际教育专业加强学分制改革，重构课程体系的实践——以成都学院为例》，《亚太教育》2016 年第 1 期。
② 何建：《"古代汉语"在汉语国际教育专业课程体系中的设置》，《内蒙古师范大学学报》（哲学社会科学版）2015 年第 3 期。
③ 王晓平：《对外汉语教育心理学课程体系与教学模式探究》，《黑龙江教育》（高教研究与评估）2016 年第 9 期。
④ 陈慧：《汉语国际教育本科专业中华才艺课程体系研究》，《湖北工业大学学报》2013 年第 6 期。

院校、课程、技能"等诸多方面,提出了注重实践、构建专业特色课程模块、结合院校地域特色设置课程等观点;另一方面,大多数论文限于篇幅或研究视野和能力原因,只是就汉语国际教育课程体系的宏观方面提出了经验性建议,往往流于表面,并未具体指出怎样去实施,也未深入研究课程体系构建的基本理论及其运行规律。本文计划全面梳理汉语国际教育专业发展脉络,并通过问卷调查、个案分析、访谈等渠道,总结某地方院校汉语国际教育本科专业课程体系建设得失,尝试构建该专业新的课程体系,从而促进汉语国际教育本科专业健康发展。

二 "汉语+国际+教育" 多维互动课程体系构建设想

　　作为处于动态发展中的一个新兴专业,虽然学界对 "汉语国际教育" 的内涵及其各个要素的关系认识还不够清晰,不过,从名称上可以看出:"汉语"是汉语国际教育专业的第一个核心词,它应是汉语言文化的集合体,因为汉语是中华文化的重要载体;"国际"是第二个核心词,显示了本专业针对的对象包括国内外人士,面向全世界教、学和传播优秀的中华语言文化;"教育"是第三个核心词,表明该专业培养的人才是从事教育实践和文化传播工作(广义上的教育)。本文尝试以 "汉语+国际+教育" 的互动模式为蓝本,构建 "汉语(语言和文化:教、学和传播什么?)+国际(国内和国外:何地教、学和传播?)+教育(课堂和实践:怎么教、学和传播?)" 多维互动课程体系,对现有的人才培养课程体系进行改进与创新。

　　"汉语+国际+教育" 多维互动课程体系新范式,至少有三个层面的 "互动":"汉语+国际+教育" 三个要素的内在互动、"汉语+国际+教育"单个要素与课程的互动、"汉语+国际+教育" 组合要素与课程的互动。在第一个层面 "汉语+国际+教育" 三个要素的内在互动中:"汉语"(包括中国语言文化)是作为第二语言教学、学习和传播的核心和内容,"国际"是汉语作为第二语言教育、文化交流传播的环境和地域,而 "教育"是汉语学习/教学国际化、文化交流传播的途径和方法。三个要素双双互动后,可以分别形成 "汉语+教育"(汉语教育、传播汉语)、"汉语+国际"(汉语国际化、国际汉语)、"国际+教育"(国际教育、教育国际

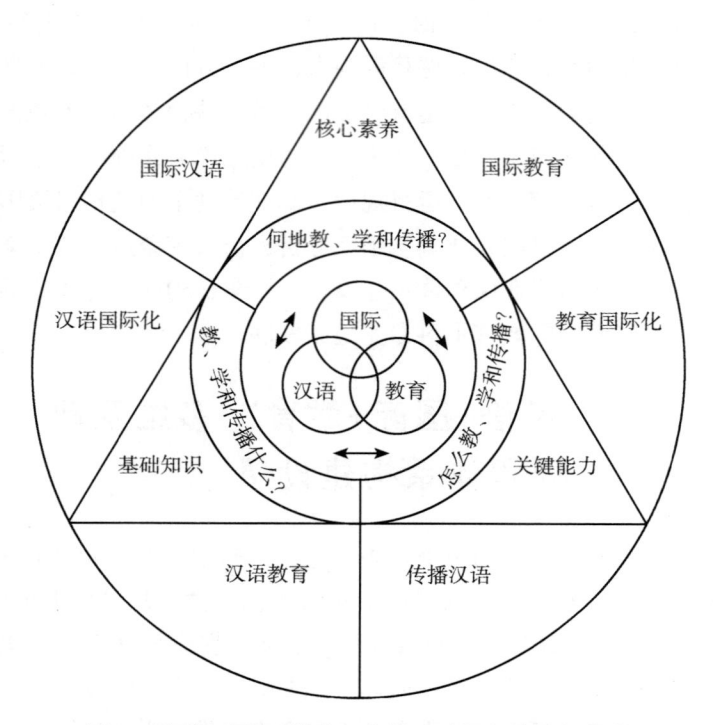

图 1 "汉语+国际+教育" 多维互动课程体系新范式

化）三个组合六个方向。由此，只有当"汉语+国际+教育"三个要素有机结合且形成的"三个组合""六个方向"共同构成一个相互关联的整体时，才能体现汉语国际教育的特色、基本特征和本质属性。

在第二个层面"汉语+国际+教育"单个要素与课程的互动中："汉语+课程"包括汉语言文化及其相关课程，汉语（语言＋文化）类课程——解决"教、学和传播什么"的问题：诠释把握汉语教学本体和汉语国际教育人才的复合性需求，确保中国语言文化类核心课程的开设质量和相关课程群的构建，夯实学生中国语言、文学与文化的基本知识；"国际+课程"包括外国语言文化课程、跨文化交际课程，国际（国内和国外）类课程——解决"何地教、学和传播"的问题：针对国内和国外不同环境，不管是国际汉语教学，还是中外文化交流，都需要突出中外对比以及中华文化海外传播能力；"教育+课程"包括心理学、教学法和文化传播课程，教育（课堂和实践）类课程——解决"怎么教、学和传播"的问题：通过加强教学实践和文化传播等课程，丰富汉语国际教育的实践技能训练，注重推进中华文化海外交流传播。除此之外，还要综合考虑解决"何人教、学和传播""为何教、学和传播"以及"向谁教、学和传播"等问题。

在第三个层面"汉语+国际+教育"组合要素与课程的互动中，"汉语+教育+课程"包括汉语教育和传播汉语相关课程，"汉语+国际+课程"包括汉语国际化和国际汉语相关课程，"国际+教育+课程"包括国际教育和教育国际化相关课程。

"汉语+国际+教育"课程体系中三个层面的多维互动是多层次的、立体化的，主要围绕汉语国际教育人才培养所必需的基础知识（汉语言文化教、学和传播基础知识）、关键能力（汉语言文化教、学和传播方法，教学组织与课堂管理，策划营销与沟通协调）和核心素养（中华文化与跨文化交际、职业道德与专业发展）交互联通构建。

三 "汉语+国际+教育"多维互动课程体系要素阐释

（一）课程目标

统领、贯穿并落实于汉语国际教育本科课程体系其他各要素的课程目标，是指导本专业课程设计和教学实施的必要依据，决定了汉语国际教育本科到底要培养什么样的人才。汉语国际教育本科专业的课程目标是多元复合的：立足于向全世界传播中华优秀语言文化，培养掌握扎实的中外语言文化知识、汉语教学能力、文化交流传播能力和跨文化交际能力，具有较高的人文素养和教师职业素养，有高度责任感和使命感，能从中外不同语言文化视角学习、教授和传播中华优秀文化，能在国内外从事跨文化、跨语种、跨国别汉语言文化教育的应用型、复合型、创新型、国际化人才。

（二）课程结构

课程结构是指课程体系中各种不同类型课程之间的比例关系。课程结构决定了课程目标的实现程度，并为课程内容设置提供基本框架。可根据"汉语+国际+教育"多维互动形成的"三个组合"（汉语类、国际类、教育类）和"六个方向"（汉语教育、传播汉语、汉语国际化、国际汉语、国际教育、教育国际化）来重新架构汉语国际教育本科专业课程结构。汉语类课程包括中华语言文化，是汉语国际教育教、学和传播的核心和内容，主要凸显基础性；国际类课程涵盖国内和国外，是汉语国际教育教、学和传播的环境和地域，主要体现针对性；教育类课程囊括课堂和实践，是汉语国际教育教、学和传播的途径和方法，切实落实实用性。汉语类、国际类和教育类课程是相互交会融通的，需要在实践中不断磨合优化。

图 2　汉语类、国际类、教育类"三元课程结构"

（三）课程内容

课程内容是课程体系的实体。就汉语国际教育本科专业的某一类课程而言，应考虑开设哪些具体学科才能保证未来的汉语教师（其身份还包括中华文化传播者）具备所需的知识、能力和素养。就汉语国际教育的核心课程而言，主要涵盖汉语类（语言文化）、国际类（国内外）、教育类（课程实践）等课程。《国际汉语教师标准》是目前指导汉语国际教育人才培养的重要标准，汉语国际教育本科专业应该主动对接此标准来开设课程。根据"汉语+国际+教育"多维互动课程体系设想，将与《国际汉语教师标准》对接后的汉语国际教育本科专业课程，划分到汉语类、国际类、教育类"三元课程结构"内。以下课程虽被划分到汉语类、国际类、教育类"三元课程结构"内，但彼此并不是无联系的，有很多课程根据分法不同，可归入不同的课程模块中。

1. 汉语类课程：现代/古代汉语、语言学概论、应用语言学、第二语言习得导论、中国古代/中国现代文学、写作、汉字学、中华经典原典导读、国际汉语教师技能训练、中国文化通论、地域特色文化、中华才艺、中国近代史纲要、马克思主义基本原理、毛泽东思想和中国特色社会主义理论体系概论、形势与政策等；

2. 国际类课程：基础英语、英语听说、英语写作、英汉互译、第二外国语、汉外语言对比、国别汉语教学、中西比较文化与跨文化交际、国际形势分析、西方文化概论、世界文学、西方汉学研究等；

3. 教育类课程：汉语国际教育概论、对外汉语课堂教学法（微格）、汉语国际教育热点分析、汉语国际教育信息技术、汉语国际教育资源应用、汉语国际教育心理学、文化交流传播、汉语水平考试（HSK）研究、汉语国际教育系列学术讲座、汉语国际教育实习、汉语国际教育创新创业、毕业论文等。

（四）课程实施

课程实施主要是通过专业课程的教学与实践活动的开展进行的。课程实施是课程体系中承上启下的重要环节和组成部分，可以检验课程编制者所设计的课程方案。汉语国际教育本科专业的课程目标、课程结构及课程内容等通过实施后，可以从中发现问题，及时调整，不断修正完善。汉语国际教育本科专业课程实施应以国际化、应用型、复合型人才培养目标为指导，通过衔接本科和研究生课程一体化，推进人才培养模式一体化改革建设；加强模块化、国际化、特色化课程体系开发；加快实践、科研基地建设和教改科研合作，实现汉语国际教育基地建设的合作与双赢；以研促教、以研促训、教研结合，实现教学、科研、实训三位一体的课程师资队伍建设；更加注重夯实汉语类基础性核心课程，提升教育类实用性方法课程，落实国际类针对性特色课程。

（五）课程评价

课程评价是运用一定的评审标准对整个课程体系作出价值评判，也包括对课程评价实施的再评判。汉语国际教育本科专业课程评价是一个长期工作，至少要以四年为一个周期，应充分征求汉语国际教育领域专家、教师、学生和管理者意见，应考察所有课程是否帮助学生成为有价值的、全面发展的人，是否符合汉语国际教育学科培养目标的要求，是否满足国内外汉语国际教育行业的需求；专业培养目标和规格与全球汉语国际教育事业需求相符度；课程和教学内容设计的合理度；学生通过课程学习后实践能力的提高程度；所学课程对掌握专业知识和技能的帮助度；所学课程对就业帮助程度。评价标准可参考《汉语国际教育专业教学质量标准》《汉语国际教育本科专业介绍》《国际汉语教师标准》（2007 版、2012 版）《国际中文教师专业能力标准》等指导文件，以及《国际汉语教师证书》考试通过率、孔子学院汉语教师志愿者派出率等具体量化指标。开设汉语国际教育本科的地方院校应走出差异化、个性化的汉语国际教育人才培养道路，找准各自定位，编制或注重实用，或注重学术，或注重全面发展的课程体系。

参考文献

汤洪、林科等：《嘤鸣集韵：四川师范大学国际教育学院汉语国际教育专业论文集》，四川师大电子出版社 2015 版。

邓爽、林科：《从狮子山走向世界——我校国际教育事业发展纪实》，《四川师大报》2013 年第 539 期。

吴玥、汤洪、林科：《2012 年中韩语言文学研究与汉语教学国际学术研讨会综述》，《四川师范大学学报》（社会科学版）2013 年第 2 期。

林科：《来川初级汉语水平韩国留学生文化冲突研究》，《绵阳师范学院学报》2016 年第 9 期。

张秦冀、林科：《〈屈辞域外地名与外来文化〉的文化研究转向》，《民族学刊》2017 年第 4 期。

林科：《地方院校汉语国际教育本科专业课程体系建设研究》，硕士学位论文，四川师范大学，2018 年。

林科、刘阳：《汉语国际教育中和谐教学的语言初探》，《四川省干部函授学院学报》2019年第3期。

刘阳、林科：《高等职业院校精准扶贫实践路径研究——基于绵阳职业技术学院扶贫实践》，《新时代职业教育》2021年第4期。

刘阳、林科：《"三全育人"背景下四川红色文化融入高职院校思想政治教育路径研究》，《智库时代》2022第14期。

杜周军、林科、刘阳：《哀牢考述》，《齐齐哈尔大学学报》（哲学社会科学版）2022年第7期。

杜周军、林科、钟乐海：《中华优秀地域文化融入新时代高校思想道德教育研究——以巴蜀文化为例》，《四川轻化工大学学报》（社会科学版）2022年第3期。

杜周军、林科、钟乐海、刘阳：《中华民族共同体视域下哀牢内属研究》，《民族学刊》2022年第5期。

泰国帕瓦纳·菩提坤职业学校汉语课程需求分析

孙红娟　朱志平[*]

摘　要：本文在对泰国帕瓦纳·菩提坤职业学校（BBVC）进行实地考察的基础上，通过对校董会、英语教师的访谈，详细了解了该校的办学理念以及该校学制、生源及汉语课程相关的情况，并据此对该校的汉语课程教学理念、教学内容、教学评价等方面提出了具体的设想，并对汉办立项与派遣教师提出了可实行的建议。

关键词：泰国职业学校；课程需求；汉语学习

一　引言

泰国人民改革委员会通过中联部与国家汉办暨孔子学院总部联系，希望为泰国帕瓦纳·菩提坤职业学校（Bhavana Bodhigun Vocational College，以下简称BBVC）提供汉语课程大纲并派遣汉语教师帮助该校培养职业汉语人才。国家汉办暨孔子学院总部责成北京师范大学汉语文化学院派遣朱志平、孙红娟二人作为汉语课程专家前往泰国进行调研，了解该校开展汉语课程的需求与汉语课程大纲制定的若干事宜。作为对泰国BBVC汉语课程需求分析的调查结果，本文将分四部分来进行阐述：一是基于访谈实地考察分析BBVC汉语课程相关的因素；二是基于校董会、英语教师的访谈分析BBVC汉语课程的需求情况；三是根据调研结果对该校汉语课程设置提出建议。

---

[*] 孙红娟、朱志平，北京师范大学国际中文教育学院。

二 调查的范围、方式与内容

专家朱志平、孙红娟在抵达曼谷后，先后与人民改革委员会主席暨命 BBVC 校董素帖先生及其他 6 位校董负责人进行了深入交谈，并与教育部长进行了会面，以了解 BBVC 的建校宗旨、办学理念、人才培养目标等。为进一步了解学校的办学理念，两位专家前往素叻他尼参观访问萱莫佛寺，并拜见校董之一的帕瓦纳·菩提坤高僧，对学校的办学目标有了更加深入的理解。之后，两位两位专家前往苏梅岛参观校址。在学校，两位专家参加了英语系教师的备课，对英语系的师资情况、教材、教学理念、课时安排有了细致的了解。基于该校职业教育的特点，两位专家还与作为校方合作方之一的苏梅岛洲际酒店高层管理者 Michael Shin 进行了深度交谈，对苏梅岛当地旅游业对汉语人才的需求情况有了较为细致的了解。两位专家根据调研到的结果，对汉语课程的设置从教学理念到课时安排提出了具体可行的建议，征求校董会的意见。经过讨论，董事会基本认同两位专家所做的调研结论与汉语课程建设草案。

三 基于调研对 BBVC 汉语课程相关因素的分析

泰国是 21 世纪海外汉语教学发展较快的国家，中学汉语教学增长尤为迅速，[①] 而此前对泰国汉语教育的研究多集中在中小学阶段，对泰国职业学校中汉语教育的研究几近于零，从这个角度来说，本次调研为泰国职业学校中汉语课程大纲的编制及国际中文教育的推广具有领先的意义。

根据调研的结果，与 BBVC 汉语课程相关的因素可以分成四部分来陈述：（一）BBVC 的建校目标及学校所在地情况分析；（二）BBVC 教学环境分析；（三）BBVC 生源情况分析；（四）BBVC 课程设置情况分析。

（一）BBVC 的建校目标及学校所在地情况分析

基于调查情况，专家组了解到，帕瓦纳·菩提坤是泰国南部素叻他尼

---

① 朱志平：《海外中小学汉语教学课程大纲的设计》，《国际汉语教学研究》2015 年第 2 期。

府萱莫寺的住持，这位高僧曾受教于该寺的创始人菩塔哒高僧，而这所寺院的僧人从创始人菩塔哒到现任住持帕瓦纳·菩提坤都秉持一个重要的佛教理念，就是"克制六根，生活适度，修以了悟"。2015 年，人民改革委员会主席暨命 BBVC 校董素帖先生在萱莫寺修行期间，对该寺高僧的佛教理念深有感悟，在接受这种理念的基础上，决定开办一所职业学校，以此推动泰国教育的改革，特邀该寺高僧加入学校董事会作为校董之一，素帖先生的这一倡议得到了校董会其他成员的赞成，学校也因故命名为帕瓦纳·菩提坤。基于此，这所职业学校将肩负一个三重使命，一是培养泰国的学生入世时秉承佛教"克制六根，生活适度，修以了悟"的理念；二是通过该职业学校的教育和训练，使这些学生成为泰国社会真正需要的职业人才；三是使该校成为泰国教育改革的楷模。

从与校董会的沟通来看，为当地旅游业提供专业的外语人才是帕瓦纳·菩提坤职业学校的培养目标之一，而苏梅岛是一个旅游胜地，在苏梅岛有相当多的相对成熟的旅游业，目前共有 500 家不同档次与规模的酒店，建校此处一是可以远离喧嚣，二是学生可以比较容易得到实习的机会。从专家组与苏梅岛洲际酒店高层管理者 Michael Shin 的研讨中，我们了解到，每年前往苏梅岛度假的中国人目前是 100 万人，每个星期约有 3 万人，绝大多数来自中国的重庆、昆明、广州、南宁等地，因此目前酒店急需会说汉语的从业人员，精通汉语的人才需求市场很大。

（二） BBVC 的学校硬件设施

通过调研，专家组了解到，学校始建于 2016 年 7 月，校园占地约 3 万平方米，计划进一步扩建。在过去的 10 个月里已经完成了一幢学生宿舍楼（计划建 4 幢，每幢可以居住 200 个学生），8 间独栋教师宿舍（计划建 20 间，每间宿舍供一位教师单独使用，含卫生间），以上是目前已具备的居住条件。学校已经建成 2 个大型饭厅，每个饭厅可供 500 人同时用餐（这所学校预计未来将有 1000 名左右的学生同时在校学习生活）。学校计划建一个蓄水池，从山上引泉水供全校师生使用。

从教室条件来看，目前已经建成的教室有 3 类，一类是空旷式的教室，有 3—4 间；一类是封闭带窗的教室，主要用于电脑课程，有 2 个 Mac 电脑教室，10 个台式电脑教室，每间教室安放 20 台电脑；还有一类是可供所有学生学习、聆听讲座或开会学习的开放式教室，可容纳 30 名学生。

从办公条件来看，学校目前有一幢建筑专门作为教师和管理者的办公楼，上下共计 8 间办公室，有 4 间办公室可分别容纳 8 位教师办公，另有 4 间提供给学校的管理者和僧人。

从多媒体教育资源来看，学校设施齐全，条件良好。校园范围内可以自由上网，每名教师配备一台 Macbook，每个学生配备一台 iPad，教师可以直接将教学内容及作业要求直接发送到学生的 iPad 上。

从学校提供的师生生活条件来看，学校将免费为学生和教师提供食宿，学校也开辟菜园和养殖场，尽量做到自给自足。此外，学生的服装、学习用品全部由学校免费提供。任教于该校的汉语教师可以在此免费食宿。

四 基于调研对 BBVC 汉语课程需求的分析

（一）生源情况

目前已经招生 156 人，均由董事会成员亲自面试录取，根据目前了解到的情况，百分之九十以上的学生是初中毕业生，男女生各占一半，年龄在 15 岁左右，多数学生家境贫寒，有的是父母分居，有的是属于留守儿童，学生的基本水准可能低于曼谷等大城市的学生，但在吃苦耐劳方面应该得到一定的培养。学生学过英语，小部分学生有汉语学习经验。在开学前，学生集中在萱莫佛寺接受佛理教育。

（二）学制

目前学校有 2 类学制，一类是 1+2 年的基础汉语，另一类是 1+4 年的汉语精通人才的培养。1+2 年学制中的一年级汉语分三个阶段：第一阶段是基本人际交往听说能力的培养；第二阶段是旅游汉语沟通能力的培养（听说内容要求分开）；第三阶段基础汉语能力综合培养（旅游+基础）。

学制分为两个阶段，3—5 年，前 3 年为职业教育，后 2 年为高层管理人才培养。3 年毕业的是中专生，5 年的是大专生。中专生汉语应该达到比较流利的水平，大专生应该成为精通汉语的专门人才。

（三）课程设置

董事会计划学校开设 7 个专业，分别是外语、酒店、旅游、烹饪、财会、计算机和秘书专业。其中,外语专业包括汉语和英语两个方向,汉语和英语是所有学生三年中的必修课。从 2 年级开始,学生分主修与非主修课程,主修汉语的学生课程要加强,三年学习结束以后,特别优秀的学生可以读大专,在汉语方面继续深造,预计每个主修专业的学生有 20—30 名。

每个学年分 2 个学期,共 36 周,每学期是 18 周课,每周 6 天课程,每节课是 60 分钟。目前,计划英语和汉语每周 8 节课。

(四) 英语课程及其教学方法

英语课程作为与汉语课程并列的外语,目前计划每周 8 个学时,每个学时 60 分钟,学生每天早晨 8:15—9:15 为汉语课,9:15 以后为英语课程。

目前英语课计划使用的教材是英国编写的 open mind,采用的是功能主义教学法的编写思路。全书共分 6 个档次,分为 A1、A2、B1、B2、C1、C2 共 6 册,完全依照《欧洲语言共同参考框架》来设计。

英语课计划开 4 类课程:一是 IT 英语,二是基础英语(英语综合课,含读写),三是 real-life 英语,四是英语听说,听力和口语实际上是在基础英语上的强化课程,每类课各占 2 个课时。

英语的教学理念是以培养学生 critical thinking 能力为出发点,让学生自己建立起对所要学习的内容的思考,产生要表达的愿望。学习要在真实条件下展开,教师要努力为学生提供真实的语境,实行多层次的分组学习,不主张讲解语法,要让学生在使用语言中感悟语法。

英语系目前配有一位课程总监,曾在泰国的国际学校任职超过 20 年;一位系主任,在泰国居住近 15 年,也有比较丰富的国际学校英语教学经验。(笔者建议汉办在 5 位汉语教师中配备一位具有海外二语教学经验的,或在泰国高中有一定工作经历的教师担任主任教师。)

(五) 校董会对汉语课程的需求

从校董会的设想来看,汉语课与英语课设置是一样的,每周 8 节,周一到周六至少每天 1 个小时的课程。

汉语课程分为 2 部分,一部分针对全体学生,在第一年的学习之后,应该可以基本达到与中国人交流的水平;另一部分是选择汉语作为专业的学生（大约 20 人），汉语应该达到流利水平。

校董会希望汉办派遣 2 类教师：一类是汉语教师（至少 5 位）；另一类是烹饪教师，最好懂点儿泰语。同时，校董会提出，汉办可以推荐汉字及汉语学习的相关软件及各种汉语学习资源。

五 基于调研结果对该校汉语课程设置的建议

根据校董会的要求和专家组对该校培养目标的调研结果，我们提出以下有关课程设置的设想与建议。

（一）语言教学理念

该职业学校汉语教学的理念应该如下：
第一，培养交际能力领先，以口语交际为主；
第二，关注跨文化沟通，围绕旅游业展开话题与情境。

（二）语言训练原则

基于校园在苏梅岛的封闭环境，学生可以在一定程度上实现集中、封闭的学习环境；从生源来看，学生的吃苦耐劳精神也会强于其他普通高中的泰国学生，所以对汉语语言训练提出以下两个教学原则：

第一，在"听说领先，读写跟上"的基本原则基础上，采用听、说领先，读跟上，写最后的具体策略。

第二，采用听、说、读、写分项进行的训练（根据内容导向来确定听说读写每一项技能的训练内容）。

（三）教学内容与教学目标的设计

教学内容的安排采用交际沟通为导向的设计原则：
第一，能听懂顾客的要求、抱怨等，如"温开水""冰水""开水""茶"等；第二，能表达基本的人际沟通话语，比如"服务员""可以进来吗""打扫房间"等；第三，能读懂应用指向的语句，如"请勿打扰""帮助""救命""卫生间"等；第四，能通过电脑拼音输入常用的沟通语句；第五，了解说汉语的顾客相关的文化体态方式和行为方式，比如"见面时握手"；了解汉语中某些数字、颜色的禁忌，比如"数字 250"

"黑白搭配"。

(四) 课程和课时安排

由于学校是新办学校，目前一年级学生尚未进校，所以课程及教学的设计会在学生入学后进行调整，这里仅建议第一年的课程安排。从课程方面来说，建议 1 年级设 4 门课程，包括：综合汉语、口语练习、听力练习、中文认读。从课时的角度来说，建议汉语一周 10 节课，未来的烹饪课要用汉语上，这样可以跟英语系的 IT 英语课程取得一个平衡。建议综合汉语 4 节/周，口语课程 2 节/周，听力练习 2 节/周，中文认读 2 节/周。

(五) 教学设计与教学方法

(1) 教学设计建议：建议汉语课分成"综合汉语""听力练习""口语练习""中文认读"四种课型来上。

首先，"综合汉语"包括"基本人际沟通、日常生活中的真实口语"；综合汉语要作为口语课和听力课的基础课程，要设计一定的教学话题引导整个汉语课程的教学导向，口语、听力及中文认读都要围绕综合汉语的教学内容和教学目标展开；

其次，"听力练习"强调能够听懂酒店、饭馆儿中顾客的要求与抱怨；

再次，"口语练习"强调口语表达，保证每个学生都能流利地表达酒店中、饭馆里以及旅行社所需要的基本的人际沟通话语；

最后，"中文认读"建议采用电脑授课，学生要学会认读职业应用所需要的汉字，并且会通过电脑打字书写语句，该课程的内容要与综合课的拼音教学相结合，写汉字只作为书写体验——以汉字的独体字或汉字部件为主。

(2) 教学方法：

首先，"综合汉语"要依据话题范围确定交际任务，根据交际任务来明确每一周课程学生所应该达到的能力目标，在此前提下，来安排具体的教学活动；课堂教学流程要以拼音为主要的书写认读形式，因此课程第一周要重视汉语拼音教学，在学生能掌握拼音的前提下，结合语境学习句型。

其次，"听力练习"课上，听力练习要设计语境，以 PPT 图示导入语境，然后在非图示的情境下练习学生的听力，强调图和语分开；在初级阶段，不提倡用电影或视听说形式上课；听力练习题要采用拼音呈现给学生，听力课不涉及汉字认读。

再次，"口语练习"课上的口语练习可以分为两类，第一类是全体学生都参与的课堂，教师可以通过情景设置、角色扮演等活动帮助学生准确表达；第二类是班级学生分组分时上课：鉴于汉语课程比英语课程增加了两个课时，这两个课时应该放在强化汉语口语表达方面，由于教师人数有限，采用一对一的方式会大大增加汉语教师的工作量，导致教师疲劳，语言教学效果下滑，所以建议口语课必要时分组分时上课，具体操作方法为：将 60 分钟的课程拆分为 4 个时段，每 15 分钟一个时段；学生 4—5 人为一组，每一组的每一个学生在 15 分钟内都要进教室开口向教师说话，不发言的小组在教室外自习。

最后，"中文认读"课上，教师要展示汉字部件和汉字笔顺，强调教授拼音输入和汉字认读。

（六）评估方法

目前语言课程通行的评估方法有两种，一种是形成性评估，另一种是终结性评估。前者关注学习过程中的点滴进步，后者关注学习结束时的最终成果。由于该校职业教育的特点，我们建议该校的汉语课程评估方法将形成性评估和终结性评估相结合，采用以下三种办法来进行评估。

（1）入学测试：教师应当对每一位入学的学生进行面试以及一定的笔试，了解学生入学时的汉语水平。应当设计口语测试卷，测试卷分三档：零起点、初级和中级，鉴于泰国目前绝大多数的初中汉语教学的课时量稀少，2017 年学生入学总体汉语水平预计不会超过初级，建议教师口语测试卷问题要非常具体，比如"打招呼、告别、自我介绍"等。完全不能听或说汉语者为零起点，会简单的基本人际沟通的为初级，除非有到达初中级水平的学生，否则零起点和初级并班上课。

（2）阶段测试：应该分为四类，包括"当日课堂测试、作业布置反馈、周测、单元测试"。

"当日课堂测试"包括两个成绩，一个是指语言教师通过一定的口语问答、游戏活动、竞赛性活动等来评价学生的课堂表现，可以是给个人的，也可以是给小组的，但最终填入个人的成绩单；还有一个是教师对学生在当日课堂表现的成绩。

"作业布置反馈"建议具体做法是，作业以口语作业为主，主要检查学生课后的听说实践情况，主要是语言使用的情况，比如"采访""酒店实践"，学生可以用录音或录像的方式反馈给教师。根据教育部的要求，职业学校一年级学生要开设一定的普高课程，所以除了英语和汉语两门主课照计划开设之外，BBVC 的学生要学习数学、科学、社会科学和生理健康等课程，课程密度较大，所以，课外作业的量要限制，针对二年级学生的课外作业占比可以增加。

建议"周测"要以课堂的形式来进行，对一周所学内容进行检测，每门课的测试不应超过 20 分钟。形式可以采用口语报告的方式，学生可以小组合作，派代表发言。

"单元测"即是在一个话题结束，即 2 周或 3 周结束的时候进行，单元测试应该把口语、听力、认读等结合起来进行测试。

（3）学期测试：每个学期结束的时候进行综合测试。

测试成绩的分布：平时成绩在学习总成绩中不应低于 40%，包括"当日测试和周测"；单元测试在总成绩中不低于 30%；期末测试成绩在总成绩中不高于 30%。

（七）汉语课程与英语课程设计对照表

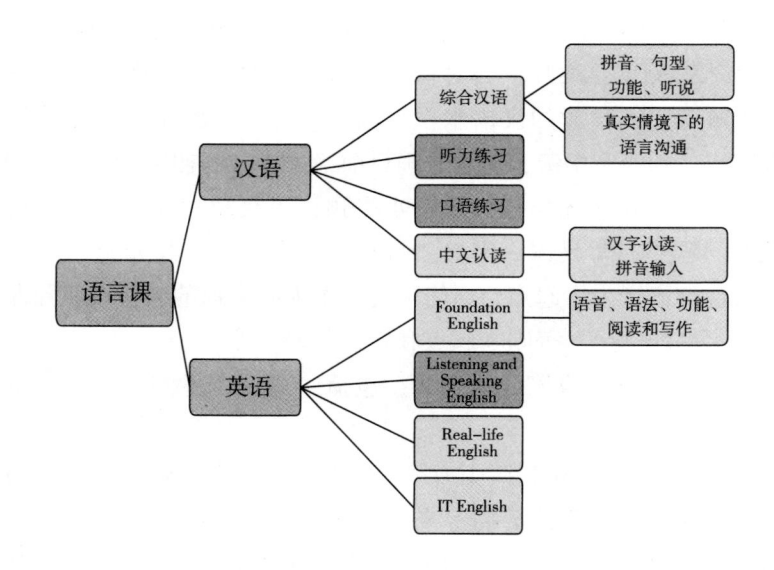

语言课
- 汉语
  - 综合汉语
    - 拼音、句型、功能、听说
    - 真实情境下的语言沟通
  - 听力练习
  - 口语练习
  - 中文认读
    - 汉字认读、拼音输入
- 英语
  - Foundation English
    - 语音、语法、功能、阅读和写作
  - Listening and Speaking English
  - Real-life English
  - IT English

六 结语

(一) 建议汉办立项

1. 为该校制定三年制职业汉语教育课程大纲。目前调研专家仅仅是为该校急缺的教学内容做了粗略的建议，但是鉴于该校要作为泰国职业教育楷模的目标和泰国人民党在泰国的影响，课程大纲需要在科研项目展开的基础上来制定。这个课程大纲的制定完全有可能在目前我们已经有的国际汉语教学基础上完成。（比如，北师大目前已经完成了国家汉办有关泰国中学高质量汉语课程的项目研究，在此基础上有可能进一步展开职业教育课程大纲的研制。）

2. 建议结合课程大纲的研制，开发泰国旅游汉语教材，这样可以进一步推动全泰国职业汉语教育者旅游汉语的领先地位。以苏梅岛为例，根据本次调研获得的数据，苏梅岛目前共有500家不同档次与规模的酒店，每年前往苏梅岛度假的中国人目前是100万人，每个星期约有3万人，绝大多数来自中国的重庆、昆明、广州、南宁等地，这是职业学校汉语人才培养的潜在需求。泰国教育部也认识到职业教育在为泰国输送所需职业人才方面的作用，希望BBVC职业教育模式能成为泰国职业教育的楷模。

3. 建议在该校的课程大纲及教材研制基础上，展开全泰国职业教育汉语课程大纲和标准的研究。职业包括从旅游业开始，将波及其他职业汉语教育人才的培养。

(二) 关于派遣教师的建议

根据校董会的要求，建议汉办派遣两类教师：一类是汉语教师，略懂旅游汉语和中国文化的教学，这类教师的数量应不少于5位；另一类是烹饪课程教师。建议两类教师如略通泰语更佳。

(三) 软件及学习资源

根据校董会的要求，鉴于目前BBVC学校已经在电脑硬件设施方面做了比较充分的准备，建议汉办向该校推荐适用的汉语及汉字学习的相关软件及各种汉语学习资源，学校可以出资购买。

参考文献

刘珣：《对外汉语教育学引论》，北京语言大学出版社 2015 年版。

欧洲理事会文化合作教育委员会编：《欧洲语言共同参考框架：学习、教学、评估》，刘骏、傅荣主译，外语教学与研究出版社 2008 年版。

国家汉办/孔子学院总部：《国际汉语教学通用课程大纲》，外语教学与研究出版社 2007 年版。

朱志平、伏学凤、步延新等：《汉语二语教学标准制定的几个问题——谈非汉语环境下中小学汉语教学》，《北京师范大学学报》（社会科学版）2016 年第 2 期。

孙红娟、朱志平：《非汉语环境下汉语教学中的交际任务——以泰国中学汉语教学为例》，《国际汉语教学研究》2016 年第 3 期。

朱志平：《海外中小学汉语教学课程大纲的设计——以泰国中学汉语课程为例》，《国际汉语教学研究》2015 年第 2 期。

汉硕课程"中华文化与传播"的教学理念与模式新探

王小曼[*]

摘　要： 论文探讨如何以国家汉硕专业培养方案为基础构建"中华文化与传播"课程的教学理念，并制定相应的教学模式。中华文化传播的目标不仅在于培养学习者跨文化交际的能力，更在于增强国家软实力，提升国家形象，是一项关乎国家形象的大计。将课程整合的理念渗透到"中华文化与传播"这门研究生课程中，重组各个课程要素，建立合理的课程结构体系，有助于最大限度地助力于实现培养"高层次、应用型、复合型、国际化专门人才"的目标。

关键词： 培养目标；汉硕专业；中华文化与传播；课程整合理念；课程结构

2009年5月20日，国务院学位办发布了《全日制汉语国际教育硕士专业学位研究生指导性培养方案》（以下简称《培养方案》），其中明确指出，"汉语国际教育硕士专业学位是与国际汉语教师职业相衔接的专业学位。主要培养具有熟练的汉语作为第二语言教学技能和良好的文化传播技能、跨文化交际能力，适应汉语国际推广工作，胜任多种教学任务的高层次、应用型、复合型、国际化专门人才"。本文所关注的《培养方案》中与文化相关的能力表述中同样包含"具有良好的文化传播技能"和"跨文化交际能力"等技能要素，这为我们形成"中华文化与传播"课程的教学理念及制定相应教学模式提供了指导方向与行动宗旨。

---

[*] 王小曼，复旦大学国际文化交流学院。

一 "中华文化与传播"的课程理念

我们需要深度思考的问题是:"中华文化与传播"是一门什么性质的课程?课程内容应该以讲授知识为主还是以传授技能为主?如何分配一个学期的教学时段?

我们认为,虽然同属学位核心课程,但"中华文化与传播"跟"汉语作为第二语言教学""第二语言习得""跨文化交际"等课程在性质上存在较大差异。从字面上看,"中华文化与传播"就可能涉及文学、历史、哲学等文化相关学科,以及教育学、心理学、政治学、传播学等不同学科,是一门跨学科的综合性课程,也是一门融知识与技能为一体的整合性课程。

20世纪80年代以来,课程整合的理念日益得到关注,并被更多地引入课程设计的领域。我国大陆地区从高校、职校到中小学乃至幼儿园等不同教育层次,都开始了课程整合的教育教学改革创新。

什么是课程整合?戴国洪(1999)认为,"课程整合就是将原自成体系的各门课程或各教学环节中有关的教学内容通过新的组合方式进行整理与合并,使相关课程(或环节)能形成内容冗余度少、结构性好、整体协调的新型课程(或环节),以发挥其综合优势"。据韩雪(2002)介绍,美国学者Robin Fogarty将课程整合分为"具体科目整合、科际整合和学习者整合三大类",因此课程整合设计也可以相应分为"学科中心的设计、学习者中心的设计和问题中心的设计"。侯广庆等(2005)实施课程整合的实质在于强调知识的整体性和培养学生综合运用知识解决问题的能力。通过高校的课程整合,可以淡化每门学科之间的界限,强调学科之间的相互衔接以及科学和社会系统的联系。黄勇荣(2010)从高校研究生的培养角度指出,培养具有跨学科、交叉学科背景的复合型高素质的创新人才,已成为我国研究生教育教学改革的主方向,而课程整合又是跨学科的主要体现渠道。跨学科的课程整合有利于培养基础宽厚、学科面广、知识跨度大、能力和适应性强、素质全面的复合型创新人才。

将课程整合的理念渗透到"中华文化与传播"这门课程中,最大限度地助力于实现培养"高层次、应用型、复合型、国际化专门人才"的目标,是我们设计该课程教学模式的出发点。正如李泉(2009)对《培养方案》所进行的解读,"应采取知识和方法并重的教学理念,即方案中的知识类课程和教学方法、教学技能训练类课程并重,具体课程的教学实施也要知识和方法并重,这样才可能更有利于教学技能的形成"。因此,以课程整合理念为指导的教学模式,应该具备宏观上的"整合思维"意识,重组课程体系中原有的各种分化要素,创建完整有机的课程知识体系;应该整合学科知识与社会资源,强调学生个体价值与综合素养的全面发展,最终达到提升学生知识应用与创新能力、提高教学整体成效的教学目标。

课程整合理念落实到"中华文化与传播"课程的教学层面,涉及更多的操作手段,具体应该把握以下几点:

1. 从学科、学生和社会中选取课程资源,重组各个课程要素,建立合理的课程结构体系。

2. 课程内容应包含理论、知识、技能,丰富多样、针对性强,教学活动应贴近汉硕专业学生的未来职业需求与专业知识的积累。

3. 关注"知识、技能、情感"的综合能力培养,以学生为中心,师生合作,共建良好的课堂环境。

二 "中华文化与传播"的课程结构

依照"从学科、学生和社会中选取课程资源,重组各个课程要素,建立合理的课程结构体系"这一理念,我们将"中华文化与传播"的课程结构进行了重组,划分为理论、知识、技能三大板块。

(一) 理论:中华文化与传播的概念解析

汉语国际推广的终极目标就是传播中华文化,提升国家软实力。这一过程中,如何界定中华文化的内涵与外延便显得相当重要。

文化的概念极其宽泛,包含了一个国家物质、精神与社会生活的总和。中华文化中典章规制、礼仪民俗、饮食起居、婚迎嫁娶、文化艺术、科技发明等要素,渗透、交织于政治、生活中的儒家精神与道家精神,以及中国人对家庭人伦亲情的执着等,都闪耀着独特的民族性的光芒,是世界多元文化的组成部分。

然而,在中华文化传播这个议题上一直存在着一些问题,即我们对自身的文化特性严重缺乏认知、整理和总结。比如，如何界定文化？大到汗牛充栋的典籍，制度文化、物质文化，小到朋友圈点赞、公交车让座这样的琐碎生活小节，我们如何来把握它的边界？哪些是我们的文化优势，哪些是符合本民族传统价值观和现代文化理念的文化类型？讲到传播，自然离不开自信，文化自信这个字眼也屡屡见于各类媒体，但现实中，我们的年轻学生是否真正具备文化自信的心态，是否能够做到自信地在课堂上展示我们民族的优秀文化？这些问题并没有得到很好地解答。对文化定义的含糊处理和对文化概念边际的无限延伸，造成了现在中华文化传播在指导思想上的不确定。实际上，上述问题归结起来就是一个如何看待中华文化的问题。葛剑雄教授（2018）说到，我们中国今天改革开放要走向世界，面临一个非常重要的问题就是我们怎么样对待古代的中国和世界，正确认识中国在世界的地位。文化自信不是认为我们的文化什么都是最先进的，文化自信的基础是认识到我们自己的文化是最适合我们自己发展的，文化自信包括我们有信心学习世界上其他文化的长处。[①]

因此我们认为，"中华文化与传播"课有一个最基本的任务，就是对"文化""中华文化""文化传播"等概念进行准确的定义，明确文化的内涵，界定文化的外延。此外，中华文化为什么要走出去？中华文化传播的意义和价值是什么？也是需要在课程中认真进行理论探讨的问题。从国家利益、个人责任、职业需要等方面来看，软实力增强、国家形象的提升，意味着更高的可信度、更强的接纳性和更广阔的国际合作与发展空间，与每一位公民休戚相关。外部世界对于中华文化乃至中华文化走出去的战略均存在误读和曲解现象。作为一名从事语言教育与文化传播事业的工作者，无论是出于个人责任还是职业需要，都有责任、有义务去澄清各种误读，传播正确的文化信息。

（二）知识：中华文化与传播的相关专题介绍

鉴于汉硕研究生大多具有一定的文化知识储备，我们不再按照体系意义上的大纲来讲授中华文化知识，而是将中华文化知识以专题介绍的形式在课堂上呈现出来，具体划分为如下板块：

[①] 参见葛剑雄教授在 2018 年"汉学与当代中国"座谈会上的演讲，https：//guoxue.ifeng.com/a/20180730/59504054_0.shtml，2018 年 7 月 30 日。

日常生活	饮食文化、服饰文化、建筑文化、健身方式（武术、太极拳、广场舞）
文化娱乐	电影、电视节目（相亲、选秀、探险、旅游、纪录片）
哲学宗教	辩证、统一、中庸；佛教、道教、儒教
文学艺术	诗词、对联、书画、戏曲、民乐、传统乐器
民间习俗	婚丧习俗、传统节日、民间故事、神话传说
国药中医	推拿、针灸、火罐、足浴、食疗
思想观念	家庭伦理、教育观念、等级观念、行为习惯、思维方式、生活态度
现代科技	古今四大发明、当代中国发展进步成果

因学时所限，以上专题难以面面俱到，部分交由学生在文化传播技能展示的环节充分顾及，教师在课堂上重点介绍的专题主要有"哲学宗教""思想观念""文学艺术"等，举例如下：

1. 汉语言文字

汉语言文字是最具代表性的中华文化符号，具有历史文化记忆功能与示源功能。汉字字形、字义包含丰富的古代文明内涵及汉民族的人文精神和文化心理，这使得汉字富有深刻的思想文化意义，而不仅仅是语言学意义；汉字的表意性，超越了方言之间的隔阂，具有了第二语言的作用；汉字的谐音性，拓展了地方文化的生存空间，保护了方言文化的多样性；汉字创造了独特的汉民族文学的样式，以及书法、篆刻、民间游戏等艺术形式等。所以，作为语言要素的汉字自身就包含丰富的文化内涵，因此汉语教师在讲授汉字的同时，其实也是在传播中华文化。作为汉硕研究生，把握汉字的独特性，有技巧、有方法地进行汉字教学，正是把握了中华文化传播事业中最好的工具与抓手。

2. 思想观念与价值体系

王蒙（2006）认为，中华文化从学理上看，是儒家与儒道互补，是"四书"。从思维上哲学上看，是汉语与汉字文化，是《易经》，是概念崇拜与直观判断。从地域与经济上看，是黄河文化为主并补充于楚文化，是农业文化。从社会组织方式上看，是封建专政与民本思想的平衡补充。从民间文化上看，是阴阳八卦，是宗法血缘，是中餐、中医、中药与多神混合崇拜，是戏曲里大肆宣扬的忠孝节义。

金开诚（2007）则具体将中华传统文化中的哲学思想概括为四个方面，即阴阳五行思想、天人统一思想、中和中庸思想、修身克己思想，分别代表了中华民族看待万事万物的存在与变化、看待大自然与人类社会的关系、如何对待社会问题，如何处理人际关系，如何对待自身并实现其应有的价值等人生态度。这几个特点是中华民族文化对于人类的进步与发展产生广泛而深远影响的根源所在，同时也是中华文化长盛不衰的根基所在。

只有把握了中华传统文化中的思想观念与价值体系，才能真正理解、把握中华民族对自然、对世界、对社会、对人与人之间关系的基本态度和价值观。而这一切，往往是解释中国传统社会乃至当代社会许多文化现象的关键。

（三）"中华文化与传播"课的技能训练

除理论、知识之外，课程整合理念还强调课程内容应该融汇丰富多样、针对性强、贴近学生特点的教学活动，即实践环节的训练。考虑到汉硕研究生专业知识的积累情况与未来的职业需求，"中华文化与传播"的课程内容应该充分挖掘学生自身的知识体系以及获取社会资源的能力，努力实现课堂教学与实践训练的并重。以 2018 级学生为例，我们将四十余名汉硕研究生分成八个组，进行不同专题的实践活动。

优秀文化传播案例专题组共有三个小组，分亚洲（日本、韩国）、欧洲（法国、英国、德国）等区域介绍其他国家文化传播的成功案例。三个小组收集到了丰富的文化传播资源，如"酷日本"战略、韩国产业振兴院、德国歌德学院、法语联盟、英国出版业等，为中华文化的传播提供了有益的思路与启发。

课堂内的中华文化传播模式与方法专题组共由三个小组负责，关注汉语教学中可能遇到的文化教学问题，探讨文化教学与文化传播的途径与方法。例如中国诗词教学在课堂上的实用价值和传播意义、视频这一文化传播手段在理论上的可行性与实践中的操作方法、中国古典舞与西方舞蹈的差异及课堂展示等。

课堂外的中华文化传播模式与方法由两个小组负责，主要关注在海外汉语教学机构可能参与组织的各类文化传播活动，进行活动设计和演示。例如推介具有中华文化特色、能够产生连带效应的故事影片与纪录片、探讨海外华人移民文化对当地文化的影响、第二课堂中华文化体验活动等。

通过以上学生实践活动，既整合了学生自身的知识储备与社会资源，挖掘了学生的知识潜能，也使学生在文化传播的实践中得到了锻炼。又使"关注'知识、技能、情感'的综合能力培养，以学生为中心，师生合作，共建良好的课堂环境"这一宗旨得到了良好的体现。

三 "中华文化与传播"的课程考核

课程考核是课程效果的直接反映。我们把整合的理念带入课程内容中，在最终的成绩考核里也同样践行了"整合"的原则。

除课堂出勤及课堂表现外，我们的考核方式还包含"经典研读"与"期末笔试"这两大部分。

（一）经典研读

汉语国际教育硕士专业学位的研究生均有本科学历，且多为对外汉语、汉语言、英语、哲学、新闻学等文科类专业，已经具备相应的文学、历史、哲学等文化本体基础知识，是否还需要采用系统性的文化知识教学模式，是一个值得讨论的问题。从我们两年来对修读"中华文化与传播"课的研究生所作的个别访谈结果来看，大多数学生并不欢迎按照"中国概况、中国历史、中国文学、中国艺术、哲学宗教、生活习俗"这样的大纲来安排的纯知识性的教学模式，因为这些内容在大学期间都已基本掌握，他们需要的更大程度上是对所学知识的深入探讨与不断积累，而这种探讨与积累依赖的是时间与经验，是长期的学习、工作与生活过程中的逐步深化与提高，很难在一个学期的授课中一蹴而就。因此，我们把文化知识的强化作为课余的训练来要求学生，并且以提交三篇"读书报告"的形式来呈现各自的知识积累与读书思考的成果。研读经典的范围包含如下几类：

1. 经典著作类：《论语》《孟子》《老子》《庄子》等，希望研究生带着"中华文化传播"这样的意识去重读经典，并有新的发现。

2. 现当代文史哲经典类：《中国哲学史》（冯友兰）、《乡土中国》（费孝通）、《美的历程》（李泽厚）等，借此为研究生奠定现代中国哲学史学科的基本框架；而对于中国传统的乡土社会的认识与分析是解读和把握中国农村社会历史发展的关键，也是理解中国社会的前提和基础；此外，艺术和美是精神与心灵的外化表现，也是中华民族精神的历程。

3. 中国文化类：《古代中国文化讲义》（葛兆光）、《中国文化概论》（张岱年等）、《中国文化读本》（叶朗、朱良志）、《汉语与中国传统文化》（郭锦桴）等。这类著作对于建构或巩固研究生的中华文化知识体系具有重要意义。

（二）超星平台的讨论与互动

2020年，全球暴发新冠肺炎疫情，国内外各级学校都迅速展开了网络授课模式以应对突发状况，我校也启动了多种平台配合新型的授课模式，其中在线教育平台超星网和手机同款App学习通是应用最为普遍的教学工具。教师在超星平台上传课件与教学视频，海外学生可以登录网站学习教学内容、完成作业与章节测试等。同年秋季学期开始时，国内新冠肺炎疫情已经得到控制，除小部分留学生外，中国学生全部回归课堂，但超星平台上教与学的模式仍然维持下来了。我们对2020级研究生实行了课堂教学与超星平台互动相结合的教学模式，无论是境外学生还是国内学生，都可以在超星或学习通上就课堂教学内容进行深入思考与探讨。我们配合每一章节的教学内容，分别设置了十多个课后思考讨论题，学生可以在讨论区回复与互动。回复的内容不仅可以择优作为课堂上新的教学资源，更是学生平时成绩表现的考评依据，教师可以根据学生的回复次数与质量进行评分。

我们认为，"思考讨论题"的设置，是对课堂教学内容的延展，学生的回复与师生、生生间的互动，更能代表学生的深入思考与融会贯通的能力，是平时成绩的重要考核维度之一。

（三）期末笔试

我们的期末考试形式为笔试，题型为在所给课文中找出文化知识点，进行简要说明；同时以汉语教学为基础，设计一个课堂内或课堂外的中华文化相关主题的教学流程。试题中所选用的课文均出自《发展汉语》与《博雅汉语》，从题目到内容均包含中级以上水平的文化知识点。课文题名如："给你点颜色看看""从丈夫、先生到老公""简体繁体各有千秋""'革命''同志'兴衰史""中国人的姓氏""成语的特点"等。

这一题型旨在进一步训练和考查研究生在汉语教学中捕捉文化知识的敏锐度和对文化本体知识的熟悉度，以及结合汉语教学进行自然的文化教学与传播的技能。如上篇课文中成语在语义、结构、语用上的特点，成语故事的来源，讲解成语这一汉语文化知识的方法等，都是我们考核的内容。这种职业技能训练是汉语国际教育专业硕士研究生培养中的必要环节，有助于学生未来的职业成长。因此，也是我们进行成绩考核的重点。

四　结语

我们认为，"中华文化与传播"课的最终教学目标在于使学生：

1. 巩固完善中华文化的知识体系；
2. 增强职业使命感，明确中华文化与传播在汉语国际推广进程中的意义；
3. 建立正确清晰的中华文化的传播意识和态度，对汉语推广中的文化知识点具有敏锐的捕捉和思考；
4. 掌握适宜而得体的中华文化传播的方式与途径，以恰当得体的方式展示、传播中华文化。

虽然最近二十年的"汉语热"可谓"中国话题"被高度关注的代表，但关注汉语并不能等同于关注中华文化、接受并喜爱中华文化。文化交流的前提是文化传播，没有传播，就谈不上交流；没有交流，就只能接受不对称、不公平的现实文化环境。因此，汉语国际推广包含着中华文化传播的重任，其进程也代表着中华文化走向世界的历程。

中华文化传播的目标不仅是培养学习者跨文化交际的能力，更在于增强国家软实力，提升国家形象。对于正在或立志从事汉语国际推广事业的人士而言，这无疑是一项关乎国家民生的大计，任重而道远。"中华文化与传播"课程的重要性及其在汉语国际教育硕士专业课程中的地位，自然也毋庸置疑。

在国家文化输出战略的支持下，文化传播的舞台不断扩大、文化传播的手段不断更新、文化传播的渠道更加畅通。作为中华文化的传播者，角色的转变更为重要。既要熟悉中华民族传统文化，又要熟悉西方文化；要具备开阔的视野、包容的胸怀；要凭借日益强盛的国力建立起来的文化自信心，不断寻求中华文化传播之道，解决文化传播中遇到的难题。

参考文献

戴国洪：《论教学内容和课程体系改革中的课程整合》，《江苏高教》1999 年第 4 期。

韩雪：《课程整合的理论基础与模式述评》，《比较教育研究》2002 年第 4 期。

侯广庆、李春超、刘丽梅：《对高等学校学科建设中实施课程整合的探讨》，《教育理论与实践》2005 年第 14 期。

黄勇荣：《论研究生教育中的跨学科课程整合——研究生教育系列研究之一》，《教育探索》2010 年第 11 期。

金开诚：《中国传统文化的四个重要思想及其古为今用》，《新华文摘》2007 年第 1 期。

李泉：《汉语国际教育硕士培养目标与教学理念探讨》，《语言文字应用》2009 年第 3 期。

王蒙：《全球化视角下的中国文化》，《新华文摘》2006 年第 17 期。

《全日制汉语国际教育硕士专业学位研究生指导性培养方案》（2009 版），https：//yz.chsi.com.cn/。

基于大规模视频案例库的国外汉语课堂教学案例分析

余一骄[*]

摘　要：本文以华中师范大学近五年"国外汉语课堂教学案例"课程的教学经历为研究对象，探究如何建设、利用视频案例库，改进该课程的教学效果。文中提出以下建议：第一，组织观察、点评国外汉语课堂教学视频案例，有利于学生了解国外汉语课堂的教学环境、海外学生的学习特点，努力做到因材施教；第二，细致点评视频案例中教师教学方法的优缺点，有利于学生比较不同的汉语教学方式带来的教学效果差异；第三，采取课堂试讲、录制微课视频、视频案例点评、撰写课程论文等组合式课程考核方式，有利于提高学生的理论水平和实践能力。

关键词：汉语国际教育；视频案例；文本案例；案例分析

一　前言

"国外汉语课堂教学案例"是《全日制汉语国际教育硕士专业学位研究生指导性培养方案》指定的学位核心课程，目前国内已出版了比较成熟的文本案例教材。2014年9月—2019年1月，笔者在华中师范大学先后五次讲授该课程。在教学中，我们注意到以下三个问题：第一，文本形式的国外汉语课堂教学案例虽然容易看懂，却容易遗忘。不少研究生反映，在看这两本文本案例教材时，感觉很有收获，却难以留下持久的印象；第二，文本形式的教学案例会突出记录者关注的信息，忽略记录者不太关注的信息，不利于全方位了解国外汉语课堂的教学过程。例如，不少案例未充分描述学生的课堂表现，因此读者很难从文本案例中明确地了解

---

[*] 余一骄，华中师范大学文学院语言学系。

国外学生的学习能力和学习风格。缺乏对国外学生的必要了解，汉语教师志愿者到了国外就不清楚该如何开展第一堂课的教学工作；第三，如果对案例中的教师教法点评得过于细致，该课程的教学内容就容易与"汉语要素教学""汉语技能教学""课堂观察与实践"等课程重叠。

针对以上问题，笔者主动与同事交流，思考如何确定课程的教学重点，突出"国外"的特点，避免与其他课程的内容重叠；多阅读利用案例法开展汉语课堂教学的文献，提高任课教师自身的案例教学水平；主动通过座谈或问卷调查的方式，收集学生对该课程教学的反馈意见。对学生提出的教学建议，冷静思考，尽量采纳；一时难以采纳的，会向学生做出开诚布公的解释。如今，学生对该课程教学的满意度较高，认为教学内容实用、教学过程有趣，视频案例比文本案例提供的信息更丰富、更直观。笔者通过观察学生的课堂表现及考核材料发现，学生的学术视野和教学技能都有明显提高。

本文通过总结笔者利用自建大规模国外汉语课堂视频案例库开展教学的经验，对该课程的教学内容选择原则、案例采集方法、案例点评方法、考核方式等提供了切实可行的建议。本文结构安排如下：第二部分介绍教学内容选择原则；第三部分讨论如何建设大规模教学视频案例库；第四部分研究视频案例点评方法；第五部分介绍该课程的考核机制；第六部分对全文进行总结。

二　教学内容的选择

至今为止，对外汉语教学界针对国外成年人学习汉语的研究比较多。但近十年来，华中师范大学外派的汉语教师志愿者大多在海外中小学进行汉语教学。成年人与未成年人的二语习得规律有差异，大学与中小学的课堂组织、教学方法也迥然不同。华中师范大学汉语国际教育专业的研究生大多在本科毕业后直接读研，缺乏必要的教学经历，对课堂组织、未成年人的学习特征不够了解。为了对研究生出国开展汉语教学能够提供直接帮助，在教学内容选择方面，我们坚持以下三个原则：

第一，视频案例覆盖幼儿园、小学、初中、高中、大学、社区成年人等各个阶段。不同阶段的教学目标、教学方法不一致，学生的学习动机和学习能力差异显著。幼儿园、小学阶段的汉语教学，大多以听、说、识字为主，课堂教学以游戏法、全身反应法等为主。该阶段的教学目标是培养儿童对汉语及中国文化的兴趣，无须系统地讲解语法知识。初中阶段的汉语教学，可以开始系统地讲授汉语知识，逐渐丰富课堂教学手段。高中生已进入青春期，心智健全，因此高中阶段的汉语教学可以深入讲授语言知识。针对大学生的教学比较正规，汉语教师应把语言知识点讲透。华中师范大学的在读研究生，绝大多数没有出国生活和工作的经历，自身经历的是较传统的中国教育模式。欧美国家幼儿园、小学阶段的教学视频中，学生夸张的表情、教师不拘一格的游戏引导，给研究生带来了极大冲击，留下了深刻的印象。相反，大学阶段的课堂教学模式，国内外差异相对较小，难以给研究生带来震撼效果。通过观摩真实的教学视频案例，有利于研究生意识到根据教学目的、学生年龄等因素，采用合适的教学方法。

第二，视频案例的课程类型丰富，地域来源广泛。视频案例库应覆盖听、说、读、写等语言技能训练，包含字、词、语法等语言要素讲解。否则，研究生只对部分课程类型比较熟悉，对未看过或看得少的课程类型缺乏教学经验。观看来源地域广泛的视频案例，有利于学生了解不同国家、不同文化圈的汉语教学环境。美国、加拿大、法国、德国、澳大利亚等国家的学校基础设施好，课堂教学大多"以生为主"。相反，东南亚、非洲等地区教室设备比较差（在视频案例中，不少教室缺乏电脑、投影仪等设备），但教师的权威性比较高。研究生既要学习发达国家的先进教学理念，也要充分了解发展中国家的现状。这样，他们出国后才能根据所在国家、所在学校的实际情况，选择适当的教学手段。

第三，理论教学部分要包括教学系统设计的基本原理和方法。教学系统设计涉及教学目标分析、教学内容选择、学生情况分析、教学方法分析等多个方面。部分汉语国际教育专业的研究生，本科没受过师范训练，不了解教学系统设计的相关知识，缺乏基本的教学评价能力。在该课程的第一次教学时，笔者会播放一段教学效果极为分明的视频，让学生进行书面点评，往往半数以上的学生不能做出合理的判断。根据研究生教学评价能力较低的现状，我们安排3个课时讲授教学系统设计的基本原理和方法，让学生逐步养成阅读教学大纲、熟悉教材、分析学生等习惯，进而掌握课程教学评价标准，培养必要的教学评价能力。

三　视频案例的收集

　　收集丰富的视频案例，是利用视频案例库开展课堂教学的前提。华东师范大学、中央民族大学等大学曾开发过国外汉语课堂教学视频案例库，可惜笔者难以访问这两个视频案例库。国家汉办的"国际汉语教学案例库"和高等教育出版社的"魔方汉语网站"可以免费访问。汉办的视频案例多数来自亚洲国家，关于视频的文字描述过于简单，且2014年之后几乎没有更新。汉办的在线教学视频画质欠佳，不适合在课堂中播放。"魔方汉语网站"中的视频案例较少，且不常更新。鉴于此，笔者通过以下三种手段采集国外汉语课堂教学视频：

　　第一，任课教师自主拍摄。任课教师如能在国外自主拍摄课堂教学视频，无疑是最理想的途径。但一些发达国家早已立法保护学生隐私，笔者很难在欧美地区的学校拍摄包含学生面部表情的教学视频。例如，笔者曾在美国大学的外语系任教，与学生相处融洽，却因为受美国《家庭教育权利与隐私法》（FERPA）的限制，未能在美国大学录制讲课视频。后来，利用美国大学生暑期来华交换学习的机会，我们把美国的汉语教师请到中国来，拍摄了美国教师给美国大学生讲授汉语课的视频。在录制这批视频前，笔者专门与美国教师、美国大学生进行了逐一交流，直到获得所有人的正式许可后，才开始录制。笔者还郑重地向这些美国师生保证：所拍摄的教学视频只用于笔者所在单位的教学、科研活动，绝不在互联网上发布。自主拍摄的不足是：执行难度大，经济成本高，且难以与国内同行共享资料。

　　第二，请汉语教师志愿者拍摄。发展中国家对课堂录像的法律规范不是很严格，且在发展中国家当志愿者的在读研究生较多，不难通过该途径获得真实的课堂教学视频。笔者选择那些硕士毕业论文选题与国外汉语课堂教学法研究相关的研究生，请他们拍摄一些课堂教学视频。为了顺利地完成毕业论文，志愿者也乐意录制教学视频，以便为毕业论文提供语料和证据。还有一些学生比较欣赏笔者的教学模式，乐意把自己在海外教学的视频提供给笔者。如今，笔者的课堂中有来自泰国、越南、喀麦隆等国家的本土汉语教师。他们有一定的汉语教学经验，不难获得汉语课堂教学视频。笔者希望未来多与他们合作，获得更多本土汉语教师的教学视频。与中国外派的汉语教师相比，本土汉语教师的中介语是学生的母语，所使用的教学方法是当地比较适用的教学方法。本土教师提供的教学视频，有利于研究生更全面地了解海外汉语教学的现状。

第三，通过 YouTube 网站获得国外汉语课堂教学视频。YouTube 网站每年都会新增一些国外汉语课堂教学视频，且其汉语教师分布在多个国家。2014 年至今，笔者每年都会到 YouTube 网站检索、下载汉语课堂教学视频。从 YouTube 下载的教学视频，质量参差不齐，有些还涉及敏感的话题，因此需要仔细甄别。对从互联网中下载的教学视频，笔者需细致地查询视频中的教师、学校、教材、教学方法等信息，并阅读 YouTube 用户对视频的点评意见。虽然从网络上下载视频用时较短，但补充教师、教材、学校信息却需要耗费大量时间。遇到有价值的视频，笔者还会顺藤摸瓜地去了解该教师、学校的更多信息。例如，我们注意到 YouTube 上关于美国巴尔的摩国际学校的沉浸式汉语教学视频很优秀，于是继续查阅该校、该汉语教师的信息。总之，从 YouTube 上获得教学视频，建设视频案例库是一条可行却并不轻松的途径。

从一段教学视频到一个视频教学案例，需要做大量处理。首先，要分析视频中是否有值得学习的教学方法；是否展示了海外汉语学习者的学习特点和教室环境；是否有让新手教师引以为戒的不恰当教学行为。如果一段教学视频对以上三个问题的回答均为否，那么它就不适合作为教学案例。在我们的案例库开发过程中，收集到的教学视频，只有约 20% 会成为教学案例。其次，对有价值的教学视频进行编辑。例如，对时间较长的视频，找出其中有价值的片段，逐一剪辑。在课堂中播放视频案例，单个视频的时长最好不超过 10 分钟，因为 10 分钟通常已经可以呈现一个知识点的讲解。另外，观看视频的时间过长，学生的注意力容易下降。视频案例时间长度适中，有利于突出点评的重点，也便于重复播放视频。最后，尽力对每个视频案例的教师、学校、教材、教学法等信息进行标注。

教学案例应具有现实性、真实性、动态性、启发性、典型性。这些在文本案例库建设时遵循的原则，在视频案例库建设中也应遵循。除此之外，还要考虑教学视频的音质、画质效果。音质不清晰或画质模糊，会影响研究生的观看体验，这样的视频不适合作为教学案例。文本案例的记录者大多是任课教师本人，因此能把教学目的、教学设计、教师感受等描述得很清晰。从 YouTube 中下载的教学视频，笔者难以与视频中的汉语教师进行沟通，因此只能是从听课者的角度对教学过程进行评价。为了得出客观的评价，听课者身份的点评者应具有丰富的国外汉语教学经验、多元化的评价视角。目前我们是通过请多位教师对同一段视频做点评的方式，来确保点评的合理性。虽然本课程的课堂教学以分析视频案例为主，笔者也同时要求学生课外阅读文本案例教材，以弥补视频案例库中缺乏任课教师反思的不足。

四　课堂中的案例点评方法

　　笔者以学生年龄和国别作为分类依据，对数百个视频案例进行了分组整理。首先，以学生年龄为标准，把全部教学案例分为幼儿园、小学、初中、高中、大学、社区成年人六大类。其次，针对每一年龄段的视频，按视频来源的国别细分。目前已有来自六大洲、15个国家的真实汉语课堂教学视频。对幼儿园、小学阶段的视频分析，主要引导研究生观察儿童的学习特点，分析教师如何利用游戏辅助汉语教学，如何鼓励儿童，如何利用全身反应法来开展教学等。在初高中阶段的视频案例分析中，主要观察青春期前后学生的课堂表现，关注如何利用表演法、故事讲述法等教学法来开展教学。在大学阶段的案例分析中，重点观察教师对语言知识点的讲解方式，以及如何判断大学生是否真正掌握了教学内容。对社区成年人的教学案例分析，关注如何传播中华文化，吸引更多人学习汉语。

　　在播放视频案例前，一般仅介绍该案例来自哪个国家，要求学生边看视频边记录视频中让自己印象深刻的信息（例如：值得学习之处，应该批评之处，感到迷惑之处等）。至于看视频时，应该关注的问题，不会预先告诉学生，而是让他们自己捕捉关键信息。起初，部分研究生常被视频中的次要信息吸引，找不到应该关注的内容。播放完视频，笔者会询问研究生是否需要重复播放。在课程教学的前期，笔者经常被要求再次播放视频，因为不少学生看了后面忘了前面，或者看了一遍，却没找到关键信息。在多数研究生确认看清楚视频后，笔者随机挑选多位学生，要求他们根据自己的记录对案例进行点评。学生的发言，有些意见一致，能够引起共鸣；也有一些意见相左，似乎谁也说服不了对方。对那些矛盾的观点，笔者将组织学生共同讨论。通常，经过多名学生的共同探讨，会产生较客观的评价结果。等学生点评完后，任课教师才做总结。教师总结时，先肯定学生的正确点评意见，补充被学生忽视的内容，最后对学生未达成一致的意见给出教师的看法及理由。师生平等讨论，以理服人。点评案例时，笔者要求研究生给教学视频中的教师表现打分。在课程前期，研究生们的评分差异较大；到了后期，研究生给出的评分比较合理。

为了让学生比较不同教学方法带来的教学效果差异，有时会针对同一套教材中的同一个知识点，播放几个不同的教学视频，让学生自主分析哪个视频中的教学方式更好。笔者收集了一些来自美国的不同大学，针对同一个语法点的教学视频。播放多个视频，让研究生找出其中最优秀的，并说明理由。对相同年龄段的学生，通过对比分析讲授同一个知识点的视频案例，教学效果往往特别好。大多数学生能快速判断出哪位老师讲得好，讲得清判断依据，并指出其他视频中汉语教师存在的问题。这种由研究生自发找出好的教学模式的案例分析，是本课程教学中一种事半功倍的教学方法。

五 课程的考核模式

华中师范大学"国外汉语课堂教学案例"的课程考核包括五个部分：课堂参与度、课堂试讲、微课视频录制、课程论文和期末案例点评，分别占总分的20%。课堂参与度是指学生考勤及课堂发言次数情况，其规则不在此赘述。以下介绍其他四项考核指标：

第一，课堂试讲。该课程共32个课时，其中安排6个课时用于学生试讲。课堂中有约60名研究生，只能将学生分为3人一组（学生自由组合），让他们按小组集体备课，每组抽取一名代表做课堂试讲。在试讲开始前几分钟，我们通过现场抓阄的方式，确定各小组的试讲次序；通过组内成员掷骰子的方式，在每组中随机选择一名试讲人，试讲者的得分就是小组全体成员的试讲得分。由于每个人都有可能试讲，且其得分就是全体组员的得分，因此每个组员都得认真备课，组内相互听课，不断改进。抓阄决定小组讲课次序，掷骰子决定组内试讲人的做法，能使研究生重视试讲，增强了研究生的团队合作意识及责任感。

课堂试讲指定教材《中文听说读写（Integrated Chinese）》（Level 1 Part 1），假设教学对象为美国大学的本科生。指定教材和教学对象，有利于让研究生们根据学生的特点，选择合适的教学方式。指定该教材和教学对象，是考虑到以下三个方面：首先，《中文听说读写》符合北美地区汉语学习者的学习习惯，是很优秀的本地汉语教材，值得让研究生去熟悉。熟读该套教材，还有助于训练研究生使用规范的英语授课。其次，课堂中播放的许多视频案例都是以该书为教材。越熟悉该教材，越有利于点评课堂中看到的视频案例。最后，笔者在美国、中国多次使用过该教材给美国大学生开展教学，熟悉其中的知识点分布，明白该如何开展教学，因此在学生试讲后，能给予学生中肯的改进建议。

第二，每人录制8—10分钟的微课视频。为了提高每位学生的教学水平，笔者要求学生把自己准备的试讲录制为微课视频。任课教师独立制作微课视频，是网络时代教学发展的大势所趋。例如，与华中师范大学合作的美国堪萨斯大学孔子学院，就长期通过网络视频课堂的方式，向多个异地的中小学授课。哈佛北京书院也通过申请者投递讲课视频的方式来选拔汉语教师。熟练掌握微课视频的录制方法，有助于研究生未来应聘、求职。如今的研究生几乎都掌握了视频录制技能，因此，在我们的教学中无需对他们进行微课录制技术培训。笔者会对每一个微课视频打分，对其中的优秀者，推荐他们参加校内或全国的教学比赛。

第三，大量阅读文献，撰写课程论文。课堂中只能选择一些典型案例进行分析，要充分了解当前的国外汉语课堂教学方法，研究生必须自主、持续阅读文献。讲第一节课时，笔者就给学生指定了阅读文献，包括朱勇、叶军教授编写的国外汉语课堂教学案例分析教材、《中文听说读写》全套教材、邓守信教授关于对外汉语教学语法的著作及数十篇学术论文。笔者把挑选出来的论文，分为"教学方法"和"不同国别的汉语教学环境"两大类，发给研究生们阅读。每个研究生只需对自己感兴趣的某一种教学方法或某一个国家的汉语教学环境进行深入学习。

课程论文选题的范围包括对某种汉语教学法的述评，或关于某个国家汉语教学环境的述评。至于具体选择哪种教学法或哪个国家的汉语教学环境进行研究，完全根据学生的个人兴趣来决定。在课程结束一个月前，会让学生提交论文选题。笔者会对每一个学生的课程论文选题提出具体的建议。课程论文的篇幅在6000字以上，根据《世界汉语教学》期刊论文的格式排版。之所以采用《世界汉语教学》的排版格式，是想让研究生尽早养成查阅本领域重要学术期刊的好习惯，多阅读高质量的论文，提升自己的思辨水平。虽然汉语国际教育硕士属于专硕，但在华中师范大学，他们还是要完成 3 万字以上的硕士学位论文。平时不多读文献，不思考选题，等到第二个学期末毕业论文开题时，学生就很难找到合适的论题。在论文成绩评判方面，笔者鼓励原创、严惩抄袭等学术不端行为（存在学术不端行为的论文计 0 分）。笔者期望学生在写课程论文的过程中，多看文献，学会用自己的语言归纳、比较分析所阅读的文献，提出自己的观点。

第四，现场写案例点评意见。在最后一节课时，我们会播放一个具有较高点评难度的国外汉语课堂教学视频，让研究生现场、独立地对教学视频中的教学方法、教学环节、教学效果等进行书面点评。笔者会对比学生第一节课与最后一节课的点评，观察学生在学完本课程后，是否形成了科学的教学评价标准，评价能力是否有显著提高，本课程教学是否达到了预定的教学目标。根据学生的案例分析能力提升效果，笔者总结反思在下一年度的教学中，应该坚持哪些成功的教学方法，应该在哪些方面继续改进，以确保本课程的教学质量不断提升。

六　结束语

本文总结了笔者讲授"国外汉语课堂教学案例"课程的教学经验。通过播放国外汉语课堂教学视频，引导学生观察汉语教师和外国学生的表现，让缺乏课堂教学经验且没有海外生活经历的研究生对国外汉语课堂教学有了比较充分的了解。通过该课程的学习，研究生意识到在未来的课堂教学过程中，既要坚持因材施教，又要客观分析汉语教师自身的教学特长，努力做到扬长补短，争取成为教学高效、特色鲜明的汉语教师。未来，将从两个方面来深化我们的教学研究工作：第一，进一步扩大国外汉语课堂教学视频案例的来源；第二，把部分视频案例放在互联网上共享，希望这些视频案例能为同行的课程教学带来便利。

参考文献

叶军：《国际汉语教学案例分析与点评》，外语教学与研究出版社 2015 年版。

朱勇：《国际汉语教学案例与分析》（修订版），高等教育出版社

2015年版。

王天星：《案例教学及其汉语课堂运用之探析》，《对外汉语教学与研究》，南京大学出版社2013年版。

余一骄：《近十年来文学院汉语国际教育专业面临的挑战与对策分析》，载夏立新、洪早清、吴军其主编《教苑览胜》，华中师范大学出版社2018年版。

央青：《工商管理案例库对国际汉语教学案例库建设的启示》，《民族教育研究》2013年第5期。

央青：《国际汉语师资教育中的案例教学及案例库构建研究》，中央民族大学出版社2012年版。

国家汉办：国际汉语教学案例库，http：//anli.chinesecio.com/public/search.html？p＝1&k＝&c＝1&a＝&f＝2。

高等教育出版社：魔方汉语教学网站，http：//www.morefunchinese.com/teacher。

邓守信：《对外汉语教学语法》（简体字版），北京语言大学出版社2010年版。

汉语国际教育硕士专业课程设置现状分析[*]

张舸　陈颖[**]

摘　要：本文基于"双核型"与"双重视"的理念，以 2009 年国务院学位委员会办公室下发的《全日制汉语国际教育硕士专业学位研究生指导性培养方案》为参照，对国内 40 所高校的汉语国际教育硕士专业学位的培养方案中的课程设置、学分情况和课程体系进行了比较。本文认为，目前汉硕专业课程设置总体呈现兼顾理论与实践，重视语言与文化，有一批特色课程等优点；其存在的问题主要是："双核""双重"失衡，时代性和针对性不足，存在一定的因"课"设课现象。结合需求分析理论和后现代主义课程理论，结合新时代背景，针对汉语国际教育人才培养提出的要求，本文对汉语国际教育专业硕士课程设置进行思考，提出了"优化模块化课程群""加强教育性""加强职业性""加强动态性""加强个性化"等优化建议。

关键词：汉语国际教育；专业课程设置；硕士

一　前言

随着我国经济的稳步快速增长和国际地位的显著提升，汉语在世界范围内的学习和使用也呈现一个显著上升的态势，"汉语热"已经不再是一个新词，学习汉语的外国人越来越多。同时，国际社会上对汉语师资的需求也迅猛增长。为解决国际社会对国际汉语师资的旺盛需求，在国家汉办

---

[*] 本文系中国学位与研究生教育学会（汉语国际教育专业学位工作委员会）基金项目"国际汉语教育典型案例研究"（编号：HGJ201718）的阶段性研究成果之一。本文曾于 2018 年 12 月在福建师范大学召开的"第七届全国汉语国际教育人才培养论坛暨专业硕士培养工作研讨会"上报告。

[**] 张舸、陈颖，华南师范大学文学院。

的推动下，国内高校在加大对外汉语硕士招收培养的基础上，于2007年设立汉语国际教育专业硕士学位，首批24所试点高校招收培养学生。汉语国际教育硕士专业学位是与国际汉语教师职业相衔接的专业学位，主要培养具有熟练的汉语作为第二语言教学技能和良好的文化传播技能、跨文化交际能力，适应汉语国际推广工作，胜任多种教学任务的高层次、应用型、复合型、国际化专门人才。这类人才知识能力结构的特点为"双核型"，即以专业学科理论为核心，同时也以教育学科理论为核心。与培养目标及特点相对应，汉语国际教育硕士专业课程设置应该做到"双重视"：重视实践性，重视职业性。

目前，承担汉语国际教育硕士专业学位学生培养工作的高校数量已经上升到151所。经过十年的长足发展，大批适应于海外汉语国际教育的人才陆续投身于实践，为汉语国际推广事业的发展做出了极大贡献。但是十年过去了，时代在变，需求在变，而今我们对于汉语国际教育人才的需求已经不仅仅停留在十年前对于"数量"的需要，而是更体现于汉语国际教育人才的"质量"要求，一个合格的汉语教师要具备的能力并不仅仅是会说汉语，会教汉语，而是怎么教，怎样取得更好的教学效果，怎样将中华文化的内涵融汇于对外汉语课堂教学中。十年后的今天，时代的发展决定了我们对汉语国际教育人才的需求有了更高的标准。因此在人才培养方面，十年前的课程设置指导方案在时代背景下有哪些优势、存在哪些问题、如何优化等都是亟待解决的问题，本文的研究将对这些问题进行深入探讨。

在我们调查的40所高校中，有15所高校是第一批具有汉语国际教育硕士学位授权的单位，如北京语言大学、北京师范大学等；有15所高校在2009年被列入第二批汉语国际教育硕士专业学位培养单位，其中包括厦门大学、华南师范大学等；有7所高校在2010年被列入第三批汉语国际教育硕士专业学位培养单位，如山西大学、广州大学等；安阳师范学院于2012年获得汉硕专业学位培养资格；海南大学和上海财经大学在2014年获得汉硕专业学位培养资格。这些学校分布在全国各个地区，并且就专业实力来说在该地区都非常具有代表性，其中华南地区7所，华东地区7所，华中地区6所，西南地区6所，华北地区5所，东北地区5所，西北地区4所。在这40所高校中，有6所为汉语教师志愿者岗前培训基地，分别是厦门大学、华东师范大学、北京语言大学、北京师范大学、海南师范大学、重庆师范大学。

二 核心课程的开设情况

根据《全日制汉语国际教育硕士专业学位研究生指导性培养方案》（以下简称《09 方案》），核心课程为 18 学分，占总学分（共计 38 学分）的 47%，在总学分中包括实习（6 学分）和毕业论文（2 学分）的情况之下，这一比例足以体现核心课程在整个课程体系中的重要性。除去学位公共课（6 学分）以外，专业学位课分别为：汉语作为第二语言教学；第二语言习得；国外汉语课堂教学案例；中华文化与传播；跨文化交际共计五门课。在所调查的 40 所高校中，这些核心课程的具体开课情况列表如下：

表 1　　　　　　　　40 所高校核心课程开课情况

	华南 7 校	华东 7+1① 校	华中 6 校	西南 6 校	华北 5 校	东北 5 校	西北 4 校	总计 40 所学校，41 份计划	百分比
汉语作为第二语言教学	5	5	5	6	3	5	4	33	80%
第二语言习得	7	7	5	6	4	5	3	37	90%
国外汉语课堂教学案例	5	7	4	5	2	5	4	35	85%
中华文化与传播	5	5	4	4	1	5	4	28	68%
跨文化交际	5	7	5	4	3	5	4	33	80%

总体来看，各校在必修课程（非训练课）上基本都遵循《09 方案》，只有个别高校会有所调整②。开课情况分析如下：

---

① 南京大学国际教育学院和文学院都开设本专业，但课程设置不同，我们统计时将其分开计算。

② 调整方式常见的有两种：一是将必修课程列入选修，二是将两门课合为一门课或将一门课细化为多门课。

（一）中华文化与跨文化交际

在《09方案》规定的所有课程中，"中华文化与传播"的开课率最低，仅为68%，未开设这门课的学校有：厦门大学、武汉大学、首都师范大学、中国传媒大学、苏州大学五所学校（其中海南师范大学设有中华文化概论，我们在统计时也算将其计算在数据内）。"跨文化交际"的开课率为80%，只有海南师范大学没有开这门课。但实际上这两门课的开课率并没有看上去那么低，因为有七所高校将这两门课合在一起，这种情况虽然同时开设了两门课，其学时必定有所削减。低于100%的比例与合并课程的做法一定程度上体现了学校对于这两门课的重视程度还有待提高。

（二）国外汉语课堂教学案例

"国外汉语课堂教学案例"开课率为85%，但很多学校将其列为选修课。共有6所学校没有开设该门课程，其中4所学校设有与此相关的课程（统计时没有将这4所计算在内），分别是：武汉大学设有"对外汉语教材与教学案例分析"；华中科技大学设有"汉语教学实践"；北京语言大学设有"教学调查与案例诊断"；北京师范大学设有"跨文化交际案例分析"。华东师范大学和中国传媒大学没有相关案例课程。《09方案》指出：运用团队学习、案例分析、现场研究、模拟训练等方法，力争研究生在课程学习期间能接触到100个以上不同类型的案例，提高教学技能和国外适应能力。实际教学中，多数同学都没有对外汉语教学经历，其知识运用仅仅停留在理论方面，能力训练更是欠缺，一旦在教学中遇到实际问题不免会显得"手足无措"。所以无论从理论上还是在实践中，案例教学都有着其不可替代的地位，因此这一门课的开课率问题应该得到重视。

（三）汉语作为第二语言教学和第二语言习得

这两门课都是二语教学中的基础课，从数据上看，"第二语言习得"的开课率最高，达90%，北京师范大学、西安外国语大学、华东师范大学三所高校没有开设该门课，但开设了与之相关的"汉语国际教育概论"（北京师范大学）、"汉语国际教育导论"（华东师范大学）、"外语教育心理学"（西安外国语大学）；而"汉语作为第二语言教学"的开课率为

80%，没有开设该门课的学校有暨南大学、海南师范大学、华东师范大学、上海财经大学、南京大学（文学院）、北京师范大学、首都师范大学七所学校（华中科技大学将这两门课合为一门课），这一数字看上去不高，但是其中几所高校将其细分，如暨大的必修课中虽无该门课，却有"汉语语音及其教学、汉语词汇汉字及其教学、汉语语法及其教学"三门课，这说明其地位重要性并不是降低，反而提高了，正如学界和一种观点认为：对外汉语课程设置应该更多地投入在"汉语作为第二语言教学"上，并且区分不同语素的教学方法及手段。但是，考虑到学习时间的限制和不同水平学生的需求不同，若真将每一个语言要素都单独开设为一门课，从时间的角度看可操作性不大，再加上学生的专业背景不同，对课程的需求也不同，因此可以考虑将语言要素及教学分开设置为选修课，这样就可以增加灵活性，满足不同学生的需求。

三 训练课程的开设情况

根据《09方案》，训练课程属于必修模块，课程为4学分，占总学分（共计38学分）的11%。专业学位课分别为：教学调查与分析、课堂观察与实践、教学测试与评估、中华文化才艺与展示共计四门课，具体开课情况如下：

表2　　　　　　　　40所高校训练课程开课情况

	华南7校	华东7+1校	华中6校	西南6校	华北5校	东北5校	西北4校	总计40所学校，41份计划	百分比
教学调查与分析	3	2	4	3	0	5	2	19	46%
课堂观察与实践	4	2	4	5	1	4	2	22	54%
教学测试与评估	4	6	4	3	1	5	1	24	59%
中华文化才艺与展示	6	8	6	5	5	5	3	38	93%

从数据来看，除"中华文化才艺与展示"以外，其他三门课程的开

课率都不高。

（一）中华文化才艺与展示

这门课的开课率高达 93%，甚至超过了核心课程的开课率。在我们调查的 40 所学校中，海南师范大学、四川大学、西安外国语大学三校没有开设此门课程，也无与此相似的课程。由此可以看到中华才艺技能课虽收到各高校的普遍重视，但仍没有达到百分之百的开课率。关于这门课，有两个问题应该思考：其一是中华文化才艺课在总体课时中的比重问题，如学界一些观点认为应该增加中华才艺课的比重，丰富教学形式，而相反的观点则认为过分重视文化才艺教学可能会忽视知识教学，形成"花架子"，因此在丰富文化技能的同时，处理好才艺课在总课时中的比重极为重要；其二是陆俭明先生提出的"硬文化"与"软文化"问题①，在对外汉语教学中，如何传播中华文化？传播什么中华文化？都是当今对外汉语教学届亟待解决的问题。

（二）其他三门训练课

"教学调查与分析"在所有必修课程中开课率最低，只有 46%，该门课主要是加强学生的研究能力，这一能力是作为一名硕士研究生的必备能力，但是从开课率来看并没有受到各校足够重视，虽是专业学位，但是汉语国际教育专业学生多处于教学一线，其将教学实践转化为理论成果的能力对汉语教学的发展极为重要，因此该能力不应被忽视。正如崔希亮所说："汉语教师在课堂上应该努力成为一个优秀的匠人，在课堂之外应该努力成为一个优秀的学者。"②

"课堂观察与实践"一门课意在帮助学生通过真实的课堂观摩，发现教学规律，思考教学手段与教学效果之间的关系，并从中学习汉语国际教育课堂教学的方法。这一门课的性质和地位与"国际汉语课堂教学案例"相当，调查发现其比重明显较低，仅 54%。

"教学测试与评估"意在培养学生从事语言测试命题与研究的能力。在对外汉语教学中，教师必须根据学生的学习进度和上课内容制定出合

---

① 陆俭明：《加大中华文化海外传播力度》，《人民日报》2017 年 10 月 24 日。
② 崔希亮：《说汉语教师的学术自觉》，《世界汉语教学》2013 年第 4 期。

理、有效的试卷，从而对学生水平和教学效果进行检测，以改进教学方法，提高教学质量。因此一名优秀的对外汉语教师必须掌握语言测试的相关知识理论，这一门课的重要性不言而喻。

以上三门课所培养的能力都是对外汉语教师应具备的重要能力。李泉在 2017 年 12 月在福建师范大学举办的汉语国际教育硕士大会上提出专硕培养应遵循"素养>能力>知识"这一评价导向，而实际情况是：目前我们对训练课程的重视则完全不够，无论是在各校开课的实际情况上还是培养方案所规定。我们认为，教学调查与分析、课堂观察与实践、教学测试与评估这三门课在教学实践中的应用性很强，理应在课程设置中受到重视。

四 拓展课程的开设情况

根据《09 方案》，拓展课程属于课程体系中的补充内容，课程为 8 学分，占总学分（共计 38 学分）的 21%，共计 14 门课。具体开课情况如下：

表 3　　　　　　　　拓展课程开课情况

	华南 7 校	华东 7+1 校	华中 6 校	西南 6 校	华北 5 校	东北 5 校	西北 4 校	总计 40 所学校，41 份计划	百分比
1. 汉语语言要素教学	3	6	2	2	2	3	2	20	49%
2. 偏误分析	1	0	2	1	0	2	2	8	20%
3. 汉外语言对比	1	2	4	4	1	1	2	15	37%
4. 课程设计	0	1	1	1	1	1	0	5	12%
5. 现代语言教育技术	4	6	2	4	3	5	2	26	63%
6. 汉语教材与教学资源	3	4	1	2	1	2	2	15	37%
7. 中国思想史	2	1	1	0	0	1	1	6	15%
8. 国别与地域文化	1	3	2	2	2	2	1	13	32%

（续表）

	华南 7校	华东 7+1校	华中 6校	西南 6校	华北 5校	东北 5校	西北 4校	总计40所学校，41份计划	百分比
9. 中外文化交流专题	1	1	0	3	0	1	1	7	17%
10. 礼仪与国际关系	1	0	0	4	1	2	1	9	22%
11. 外语教育心理学	2	4	2	3	3	2	2	18	44%
12. 国外中小学教育专题	2	4	1	2	2	2	2	15	37%
13. 教学设计与管理	2	0	0	3	0	4	1	10	24%
14. 汉语国际推广专题	1	1	2	4	1	1	1	11	27%

从数据来看，每门课的开课率都不高。各校在拓展课程这一模块有更大的灵活度，不同学校的课程设置可以体现出每个学校在汉语国际教育硕士人才培养方面的侧重点不同：北京语言大学作为对外汉语教学界的"领头羊"，其课程设置具有较强的实践性和针对性，这主要体现在其选修课的多样化和新颖性上。值得一提的还有首都师范大学，该校还将"汉语作为第二语言教学"细分为"汉语语音教学研究、汉语语法教学研究、汉语词汇教学研究、汉语虚词教学研究"，这些都充分体现出其人才培养中对学生语言学基础知识的重视。与之相似的还有华东师范大学，但是华东师范大学在训练课程与理论课程的比重中更加平衡。南京师范大学从课程设置中更能体现出对实践的重视，比如将"教师口语""计算机资源利用与课件展示"列入课程，尤其是将教学见习计入学分。海南师范大学开设了特色课程"课堂活动与教学游戏设计"，强调游戏教学和先进技术的应用。

五 各校学制问题

课程设置与学制紧密相关。《09方案》中规定：采用全日制学习方式，学习年限一般为2年（其中课程学习1年，实习及毕业论文1年）。

但基于"双核"和"双重"理念,学生在一年内掌握专业学科和教育学科等大量理论知识难度较大,实习的同时完成论文两边兼顾也不容易,因此有的学校采用的是三年制,如北京语言大学和首都师范大学,其理论课种类多,涉及面广,就与三年学制有着直接关系,学生可以有充足的时间学习这些知识,并且在实习期间不必同时忙碌于论文。在我们所调查的40所学校中,有12所学校学制为三年,占比29%。

六 现行汉硕培养方案的优点

(一) 兼顾理论与实践

综合40所高校的培养方案来看,各高校基本都是以《09方案》为核心开设自己的课程,强调理论与实践的结合。

(二) 重视语言与文化

语言是文化的主要载体,语言与文化相互依存、相互促进。调查显示,各校语言类课程和文化类课程虽各有侧重,但语言类和文化类课程的开课率都很高。

(三) 有一批特色课程

调查发现各校都结合自身优势开设自己的个性化课程。有的学校偏重于语言学理论,开设如"语言类型学""语音学与音系学"等;有的学校偏重于职业领域,开设如"教师口语""计算机资源利用与课件展示"等;有的学校偏重于实践领域,开设如"微格教学""海外环境适应技能"等;有的学校体现地域特色,开设如"昆曲""园林"等。

七 现行汉硕培养方案的缺点

(一) "双核""双重"失衡

根据培养目标的要求,汉硕人才知识能力结构的特点为"双核型",即专业学科和教育学科。但是在课程设置中,教育学科类课程门类相对不足,以《09 方案》为例,方案中共有 23 门课,但是真正涉及教育学科的却只有"现代语言教育技术""外语教育心理学""国外中小学教育专题""教学设计与管理"四门,况且"教育与教学管理类"只作为选修课程的一个模块出现。

与培养目标及特点相对应,汉语国际教育硕士专业课程设置应该做到"双重视":一是重视职业性;二是重视实践性。汉语国际教育教师职业的特点在于除语言学基础知识以外还包括教师职业意识、教育教学技能、教师品德等多项因素在内,但这些因素在课程设置中未能得到足够的重视。

(二) 对教师职业意识的培养不足

《国际汉语教师标准》(以下简称《标准》),其中的"标准五"明确了教师职业道德与专业发展的目标和方向,也强调了对于教师职业意识的培养,随着教育事业的发展,教师的职业意识也越来越受到重视,但是在《09 方案》的课程设置中却并没有对此太多关注,这应该是汉硕培养方案修订应该重视的问题。

(三) 时代性和针对性不足

如前所讲,经历十年的发展,汉硕培养的需求已经与往日大不相同。十年内科技的发展突飞猛进,网络和通信技术的发展日新月异,国际汉语教学事业也呈现着崭新的面貌。例如科技丰富人们的生活同时也带动了教育的进步,对外汉语教师对于网络资源的选取和使用以及对多媒体操作的熟练程度都直接影响到教学效果。此外,由于"一带一路"的发展以及国家多项政策的推动,对外汉语教学开始走向专业化、专门化的道路,汉语教师赴任的国家不同、国情不同、教学对象也不同,自然对于汉语教师的要求不同,这些时代的要求也应在课程设置中有所体现。

(四) 存在一定的因"课"设课现象

所谓的"因课设课"主要体现在才艺课的设置上,方案中虽然设有才艺课,在调查中才艺课的开课率也是所有课程中最高的,但是上课质量却参差不齐,有的学校为了完成教学任务,只教学生"表面功夫"并没有使学生真正了解、理解中华才艺以及其中的内涵,学生在校没有学到才艺课的精髓，带到对外汉语课堂中又怎能将其熟练讲解和运用呢？如崔希亮（2016）"为了应对现实的工作需要，对教师才艺方面的训练比较多，专业方面的训练严重不足，这就导致一些汉语教师舍本逐末，才艺方面能剪纸、写书法、打太极就行了，专业方面只能靠个人的悟性了"[①]。在方案的执行过程中，才艺课"敷衍了事"是值得我们关注的一个问题。

八　对现行汉硕培养方案的优化建议

（一）优化模块化课程群

课程群的建设有利于学生打好知识基础，拓宽知识面，培养学生的适应能力。而互联网的普及也为课程群的建设提供了极大的便捷条件。在汉语国际教育硕士人才的培养上，我们建议将相同的不同课程融合进一个课程群之内，拓宽学生的知识面，充分发挥网络资源共享的强大功能，在基础课程之上充分发挥学生的兴趣以及专业背景的优势，培养适用于不同领域的专业汉硕人才。

（二）重视语言要素教学

语言要素是对外汉语教学中的重要元素，我们的对外汉语教师只有具备扎实的汉语语言学基础知识才能在教学中回答学生提出的各种问题。从汉语本身的角度来讲，无论是语音、词汇、语法还是汉字都有很大的教学难度，也有其各自的教学方法与教学原则，但是将这些语言要素放在一门课中来讲，其课时量和授课内容都是不合理的。

（三）加强动态性

在《09方案》的课程中，将课程性质分为"核心课程""训练课程""拓展课程"三类，"核心课程"与"训练课程"是必修课，"拓展课程"为选修课，而随着对外汉语教学事业的发展，以后会有更多的课程如北京语言大学的"孔子学院研究"、北京师范大学的"青少年儿童汉语教学"

[①] 崔希亮：《我们需要什么样的汉语教师》，《国际汉语教育》（中英文）第1卷2016年第1期。

等越来越受到重视，这些课放到哪个模块似乎都有道理。因此，减少模块或必修选修的束缚，增加课程设置的动态性，丰富课程类型的同时，可以发挥师资优势、学生专业背景优势、体现时代和地域特色。

（四）加强教育性和职业性

无论是《09方案》还是我们调查的40所高校，其课程设置对于"教育性"和"职业性"的重视无法完全达到培养目标的要求，国际汉语教师的本质是一名教师，在传播中华文化的同时扮演着教书育人的角色，肩负"传道授业解惑"的使命。培养方案中应增开教育理论的相关课程，并加强研究生作为汉语教师的职业意识，这将有利于汉硕学生在国际汉语实践教学中找准角色定位，将教育教学理论充分与实践结合，从而提高教育教学质量，达到更好的教学效果。

（五）加强个性化

从各校的课程设置看来，根据学校自身优势开设特色课程有利于培养出针对性强的特色人才，这些人才可能特别适用于某些国家和地区，也可能对于中华文化的某一特色有更深入的了解，从而形成自身优势，比如西南地区的学生在东南亚国家进行汉语教学有地域优势，西北地区的学生则有可能为"一带一路"沿线国家的汉语教学做出更大贡献。不同地区优势不同，汉语教育人才也会呈现"百花齐放"的态势。

汉语国际教育硕士课程建设改革与创新

——以上海外国语大学为例[*]

张艳莉　亓海峰　缪俊[**]

摘　要：针对汉语国际教育硕士培养中专业定位不清、缺乏培养特色、职业发展路径不明确的问题，上海外国语大学依托外语类院校优势，通过完善培养方案、强化小语种课程、优化教学方式等举措进行课程改革、实施分层分类教学，形成了外语类院校的特色课程，构建了"一核心、三支柱"的培养体系，人才培养初见成效。

关键词：外语类院校；课程改革；特色课程；培养体系

上海外国语大学 2007 年设立了汉语国际教育硕士专业学位点，2008 年起正式招生，是第一批获得汉语国际教育硕士学位授予权的 24 所培养院校之一。截至 2017 年 12 月，上海外国语大学共招收汉国教研究生 823 人，其中已经毕业 768 人。十年期间，上海外国语大学在汉语国际教育硕士的培养方面已逐步形成了自己的特色，在学科建设、实践平台搭建、就业、课程建设等多个方面取得了较为出色的成果。

课程建设在汉语国际教育人才培养中有重要作用，我们在十年的培养过程中对汉语国际教育专业硕士的课程经过了四轮改革。本文对课程改革的背景、举措、过程和效果进行总结，以分享经验、总结得失，不断创新。

---

[*] 上海外国语大学校级重大项目"'一带一路'视域下汉语国际教育本土化发展研究"（项目编号：2019114031）的阶段性成果。

[**] 张艳莉、亓海峰、缪俊，上海外国语大学。

一　课程改革的背景与原因

依据教指委的培养方案（2007），我校主要设置了三种类型的课程——核心课程、拓展课程和训练课程。

其中，核心课程包括"汉语作为第二语言教学""第二语言习得""国外汉语课堂教学案例研究""中华文化与传播""跨文化交际"；拓展课程包括"汉语语言要素教学""汉外语言对比""现代语言教育技术""中外文化交流专题""国别与地域文化""外语教育心理学""教学设计与管理"；训练课程包括"教学调查与分析""课堂观察与实践""教学测试与评估""中华文化才艺与展示"。

核心课程的内容设置旨在培养学生的汉语教学技能、中华文化传播技能以及跨文化交际技能；拓展课程是对核心课程的丰富和提升；训练课程以培养学生的教学实践能力为目标，课程内容具有很强的实用性。

课程的开设虽然全面规范，但是据我们的初步调查，目前汉语国际教育硕士培养中仍面临一定问题和挑战，主要体现在这样几个方面：

第一，培养特色问题。

上海外国语大学是全国知名的语言类大学，拥有深厚的语言文学的教学与研究传统，更具备了文、教、经、管、法五大学科门类，拥有高素质的多语种、多学科的教学与研究团队。在汉语国际教育的教学与研究方面，我校已经建立了一支知识结构、年龄结构、职称结构合理的教学、科研梯队，在相关领域产生了较大的影响。

如何进一步衔接国家发展战略，有效地整合学校多语种、多学科的优势资源，使学校汉语国际教育专业硕士办出自己的特色是需要思考和面对的问题。与国内同类院校相比，我们的课程体系比较全面，但是还未充分凸显外语类院校的师资、学科优势，并未形成鲜明的特色。

第二，职业发展问题。

目前汉语国际教育硕士招生不断增多，就业率持续增高，但是行业相关率并不乐观。据调研，毕业生中只有少数从事了汉语国际教育的相关工作，大部分学生"改行"了。这究竟是市场容纳量的问题，还是我们培养的质量出了问题，抑或是我们的培养目标与市场需求的匹配方面出了问题？这些我们目前还没有办法得到有效解决，但显然也是我们不得不思考和面对的一个问题。

汉语国际教育硕士是国际汉语教师的储备人才，毕业生的职业发展与课程学习中能力的培养有相当的关系，其中，教学能力、教学研究能力是国际汉语师资人才培养的重心，但是从目前我们汉语国际教育硕士的课程看，以及与国外同类高校培养方案的对比看，并未能完全凸显培养的重点。

第三，培养中凸显的质量问题。

我们认为目前培养模式同质化的情况比较严重，不仅体现在外语类院校中，在其他院校中也普遍存在培养的同质化现象，也就很难充分利用院校的特色，积极发挥地域、学科等优势作用，培养出高质量的人才。

其次，在教学实践中，我们发现部分课程的应用性与理论性之间存在矛盾。往往在强调了应用性、实践性的同时，就会忽略理论性、知识性，这种矛盾也体现在我们的培养过程中，体现在学生的培养质量上。

此外，随着毕业生数量的增加，毕业论文质量良莠不齐的问题也逐渐凸显。一方面，优秀论文数量占比较少，另一方面，论文的撰写类型比较单一，以上海外国语大学2017年汉语国际教育硕士论文撰写为例，共有72篇学位论文，从论文的类型看，案例分析<教学设计<调研报告<专题研究，其中专业研究类论文占60%以上，不同类型之间比例失衡。

二 举措与创新

基于上述问题，我们着重突出专业学位教育区别于学术型硕士研究生教育的应用型人才培养特色，针对国际汉语新型教师的职业要求，聚焦优秀汉语师资的培养，创新了实践课程，希望能实现专业学位教育与职业需求之间的有效对接。在课程建设的改革中，我们主要从以下方面进行了初步的探索：

第一，精心设计课程体系，完善培养方案。

我们以往的培养方案以汉语教学能力、中华文化传播能力和跨文化交际能力的培养为核心，课程主要是学科类课程，汉语国际教育专业硕士作为教师教育的一种，与美国、英国等国外比较成熟的教师教育专业相比，在研究方法类和教育类课程的设置上还比较欠缺。所以，我们调整完善了培养方案。针对目前课程较多的情况，合并精简了少数内容有重合的课程，并增加了选修课的比重，形成了以培养合格的国际汉语教师为目标的课程体系，设置了教育类课程、学科类课程和研究方法类课程三大模块，形成了核心课程、实践课程和拓展课程互相补充的完备的课程体系。

第二，优化课程内容，加强课程建设。

我校汉语国际教育硕士课程较多，存在多而不精的问题，要对课程进行改革，除了课程设置要调整，课程内容也需优化。从师资的专业背景和学生的需求出发，我们对课程的优化主要着力于两方面：其一，加强精品课程建设；其二，加强外语类课程。

我们针对国际汉语教师在海内外课堂教学中遇到的各种教学、管理或跨文化方面的疑难，以案例教学为突破点，围绕课堂教学和课堂管理，优化课程内容，增加中华文化的知识储备和文化传播能力，开展了"汉语作为第二语言教学""中华文化与传播""海外汉语课堂教学案例""二语习得"四门精品课程，形成详细的课程大纲、讲义。

与标杆类学校相比，我院汉语国际教育专业硕士的双语类课程比例还不高，特别是与其他外语院校相比，我们的优势未充分地体现在课程中，所以在课程改革中，我们提高了双语课程的比例，并增设了小语种课程，加强了小语种课程的建设，以使我校专业硕士形成"1+1+×"的培养特色。

第三，改变传统的授课模式，形成多样化的教育方式。

汉语国际教育硕士实习实践多，不少学生会去国外从事汉语教学，使课程学习中断，只能回国以后补修课程。为解决这样的问题，我们加强了慕课课程建设，形成传统课堂与慕课课程相结合，线上学习与线下学习相结合的授课方式。

慕课课程不受时空限制、注重自主学习，我们可以利用上海外国语大学与英国合作的"future learn"慕课平台，突破传统的课堂授课方式的局限性，使学习者成为课堂的中心。在专业硕士人才培养中，通过网络课程支持赴外担任志愿者的专业硕士的在线学习，改变传统的授课方式，形成多样化的教育方式。

第四，加强教材建设，形成具有鲜明特色的系列教材。

在课程改革的同时，组织校内外专家在新的视角下编写中华文化传播、汉语作为第二语言教学、海外汉语课堂教学案例、二语习得等精品课程教材，形成具有鲜明实践性和创新性的系列教材。

三 成果与展望

2015年到2017年经过两轮课程改革，我们在汉语国际教育硕士课程方面已取得了初步的成效。主要体现为以下方面：

第一，实施分类分层教学。

我们将原来的核心课程、拓展课程、实践课程分为必修、选修和免修不免试几类，并且大大增加了选修课的数量，学生可以针对自己本科阶段的专业基础在达到规定学分要求的情况下，做出较为灵活的选择。另外，我们的学生有中国学生和留学生，中国学生根据其本科专业又分为汉语言文学专业、外语类专业的和其他专业的几类，所以在同一门课程的学习中我们根据学生基础的不同，进一步分层，比如语言要素课、教学技能课等都实施了分层教学，提高了教学的针对性。

第二，完成了应用性和科学性相结合的方法类课程建设和小语种课程，形成了特色课程。

在特色课程建设方面，我们一方面增设了汉语国际教育研究方法、论文撰写指导等方法类课程，使实践性与理论性相结合，"授人以渔"，夯实基础；另一方面充分发挥上海外国语大学作为外语类院校的优势，根据中国研究生的学历背景和不同特点为研究生开设了外语培训课程，其中，"西班牙语"和"法语"两门课程已经成为我们的特色课程，为学生赴海外实习和工作打下了较好的语言和跨文化交际的基础。

第三，形成了前置性课程，延伸教学时间。

针对汉语国际教育硕士学制短，课程多，实践任务重的现状，我们采取了前置性教育，在入学前的暑假期间就给学生布置专业课的30本必读书目，督促学生撰写读书报告，并且在入学后的三个月内围绕暑期的书目进行复核知识考试，将专业课的学习延伸到入学前，充分发挥学生的自学能力，以使不同专业背景的学生入学后都能尽快适应专业课的学习。

四 结论

经过两轮课程改革，上海外国语大学在汉语国际教育硕士的培养中已逐步形成"一核心、三支柱"的培养模式，建立起了能体现外语类院校培养特色的课程体系，在人才培养中有了初步的成效。近两年来，我校汉语国际教育硕士培养质量稳步提升，培养的中外硕士活跃在世界各地的汉语教学一线，为汉语国际教育与推广工作作出了积极贡献。

当然，汉语国际教育作为新兴专业，发展时间短，人才培养无成熟的模式可循，课程设置和教学内容等方面都不够成熟，我们所进行的课程改革也只是初步的探索，是否可行，还需要时间的检验。

参考文献

《全日制汉语国际教育硕士专业学位研究生指导性培养方案》，国务院学位办，2007年。

汪国胜：《对汉语国际教育硕士培养相关问题的反思》，《湖北大学学报》2011年第4期。

崔希亮：《关于汉语国际教育的学科定位问题》，《世界汉语教学》2015年第3期。

教学法研究篇

关于戏剧化教学法应用于医学汉语的教学设计及实施研究

邓淑兰　颜孟雅[*]

摘　要：本文以中山大学中山医学院 MBBS 专业 2014 级和 2015 级开设的医学汉语课程为研究对象，运用戏剧教学法对该课进行教学设计，并以此为基础实施 4 个课时的教学。戏剧教学法主要运用于对话体的课文教学和会话表演，其中 1 个课时的会话表演是戏剧教学法的集中呈现，其过程包括：布置表演主题、分组进行表演准备、各小组进行表演展示和教师点评等环节。笔者对教学和学生的戏剧表演进行了录像分析，就戏剧教学法和医学汉语课程的相关问题设计了问卷，并对学生进行问卷调查。调查数据表明，实习医学汉语所运用的戏剧教学法较好达到了预期的教学效果与教学目标。

关键词：实习医学汉语；戏剧化教学法；教学设计；实施及调查

一　引言

近十年来，随着中国经济的迅速发展和国际地位的不断提升，来华留学的人数急剧增加。从教育部公布的 2016 年国家来华留学生人数来看，2016 年来华留学生已"打破以汉语学习为主的格局，学科分布更加合理"，"学历生中，就读人数最多的学科依次为西医、工科、经济和管理"。其中西医招收本科临床医学专业（英语授课，以下简称 MBBS）留学生的高等学校和招生人数呈逐年递增趋势。由于 MBBS 学生要求在中国的医院实习，因此必须掌握一定的职业医学汉语，以便与中国的医护人员和病人进行交流。鉴于此，以实习为目标的医学汉语课定性为口语课，在教学中要求学生了解和掌握医院各个科室的常见病例、症状、检查方法和

---

[*] 邓淑兰、颜孟雅，中山大学中文系。

治疗方案等。

本文以中山大学中山医学院 MBBS 专业 2014 级和 2015 级开设的医学汉语课程为考察对象，选取《医学汉语——实习篇》（第 3 册）第十三课《他得的不是一般的银屑病》为例，运用戏剧教学法进行教学设计，并以此为基础实施 4 个课时的教学，笔者对教师的教学和学生的戏剧表演进行了全程录像。为了解戏剧教学法实施的教学效果，本文对 2014 级和 2015 级 MBBS 专业的学生进行了问卷调查。

二　教学设计

本课共进行了四个课时的教学，分别从生词、课文、成段表达和戏剧表演四个方面开展课堂教学。为集中展示戏剧表演环节，本文仅对表演进行阐述。表演分为四个阶段：布置表演主题、分组进行表演准备、各小组进行表演展示和教师点评。

（一）布置表演主题（3 分钟）

本文使用的教材设计了一道有信息差的口语交际练习，我们采用戏剧教学法完成这一任务。

1. 本文的表演主题

两人一组，角色 A 看附录三的 11，角色 B 看附录三的 4。复述 18 床病人的病情。

A 组看 P228/11：你是 A，皮肤科的实习生。你去病房看一位患红皮病型银屑病的病人，了解他的病史、症状和体征等情况。还要回答病人关于治疗这种病的一些问题。

B 组看 P227/4：你是 B，皮肤科的病人，患了红皮病型银屑病。实习生来病房了解情况的时候，你要告诉他得银屑病已经多久了、去过什么地方看、用过什么药、效果怎么样、现在有些什么症状等情况，还要问实习生这里能不能根治你的病，以后要注意什么等问题。

参考生词：寻常型银屑病；红皮型银屑病；糖皮质激素；激素；停药；减量；瘙痒；浮肿；乏力；潮红；脱屑；畏寒；发热；根治；抓挠。

2. 学生分组

运用电脑随机抽签软件，随机挑选两人为一组，个别组进行水平高低搭配的调整，学生参考教材内容编写剧本。

（二）学生编写剧本和表演练习（20分钟）

学生在编写剧本和练习表演期间，教师在各组间走动，一般情况下不参与讨论，不干预学生的表演，若学生有疑问，教师进行答疑。

学生先各自找到小组同学，组成一组，进行角色分配和构思讨论，然后面对面对话，边交流内容边编写剧本。有的学生会在遇到困难的时候，拿着剧本和教材询问教师问题，学生交流的氛围十分热烈。

（三）学生上台表演（30分钟）

表演顺序由教师用电脑随机抽签决定，共12组，学生按顺序一组一组地上台表演，表演时长大约3分钟。下面展示一组学生认为最好的表演对话。

［学生表演展示］（医生与病人均为女生）

医生：（点头）你好。我是医生。

病人：（点头）你好，医生。

医生：（翻阅病历）我看你的病历上写的，你得的是红皮型银屑病，是不是？

病人：（点头）对，我以前（有）患过寻常型银屑病，已经三十年了。

医生：是吗？那你以前有没有用过糖皮质激素呢？

病人：对，我以前我（在）附近的医院给我治疗过，他给我用这个药。

医生：是吗？然后呢？

病人：对，然后我停药了。

医生：那为什么停药呢？

病人：因为（停顿）那个药很贵，我买不起。

医生：（拍病人的肩膀）病人，你不要随便停药啊！好不好？

病人：好的。

医生：那（现在还）有没有什么症状？

病人：我现在感觉全身皮肤瘙痒，然后浮肿。

医生：有没有乏力的症状？

病人：对，然后潮红，脱屑。

医生：有没有畏寒，发热？

病人：我昨晚发高烧，我很怕冷。医生，这个病可不可以根治？

医生：因为到现在还没有根治的方法，所以就（只能）控制和缓解症状。

病人：为什么不能根治？

医生：因为发病原因非常复杂。

病人：是这样啊，好吧。那我什么时候可以出院啊？

医生：（翻阅病历）那根据你的病情，（那）过几天就可以出院了。你有没有皮肤瘙痒的感觉？不要抓挠，好吧。

病人：不可以抓吗？

医生：（摆手）不可以。

病人：那我要注意什么？

医生：饮食方面，你不可以喝浓茶、咖啡。

病人：我喜欢吃海鲜。

医生：（声音变大）你喜欢吃海鲜？

病人：非常喜欢。

医生：（拍拍病人的肩膀）那你不可以吃海鲜，你可以吃新鲜的水果、蔬菜。

病人：（点头）好的好的，医生。可以做运动吗？

医生：可以做（打）太极拳。

病人：（点头）那我学一下，谢谢医生。

表演分析：这一组的剧本内容主要参考了会话1中病人的病史与病情，以及成段表达中医生解释银屑病的治疗情况与注意事项，涵盖了医生从看病到治疗的全过程，基本掌握了医生看病的流程，共有17个话轮，很好地使用了7个专业词汇和3个通用词汇，表演的脚本字数600多个，既描述了病人的病情，也展示了医生的治疗过程，同时将生词和课文内容很好地运用到了戏剧表演中。

在表演过程中，扮演医生的学生多用问句不断地引导病人说出病情，并通过拍病人的肩膀、扩大音量和点头等动作和表情传达出对病人的关心。医生主要详细地询问了病人病情的变化、用药的病史和停药之后的症状，并在不断翻阅病历之后给出意见，显示了医生对工作的认真态度。针对病人急于康复的心理，医生对银屑病不能根治的原因进行了说明，并提醒病人要如何护理皮肤，不能抓挠皮肤，可以看出医生对病人急躁心理的安慰和对病人生活的细心关注。医生还耐心聆听病人对饮食和运动方面的疑问，并针对病人的饮食喜好，强调不能吃海鲜，同时推荐病人打太极拳等，这些细节都可以看出医生这一角色不仅具有极强的工作责任感，更具有医生必备的善良和耐心，这是医者仁心的很好体现。

此外，从语言表达上看，笔者发现扮演医生的学生多次使用了"那"字，有些广东人说话的时候经常使用"那"字，该生可能受到本地人的影响，也可能是借"那"字给自己更多的思考时间。

总的来说，这组两位学生的表演语言比较自然、流畅，表情丰富，互动多，将医生与病人的角色表演得惟妙惟肖。

（四）对学生表演进行点评（3—5分钟）

1. 学生点评

学生普遍认为这一组表现得比较好，因为她们的对话内容丰富，特别是动作和表情丰富，语言表达比较有趣、流畅，引起了大家的观看兴趣。

2. 教师点评

教师主要从剧本的内容、表演的连贯性、两人配合的默契程度等角度对各个小组进行点评。

三 调查设计及统计分析

（一）调查设计

1. 调查目的

本次问卷调查主要是了解戏剧教学法在实习医学汉语课程中的实施效果以及学生的反馈意见，以此检验其是否达到了预期的教学目标。

2. 调查对象

笔者一共实录了2014级和2015级实习医学汉语三篇课文的教学，对中山大学中山医学院2014级和2015级MBBS正在学习实习医学汉语课的学生进行了问卷调查。

3. 问卷设计

该问卷是以学生的反馈评价为依据，调查戏剧教学法在实习医学汉语中应用的教学效果。调查问卷的内容分为四个部分，见表1：

表1　　　　　　　　　　　问卷结构表

问卷结构	问卷内容
第一部分	留学生的个人信息
第二部分	表演的准备
第三部分	表演的展示
第四部分	表演的综合评价

在第四部分，为了进一步了解留学生对戏剧表演的评价，笔者设计了4大项，共14道题，包括表演过程的评价6道题、表演对个人能力提升的帮助3道题、表演对个人知识掌握的帮助3道题和总体评价2道题。

4. 调查实施

笔者利用问卷星的网站进行问卷设计，形成相应的二维码。在2017年12月14日、2017年12月8日、2018年1月6日，笔者分别在课后将二维码发放到2014级和2015级的班级微信群中进行调查，利用问卷星网站和Excel表格软件进行数据的回收和统计。本次调查共回收40份问卷，均为有效问卷。

（二）统计结果及分析

从回收的40份问卷看，男生18人，女生22人，男女比例较均衡；从年级看，2014级留学生21人，2015级留学生19人。

1. 表演的准备情况

问卷第二部分是针对学生表演准备情况的调查，采用填空的形式让学生填写。由于2014级比2015级的学生接触实习医学汉语课程的时间更长，课文难度更大，所以笔者分年级统计，对比两个年级学生的表演准备时间的分配情况，统计结果见表2。

表 2 表演准备时间的分布表

年级	2014 级		2015 级	
时间长度（分钟）	写剧本（人）	练习表演（人）	写剧本（人）	练习表演（人）
1—5	15	3	11	6
6—10	4	10	5	12
11—15	1	5	2	0
16—20	1	3	1	1

从表 2 看，2014 级和 2015 级的学生虽然接触课程时间不同，课文难度不同，但学生编写剧本所花的时间主要集中在 1—5 分钟，练习表演所花的时间主要集中在 6—10 分钟，而花费 11—20 分钟的学生较少，说明依然有一些汉语水平较低的学生需要花费较多的时间才能完成表演准备。

从调查结果看，写剧本和练习剧本的时间一共花费 15 分钟，而阅读题目和安排角色已在课前 10 分钟完成，所以根据学生不同的需求，在第四课时中，最合理的准备时长为 10—15 分钟，那么表演的时间则为 30—35 分钟。对于口语课来说，开口说话是十分重要的练习，尤其是本课程的目的是为见习和实习准备，所以必须尽可能地保证有较多的时间进行表演。根据所录视频，每个班一共有 12 组，每组表演的时间最多不超过 3 分钟。从表演的质量看，相比于 2015 级的学生，2014 级学生的表演更加熟练，完成的质量更高。此外，在其他小组表演时，学生们可以借机观察别人的表演，这也是一个相互学习和借鉴的过程。

关于学生剧本编写情况的调查，因为医学专业的专业性强，所以需要学生以课文内容为底本进行剧本的编写。从学生的表演来看，笔者发现他们基本是参考了课文中的词汇和常用句式，这说明教师在教学中多引用课文中的例句是很重要的，对学生在戏剧表演中撰写剧本起到了关键的作用。

根据课堂观察，笔者发现部分学生在表演时对课文进行了改编，为此设计了学生自己增加剧本内容原因的调查，统计结果见图 1。

从图 1 看，在他们增加内容的原因中，79.49% 的学生是为了运用自己学习到的知识，38.46% 的学生是为了增加自己喜欢的内容，在表演中，笔者也发现了一些程度较高的学生会加入人物背景，使剧本内容更加生动有趣。就剧本的内容来说，这也可以看出学生对课文的掌握程度和创新能

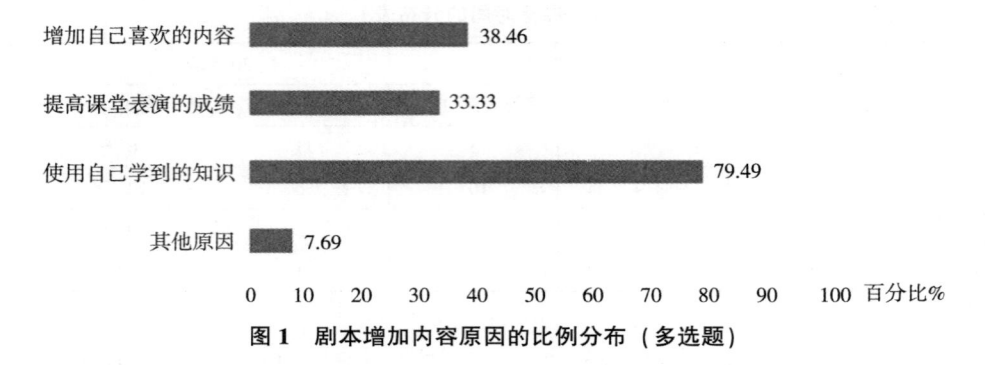

增加自己喜欢的内容 38.46
提高课堂表演的成绩 33.33
使用自己学到的知识 79.49
其他原因 7.69

图 1　剧本增加内容原因的比例分布（多选题）

力乃至汉语水平，这也是教师在表演结束后的评分和点评的依据。

针对学生编写剧本难度情况的调查，统计结果见图 2：

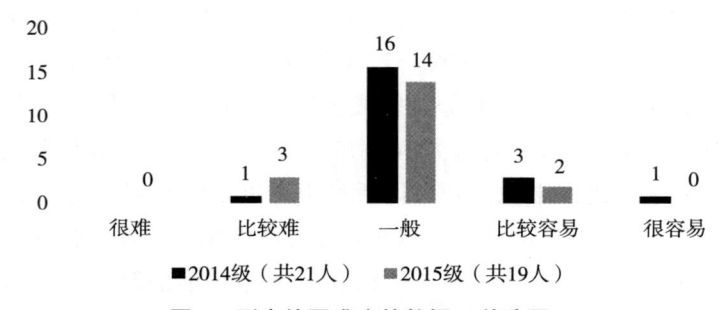

	很难	比较难	一般	比较容易	很容易
2014级（共21人）	0	1	16	3	1
2015级（共19人）	0	3	14	2	0

图 2　剧本编写难度的数据（单选题）

从图 2 看，2014 级有 16 个学生认为编写剧本难度一般，有 3 个学生认为不太难，而依然有 1 个学生认为较难，总体看 2014 级留学生认为写剧本的难度适中；而 2015 级虽然有 14 个学生认为难度一般，但只有 2 个学生认为不太难，依然有 3 个学生认为写剧本较难，可以说刚接触戏剧表演的 2015 级学生看法基本一致，但是接触了一年实习医学汉语的 2014 级学生就有一些不同的看法，学得较好的学生感觉容易，而学得较差的学生感觉较难，这是因为实习医学汉语课的特殊性和专业性，相比一般的对外汉语课程难度较大。对 MBBS 专业的学生来说，怎样将课文的内容和自己想要表达的内容整合，呈现一个符合表演主题的完整剧本还是有一定难度的。

2. 表演的展示情况

问卷的第三部分是关于学生表演的展示情况调查，采用单选和多选相结合的方式，针对一些涉及程度的问题则再以填空的方式追加调查问题。

针对教师在表演中是否需要用 PPT 提示生词情况的调查，统计结果见图 3：

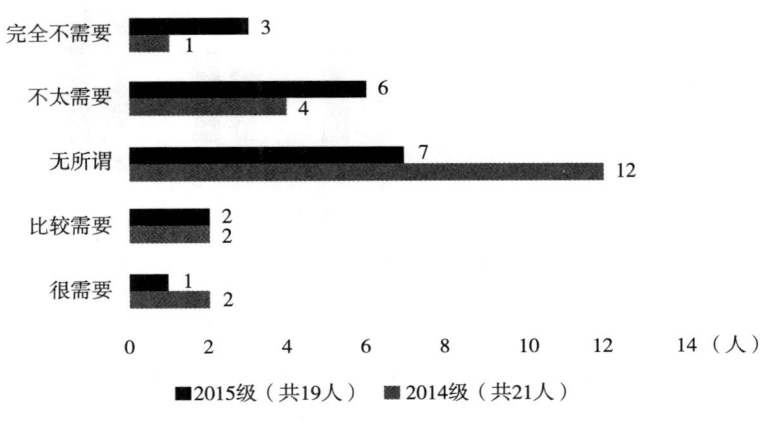

```
完全不需要  3 / 1
不太需要    6 / 4
无所谓      7 / 12
比较需要    2 / 2
很需要      1 / 2
```
■2015级（共19人）　■2014级（共21人）

图 3　教师在表演中用 PPT 提示生词的必要性（单选题）

从图 3 看，2014 级有 1 个学生对教师使用 PPT 提示词语表示完全不需要，有 4 个学生表示不太需要教师用 PPT 提示词语，共有 5 个学生表示不需要教师在表演时提示生词，而表示无所谓的学生有 12 个；2015 级有 3 个学生对教师使用 PPT 提示词语表示完全不需要，有 6 个学生认为不需要教师用 PPT 提示词语，共有 9 个学生不需要教师在表演时提示生词，而表示无所谓的学生有 7 个，总的看来 2014 级和 2015 级对教师用 PPT 提示生词表示无所谓的学生居多，但两个年级依然有 7 个人表示需要 PPT 提示生词。因此，虽然准备表演时有课文参考，而且大家在表演前已经基本背熟了剧本，但是 PPT 上的生词提示依然对一些同学有一定帮助。

针对教师是否需要为学生准备剧本情况的调查，统计结果见图 4。

从图 4 看，2014 级有 11 个认为完全不需要教师提前写好剧本，有 4 个认为不太需要教师提前写好剧本，共有 15 个表示不需要教师提前写好剧本，有 6 个对教师准备的剧本持无所谓的态度；2015 级有 8 个认为完全不需要教师提前写好剧本，有 5 个认为不太需要教师提前写好剧本，共有 13 个表示不需要教师提前写好剧本，有 6 个对教师准备的剧本表示无所谓态度。总的来说，2014 级和 2015 级的学生大部分不需要教师提前写好剧本。因此，教师不需要在学生表演期间提前准备好剧本，可以让学生

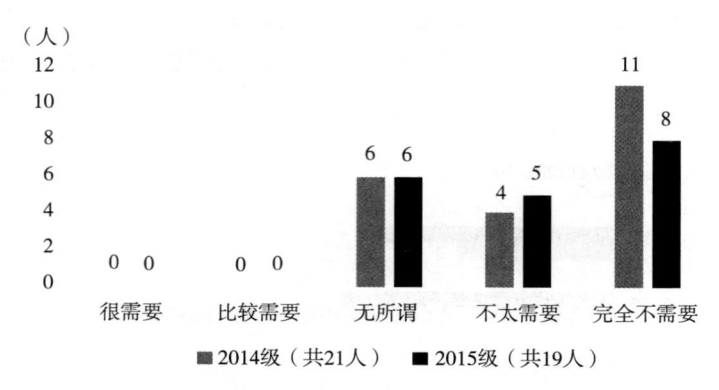

图 4 教师准备剧本必要性的人数分布图（单选题）

在准备阶段自由地编写剧本。

针对学生在表演中忘词的应对措施的调查，统计结果见图 3-5：

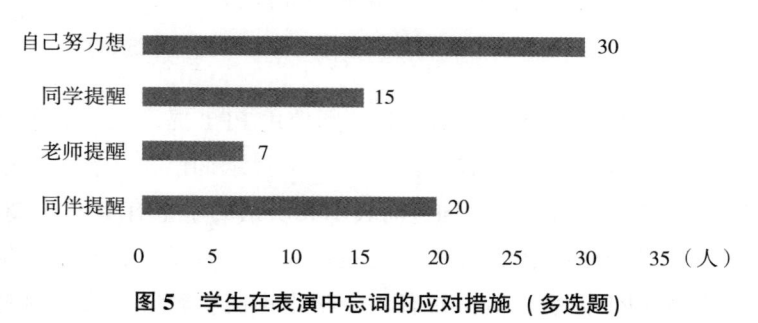

图 5 学生在表演中忘词的应对措施（多选题）

从图 5 看，应对表演时的忘词现象，有 30 个学生希望能通过自己的努力回想完成表演，有 20 个学生认为同伴提醒也是一个比较好的选择，而需要教师的提醒则需求最低，只有 7 个学生认同。这体现了学生对学习自主性的要求和对同伴较高的信任感，因此，教师在学生的表演过程中只需观看和评分即可。

针对留学生在表演中是否喜欢增加表情和动作的情况调查，统计结果见图 6。

在图 6 中，2014 级和 2015 级各有 11 个留学生表示喜欢增加表情和动作，又各有 7 个学生表示无所谓，表示喜欢的学生中有 43.59% 的学生认为这更接近真实的医院实习和见习情景，有 38.46% 的学生认为这样十分有趣，足以说明虽然剧本内容具有专业性，但是作为戏剧表演，如果能够有表情和动作，那么台下同学观看的积极性就会更高，课堂氛围就会更

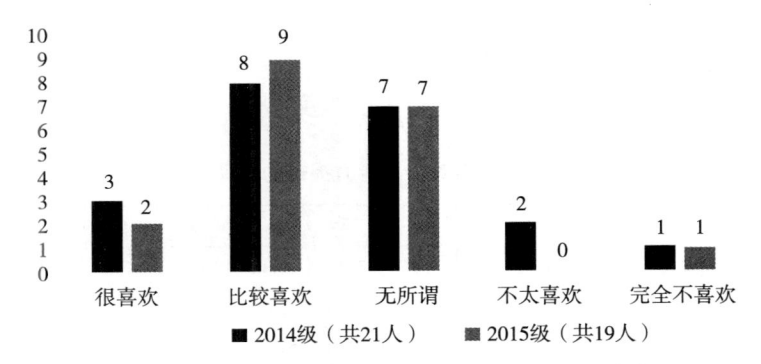

图 6 学生在表演中增加表情和动作的喜好程度（单选题）

好。而有 20.51% 的学生虽然想增加动作和表情，但限于个人能力，不太会表演，难以把剧本展示得更加丰富。

综合来看，学生的自主性较高，虽然他们觉得写剧本和戏剧表演较难，但是他们依然希望依靠教师所讲和课文内容独立完成，即使能力有限，也想努力呈现更加贴近真实场景的表演。

3. 表演的综合评价

问卷的第四部分是学生对戏剧表演的综合评价的调查。笔者采用李克特五度量表（Likert Scale），共设置 4 大项 14 个小题，每个题目设计了五个等级，5 为"很满意"、4 为"比较满意"、3 为"一般"、2 为"不太满意"、1 为"很不满意"。为了便于展示，笔者将结果分为以下四个表格，统计结果如下：

表 3 学生对戏剧化表演过程的评价

评价项目	题目	1	2	3	4	5	平均分	
表演过程的评价	1. 小组同学对写剧本的帮助	0	0	21.88	53.13	25	4.03	3.93
	2. 小组同学对练习剧本的帮助	0	0	21.88	43.75	34.38	4.13	
	3. 小组同学的合作	3.13	0	31.25	37.5	28.13	3.88	
	4. 教材所给的表演题目	0	3.13	40.63	31.25	25	3.78	
	5. 表演的时间长度	3.13	3.13	31.25	40.63	21.88	3.75	
	6. 自己写的剧本	3.13	3.13	31.25	50	12.5	3.66	

从表 3 看，学生对同伴的帮助评分最高，达到 4.13，这肯定了小组合作对他们的帮助，这也体现了教师将汉语水平较高和较低的学生安排在

一组的用意,而且从现场观察看,同学之间合作融洽,积极投入表演的准备中,热情高涨。而评分最低的是学生对自己写的剧本并不十分满意,评分只有3.66,这也说明写作对留学生的难度。

表4　　　　　戏剧表演对个人能力提升的帮助

评价项目	题目	1	2	3	4	5	平均分	
表演对个人能力提升的帮助	1. 提高学习兴趣	6.25	3.13	15.63	37.5	37.5	3.97	4.08
	2. 提高口语能力	3.13	3.13	18.75	37.5	37.5	4.03	
	3. 提高合作能力	0	6.25	21.88	40.63	31.25	3.97	

从表4看,戏剧表演对学生口语能力的帮助得到了大家一致的认可,评分为4.03,这说明戏剧表演确实可以提升学生的汉语口语水平,而且在口语课中使用戏剧教学法也是十分有效的,既能模拟真实场景,也能复习生词和课文,而在提高学习兴趣和合作能力方面评分均为3.97,这说明如果有更有趣的主题或者更合适的搭档也许学生的学习兴趣和合作能力会有所提高。

表5　　　　　戏剧表演对个人知识掌握的帮助

评价项目	题目	1	2	3	4	5	平均分	
表演对个人知识掌握的帮助	1. 掌握科室、常用药物、人体结构、常见病的中文名称和症状	0	6.25	12.5	53.13	28.13	4.03	4.02
	2. 掌握实验室检验报告及病历的书写	3.13	3.13	25	43.75	25	3.84	
	3. 掌握住院部医生与病人的日常用语、实习生与指导医生的日常用语	0	3.13	15.63	40.63	40.63	4.19	

从表5看,评分最高的是表演对掌握住院部医生与病人的日常用语、实习生与指导医生的日常用语的帮助,评分为4.19,这说明学生引用课文中出现的日常用语较多,掌握得比较好,而表演对掌握科室、常用药物、人体结构、常见病的中文名称和症状的帮助则略低,评分为4.03,且表演对书写病历和检验报告的作用最低,评分为3.84,但作为一个口语课的练习,不可能偏重读写能力,更应当注重口语交际能力的提升。

表 6　　　　　　　　　学生对戏剧表演的总体评价

评价项目	题目	1	2	3	4	5	平均分	
总体评价	1. 对设计戏剧化表演的满意度	7.69	7.69	3.85	23.08	57.69	4.13	4.12
	2. 对戏剧化表演效果的满意度	0	0	21.88	43.75	31.25	4.1	

从表6看，学生对戏剧表演的总体评价较高，无论是从方法设计还是完成效果都表示"比较满意"，达到4.12。学生认为表演对个人能力提升的帮助最大，评分最高，为4.08分，其次是表演对个人知识掌握的帮助，为4.02分。

但由于2015级的学生是第一次上实习医学汉语，他们的汉语水平相对较低，还没有适应这种有一定难度的表演，所以2015级的学生评分略低于2014级的评分。此外，个别学生反映自己愿意表演，而一起合作的同学对于戏剧表演参与的积极性较低，这既有汉语口语水平较低，编写剧本难度高的原因，也有个别学生的性格比较内敛，对于上台表演有畏惧心理。这就要求教师需要详细了解留学生的性格，在考虑汉语水平的基础上，适当调整组员的搭配。

表 7　　　　　　　　　学生对实习医学汉语课程教学的总体评价

评价项目	题目	1	2	3	4	5	平均分	
总评	1. 老师上课用的PPT对我的学习帮助很大	0	3.85	15.38	38.46	42.31	4.17	
	2. 老师对生词、课文和练习的讲解清楚明白	3.85	3.85	7.69	46.15	38.46	4.1	
	3. 表演练习对我的实习帮助很大	3.85	3.85	15.38	26.92	50	4.13	4.18
	4. 课后练习和作业的难度适中	3.85	7.69	19.23	42.31	26.92	3.83	
	5. 我的汉语口语水平提高了	0	0	15.38	34.62	50	4.3	
	6. 我对汉语学习的兴趣提高了	0	3.85	15.38	30.77	50	4.23	
	7. 医学汉语课的学习对我的实习帮助很大	0	3.85	3.85	19.23	73.08	4.53	
	平均值	2.89	3.85	13.60	34.89	44.78	4.12	

从表7看，有73.08%的学生认为学习实习医学汉语课对实习的帮助很大，评分为5分，说明实习医学汉语课的教学很好地实现了教学目标，

为大家的见习和实习提供了很大的帮助。但学生普遍认为课后练习和作业的难度较大，评分为3.83。这项评分偏低的原因主要是病历写作，病历写作是MBBS学生必须掌握的一项技能，但其难度高，尤其是对2015级的学生。其实，教师在布置写作练习时，也是从易到难循序渐进的。而且教师在上课时，已对课文内容进行了归类整理，如果学生认真听课，写好病历也并不太难，2014级学生的病历写作成绩很好，就是一个很好的证明。

从以上数据可以看出，留学生对实习医学汉语课程的各项评分主要集中在4分和5分，特别是学生认为目标针对实习的医学汉语课对实习和见习的帮助很大，实用性很强，评分为4.53，对提高汉语口语水平的评分为4.3，总体满意度达到了"比较满意"，评分为4.12，这说明戏剧表演在这样的医学汉语课的教学中效果比较理想，较好达到了练习汉语口语的教学目标。

四　余论

戏剧化教学法应用于以实习为目标的医学汉语的教学改革已实践了多年，通过调查以及我们发现，学生对该课程的教学满意度较高，认为这种方法对学生的实习大有帮助，评分达到4.53（满分为5），认为这种教学法有效地提高了学生的口语交际能力，评分为4.3。调查数据表明，教学中所运用的戏剧教学法基本达到了课题预期的教学效果与教学目标。而近几年学生的成绩测试、实习表现以及实习导师的反馈，我们发现，这一教学法是可行且有效的。当然，它还存在改进的空间，笔者就此提出以下改进措施：

第一，在成段表达教学和戏剧表演结束后，教师可以对课文内容进行总结，梳理课文重点，包括病人的病史、病因、症状、检查结果和医嘱，以便学生更好地编写剧本。

第二，教师设计一份学生相互之间进行表演评价的评分标准。这既可以让学生清楚在表演中自己需要注意的要素，同时让学生在观看表演时能有针对性地进行观摩，取长补短。

第三，设立合理的奖励和加分机制，更好地调动学生参与的积极性。

参考文献

莫秀英、邓淑兰等：《医学汉语——实习篇》，北京大学出版社 2007—2011 年版。

莫秀英、邓淑兰：《六年制 MBBS 医学汉语课程教学大纲初探》，《现代语文》（语言研究版）2015 年第 3 期。

莫秀英、邓淑兰：《需求分析理论与 MBBS 医学汉语教材的编写——以〈医学汉语——实习篇〉为例》，《海外华文教育动态》2015 年第 5 期。

许葵花：《外语教学中过程法戏剧表演的科学性》，《外语与外语教学》2001 年第 3 期。

王永阳：《澳大利亚的戏剧化汉语教学案例》，《世界汉语教学学会通讯》2012 年第 1 期。

王永阳：《试论戏剧化教学法在汉语作为第二语言教学中的运用——以澳大利亚的一个课堂教学为例》，《世界汉语教学》2009 年第 2 期。

尹彤迪：《戏剧化教学法应用于来华预科生医学汉语课的教学设计》，硕士学位论文，山东大学，2016 年。

张连跃：《解读—改编—创演：戏剧教学模式新探》，《世界汉语教学》2017 年第 2 期。

张连跃：《戏剧在二语教学中的整合功能——基于一项海外汉语教学的案例分析》，《语言教学与研究》2013 年第 1 期。

基于语义激活扩散模型理论的汉语词语输出训练

胡秀梅[*]

摘 要：中高级学习者尽管词汇量不断增加，但在交流中却往往回避新词和较难的词汇，导致口语能力进步不明显。在教学中可以通过基于语义激活扩散模型理论的正向语义关联系统构建和逆向语义激活训练法提升学习者词汇输出能力，减少学习者使用回避策略。逆向的激活是教师在词语教学过程中，通过对目标词的语义解释和描述，激发学习者头脑中的相关语义场，引导学习者输出目标词和语句的一种练习方式。在加强新旧词语之间的关联、丰富学习者的词库的同时有意识地强化新词语的输出，提高学习者口语水平。

关键词：语义激活扩散模型；逆向引导；词语输出训练

一

语言学习的最终目标是在交际过程中自由准确地表达自己的意图，与人顺利交流。随着词汇量的增加，口语表达能力也应该不断提高。但是在教学过程中却发现存在这样的问题：初级水平的学习者口语能力进步明显，特别是零起点的学习者。但是到了中级水平以后，学习者明显感觉到提升速度减慢，甚至停滞不前。虽然词汇已经积累了很多，但常用的似乎总是某些词，许多词汇从来不曾使用过，以至于最后渐渐遗忘了。究其原因，我们可以从两个方面发现：一是学习时的话题远远多于日常交流的话题；二是学习者主动回避较难的词汇。如何有效地帮助学习者克服这些问题，提高词汇的使用率，促进口语能力的提升呢？

这与词汇教学的三个阶段密切相关。词汇教学是语言教学最重要的部

---

[*] 胡秀梅，北京师范大学国际中文教育学院。

分，一般包括三个阶段。

词语的输入阶段：对词语表达的语义以及相关搭配进行解释和说明。

限定性输出阶段：在课后的指定练习中练习使用，如填空完成句子，指定词语回答问题等，以巩固学习者对这个词的理解。

自主输出阶段：交际过程中的自由对话。

教学过程中，我们往往较重视和强调如何教，也就是词语的输入过程。词语讲解时，教师会对词语进行细致的解释和说明，包括词汇的语义以及相关搭配等内容。学习者会在课后的指定练习中练习使用，如填空完成句子，指定词语回答问题等，以巩固学习者对这个词的理解。这个阶段属于限定性输出，主要是检查学习者对指定词语语义的理解，不需要在头脑中搜索合适的关键词。教师在这个阶段通过纠错的方式参与，能够给学习者一些引导，对于学习者词汇输出阶段的监控和引导则相对较弱。

但是到了自主输出阶段，学习者想要表达某个意思时，需要在头脑中或心理词典中搜索最合适的表达方式。这个搜索的过程通常由学习者独自完成，教师的引导和帮助相对较少。因此学习者在头脑中搜索和调动词语时，为了保证交流顺利，他们通常会选择难度较低和熟悉的词语而回避新词和难词。特别是中高级水平的学习者，随着词汇量的增加和书面词语的增多，学习者回避难词的情况愈加明显，从而导致学习者口语能力进步不明显。因此，如何在学习者词语输出和运用阶段给他们有效地辅助在中高级口语教学中就显得尤为重要。

自主输出是指交际过程中自由对话时，说话者能够自如地组织语言、使用合适的词汇表达意图，不依赖旁人帮助。自主输出能力的高低体现在语法和词汇使用的准确性、得体性，词语的难易度和流利度几个方面。准确表达说话者的意图是语言学习的最终目标。

教师如何在教学中训练和提高学习者自主输出能力呢？

二

认知心理学家 Collins 和 Loftus（1975）等人提出关于认知发展的网络模型——激活扩散模型（Spreadung Actiation Modllins），他们认为头脑中的概念被以语义相似性或联系为关联组织起来，彼此之间关系越密切，越容易被激活。激活是基于预先构建好的语义网络模型和系统。语言的词汇系统在人类的大脑中的存在方式就是这样的网络模型系统，所以在激活词汇时，学习者首先要在"心理词库"进行词汇检索，这种检索较多地依赖于外界所刺激的词汇联系的强度跟频度，外界刺激的词汇联系强度大且紧密，检索时的速度就快，反之则慢。这个语义启动模型，为我们词汇输入与输出训练提供了最有效的指导。

交际过程中的自主输出是说话人知道自己想要表达的语义，只是需要在头脑中或者心理词典中搜索并激活相应的词语，然后说出来，完成自主输出的过程。输出是基于输入的，词汇的运用是基于对语义的理解。我们在学习的过程中不断积累词汇，在头脑中构建词汇系统。因此以何种方式输入直接影响到系统的构建方式和输出时的激活路径，词汇系统的构建方式决定或者影响着我们检索和使用词汇的方式。

基于这个理论，在词语教学的过程中，讲解新词语的环节，应该有意识地帮助学习者构建新旧词语之间的关联，不断充实和巩固头脑中的词汇网络模型。在随后的词语输出和运用环节，教师则需要尽可能多地利用一些方法引导和激活这一模型，最终准确地输出目标词语。

如何有效地激活头脑中的语义网络模型呢？这个激发和引导输出的过程必须与输入阶段的系统构建相结合。系统节点之间的关联方式决定引导和激发的路径。这包括两个相互关联的环节：输入阶段的系统构建和输出阶段的激发与引导。

1. 输入阶段的系统构建

词汇教学的输入阶段，释义过程就是语义网络系统构建过程。在教师释义过程中，结合激活扩散模型的理论，引导学习者建立系统的、相互关联的网络模型。为更准确地激发和引导学习者选择目标词，可以结合近义词对比、反义词区分、词语搭配、句子引导、相关课文内容提示等多种方式，帮助学习者构建准确的语义网络并检索到目标词，最终激活学习者头脑中的词汇并加以运用，达到输出语句的训练目标。

由于学习者词语输出过程中的常见问题主要包括：近义词区分准确性不足，语义理解不精确；搭配不当两个方面。因此在输入阶段，应该尽可能地从这些角度进行对比分析，并尽可能地将新旧词语挂钩，逐渐搭建起词汇网络系统。

例如：中高级词汇"出路"的释义讲解模式，在释义阶段搭建语义检索系统。

"出路"的释义讲解模式
- 课文中的句子："这个专业毕业后的出路不太好。"
- 字典中的义项

[exit]：关闭的地方或空间向外的通道。

[escape]：能够向前发展的途径；摆脱逆境的门路，前途。

例句：当他把所有的钱都输掉时，他没有其他的出路，只好去做工。

[market condition]：商品的销路。

（1）释义：基本语义是"向外的通道"，在口语中常用来表示"前途，发展的方向"。

（2）常用搭配：有/没有出路、毕业出路、找出路、另谋出路

（3）辨析：出路——未来

　　相同点：都可以表示前途。

　　不同点："出路"重在强调发展方向，"未来"多表示时间。

　　例如：可以说"我找不到工作，没有出路/未来"。（对）

　　　　　不可以说"我找不到未来"。（错）

这个讲解过程是词汇教学的讲解阶段常用的模式，对词语的释义基本都是结合基本语义、常用搭配、语用条件（近义词辨析）几个方面进行的。通过近义词语语场、解释性描述、词语搭配、语境呈现等角度解释语义，这就是搭建语义框架的几个部分：基本语义+常用搭配+近义词辨析。

2. 输出阶段的逆向语义激活

基于上述讲解，在词汇输出阶段，我们需要使用逆向释义，逆向引导，帮助学习者导出词语。逆向释义指的是教师在词语教学过程中，为了引导学习者练习和运用词语，实现自主输出的目标而使用的一种练习方式。主要是通过对目标词的语义解释和描述，激发学习者头脑中的相关语义场，引导学习者输出目标词和语句。

逆向引导可以以"我们学了一个词/短语，它表示……"为激活引语，需要尽量与词语输入阶段的词语讲解方式保持一致，释义的角度、对比的角度和分析过的搭配等各方面都尽量一致，所以搭建的框架非常重要，框架的组成元素需要明确，以便在激活语义场的过程中有清晰的路径

可寻。逆向引导词语输出，主要以解释性的说明激活，然后进行词汇运用的练习。

例如：对"出路"一词的逆向引导

语义激活：我们学了一个词，表示"前途，发展的方向"。若学生无法准确输出该词，则进一步辨析与"未来"的不同来提示。

学习者在这样的引导下，一步步筛选词语，最终达到准确输出。

我们把这个词汇教学输出阶段的练习方式称为词语解释的逆向引导。是教师在词语教学过程中，为了引导学习者练习和运用词语，实现自主输出的目标而使用的一种练习方式。主要是通过对目标词的语义解释和描述，激发学习者头脑中的相关语义场，引导学习者输出目标词和语句。正向输入词语解释，逆向引导词语输出，以解释性的说明激活，然后进行词汇运用的练习。

在引导和激活过程中，可同时结合图式理论的教学策略，通过类比、联想、扩展等方式把词汇的语义场构建出来，当语义记忆的推论作用和图式的推论作用互相结合时，语义场图式就会被激活，从而增强词汇的学习效果。

在教师释义过程中，为更准确地激发和引导学习者选择目标词，可以结合近义词对比、解释性描述、词语搭配、句子引导、相关课文内容提示等多种方式，帮助学习者构建准确的语义网络并检索到目标词，最终激活学习者头脑中的词汇并加以运用，达到输出语句的训练目标。

我们以成语"五花八门"为例，看两个阶段的关联。

（1）正向构建词汇的语义关联

课文中的句子：网上的商品五花八门，应有尽有。
释义：颜色样式繁多，能够使人眼花缭乱。
常用搭配：商品、行业、东西、产品
辨析：五花八门—各种各样—形形色色
相同点：都可以表示种类多。
不同点：（如图1）

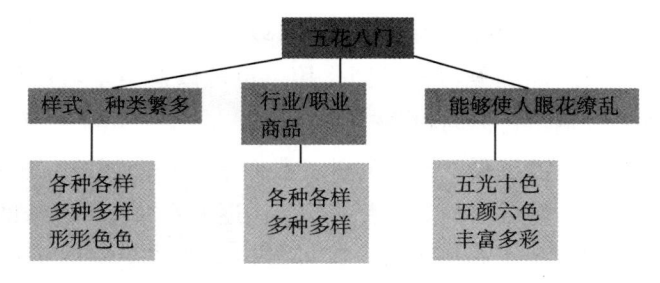

图 1　正向语义场构建

（2）逆向释义引导，激活语义关联，输出词语。
通过释义加辨析，引导学生说出正确词语。（如图 2）

①表示样式、种类繁多的成语——各种各样、多种多样、形形色色、五花八门
②多用于形容商品、行业、职业，不用于形容人——各种各样、多种多样、五花八门
③形容使人眼花缭乱——五花八门

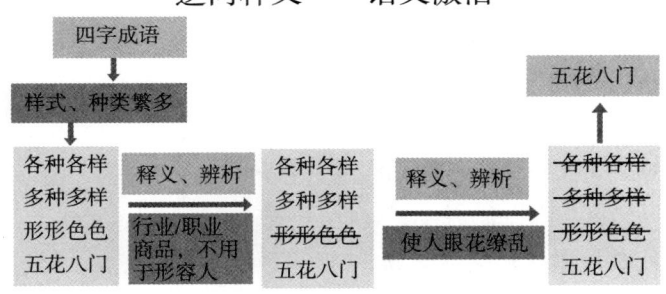

图 2　逆向语义激活

三

基于上述语义激活扩散模型理论的词语输出训练，主要包括三个阶段：讲解阶段的释义（语义、搭配、辨析）、输出练习阶段的逆向引导、自主输出阶段的语义激活。

教学实践显示，教师在词语教学过程中，通过对目标词的语义解释和

描述，激发学习者头脑中的相关语义场可以有效地激发和引导学习者使用刚学习过的词语，起到复习和巩固作用。也可以避免学习者使用回避策略，引导学习者输出目标词和语句。

教师在激发引导过程中，通常以"我们学了一个词语，它表示……"开始从语义导入，然后根据学习者的反馈，逐渐添加信息以帮助学习者区分近义词或者搜索到正确搭配等，帮助学习者在语义网络中检索到目标词，最终激活学习者头脑中的词汇并加以运用，达到输出语句的训练目标。为更准确地激发和引导学习者选择目标词，可以结合近义词对比、词语搭配、句子引导、相关课文内容提示等多种方式。

在具体的教学中，以下练习形式能够体现这个理论，有效地提高输出能力，避免学生使用回避策略。

1. 直接逆向释义

题型：根据解释说出本课学的词或短语。
如：形容颜色样式繁多，能够使人眼花缭乱。——五花八门
表示前途，发展的方向。——出路

2. 利用词义辨析激活相关语义场

题型：写出近义词。
如：各种各样——五花八门（近义词）

3. 利用情境激活相关语义场

题型：用本课所学词语完成语段或者对话填空。（不给出备选词）

经教学实践，我们发现通过正向的语义关联系统构建和逆向的激活引导，在词汇教学过程中可以不断加强新旧词语之间的关联，在丰富学习者的词库的同时也能有意识地强化新词语的输出，提升学习者自主输出的能力，提高口语水平。

参考文献

王甦、汪安圣:《认知心理学》,北京大学出版社 1992 年版。

刘衡英:《从激活扩散模型看二语产出性词汇的习得》,《宜春学院学报》2011 年第 5 期。

基于非全日制 MTCSOL 学生视角的全案例教学模式探究[*]

——以《国际汉语教学案例分析》为例

李萍[**]

摘 要：案例、教师、学生是决定全案例教学效果好坏的三大主因，本文立足同济大学 2015—2018 级 72 名非全日制 MTCSOL 学生的视角，梳理分析其课堂观察、教学实践录像、作业及考试答卷等文献材料，探究非全日 MTCSOL 学生影响全案例教学的有利和不利因素，并结合"国际汉语课堂教学案例分析"这门课四年的改革实践，构建出"以学生为中心"的立体化多维度的全案例教学模式。最后指出非全日制 MTCSOL 全案例教学应着重解决的三大问题。

关键词：全案例教学；非全日制 MTCSOL；影响因素；立体多维教学模式

一 问题的提出

"国际汉语课堂教学案例分析"是一门案例导向课程，被称为"全案例教学"，是汉语国际教育专业硕士（MTCSOL）课程体系中的核心课程之一。汉语国际教育专业硕士案例教学的研究起步晚，前人对教学对象自身与全案例课教学模式的探讨零珠碎玉，仅有包学菊（2017）结合全日制 MTCSOL "国际汉语课堂教学案例分析"的实践经验，着重探讨了案例的选取、覆盖角度、问题导向和媒介形式及顺序编排，提出合作学习方式

---

[*] 基金项目：2018 年同济大学研究生教育研究与改革项目——基于非全日制 MTCSOL——《国际汉语课堂教学案例分析》案例法改革（项目编号：2750106004）的成果。

[**] 李萍，同济大学国际文化交流学院副教授，硕士研究生导师。

最为有效①。针对非全日制 MTCSOL 学生的全案例教学模式的研究更是凤毛麟角。本文以同济大学非全日制（MTCSOL）学生的全案例教学为研究对象，基于语料分析法、教学实验法与对比法，总结 2015—2018 学年"国际汉语课堂教学案例分析"持续教改试验结果，在此基础上梳理分析 2015—2017 级 72 名研究生 432 份语料（包括课堂观摩听课记录和听课心得；课堂讨论录像；教案作业、试课 PPT；海外孔院及国内教学实习总结文本；课堂教学实践录像；期末案例分析答卷及卷面总结六类），调研非全日制 MTCSOL 学生的学术背景、课堂教学能力的现状及存在问题，结合国外案例教学理念，探求全案例教学针对性教学模式。

二 非全日制 MTCSOL 学生全案例教学影响因素

（一）不利因素

同济大学自 2015 年设点至今已招收了四届非全日制 MTCSOL 学生共 72 人，其学术背景见表 1。非全日制 MTCSOL 学生由于以下主客观原因带给全案例教学很多不利因素。

1. 学习的投入度难以保障。全案例课的成败、质量的高低，学生的投入度是决定因素之一。要提高案例教学课中学生的参与度，首先确保学生课前的充分准备。课前准备对案例教学影响显著，它是构建知识框架和提高课堂讨论效果的重要因素②。但在职生的学习投入受限，其一，能够脱产学习者仅占总数的一半，且每届情况不同，其中一届 23 名学生中仅三分之一者脱产学习，他们平日都忙于各自的工作，只有周五飞来或周六一早地铁来、周一飞回或周日晚地铁回。这种先天不足和西方脱产学生在案例训练中的高强度、高密度的投入形成鲜明对比。其二，男女比例失衡，女生占绝大多数，一些女性年龄在 30 岁以上，家庭负担较重。

2. 课堂讨论的参与性受掣肘。全案例教学具有"互动性""双向性"的特点，但非全日制 MTCSOL 学生下列问题影响他们课堂讨论的参与性。

---

① 包学菊：《全案例教学模式在汉语国际教育专业中的应用——以 MTCSOL "课堂案例分析"为例》，《国际汉语学报》2017 年第 8 期。

② 柴迅：《案例教学法在法学教学中的应用研究》，《黑龙江高教研究》2015 年第 12 期。

（1）跨专业占比大，毕业院校层次差异大。72名非全日制MTCSOL学生本科就读对外汉语及中文专业的占37.5%，他们毕业于二本师范院校，这些院校由于师资缺乏，开设大量的文学类课程，有的毕业论文撰写的文学类论文。外语专业占33.3%，跨专业的占30%，其中27.8%虽毕业于985和211大学，但专业背景多元化，涉及法学、教育学、历史学、新闻学、人类学、艺术设计、纺织工程、工商管理、旅游管理、国际经济与贸易、行政管理、会计、税务、机械设计制造及其自动化、计算机专业、教育经济与管理、经济学、林学等18个专业。

表1　　72名非全日制MTCSOL学生学术背景一览表

年级	研一31.9%；研二29.2%；研三31.9%；毕业生8.3%
性别	男19.4%；女80.6%
是否脱产	在职：50.0%；脱产50.0%
毕业院校	985/211院27.8%；一本院校19.4%；二本院校25%；师范院校25%；外国语大学27.7%
年龄	24—25岁13.8%；26—29岁41.7%；30—35岁29.2%；36—39岁8.3%；40—45岁6.9%
职业	教师40.3%——对外汉语教师15（志愿者教师6人）；中小学语文教师5人；外语教师9人；其他59.7%
工作年限	2年16.7%；3—6年45.8%；7—9年6.9%；0—15年19.4%；16—20年6.9%；≥20年4.2%
本科专业	对外汉语23.6%；汉语言文学13.9%；教育专业2.8%；新闻法律历史艺术6.9%；外语33.3%——英语17人/法语2人/日语3人/德语2人；理工科19.4%——经济管理6人/机械制造3人/林学2/纺织1人/计算机1人/中医药1人。

（2）现代汉语知识基础薄弱，缺乏对外汉语教学实践。本文对2015—2018级的432份六类语料分析研究，结果如下：一是最突出问题为现代汉语基础薄弱。汉语要素知识残缺不全。表现在语言点的展示犯知识性错误；或讲解不全；或混淆不清，专业知识一知半解，语言点不了解语义、语用，常从结构入手。90%的学生热衷语法教学，语音、词汇、汉字教学缺位，语音、词汇、汉字的基础知识更是缺乏，如分析语音教学案例时，学生对清浊音、26个声母的发音部位、发音方法概念不清，对案例中出现的语音偏误的辨音、正音能力缺乏，课堂讨论虽热烈但浅尝辄止。二是外语专业、跨专业的学生缺乏对外汉语教学实践，有的还是首次

接触这个专业，因此课堂观察暴露的最大问题是盲目性，或看热闹，记流水账，或浮于表面，唱赞歌；没有带着问题去听，缺少发现教学问题的敏感性和教学反思；所写教案及试课教学目标空泛、不具体，面对一篇课文的语法点无从下手，或教学难点重点抓偏，不了解教学语法的层次阶梯；语法教学从导入、展示、操练、小结问题多多：导入情境不合情理或不典型，或例句很随意，不严谨。操练问题表现为灌输型，只讲解，不操练不互动，方法单一，采用照猫画虎式的替换式太多。对常用汉语教材不熟悉。三是第二语言理论知识囫囵吞枣，似是而非，理论结合实际的能力较差。

3. 课堂学习与教学实践脱节。非全日制 MTCSOL 学生无暇充分利用学院提供的周一至周五的多层次、多课型的汉语教学实践平台。首先无法确保课堂观察的质量，只能利用课例来进行录像观摩，自听自学，盲目揣摩认知。课堂观察是研究课堂汉语教学的基本方法，是提升准教师专业水平的重要途径，也是案例教学的一个重要组成部分，它可从知识点的讲解、教学方法、课堂组织管理、备课方法诸方面都给予专硕生零距离的体验。其次导师随堂带教及耳提面命式的指导也无法保障。

4. 课量少而过于集中。非全日制 MTCSOL 学生每门课程 36 学时，实行周六周日集中 9 次授课模式，"国际汉语课堂教学案例分析"的教学内容包括五大主题①或者八大主题②，涵盖了国际汉语教学的各个方面，与其他四大核心课程紧密相关，既包括语技教学、语素教学、教学资源的利用、教学评估和课堂教学管理，又包含二语习得理论、跨文化交际诸多知识；不仅涉及成人、青少年、儿童汉语学习者，还关涉初中高汉语水平的学习者；案例不但取自国内，还要涉猎海外不同国家和地区的国际汉语教学，在这样局促的课量中完成如此丰富的教学内容的确捉襟见肘，这对教师、授课对象都是巨大的挑战。每届 23 人的大班教学要满足人人机会均等也是不小的挑战。由于学生专业基础十分薄弱，教师有时不得不对案例出现的语言点的基础知识、语言点的教学层次进行补充，这样也占用了案例讨论分析的课堂时间。

因此在以上诸多不利因素下提高学生参与度，达到师生"共鸣"，使

---

① 叶军：《国际汉语教学案例分析与点评》，外语教学与研究出版社 2015 年版，第 10 页。
② 朱勇：《国际汉语教学案例与分析》，高等教育出版社 2014 年版，第 2—383 页。

案例教学达到高层次、高效果，这是本文要解决的根本问题。

（二）有利因素

我们也发现在全案例教学中非全日制 MTCSOL 学生也有全日制 MTCSOL 学生所不具有的有利因素。

1. 具备一定教师素养。有 40.3% 的在职学生就读前为教师身份，其中对外汉语教师 15 人，有 6 人外派泰国、美国孔子学院担任志愿者教师，有的在海外教授汉语 3—4 年，积累了丰富的海外汉语教学经验；另外 9 人则长期在国内国际中学、汉语培训机构长期担任对外汉语教师，教龄 5—15 年不等。外语教师 9 人，主要在大学外语系、中学担任外语教学。中小学语文教师 4 人，有的教龄达到 11 年。可以说，只要具备教师的基本素养，那么角色转变就快。

2. 融入型的学习动机。非全日制专硕生具有高龄化的特点，26—29 岁占 41.7%，30—39 岁占 37.5%，40 岁以上占 6.9%。高龄化是把双刃剑，一方面拖家带口，学习精力有限，另一方面他们到了三十而立、四十不惑的年龄，有目标计划，学习动机表现为融入型，求知欲强，有 50% 的学生克服困难脱产学习，在学院担任实际教学工作。无论是在听课还是课堂学习都有计划有方向，且有的放矢。如一名中学历史教师，脱产学习，转型很快，学习目的性强。"本学年我在进行听课学习时所涉及的课程都能有的放矢，结合我自己上课带班和志愿者考试志向（外派日本孔院和西班牙孔院），我选择了初级综合课、中级综合课、口语课、听力课、汉字课为主的听课类别，辅以报刊阅读、语法专题讲座和 HSK 考试辅导。"该教师不断积累课堂经验，夯实专业基础知识，积极参加汉语技能大赛，教学能力提高很快，现外派至日本樱美林孔院。此外在职专硕生工作年限 3—6 年的占 45.8%，10—20 年的占 26.3%，工作经验和社会阅历丰富，他们思想成熟，思维活跃，如果教师引导好的话，可使得案例教学充分发挥其互动性。

总之，对非全日制 MTCSOL 学生开展的全案例教学既要充分发挥学生自身优势，又要解决学生工作忙、周末上课、课时量少、专业基础薄弱、教学经验少等短板，只有取长补短，采用针对性教学模式，才能极大提升学生课堂参与度，取得良好教学效果。

三　立体化多维案例教学模式

本文的教学实验首先基于非全日制 MTCSOL 学生的特点，不是邯郸学步地照搬西方优质生源、优质师资下的 MBA 全案例教学模式，而是借鉴西方案例教学法理论的精髓：如认知结构学习理论主张学生不是被动的知识的接受者，而是积极的信息加工者；发现学习法则，强调创设问题情境，注重学生的自我发现；建构主义理论，重视学生在知识内化过程中自主作用的发挥，重视教学过程中有关问题情境的创设，重视知识结构的更新[①]，由此形成符合国际汉语教师培养内在要求的教学模式，即强调以学生学习为中心，教师作为学习的组织者（导演）、指导者、启发者、推动者和监控者，创设鼓励学生积极建构、相互合作、提供丰富信息来源、基于真实情境和真实任务的学习环境，充分发挥学生的主动性、积极性和首创精神，最终促使学生有效地完成对知识的构建。吸取国内全日制 MTCSOL 案例教学模式，如叶军（2015）根据国际汉语教学案例自身特点及国际汉语教师培养实际需求和实践检验结果，提出的四种案例教学模式：观摩、计划、模拟和诊断[②]。本文将以上国内外教学模式在四届非全日制 MTCSOL 学生"国际汉语课堂教学案例分析"课堂上不断探索改进，最终形成多维立体案例教学模式。其特点有三：一是多维度案例教学。学生从案例教学获得的多为拟态化教学经验，有纸上谈兵之嫌，因此我们不拘于案例讨论，不囿于课堂，而是课内案例讨论与课外案例实训（课堂观摩、教学实践、汉语技能大赛演练、课堂带教）结合。经过多年的教学实践，我们发现以问题为导向（Problem-based Learning，PBL）、抛锚式（Anchored Instruction）教学、任务型教学（Task-based teaching）、合作性学习（Cooperative Learning）四种教学模式的综合运用在非全日制 MTCSOL 学生全案例教学中能极大地调动学生学习的主动性，压缩饼干式地充实 36 学时教学内涵。二是全程参与式案例教学。将学生置于教学活

[①] 王青、梅赵革：《国内外案例教学法研究综述》，《宁波大学学报》（教育科学版）2009 年第 6 期。

[②] 叶军：《国际汉语教学案例分析与点评》，外语教学与研究出版社 2015 年版，第 64—73 页。

动的中心，从案例的准备、案例教学的组织到案例教学效果的评价，案例的实训整个过程，学生始终是案例教学的中心，避免理解不深入，讨论流于形式，偏离主题，效果隔靴搔痒。三是对差异大的学生实行分层案例教学。四是建立与案例教学配套的综合考核机制。主要教学模式如下：

（一）抛锚任务式案例教学

非全日制 MTCSO 培养为三年制，"国际汉语课堂教学案例分析"在第二学年最后一个学期开设，这时全体学生在第一学年已经完成 40 个课时的课堂观察，那些拥有对外汉语教学经验的学生也在第一学年进入预科、进修班和短期班课堂进行汉语教学，他们积累了很多教学中的现实问题或需要立即去解决的现实问题，对此我们将抛锚式案例教学和任务式案例教学结合起来。实施程序是先进行抛锚式案例教学：课前收集问题—选择与之相关的成功案例或问题案例—从案例中抽出任务，让学生制订实施方案；学生自主学习，查阅相关资料完成任务。课中学生报告任务成果—接受其他同学质询—教师提问—阅读案例—比较方案与案例—分析评价—总结—反思改进—提交任务最终成果。对教师来说问题的收集很关键，任课教师第一学年就参与学生的教学实践活动，在听课、录课、指导、带教中汇集问题，在开课前建课程微信群，集中学生的现实问题；将这些问题作为"锚"。选择的案例要具有启发性、典型性，能够对症下药，解决学生的切身问题，避免教学隔靴搔痒；对学生来说能够"做中学—学后做"，在质询、比较中激发批判思维，促进了他们独立思考、自我学习的能力，尤其是解决实际问题的能力，故而学生参与度非常高。

（二）任务合作式案例教学模式

1. 师生课前准备。（1）成立学习小组。分组方式取决于案例主题，主要有三种分组方式。一是异质案例讨论小组。教师遵循"组间同质，组内异质"分组原则将全班 19—23 人按照年龄、专业背景、教学实践经历分成 5 组不同小组间的总体情况基本相同，引进公平竞争机制；二是国别汉语教学小组。按照学生外语能力兴趣点（英语、法语、德语、韩语、日语、意大利语、阿拉伯语等）及外派志愿或职业规划分组；三是诊所小组，根据学生提出的急需解决的问题，分类按照问题主题或类型分组。后两种小组一个是满足学生职业发展需求，另一个是解决学生自身的迫切需求和问题，都最大限度地提高了学生参与讨论的积极性，激起学生的学习兴趣。组内成员分工明确具体，彼此协同，合作活动，并保持与教师沟通。（2）选取案例。教师根据案例教学主题精选案例，案例要切合学生难点及近期、长期职业发展需求。如语音教学板块除了选取教材提供的教学日志案例《我的第一堂课》《我在捷克教语音》外，同时选取同济大学合作孔院（日本樱美林大学孔院、德国汉诺威孔院、意大利佛罗伦萨大学孔院、韩国庆熙大学孔院）的海外汉语教学案例及校内预科教学实践平台的典型教学录像。（3）问题导向。教师围绕案例设置诸多问题，这些问题往往构成"糖葫芦串"，由中心问题和诸多子问题构成，抛给学生预习，并提供相关参考书单，以避免有限时间内讨论的无序、肤浅和低效。如：朱老师第一堂课遇到的问题及挑战是什么？她是怎么解决的？第一节课应该怎么教比较好？谈谈如何确立语音教学重点？难点？语音教学方法一味跟读模仿可以吗？教师怎样才具有听音能力、辨音能力，尤其是正音能力？语音教学如何激发学生学习热情？等等。（4）以案例及导向问题为引子，布置延伸任务。这个任务往往是案例"糖葫芦串"导向问题的那根棍子，如确立语音教学的重点和难点，于是给出的任务就是"如果你被外派日本、韩国、德国、意大利或英国，你教授《汉语教程》第一册第一课或者《新实用汉语课本》第一课时，你将如何教语音？"每个小组都要在课前一周内完成教师据案例所预设的若干问题，并合作完成布置的任务。

2. 师生课堂讨论。教师呈现案例（文本、图片或视频），围绕预设问题全班展开讨论分析，在教师的点拨、引导和提问下，学生筛选、比较、归纳出解决方案。然后各小组展示任务初步成果，组内成员分工汇报，小组间互评，小组交叉讨论。教师则投入极大热情，倾听时站在教室最后，引导、提问和点评时穿梭在黑板和同学之间，将归纳和结论写在黑板上，并布置相关理论及专业参考书目。

3. 课后教学反思改进。各小组根据讨论结果进行教学反思，阅读理论书籍，将理论与教学实践结合，修改教案或案例分析报告，将最终任务成果发送老师评估。

我们发现任务合作式案例教学富有实效。一是师生间双向、小组间生生多向交流，在辩论中疑惑、似是而非的问题清晰化了，还镜子般照出不足；二是学生通过任务法"做中学"主动学习、探索隐藏在问题背后的专业知识，锻炼了学生独立思考能力，发现问题、分析问题、解决问题的能力；三是案例讨论与案例实训结合，教学技能得到极大的提高；四是教学内容丰富，而又纲举目张；五是提高了学员团队协作意识，互相进步，营造了良好的班级学习氛围。

（三）凸点辐射式案例教学法

所谓"凸点式"就是聚焦学生汉语教学中某个难教的语言点，所谓"辐射式"就是选择展示同一个语言点的不同层面的教学案例，这些案例辐射面广，授课者有中外学生自身，准教师与优秀教师；类型有成功失败案例；教学目标要理论与实践结合，并能兼顾知识的深入构建和延展构建。教学步骤为：（1）任务驱动法，中外学生课前同时完成老师布置的任务，这个任务切合学生最想解决的实际教学问题，如请学生撰写《汉语教程》第二册（下）"可以试试吗"一课的教案和"一点儿、有点儿"教学课件；（2）中外学生同堂分别试课——相互评价——比较讨论，在分析、评价、对比中查缺补漏。（3）教师点评总结——板书汇集学生出现的教学问题；（4）观摩多层面的典型案例视频——讨论评价；（5）学生反思，检视自己教学的问题所在，改进教学技能，修改完善教案课件。（6）知识延伸及深度构建——教师通过同一语言点不同层面教学法比较，引领学生探讨如何才能做到教学得法，教师应具备的教学基本功和基本素养。这种案例教学模式的好处：其一，中外学生交融互补式案例教学可促使学生换位思考，取长补短，加大教学反思力度深度。其二，既有反思案例，又有示范案例；既有自我诊断，又有全面会诊，多层面的教学技能展示扩展了学生的视野，开拓了学生的思维；其三，以点带面，让学生举一反三；其四，将离散的知识碎片——准教师语言基本知识和技能、教学能力、教师综合素质三者关系给衔接、统摄、整合起来，并给予动态、正反启发，将第二语言习得理论和学习策略、教学原则等理论通过这个语言难点的案例教学融会贯通起来，取得事半功倍的教学效果，同时解决课时少容量小的问题。

（四）分层式案例教学法

由于生源背景多元化、差异化的现实情况，全案例教学就不能一刀切，应讲求针对性，因生施教。

1. 案例实训式教学。这针对有教学经验脱产的学习者。这类学生入校后经过课前短期集中培训和考核后进入学院预科基地、进修班、短期班担任一学期或一学年或几周的初级班汉语教学。学生进入全真情境中教学实战，导师根据教学拟订学习计划，并常常临堂观摩，近距离指导。第二学年进入全案例教学环节，任课教师对这批学生"另眼相待"，采用问题导向及分配高难任务，并引导学生将实战教学与案例教学拟态经验贯通起来，将实战零碎化知识与案例教学的系统化知识衔接起来，构建起以教师职业能力训练为核心要素的教学体系，培养高水平的汉语国际教师。

2. 全程带教诊疗法。这种模式针对跨专业的理工类非全日制学生，由于这类学生汉语专业基础十分薄弱，没有对外汉语教学经验，因此单凭课堂的案例教学显然不够，我们首先通过汉语要素教学案例的分析和案例实训，补习其专业知识，一点点教授汉语教学基本技能，此外听他们的课堂教学实践，临堂带教，并将这种做法贯穿1—2个学年，称为"个案全程带教诊疗法"。这种模式颇有成效，一个机械专业、林业专业的学生不但通过志愿者考试，外派意大利孔子学院，考取国际汉语教学教师证，读研期间发表专业论文，毕业论文选题与其教学实践结合，如"中意教师合作教学实证研究""意大利孔子学院初级汉语学生汉字偏误研究"。

四　建立动态综合评估机制

为了提高学生案例准备及讨论的主动性、自觉性、参与的深度性，"国际汉语课堂教学案例分析"这门课的学生总成绩的评定采用综合评估机制，由平时成绩和考试成绩两部分组成，各占一半，总成绩100分＝考勤10%＋课堂表现20%＋课后作业占10%＋期末案例分析笔试50%。期末考试、课堂表现都有严格的评分标准，课堂表现根据学生发言次数，案例分析能力，是否参与课堂讨论等标准来评定。通过这种方式，对学生实际能力和综合能力及专业素养进行动态评估。这种考核是学生主动积极参与案例教学的催化剂和动因，任何人如果事先不认真阅读案例，不进行分析和思考，在课堂上就会"露馅"的，可规避沉默者、搭便车者、浑水摸鱼、滥竽充数者；促使学生主动反思、改进及探索。

五 亟待解决的问题

全案例教学不单纯是一种教学方法，而是自上而下的一项系统工程，它的有效性涵盖教学内容的实用性、案例素材的广度深度、案例教学理念和课程体系、师生条件等多维度的系统性改革，以下是要着重解决的问题。

（一）建立案例共享中心。

由全国 MTCSOL 教育指导委员会牵头，成立案例组织——中国汉语国际教育专业教学案例共享中心，实行会员制，不但致力于国内对外汉语教学案例的研究和开发，还要大力征集挖掘海外国际汉语教学案例，汇集案例成库，会员教师共享，从中选择适用的高质量的案例，保障全案例教学的有效高质。此外可定期从各校抽调从事案例教学的教师到教师培训基地接受国内外案例方面的专业培训，提高案例授课技巧。

（二）建立全案例课程配套体系

全案例课程具有综合性、交叉性的特点，它的开展首先需要众多前期课程的支撑，如"汉语要素教学""汉语技能教学""第二语言习得""跨文化交际""汉语教材与教学资源的利用"等，非全日制 MTCSO 由于总课时及周末授课模式的限制，造成一些支撑课程与案例课教学顺序的安排及相互衔接不够合理。需要成立案例教学法课程组，全案例教学课与其支撑课程任课教师应合作教学，相互协调、互为呼应、互为补充，避免教学内容的重叠。此外针对非全日制 MTCSO 学生汉语要素（语音、词汇、语法、汉字）基础先天不足的问题，应在一年级增设现代汉语等必修课，因此全案例教学课程需要纳入整体课程体系中做合理化安排。

（三）加大案例教学与案例实训的结合力度

增大案例教学与人才培养各环节的黏合度，凸显案例实训在各个培养环节的作用，如同济大学提供了非常好的 CSC 预科实践平台，其汉语教学始于每年的九月，可将汉语要素案例教学和预科课堂观察、教学实践同步进行，知识学习和实际结合起来，夯实专业基础。这样学生进入第二学年的全案例教学就有的放矢，学习效果就会大大提高。加大课堂案例教学和课后教学实践的结合度，提高解决学生教学技能，教学问题分析的科学性、敏感性，解决问题的主动性、创新性。此外可定期从各校抽调从事案例教学的教师到教师培训基地接受国内外案例方面的专业培训，提高案例授课技巧。

参考文献

包学菊：《全案例教学模式在汉语国际教育专业中的应用——以MTCSOL"课堂案例分析"为例》，《国际汉语学报》2017年第8期。

柴迅：《案例教学法在法学教学中的应用研究》，《黑龙江高教研究》2015年第12期。

王青、梅赵革：《国内外案例教学法研究综述》，《宁波大学学报》（教育科学版）2009年第6期。

叶军：《国际汉语教学案例分析与点评》，外语教学与研究出版社2015年版。

朱勇：《国际汉语教学案例与分析》，高等教育出版社2014年版。

韩国汉语学习者汉语名量词的偏误与教学研究

唐淑宏　李惠林[*]

摘　要：根据汉韩量词对应特点，集中对65个名量词进行对比分析，然后对初中级水平的韩国汉语学习者进行问卷调查，从偏误分析的角度，对学习者在问卷中出现的各种偏误问题进行分析，总结产生的偏误类型，如"个"的泛化现象、意义相近量词误用、同音异形量词误用、汉韩量词不对应所导致的偏误等，最后提出教学对策。

关键词：初中级；名量词；偏误分析；教学对策

引言

量词是用来表示人、事物或动作的数量单位的词。它们一般先与数词或指示代词组合构成量词短语，再与名词（动词）组合，来表示名词的单位或动作的量。如"一位客人、一杯酒、一束花、打一下"中的"位、杯、束、下"就是量词。韩国语里也有量词（单位性依存名词），如"사람 한 명（一个人）、물 한 잔（一杯水）、나무 한 그루（一棵树）、밥 한 공기（一碗米饭）"中的"명（个）、잔（杯）、그루（棵）、공기（碗）"也是构成量词短语后再与名词组合。由此可见，汉语、韩语量词的主要功能都是表示事物的单位和动作行为的量；韩语跟汉语一样，数词一般都不能直接修饰名词（动词），要与量词组合使用。尽管汉语和韩语量词在意义与使用方法上有相似之处，然而在量词词义和用法上，还是存在着很大的差异，在习得汉语过程中，韩国学习者普遍反映量词难学，名量词尤其难学。

名量词是用于数词之后表示人和事物的量，其中个体量词是表示人和

---

[*] 唐淑宏，北京师范大学国际中文教育学院，沈阳师范大学国际教育学院。李惠林，沈阳师范大学国际教育学院。

事物的单个量,与具体的可数名词相搭配,是量词中最具代表性的一类(何杰,2000)。名量词不仅数量多,而且语法特征、语义特征以及功能的表达都是多向性的,不同的量词搭配不同的名词,同一量词可以搭配不同的名词,不同的量词也可以搭配同一名词,到底"什么量词搭配什么名词、什么情况下用什么名词比较合适",我们中国人往往是习焉不察,而却常常让留学生感到头疼。

因此,本文主要考察韩国学习者名量词的习得情况,对《汉语水平词汇与汉字等级大纲》(以下简称《大纲》)出现的84个甲级、乙级量词进行系统梳理,根据汉语与韩语名量词三大对应特点:第一个特点是一个汉语量词对应多个韩语的量词,比如量词"把",对应五个以上的意思:"우산 하나(一把雨伞)、칼 한 자루(一把刀)、한 줌의 쌀(一把米)、한 주먹의 눈(一把雪)、많은 나이(一把年纪)等";第二个特点是一个韩语量词对应多个汉语量词,比如"个",在汉语里"一张桌子、一把椅子、一顶帽子、一件家具"等都可以用"개(个)",这些名词在韩语里没有专门的量词。再比如汉语里修饰"裤子、裙子、上衣、外套、内衣"的量词"条、件"在韩语里都使用一个量词"件",也没有专门的量词;第三个特点是汉语量词没有对应的韩语量词,比如"颗",在汉语里"心"的量词用"颗",不过韩语里没有与"颗"对应的量词。

根据汉韩量词对应的特点,去除各种语言中都具有的计量单位——度量衡量词,选取其中的64个名量词进行对比分析,然后对初中级汉语学习者进行问卷调查。从偏误分析的角度,对韩国汉语学习者在问卷中出现的各种偏误问题进行分析,发现、总结产生偏误问题的原因。最后提出建议,希望能为韩国汉语学习者习得名量词提供一些帮助。

一 汉韩名量词的概况

(一)汉韩量词溯源及分类

关于汉语量词产生的过程,学术界基本同意王力先生(1958/1980)的意见。认为甲骨文时期出现的"名+数+名"中的第二个名词是最早的天然单位表示法,是量词的萌芽,最早出现的量词是"匹"(用于马)、"乘"(用于车)、"张"(用于帷幕)等少数几个,汉代量词开始发展。刘世儒

（1965）指出魏晋时期名词数量已较多、体系完备，已相当成熟。

随着中国汉字流入韩国之时，汉语量词丰富发达的特点对韩国及周边国家都产生了很大的影响，所以韩语中直到现在还存在从汉语中借用来的量词。然而由于时代的进步和社会的发展，语言变化也越来越大，这也是韩国汉语学习者习得汉语时感到迷惑的主要原因，甚至汉语与韩语里名量词的叫法也不同，在韩语里叫单位名词，没有从名词中独立成类。

汉语量词有 700 多个，其分类标准和方法不一，因此分类的结果也不一样：有二分法、三分法和多分法。本文依据邢福义先生的二分法标准，把量词分为名量词和动量词。韩语量词有 300 多个，其分类标准和方法也是多样性的。本文采用郭楸妻先生的分类标准，把单位名词分为跟名词有关的名词单位名词和跟动作有关的动作单位名词两类。

依据上述分类标准，把量词分为名量词和动量词，本文主要研究韩国汉语学习者名量词习得情况。

（二）名量词研究状况

有从语用的角度研究的，如戴梦霞的《对外汉语名量词选用教学的一点探索》指出，选用名量词要进入语境的具体方法和指导思想。有从教学实践方法上进行讨论的，如韩景熙的《中韩名量词对比研究》中以中韩名量词为例进行对比研究，找出现代汉语名量词和韩语单位名词的异同点。有从量词的分类着手的，如王汉卫的《量词的分类与对外汉语量词教学》，按照"±必要"作为分类的出发点，对量词的内部分类重新予以考察和界定，并大胆地提出了在对外汉语的量词教学中，应充分利用"个"的替代作用，不追求语言的标准和完美的观点。韩周莲的研究是基于汉韩对比的现代汉语容量词，秋水善곽추문《한국어 분류사 연구》，研究了汉韩两种语言量词研究概况、命名的过程、量词分类问题，还做了量词语义、语用对比。

二　汉韩名量词对比分析

（一）汉韩名量词

1. 汉语名量词

名量词是表示人和事物单位的词。我们采用邢福义先生名量词分类的观点，结合郭先珍、王希杰、胡附等对名量词分类的基本看法，把名量词细分为个体量词、集合量词、度量衡量词、不定量词、准量词、临时量词六小类，具体如下：

个体量词，表示个体事物的单位词，例如：只、个、枝、件、条、项、间、所、座。

集合量词，表示集体事物或人的多数的单位词，例如：双、副、群、种、类。

度量衡量词，度量衡单位，例如：寸、尺、分、里、斤。

不定量词，表示整体和集合中的部分事物，例如：些、点。

准量词，本是名词或动词，经常兼做量词用，与被修饰对象在意义上有一定联系，例如：口、碗、瓶、盘、盒。

临时量词，与准量词相比，这类量词的临时借用性更强，更具有不稳定性，多借人体器官名词，例如：眼、脸、身、手。

2. 韩语名量词

韩语把名量词就叫单位名词。在韩语里单位名词拥有的功能可以分为数量化和分类化。单位名词的用法没有汉语里的名量词复杂，虽然有些学者说计算事物的时候必须得使用单位名词，但实际上使用单位名词的范围和频率远不及汉语，这也是韩国学生习得汉语量词时，感觉困难的主要原因之一。采用国立国语院对单位名词分类的观点，把单位名词细分为数目、比率、长度、面积、重量、时间六类。

表示数目的，如：개（个）、명、권、벌、분。

表示比率的，如：곱、배。

表示长度的，如：길、자、센티미터。

表示面积的，如：평、평방미터。

表示重量的，如：관、근、그램、킬로그램。

表示时间的，如：년、해、달。

（二）汉韩名量词对应特点

汉韩名量词有三大对应特点：第一个特点是一个汉语量词对应多个韩语的量词，比如"把"量词，对应五个以上的意思，"우산 하나（一把雨伞）、칼 한 자루（一把刀）、한 줌의 쌀（一把米）、한 주먹의 눈（一把雪）、많은 나이（一把年纪）等"；第二个特点是一个韩语量词对应多个汉语量词，比如"个"，在汉语里"一张桌子、一把椅子、一顶帽子、一件家具等"都可以用"개（个）"，没有专门的量词。另外，汉语里修饰"裤子、裙子、上衣、外套、内衣"的量词在韩语里都使用一个量词"件"；第三个特点是汉语量词没有对应的韩语量词，比如"颗"，在汉语里"心"的量词用"颗"，不过韩语里没有与"颗"对应的量词。

这里只考察第一个特点和第三个特点，因为第二个特点，即一个韩语量词对应多个汉语量词，在学生习得汉语的过程中，不具有负迁移的作用，所以我们不予考察。

下面对《大纲》中出现的84个甲级、乙级名量词进行系统梳理，去除汉韩一一对应的名量词和度量衡量词，根据汉韩名量词的对应特点，集中对其中的64个名量词进行对比分析。其中，一个汉语量词对应多个韩语量词的情况有32个，汉语量词没有对应的韩语量词有33个，下面分别介绍一下。

（三）一个汉语量词对应多个韩语量词

一个汉语量词对应多个韩语的量词，比如汉语"条"对应韩语"건、보루、줄기等"，如："한 가닥의 선（一条线）、한 줄기 강（一条河）、한 마음（一条心）、담배 한 보루（一条儿香烟）、한 건의 건의（一条建议）、바지 한 벌（一条裤子）。"汉语"只"对应的韩语"짝、마리、척等"，如："양말 한 짝（一只袜子）、벌레 한 마리（一只虫子）、화물선 한 척（一只轮船）、시계 한 개（一只手表）。"除此以外，还有"堆、管、盒、碗、张"，等等。根据《大纲》，从甲级到乙级词汇，选出31个名量词，是这种情况。

表 1　　　　　　　　一个汉语量词对应多个汉语量词

把	一把米　한 줌의 쌀 两把椅子　의자 한개 一把刀　칼 한 자루 一把雪　한 주먹의 눈
包	一包茶叶　찻잎 한 봉지 一包香烟　담배 한 갑 一包衣服　옷 한 다발
笔	一笔生意　한 번의 거래（양이 비교적 많은 금액） 一笔收入　한 차례의 수입
层	两层玻璃窗　이중 유리창 一层障碍　한 가지 장애 一层冰　한 층의 얼음
件	一件东西　물건 한 개（기구, 용구, 기물） 一件衣服　옷 한 벌（의류） 一件工作　업무 하나（일, 안건, 공문, 사건）
节	一节车厢　한 칸의 객차（나누어진 사물） 一节课　한 시간의 수업
棵	一棵树　나무 한 그루 一棵生菜　상추 한 포기
口	几口人　몇 식구 几口猪　몇 마리 돼지
名	他是一名医生　그는 의사다 得了第三名　삼등을 차지했다
派	两派学者　두 파의 학자（파벌） 一派新气象　온통 새로운 기상
批	一批货物　한 무더기의 화물 一批客人　한 무리의 손님
篇	一篇报道　한 편의 보도(문장의수) 一篇小说　한 편의 소설 一篇儿信纸　한 장의편지지(종이나 페이지)
起	一起车祸　한 건의 교통사고 一起纷争　한 차례 분쟁
堂	四堂课　네 시간의 수업（시간, 회） 一堂壁画　한 세트의 벽화
条	一条线　한 가닥의 선 三条河　세 줄기 강 一条香烟　담배 한 보루 一条建议　한 건의 건의 一条裤子　바지 한 벌
团	一团毛线　털실 한 덩이 一团碎纸　파지 한 뭉치

（续表）

碗	一碗米饭　밥 한 공기 一碗茶　　차 한 사발
张	一张报纸　한 장의 종이 一张床　　침대 하나 (침대, 탁자)
支	一支乐曲　하나의 악곡(노래나 악곡) 一支笔　　펜 한 자루 (막대기 물건)
只	一只袜子　양말 한 짝(짝, 쪽) 一只虫子　벌레 한 마리 一只轮船　화물선 한 척(배의 수량) 一只花瓶　꽃 병 한 개(생활용품 수량) 一只手表　시계 한 개
堆	一堆东西　한 더미의 물건 一堆人　　한 무리의 사람들 一大堆规则　많은 규칙
朵	一朵云　　한 점의 구름 一朵花儿　한 송이의 버섯
管	一管牙膏　치약 한 통(길고 가늘며 원통형) 一管笛子　피리 한 개 一管毛笔　붓 한 자루
盒	一盒香烟　담배 한 갑 一盒罐头　캔 한 통 一盒药　　약 한 상자
卷	一卷报纸　신문 한 통구리 一卷布　　원단 한 보퉁이 一卷胶卷　필름 한 통 (원통형으로 말아 놓은 물건)
颗	一颗珠子　진주 한 알 一颗宝石　보석 한 개
捆	一捆书　　책 한 묶음 一捆柴火　장작 한 단
台	一台歌舞　가무 한 편 一台晚会　야회 한 차례 一台电视　텔레비전 한 대
项	一项法令　한 가지의 법령 一项比赛　한 종목의 경기 一项交易　한 차례의 교역
株	一株草　　한 포기의 새싹 一株枣树　한 그루의 대추나무
尊	一尊佛像　불상 한 위 一尊大炮　대포 한 문

（四）汉语量词没有对应的韩语量词

在《大纲》里属于汉语量词没有对应的韩语量词的名量词有 33 个，这也是韩语量词没有汉语量词这么丰富的主要原因，不能把每一个汉语量词都翻译成韩语里量词。汉语量词没有对应的韩语量词，这种类型的量词大多是比较抽象的量词，如"一门亲事、一道命令、一条心"等。在韩语里没有对应的量词，如"张"，"一张嘴、一张笑容"这样的量词无法翻译过来，因此在词典只写着"입（嘴）、웃는 얼굴（笑容）"。此外"团"的有些用法在韩国里也无法翻译，如"一团和气"，本人在韩词典找了"团"量词的用法，不过只有"一团毛线、一团碎纸"等跟韩国语对应的用法。除了这些名量词以外，还有修饰"山"的"座"、修饰"亲戚"的"门"、修饰"手"和"眼睛"的"双"等都没有对应的韩语。下面将汉语量词没有对应韩语量词的情况列出。

表 2　　　　　　　　汉语量词没有对应的韩语量词

把	一把雨伞　　우산 하나 一把劲儿　　대단한 힘 一把好手艺　뛰어난 기술을 가진 사람 一把年纪　　많은 나이
般	这般模样　　이런 모양 十八般武艺　열여덟 종류의 무예
场	一场大风　　바람(일의 경과를 세는 데 쓰임 二声) 一场洪水　　홍수
床	一床被子　　이불 一床铺盖　　침구
带	一带森林　　섬림 하나
道	一道命令　　하나의 명령
段	一段距离　　（일정한）거리 一段交往　　（얼마간의）교제 一段传说　　（일부분의）전설
户	一户人家　　하나의 인가
家	一家亲戚　　한 친척 一家饭店　　밥집 하나
件	一件工作　　업무 하나(일, 안건, 공문, 사건)
口	一口井　　　우물 하나 一口广东话　광동어로하는 말

（续表）

脸	一脸汗水　땀이 가득한 얼굴
面	一面镜子　거울 하나
路	这一路人　이런 사람
门	一门功课　학교 수업（수업, 기술） 一门亲事　혼사 一门亲戚　친척
派	一派大好形势　매우 좋은 형세
声	一声命令　호령
双	一双手　　양 손 一双眼睛　두 눈
条	一条心　한 마음
团	一团和气　화목한 분위기 一团烟雾　담배 연기
屋	一屋笑声　방 가득 웃는소리 一屋子人　방 한 가득 사람
眼	一眼井　우물 하나 一眼洞　구멍 하나
园	一园蔬菜　텃밭의 채소
张	一张嘴　입 一张笑脸　웃는 얼굴
支	一支队伍　하나의 군대
座	一座山　　산 하나 一座城市　도시 하나
堵	一堵墙　벽 하나
份	一份工作　하나의 업무(어울려서 그룹을 이루는) 一份报告　리포트 하나(신문, 간행물, 문서) 一份菜　　요리 하나(음식점, 상점등에서 제공하는 음식물의 양) 一份功劳　하나의 공로 (추상적인것)
列	一列火车　기차
轮	一轮朝阳　（붉은 해나 밝은 달을 세는 단위） 一轮光环　（순환하는 사물 또는 동작）
则	一则广告　광고 하나
颗	一颗心　한 마음
朝	一朝君主　한 군주

三 韩国汉语学习者名量词习得调查偏误分析

（一）问卷设计

本人把调查问卷分为三种类型，以填空方式为主要形式。第一种类型是让学生在所给的8个量词中，写出括号里与名词搭配的量词，组成数量名结构短语，共计8道题；第二种类型是选择最合适的量词。每题给出一个句子，选择每个句子中括号里需要填写的量词，每题有4个不同量词可供选择，共计10道题；第三种类型是选择最合适的名词，选出括号里与量词搭配的名词，每题有4个不同的名词可供选择，共计5道题。

在设计问题答案时，把意义相近如"位、头、户、口"或字形相似如"颗、棵、课"等放在一起，来考查学生对量词的掌握程度。

（二）问卷实施

本文调查对象均为韩国留学生，初级学生23人（C1、C2、D1），中级学生23人（本四、本三、B1、B2）。学习汉语时间分为6个阶段。

表3　　　　　韩国汉语学习者学习汉语时间及占比

学习汉语时间	占总数百分比
0—3个月	7%（3个）
3—6个月	9%（4个）
半年—1年	26%（12个）
1—2年	33%（15个）
2—3年	9%（4个）
3年以上	18%（8个）

需要注意的是不能只按照学生们的学习汉语时间来确定他们的水平，因为有些学生即使学汉语的时间很长，但一直在韩国学习而不是在中国学习的话，学习时间的长短就没有太大的关系。

（三）问卷分析

调查问卷共分为三部分，以下分别说明：

1. 用恰当的量词填空

本题设计了八个填空题，所须填写的量词都是初中阶段经常用的名量词，本人考虑到学生们写汉字的情况，以选择和填空题型为主。

（1）初级

表4　　　　　　　　　　初级填空题型统计数据

量词	正确率	错误率	没作答	正确率排序
把	56%	35%	9%	8
本	96%	4%	0	1
件	83%	13%	4%	3
条	65%	22%	13%	7
瓶	92%	4%	4%	2
台	79%	17%	4%	4
棵	74%	17%	9%	5
个	69%	22%	9%	6

在这道题中正确率最低的量词是"把"，学生要选择"雨伞"的量词时没有掌握好，9%学生没作答，还有22%学生不知道填什么量词，就填了"个"。"把"在汉语里使用的范围比较广泛，它不但修饰有把手的器具，还可以修饰某些抽象的事物，如"一把劲儿、一把年纪、一把好手艺"。这些用法中级学生也不一定掌握得很好。可是，"一把雨伞"是"把"的最基本的用法，从本道题可以看出初级学生还没有清楚掌握雨伞的量词。此外，第二个正确率低的量词是"条"，"条"与"裤子"是固定搭配，也可以与"河"搭配。13%学生填错了，还有13%学生没作答，从这点可以看出对初级学生来说，"河"的量词不容易掌握，是因为在韩语口语里没有修饰"河"的量词。最后，值得研究的是"苹果"的量词"个"，在中国人看来，这是量词个的基本用法，不过在韩国人看来，"苹果"也应该有很特殊的量词才对，有意思的是13%学生填了"颗"。"苹果"与"颗"一点关系都没有，不过初级学生看"颗"与"棵"很像，

觉得苹果是与树有关系，结果在不知道"苹果"的量词的情况下填了"颗"，这是目的语知识的负迁移和字形相似量词使用的混乱。

（2）中级

表 5　　　　　　　　　　中级填空题型统计数据

量词	正确率	错误率	没作答	正确率排序
家	100%	0	0	1
根	73%	18%	9%	6
部	96%	4%	0	2
台	96%	4%	0	2
棵	96%	4%	0	2
条	92%	4%	4%	3
颗	74%	13%	13%	5
匹	91%	0	9%	4

正确率很低的量词有"根"和"颗"。学生们选头发的量词时9%学生选了"条"。在本题"条"应该跟量词"河"搭配才对。"条"跟"根"都可以修饰细长的量词，但"条"修饰的名词有物体扁平特征，"根"则强调物体的圆柱形特征，更多跟人体根须状毛发相搭配。此外，选择"心"的名量词13%学生没作答，13%学生选错，当中有些学生还选了"棵"，"颗"与"棵"同音异形，很容易做出错误的判断，其中"棵"只能与树木搭配，而不能跟抽象名词搭配。

2. 选择合适的量词

本题设计了十个选择题，考查学生对量词在具体语境中灵活运用的能力。大部分的题目只有一个选项可以与名词搭配，也就是说名词与量词具有互相约束性（一对一搭配）。每道题里列出的四个答案，看上去互相有共同点或有密切关系，实际上只有一个选项才是对的。

（1）初级

表 6　　　　　　　　　　初级选择题型统计数据

量词	正确率	错误率	没作答	正确率排序
口	91%	9%	0	3
支	65%	35%	0	5

（续表）

量词	正确率	错误率	没作答	正确率排序
封	48%	52%	0	8
双	69%	22%	9%	4
本	100%	0%	0	1
个	65%	35%	0	5
副	44%	52%	4%	9
节	52%	44%	4%	7
张	56%	35%	9%	6
辆	96%	4%	0	2

本道题正确率最低的量词是修饰"眼镜"的"副"，因为韩语不经常使用"眼镜"的量词。此外，填"信"的量词时，有52%学生填错了，给他们列出的答案有"张、封、篇、件"，30%学生选了"张"，22%学生选了"篇"，"张"用于"纸、皮子、床、桌子"等，初级学生刚学过"张"是修饰"纸"类的，就选了"张"，还有"篇"用于"文章、纸张、书页"等，结果在不知道修饰"信"的情况下，他们都选择了修饰"纸"类有关的量词。可见，对于初级学生来说，"某量词"与"某名词"的固定搭配关系不会帮助学生彻底解决偏误问题，他们只有清楚地明白每一个量词的每一个意思，才可以掌握得好。

（2）中级

表7　　　　　　　　　中级选择题型统计数据

量词	正确率	错误率	没作答	正确率排序
口	91%	9%	0	1
件	96%	4%	0	2
篇	91%	9%	0	3
条	76%	22%	0	5
本	100%	0	0	1
道	83%	13%	4%	4
封	91%	9%	0	3
节	96%	4%	0	2
片	17%	83%	0	6

首先，错误率最高的量词是"片"，"你要了解他的一（　　）心意"，在这句话里量词应该选"片"，本人列出的答案有"片、面、张、颗"。70%学生选了"颗"，"片"与气象、景色、情绪等抽象事物搭配，"颗"一般修饰"心"，而不修饰感情。这道题出错的主要原因，除了抽象名量词很难掌握，大部分学生已经学过"心"的名量词"颗"，结果以为心和心意的名量词是一样的。在汉语中，"心"与"心意"是个完全不相同的名词，而在韩国语中，两个名词差别不大，是因为把"心"与"心意"翻译成韩语的话，都可以叫"마음"一个词。

其次，错误率高的量词是"条"，"在我看来，他想买这（　　）裤子"，在这句话里量词应该选"条"，本人列出的答案有"件、条、身、套"。"条"与"裤子"是固定搭配，13%学生却选了"件"。当韩国学生同时看到像"件、身、套"这样的量词，就会突然犹豫起来。因为，在韩国语中，"条"用于下衣类的，"件"用于上衣类的，"身"一般用于上下衣一起时，"套"用于几件衣服在一起。韩国学生这道题出错的主要原因是在韩语口语里所有的服装都可以用"件"。

3. 选择合适的名词

初级问卷的五个问题大部分是量词的具体用法，而中级问卷则是量词的抽象用法。每一道题里面有四个不同的答案，只有一个答案是正确的。

（1）初级

表 8　　　　　　　　初级选择题统计数据

量词	正确率	错误率	没作答	正确率排序
首	74%	26%	0	4
座	79%	17%	4%	2
门	44%	52%	4%	5
辆	91%	9%	0	1
本	78%	13%	9%	3

本题错误率最高的量词是"门"，学生在"四门（　　）"里26%错填了"口语"，列出的四个答案有"课、口语、听力、综合"，只有44%的学生选对了答案。在本题五个量词当中"门"是最抽象的，可见初级

学生在使用抽象量词方面还不熟悉。其次,比较抽象的量词"首",列出的答案有"玻璃、小狗、歌、手套",17%学生错填了"手套"。看来,初级学生还没完全形成固定搭配的习惯。

(2) 中级

表9　　　　　　　　　　中级选择题型统计数据

量词	正确率	错误率	没作答	正确率排序
块	83%	17%	0	1
笔	52%	48%	0	4
副	74%	26%	0	2
门	39%	57%	4%	5
双	70%	30%	0	3

本题错误率最高的量词也是"门","门"既可以用于抽象又可以用于具体,在具体用法中最常用的固定搭配是"一门大炮",在抽象用法中最常用的是"一门婚事、一门亲戚"。在本题列出的答案有"饭店、银行、婚事、电脑",除了"婚事"以外的都是具体的,结果40%学生错选了"饭店",17%学生错选了"银行",他们在不知道"门"量词的用法情况下,觉得"门"应该与带着门的具体东西搭配才对,可见中级学生与初级学生一样,对"门"量词的了解不太深。此外,学生对"笔"量词用法没掌握好,"笔"多用于抽象名词,如"一笔生意、一笔收入",这样的用法韩国学生在日常生活中不经常用。从本题可以很清楚地看出韩国学生不管初级还是中级,对抽象量词用法都没有完全地掌握。

(四) 偏误类型总结

通过名量词偏误调查分析发现,韩国学生使用名量词偏误主要有以下几种类型:

1. 泛化现象

首先是"个"的泛化,很多韩国学生在不该使用"个"的地方使用了"个",这种现象初级阶段比中级阶段严重,可见初级阶段的学生还没有汉语量词稳定的概念。在初级阶段测试卷中第一题里"一( )雨伞"很多学生填了"个"。我们知道"个"是外国学生学汉语的过程中最早学习的量词，其量词在汉语里使用范围也最大，导致很多韩国学生不知道使用什么量词时，将"个"当成万能量词。

2. 同音异形字使用混乱

韩国学生遇到同音异形量词的时候，特别容易出现偏误。比如中级阶段测试卷中的"一（　）心"中很多学生错选了"棵"。另外"副"与"幅"也是最容易受到干扰的量词，此外，还出现了"只、支""对、堆"等的偏误。由于汉字丰富多彩，有很多同音异形字存在，留学生常常分辨不清楚字形，这给他们造成了干扰。

3. 意义相近的量词使用混乱

在调查中我们发现，一些语义特征相近而使用范围不同的量词常常被搞乱，易出现偏误。例如初级阶段测试卷中第二题的第 7 小题"我们班每天考十（　）生词"中有很多学生没有选"个"，选了"道"。"生词"与"个"是固定搭配，可是他们学过"道"可以与"题"搭配，而且看到前边有"考"动词以后被搞乱了。在中级阶段测试卷中也出现了同样偏误，例如"一（　）头发"中很多学生没有选"根"，选了"条"。"根"与"条"都用于细长的事物，因此他们将"条"当作"头发"的量词。此外，在中级阶段测试卷中第三题的第 5 道小题"这双（　）"很多学生都选了"手套"和"耳环"，其两个东西的量词都是"副"而不是"双"，"双"一般指的是两个，比如"一双鞋，一双袜子"。"副"可以是两个，也可以是多个，"一副象棋、一副对联、一副耳环"。

4. 汉语中量词，韩语当中没有必要直接翻译出来

通过这次调查问卷我们发现，中级学生虽然使用量词的水平比初级阶段的学生高，不过在使用抽象量词方面还没有搞得很清楚，比如在中级阶段测试卷中第三题的第 2、3、4 道小题都是选择比较抽象的合适的名词，"一笔（　）、一副（　）、一门（　）"，"笔"与"生意"，"副"与"表情"，"门"与"婚事"是搭配的，而这三道题是中级学生错误率最高的，可见他们使用韩语当中没有的量词时，觉得很复杂并出现很多偏误。

（五）偏误原因分析

1. 母语负迁移

韩语有不少名量词，不过也比不上汉语里名量词，而且一般的韩国人

在日常生活中不经常使用正确的量词,而将"个"量词当成万金油。由于他们语言中很多量词的意义和用法跟汉语的差别很大,甚至完全不同,受母语的影响,往往出现问题。比如在汉语裤子的量词明明是"条",但韩国学生要是同时看到像"件、身、套"那样使用于服装类的量词时突然会犹豫起来,因为韩语里服装类的量词都可以使用"件",学生如果对"件、条、身、套"的量词搞不清楚的话,这往往会是个最困扰的问题。

2. 目的语负迁移

学习者如果对学习量词没有深入的了解,就会产生一些过度泛化。这个问题往往在中/高级学生中出现。比如,中级调查问卷有一道题是选择"心意"的量词,只有五个人选对了"片",另外的学生选"颗"很多,这是因为他们把"心"的量词与"心意"的量词搞乱了,这表明他们认为新的内容应该与其大脑里已经学过的内容相一致,这种现象是在学生学习目的语时负迁移造成的。在调查问卷中发现,这种现象很严重,比如"张"被用来和"信"搭配,"道"被用来和"生词"搭配,"件"被用来和"裤子"搭配,都是目的语知识负迁移造成的后果。

3. 训练造成

韩国学生学习汉语的量词时,训练给他们的影响特别大。这训练当中第一个重要的因素是教材,教材是留学生汉语学习的重要依据。在对外汉语教材中,讲量词不那么讲究,也就是说解释不够,一般就是:量词、词性、简单的用法介绍,大部分的教材量词的练习很少。对韩国人来说,需要常常地练习,才可以形成量词的清楚的概念。

此外,训练的第二个重要因素是课堂教学。在对外汉语教学中,留学生会按照教师的讲解来学习、使用汉语,课堂教学直接影响着留学生对量词的学习和使用。在课堂中教师如果讲解不清楚或讲解错误都直接影响到学生们,比如教师讲"张"量词的时候,会告诉学生"张"是修饰平面物体的量词,这样的话学生会犯错,如"这张门""一张树叶"之类的偏误。教师应该讲得清楚,但同时也得告诉学生容易错误的地方在哪儿。

4. 文化因素

有不少偏误是韩国的文化造成的,虽然中韩两国都属于亚洲,不过也存在着很多不同的文化。比如,中国有喝茶的文化,古代有用"碗"喝"茶"的文化,因此"茶"可以说"一杯茶",还可以说"一碗茶"。而韩国学生使用"碗"量词时,往往觉得"碗"只能跟"饭"或"面条"

搭配用。此外，韩国人认为"椅子"与"桌子"是一类的，使用的量词也应该一致，不过在汉语里它们有各自的量词。还有韩国人去中国饭馆的时候，服务员会问"几位？"，一般中国人会回答说"我们几位"，这时候韩国学生觉得有点奇怪，因为"位"量词在韩语中只能尊敬别人才可以用，而不能说自己，这都是文化不同的原因。

四 名量词学习建议

（一）初级阶段

1. 建立汉语名量词搭配概念

汉语名量词组成的量词短语，一般后面加名词形成一个定中短语，构成"数词+量词+名词"的格式，例如：一个人、一本书、一杯水、一条裤子。不过韩语名量词却有两种格式，一是被修饰的名词在前，构成"名词+数词+量词"格式，例如：나무 한 그루（树一棵）、토끼 한 마리（兔子一只）；二是像韩语一样的格式，例如：한 그루 나무（一棵树）、한 마리 토끼（一只兔子），这两种用法的意思是完全相同的，不过第二种用法更普遍。初级阶段的学生应该清楚地知道，汉语名量词的搭配语序是只有"数+量+名"这种格式，并养成一种习惯，这是最基本的，也是最重要的概念。此外，在韩语句子里的量词很灵活，自己可以决定此名词用不用与量词搭配，常常可以省略。不过汉语名量词却不能随便省略，汉语名词是往往与量词搭配的。

2. 记清搭配

初级学生记清搭配是很重要，先记住什么量词与什么名词搭配以及搭配的特征，这阶段的搭配以具体名词为主，因为先记住具体名量词的话，以后学抽象名量词时，出现的偏误率就不会太高。老师讲每个名量词的时候，最好都记住老师讲的一个量词里每个用法，因为老师很了解初级阶段学生的水平，不会给学生讲太难或太多的搭配关系，也就是说老师所讲的内容是最基本的、最需要记住的、最有习惯性的。

3. 随时复习

很多学生都承认"复习是最有效果的学习方法"。教材里有很多专门名量词搭配的练习。学生即使跟老师一起已经做完，也得经常复习书本的内容。可见复习名量词是特别重要的，直到很熟练地使用为止。如果学生学过"部"以后，遇到"电视剧、小说、电影"等可以与之搭配的名词，要马上想起来名量词才对。此外，更有用的复习方法是在日常生活中有意识的使用，有时候我们看到某些东西，要想一想这个东西与什么量词搭配，是否老师已经讲过，没有讲过自己可以查查字典。长此以往，不断复习和有意识地在日常生活中使用量词，使之成为一种习惯。

（二）中级阶段

1. 强化练习

本阶段练习可以比初级难一点，中级阶段同样也要强化练习，可以以选择和填空为主，以抽象的名量词为主，做练习时，有什么问题的话应该马上解决问题。

2. 以语境为依托

在中级阶段，主要学习可使用两种以上对象的量词，由于量词大多数都不是单义的，所以在名词和量词之间的搭配过程中，"一对多"和"多对一"才是普遍现象。要首先对量词进行语义特征分析，明确同一个量词各层语义之间的派生关系，理解"量+名"搭配"一对多"的现象，并能够举一反三。"这是三张两块的、两张八毛的邮票"中的"张"表示一个平面的对象，但是"张"还表示"可张开"的意思，如"一张嘴、一张弓"等事物。其次，同一名词可以和不同的量词搭配，表现出数量、范围、形状的差别，以及语体、风格和感情色彩的差异。即"量词+名词"搭配的"多对一"的现象。

这个阶段要让学生接受并牢固树立"依靠语境选用量词"的观念，并在实际中自觉运用，根据名词和量词意义上的联系，适应语境的需要，在其可能的"量词选择群"中做出正确的取舍。

3. 近义、同音异形量词比较

韩国学生做好近义、同音异形量词既是最难的又是最重要的。我们通过调查可以发现，目的语知识负迁移是导致韩国学生名量词偏误的一个主要的原因。

中级阶段学生习得的名量词已经不少，比较近义量词是这个阶段习得量词必不可少的方法。比如"对、双"，"对"可以说"一对夫妻、一对枕头"。"双"可以说"一双手/一双脚、一双手套/一双袜子、一双筷子"。"对"与"双"是近义量词，都可以计量成双的事物或事物的两个部分，与"单"相对。但它们的应用对象和用法又有些不同，"对"多指按性别、正反、左右等配合成双数的人、动物或事物，如："一对夫妻、一对矛盾、一对枕头、一对耳朵"等。以上例句中的"对"不能用"双"替换。"双"多指左右对称的某些肤体、器官或者成双实用的东西。当"双"指某些左右对称的肤体、器官时，有的可与"对"互换，如"一双手、一双脚、一双眼睛"等可用"对"替换。"对"可以修饰性别相对的人或动物，而"双"只有在与"对"并举使用时才能用于人，如"一对对、一双双翩翩起舞、成双成对"，否则不能用于成偶数的人或动物。

此外中级学生还得把同音异形的量词加以区分，比如"副"与"幅"、"只"与"支"等名量词。"副"与"幅"音近、相似，容易用错，"副"用于成对、配套的东西，"幅"则用于布、帛、呢、绒、字画等。

4. 语源、语义特征讲解

量词蕴藏着深厚的汉文化底蕴，是汉语量词的一大特色，但同时也造成了学生掌握量词意义和用法的难度。因此，到了中高阶阶段，搞清楚汉语量词的成词历史，也是至关重要的。

对于同音异形的量词，如"棵、颗、课"，"棵"是从木的，所以和植物有关，"课"从言，和说话有关，"颗"从页，"页"就是头，所以用"颗"的一般都是圆形的，所以说一棵树、一颗珍珠、一节课；如"副、幅"，"幅"从巾，也就是丝织品，中国古代的书画有时写在丝帛上，所以"一幅画"用这个"幅"，而"副"用于成对配套的东西，可以说一副手套、一副对联等。

这种方法可以改变机械记忆量词的方法，使学生感觉到量词更有趣，更生动形象，更易于把握意义相近或同音异形的量词，使其印象更为深刻。

五　结语

汉语名量词是韩国学生学习汉语当中绝不能忽略的一个阶段，虽然在使用汉语中名量词的出现率又高又广泛，但是韩国学生还是觉得不太熟悉使用名量词，这是因为目的语跟母语存在着差异。本文的目的是通过学生做的调查问卷分析偏误类型和原因，并提出一些建议。本人希望此篇文章不仅对韩国汉语学习者，也包括老师教授韩国学生学习汉语名量词提供一些参考。

参考文献

国家对外汉语教学领导小组办公室汉语水平考试部：《汉语水平词汇与汉字等级大纲》，北京语言大学出版社 1992 年版。

郭先珍：《现代汉语量词用法词典》，语文出版社 2002 年版。

邢福义：《汉语语法学》，商务印书馆 2016 年版。

吕叔湘：《中国文法要略》，商务印书馆 2014 年版。

金大焕：《论汉韩个体量词之异同》，《河南师范大学学报》1988 年第 4 期。

张广勇、王俊菊：《二语水平和量词类型对汉语量词结构习得的影响》，《现代外语》2018 年第 1 期。

陈勇、彭小川：《汉语量词范畴"去范畴化"现象考探》，《汉语学习》2015 年第 1 期。

戴梦霞：《对外汉语名量词选用教学的一点探索》，《汉语学习》1999 年第 4 期。

韩景熙：《中韩名量词对比研究》，《济南大学学报》2002 年第 3 期。

王汉卫：《量词的分类与对外汉语量词教学》，《暨南学报》2004 年第 2 期。

金龙勋：《中韩量词对比研究》，硕士学位论文，苏州大学，2011 年。

张爽：《对外汉语教学中的常用个体量词偏误研究》，硕士学位论文，黑龙江大学，2010 年。

이익섭(李翊燮):《한국어 문법》(《韩国语语法》)，서울대학교출판부(首尔大学出版社) 2004 年版。

국립국어원(国立国语院):《표준국어대사전》(标准国家语大词典)，두산동아(斗山东亚出版社) 1999 年版。

곽추문(郭秋雯):《한국어 분류사 연구》(《韩国语分类词研究》),《성균관대학교논문》(成均馆大学博士论文) 1996 年第 3 期。

利用语义角色理论提升汉硕生谓词教学能力探索[*]

张占山[**]

摘　要：留学生往往因不清楚词语使用的语义背景导致偏误，本文结合实例，就如何运用语义角色理论挖掘描写谓词使用的语义背景，以提高谓词的教学效果做了一番尝试。以谓词词义心理表征为基础，观察得到的是谓词语义特征的固定值，修辞、话语策略等语用因素可以调整语义属性特征，使其处于动态变动之中。在分析谓词语义角色的语义特征分析上，要有动态观，才能真正把握谓词使用的背后蕴藏的语义背景。

关键词：语义角色；谓词；动态观

词汇教学融合了其他语言要素的教学，具有长期性和个案性，是对外汉语教学的重难点。（王小宁，1995；李如龙，2004）留学生的众多偏误往往是教师没讲清楚词语的用法和使用背景所致，必须加强词语使用的语义背景的研究。（陆俭明，2007）词汇本体研究尚不充分、不深入，无法为对外汉语教学提供知识支撑，词汇教学是对外汉语教学的薄弱环节。可以在一定程度上解决词语学习上语义背景不明的问题（常敬宇，1994），用于阅读课及综合课的课文处理环节是可行的，但用于综合课上的词汇教学环节，则可能影响词汇教学的效率。

语义角色理论给了我们挖掘词语使用的语义背景、描写词语用法的工具，学习并掌握该理论，提高自己的语言学素养，并将其运用至汉语谓词教学，可以准确地呈现词语使用的语义背景，客观、形式化地描写词语的

---

　*　本文受国家社科基金《谓词语义角色的指称及其主观性研究》（17BYY160）及同济大学本科生、研究生教改课题资助，谨此致谢。

　**　张占山，同济大学国际文化交流学院。

用法信息。本文拟就如何利用语义角色理论挖掘谓词使用的语义背景，作一番探索。

一　语义角色理论介绍

语义角色是格语法、切夫语法、配价语法等语义语法理论的核心概念，在语义研究领域及自然语言处理领域产生了广泛的影响，20 世纪 90 年代以来学者们运用这一理论研究汉语也取得了较为丰硕的成果。主体、客体、与事、工具、材料等语义角色反映了谓词与所组合名词性成分不同的语义关系，不同谓词与所结合的名词性成分的角色关系不同，所能结合的语义角色的数目不同，反映了谓词的组合能力差异。（袁毓林，1998；陈昌来，2003）不同的谓词所能组合的名词性成分在生命度（人、动植物、机构等）、物体/事件、具体/抽象、指称特征、评价特征、受益与否、社会地位（长辈、平辈、晚辈/上级、平级、下级）、对己与对他人等方面会具有不同的属性值，这些属性值被称为语义角色的语义特征，或语义规定性。谓词语义角色各种各样的属性特征，即其使用的语义背景信息，谓词只有在符合这些语义特征的场景中使用才恰切，分析描写这些语义属性值，会使谓词背后蕴藏的使用语义背景得到客观具体的呈现。（张占山，2017）

语义角色理论给了我们分析谓词使用的语义背景的方法和工具，虽然这一理论尚存在问题，如人类语言到底需要设立多少个格、格的名称与内涵，到现在也无统一认识。用以描写谓词使用背景的语义特征维度，上边所列的几项还远远无法描写出人类语言谓词使用的所有语义背景，到底需要设立哪些语义特征观察维度，其是不是一个开放的体系，目前也在摸索之中。俄罗斯词典化的语义描写中就增加了情感因素（是否愿意、是否积极主动）、修辞信息，以及角色是否在场等涉及真实世界的信息。（彭玉海，2003）各角色所持立场也是一个值得注意的语义特征观察维度，"帮忙"的说话人所持立场会影响该词语的选择，见下文"帮忙—帮助"的语义背景描写。

二 语义角色理论与词语使用语义背景的描写

对于谓词的教学，首先需要讲清其语法信息，这在汉语教学中不是特别困难的事。但教学中应特别注意偏离典型用法的谓词的说明，如"心爱"，《现代汉语词典》标注为动词，但该词的主要语法功能是做定语，与动词作谓语的典型句法功能不一致。教学中困难的是讲清谓词语义角色的特征信息，即谓词使用的语义背景。如教学中往往用"逼"去解释"驱使"，如果没有更进一步的使用背景信息，学生会出现"妈妈驱使我来中国留学"这样的偏误。"驱使"虽然是"逼"的意思，但是从损益情况看，"Sb_1驱使Sb_2V"中V是使Sb_2受损、Sb_1受益的动作（驱使奴隶劳动），而"Sb_1逼Sb_2V"中的V可以让Sb_2受损，也可以是让Sb_2受益（逼他戒烟）。因此"学习"这一使人受益的动作是不能进入"Sb_1驱使Sb_2V"这一框架中的。

教学介词"临"时，教师常用"马上V"去解释"临V"，留学生就出现"雨临下时……""比赛临开始……"之类偏误。究其原因，二者意思虽然一样，但使用的语义背景不同，"临V"中V的动作主体必须是人，一般不能是动物或者其他非生物，而"马上"却不受此限制。

同义谓词尤其是句法功能及所能组合的语义角色关系都相同的同义谓词，如果从语义角色的属性特征方面观察，往往会得到丰富而具体的差异信息。如"借—贷"从主体、与事、客体的生命度角度，可做出表1分析。从客体上看，"借"的对象既可以是钱，也可以是物（借车、借手机），而"贷"的客体只能是"钱"；从是否收取利息来说，"借出"的与事是受益者，"借入"的主体是受益者；而由于收取了利息，"贷出""贷入"的受益者角色则不明显。

再如"帮忙—帮助"从主体、与事（被帮助者）、帮做的事情V、言者立场等角度，可以做出表2的分析。"主体"作为动作的发出者，消耗一定的能量，一般是受损者，"帮忙"还可用于主体受益的场合。"帮忙"的与事的原型角色特征是"事情多、处理不过来"；"帮助"与事的原型角色特征是"能力弱、处理不了"。因此"帮忙学汉语"不成立，"学汉语"这一事件无法提供与事（被帮助对象）"忙"的背景信息，只能提供"能力弱"的背景信息。"帮忙"后V（帮做的事情）的评价特征是正面的，好的事情，而"帮助"则不做要求，因此"他帮忙走私"不成立。"帮忙"的言者立场与V的客体立场须一致，"他们帮忙打我弟弟"不成立；而"帮助"也没有这方面的要求。

表1　　　　　　　　"借—贷"的语义角色特征差别

语义角色 词目		主体			与事			客体	
		人	机构	受益	人	机构	受益	钱	物
借	出	+	+	−	+	+	+	+	+
	入	+	+	+	+	+	−		
贷	出	−①	+		+	+		+	+
	入	+	+		+	+	−		

表2　　　　　　　"帮忙—帮助"的语义角色特征差别

		帮忙	帮助
主体损益	受益	太多了，你帮忙吃点吧	*？你帮助我吃点吧
	受损	请帮忙开一下门（主体受累）	请帮助我打开门（主体受累）
与事特征		小王去他那儿帮忙管理公司（"他"事情多，忙）	小王帮助他管理公司（"他"能力弱）
V评价 特征	正	他来帮忙准备明天的婚礼	他帮助朋友准备明天的婚礼
	负	*他帮忙走私	他帮助别人走私
言者与受 助者立场	同	他们帮忙打扮我女儿	他们帮助我女儿打扮
	异	*他们帮忙打我弟弟	他们帮助坏人打我弟弟

"忏悔—后悔"二者的差别可以从句法功能上得到揭示，"忏悔"后带名词性成分，不能带小句；"后悔"不可带名词性成分，但可以带小句。"忏悔"可以和"正在"同现，"后悔"则不可。"忏悔"不能跟程度副词同现，而"后悔"可以。仅仅明白了这些语法信息，学生仍然可能出现"我忏悔自己的选择"之类偏误，必须从感情发生的原因、动作目的等方面描写呈现其语义使用背景。导致二者感情发生的原因都是一个动作事件，但"忏悔"感情发生的原因一定是按全体社会价值观评价为

---

　① 社会生活的变化使得"贷"的词义也发生了变化，以前只有银行可以贷出，现在也出现了私人之间的贷款，表格中标注的是传统义项。

负面的动作行为，而导致"后悔"感情发生的原因则无评价特征的要求。"忏悔"的评价出发点是从别人利益考虑，以前的行为对别人造成伤害；"后悔"是从自己的利益考虑，以前的行为对自己不好。"忏悔"的动作目的是表示歉意，求得原谅；"后悔"的动作目的是表达感受，见表3。

表3　　　　　"忏悔—后悔"的语义角色特征分析

		忏悔	后悔
语法差别	~+名词	忏悔自己罪行	*后悔自己的罪行
	~+小句	*	我后悔没参加那个晚会
	逼 Sb. ~	逼她忏悔（动作自主性强）	*逼她后悔（无自主性）
	很+~	*	我很后悔当年没努力学习
动作事件评价特征	正面	*	到军队不许后悔，不许哭
	中性	*	我后悔买了这个手机
	负面	你要忏悔自己的罪行！	因考试偷看而被处分，至今后悔不已
评判出发点		从别人的利益考虑，以前的行为对别人不好	从自己的利益考虑，以前的行为对自己不好
动作目的		表示歉意、请求原谅	表达自身感受

三　利用语义角色理论分析描写谓词语义使用背景的注意事项

从以上例子可以看出，贯彻语义角色理论，观察谓词所组合的名词性成分所承担的角色关系，以及该名词性成分的语义属性特点，能够客观、形式化地揭示谓词使用的语义背景，方便留学生真正掌握谓词的用法。挖掘描写谓词使用的语义背景需要注意以下事项。

（一）以谓词固有词义为依据，排除语境临时组合

语法学界运用语义角色理论研究句子的构造。其实语义角色理论也可以用以观察谓词的语义构成。菲尔墨（Fillmore）认为一个谓词确定一个场景（scene），它突出或者强调那个场景的某一部分，场景中的各参与者承担不同的语义角色（杨成凯，2002）分析描写谓词的使用背景，观察

其语义角色及其语义特征,须以全社会成员的词汇心理表征为基础,是在动词所激活的场景中蕴含着的,根据固有词义能够推导出来的,不包括从词义中无法推导出来的随遇性成分。比如可以和任何谓词搭配的时间、处所、目的成分,语法学者从构造句子的角度分析为时间角色、处所角色、目的角色,但这些组合与词汇语义无关,属于语境的临时组合,无法反映词汇语义,不能看作谓词的语义角色。

(二) 需要有语义角色特征的动态变动观

依据词汇心理表征观察到的语义角色属性特征,是静态的典型值。在实际的语言运用中,语用修辞因素往往会对语义角色的特征造成侵蚀,导致其处于动态变动之中。首先修辞因素会对语义角色特征进行调整,说话人对语义角色的特征要求了然于心,却故意违反了该特征规定,如比拟对语义角色的生命度范畴特征、反语对评价特征的调整。其次话语策略等语用因素会对语义角色特征造成侵蚀,如出于拉近关系的话语策略,说话人会故意改变语义角色社会地位特征,如护士可以对司令员说"我命令你休息",为了增强语力,说话人故意改变了"命令"的主体社会地位特征。(张占山,2017)

"语言规范并不是一个严密的静态系统,往往它的核心规则是可以清晰地表述的,而它的边缘却总是呈现出模糊的、变动不居的状态。"(孙德金,2009)语言一被发明出来则相对稳固,而其要表达纷繁复杂、不断变化的大千世界,因此语言要在保持基本架构处在稳定状态的前提下,应使用者不断萌生的表达新要求而调整自身。要准确说明谓词使用的语义背景,需要有语义角色的动态变动观,在语义属性特征总结、归纳时将动态变动的临时性角色特征与根据词汇语义表征归纳出来的固定值区分开来。

四 结语

谓词在语言中具有相当的数量,凝聚着语法信息,而且往往具有个案性,其教学难度是非常大的,在词汇教学中的地位相当重要。从以上实例中可以看出,谓词教学中贯彻语义角色理论为指导,可以客观、清楚地描写谓词使用的语义背景,更能够清楚地显现同义谓词的语义差别。词汇教学中将这些信息呈现给学生有助于学生了解和掌握谓词使用的外围信息，减少其谓词学习过程中的偏误。在国内用汉语解释汉语的教学过程中，有助于教师讲清不同等级同义谓词的差别，从而更好地利用学生已有的基础，并减少语内附迁移。汉语教师需要掌握语义角色特征理论及其相关研究成果，不但将已有的成果应用于教学，而且要在备课阶段及课堂教学过程中自觉贯彻这一理论，深入挖掘并客观、形式化地呈现谓词的使用背景信息。对于需要设立哪些语义角色特征观察维度的问题，可以用汉语内及汉外语言对比的方法确立，只要设立的角色特征维度能够全面地反映该谓词的词汇语义心理表征即可。学习和掌握语义角色理论，使国际汉语教师具备词汇教学方面的核心竞争力，应成为国际汉语教师自觉的学术追求。

参考文献

常敬宇：《结合语境进行词汇教学和阅读教学》，《语文建设》1994 年第 7 期。

陈昌来：《现代汉语语义平面问题研究》，学林出版社 2003 年版。

李如龙等：《对外汉语教学应以词汇教学为中心》，《华文教学与研究》2004 年第 4 期。

陆俭明：《词汇教学与词汇研究之管见》，《江苏大学学报》（社会科学版）2007 年第 9 期。

彭玉海：《俄语语义研究的词典化倾向》，《外语与外语教学》2003 年第 2 期。

孙德金：《语法规范、修辞张力与对外汉语语法教学》，《当代修辞学》2009 年第 1 期。

杨成凯：《菲尔墨的格语法理论》，《国外语言学》，1986 年第 1、2、3 期。

袁毓林：《汉语动词的配价研究》，江西教育出版社 1998 年版。

王小宁：《对外汉语词汇教学初探》，《清华大学学报：哲学社会科学版》1995 年第 4 期。

张占山：《语义角色视角下的谓词同义词辨析》，同济大学出版社 2017 年版。

现代教育技术篇

"汉语作为第二语言教学"的翻转课堂实践与反思

刘春兰[*]

摘　要：21世纪以来，"翻转课堂"作为颠覆性的学习革命方式，受到教育工作者的高度重视。本文以"汉语作为第二语言教学"课程的翻转课堂实践为依据，论证了为什么要翻转、翻转什么、如何翻转及翻转的效果如何等论题，并针对其中的成功经验和存在的问题进行了总结与反思，指出在信息技术的支持下，翻转课堂的教学模式促使学生成为"汉语作为第二语言教学"课程中学科理论知识和实践知识的主动学习者与建构者，但人的因素仍是最主要的，对于积极、主动的学生来说，翻转课堂无疑是一种非常好的、受欢迎的教学模式，而对于消极、被动的学生来说，翻转课堂却可能是鸡肋。教育如何因材施教，如何因人因时因地制宜，仍是我们教育工作者始终都要面对并研究的问题。

关键词：汉语作为第二语言教学；翻转课堂；实践效果；反思

一　引言

21世纪以来，随着移动互联网的普及，学习的革命越来越具有颠覆性，翻转课堂作为传统教育变革的希望，无论是在研究领域，还是在实践领域都得到了教育工作者的重视。

所谓"翻转课堂"，就是充分利用互联网提供丰富的"信息资源"，让学生成为学习的主角，自主选择时间、地点和方式，完成知识的学习，当学生在学习过程中遇到困难，或无法深入内化知识时，再返回课堂，通过教师的答疑解惑和同学间的互助，吸收内化所学的知识并运用所学的知

---

[*] 刘春兰，南开大学。

识，将之转化为自身能力的一种教学模式。换句话说，翻转课堂是通过现代化信息技术，实现信息化教学环境构建的新型教学模式，它借由对知识传递、知识内化、知识巩固的颠倒安排，实现了课堂由"教"向"学"的转化和翻转，以达到更好的教育效果。

2018年秋季学期，我们的"汉语作为第二语言教学"课程与时俱进，首次进行了"翻转课堂"尝试，取得了良好的教育效果。本文拟从为什么要翻转，翻转什么，及如何翻转，翻转效果如何等几个方面对这学期的翻转课堂实践进行总结与反思。

二 为什么要翻转

"汉语作为第二语言教学"课程作为汉语国际教育专业硕士的专业概论课，既承担着帮助学生建立专业理论知识体系的任务，又承担着促进学生将专业理论知识应用于实践的任务，因此教学任务繁重，教学时间常常捉襟见肘。此前的教学，往往难以在有限的课时内全面兼顾专业理论知识的学习与学生将专业理论知识运用于教学实践的指导，更无法给每个学生以展示自己学习成果的机会。

为提高课堂教学的效率，激发学生自主学习的热情和积极性，自2018年秋季学期起，我们与时俱进地借鉴了"翻转课堂"的教学模式，在"汉语作为第二语言教学"的课程设计中拿出三分之一课时，进行了翻转课堂尝试。我们的设计思路是：通过"翻转课堂"的教学，试图将我们构建的以基础论、教学法、过程论、阶段论、课型论和研究论为核心的"汉语作为第二语言教学"课程知识体系延伸到课外，给学生提供视频与链接，让学生学习在先、观摩在先、操练在先，然后再将学习、观摩、操练过程中遇到的问题带回到"翻转课堂"中来，一方面教师进行有针对性的答疑解惑，另一方面让学生成为课堂的主人，通过生生之间、师生之间的互动与讨论，促进知识吸收、内化与呈现。

我们认为，进行这样的教学设计，至少可以达到三个目的：

第一，弥补课时不足的缺憾。以往本课程的课上观摩，往往限于课时，只能观看与教师讲授密切相关的内容，常常掐头去尾不说，而且多数只能看一遍。运用翻转课堂的教学模式，将教学视频和网络链接提供给学生，学生们不仅可以观看到教师提供的视频和网络链接的全部，而且可以自主选择反复观看，直到全部理解与吸收。

第二，让学生有足够的消化吸收时间。以往教师在课上播放视频前后都会马上提问，让学生回答视频所包含的学科理论知识，然而能够立刻抓住问题核心、答出问题要点的学生总是少数，多数学生往往来不及消化吸收，他们需要更多的时间进行反刍。而运用翻转课堂的教学模式，学生在课外可以就教师提出的问题或自己发现的问题进行反复地观看与思考，拥有足够的消化吸收时间，对学生的学习只有好处，没有坏处。

第三，学生可以探究式学习并展示自己的学习成果。以往课程进展较快，学生很少有机会在课堂上提出问题并进行深入的讨论，运用翻转课堂的教学模式，学生不仅可以在课下视频观看过程中学习知识，而且有充足的时间自己发现问题、分析问题，对于自己解决不了的问题，则有机会带回到翻转课堂上来与老师、同学互动，共同探讨，同时我们还在翻转课堂上给每个学生都提供了7分钟运用学科理论知识进行微课试讲实践的机会，这也是学生们展示自己学习成果，将学科理论知识转化为教学能力的检验机会。

因此，本学期翻转课堂教学模式的引进无疑将会提高"汉语作为第二语言教学"课程的教学效率，促进学生将学科理论知识的学习和实践的结合，同时也为学生的知识内化提供了检验的契机与场所。

三　翻转什么及如何翻转

"汉语作为第二语言教学"的翻转课堂究竟翻转什么？这是我们进行教学设计时曾反复思考的问题。

我们认为，翻转课堂既要促进学生学科理论知识的接受和内化，又要促进学生学科实践能力的提高，因此在选择和确定翻转内容时，我们主要聚焦于两类知识：一类是通过翻转课堂可以促进学生更容易接受和内化的学科理论知识，另一类则是通过翻转课堂学生可以自由呈现的学科实践知识。

关于第一类知识，我们主要选择了"汉语作为第二语言教学"基础论和教学法中的学科理论作为突破点，结合课堂讲解，指导学生课下观看视频时进行专题性的重构，即围绕教师提出的将在翻转课堂讨论和深化的问题进行观看与学习。为使反转课堂的教学信息更加清晰与明确，我们在要求学生自主观看每个专题视频之前，都给学生布置了三到五个思考题，供学生自主学习时抓住要点进行思考，同时鼓励计算机信息技术能力强的同学根据自己的学习和思考重构教学视频内容，从而内化知识点，找到自己对问题的解答。

关于第二类知识，我们侧重选择了过程论、阶段论和课型论中的一些实践性知识，结合让学生观看的两季"汉教英雄会"之"精彩课堂"的呈现进行思考与讨论。这些"精彩课堂"每个都只有七分钟，而且第一季和第二季呈现的方式有很大的不同，因此非常便于我们指导学生在自主观看视频时，不仅结合教师在课上讲授的学科理论知识进行观察与思考，而且结合自己的微课设计及试讲进行学习，将那些优秀选手的长处，运用于自己的微课实践中，进而变成自己的教学能力在翻转课堂上呈现出来。

通过上述操作，我们将"汉语作为第二语言教学"课程三分之二课时的课堂讲授和三分之一课时的翻转课堂紧密结合在了一起，将学习、讨论、互动与实践紧密结合在了一起，提高了课程效率，取得了预期的效果。

四　翻转的效果如何

翻转课堂的成功，取决于课堂讨论、互动与实践是否为学生带来了"吸收内化"学习过程效益的提升。

那么我们本学期"汉语作为第二语言教学"的翻转课堂究竟效果如何呢？为此，我们专门做了一个小小的课程调查，请学生们写出本学期翻转课堂的收获及存在的问题。统计调查结果，我们发现：全班31人，对翻转课堂感到满意，而且认为收获很大的有30人，占96％；感到意义不大，收获不大的则有1人，占4％。与之相辅相成的是本学期该课程的评教分数，也是96分，与我们的调查结果相符。

梳理学生们谈到的收获，主要反映在：体验到了一种新颖的教学模式，了解了一个优秀的国际汉语教师应该具备的水平与素质；第一次接触到了大量的、优秀的对外汉语教学视频资源，也从老师们身上学到了很多教学设计思路和课堂教学技巧；认识到除了过硬的基础知识，出色的教学组织与实践能力，丰富的知识和独立思考能力、批判性思维能力、策划研究与执行力都是一个国际汉语教师应该努力培养与具备的；微课实践不仅将课堂和自主学习中的收获付诸行动，而且通过观摩同学们的试讲开阔了思路，发现了问题，等等。

而学生们认为存在的问题主要是：微课试讲虽然让他们有了将学科理论知识付诸实践的机会，但由于面对的都是本班同学而并非真正的外国人，所以课堂互动过于"顺利"，虽然教师点评时会指出他们存在的问题，但不如他们自己在实践中发现问题、解决问题来得更真切，因此，建议在今后的翻转课堂实践中，教师可以根据实际情况将真正的外国人请入课堂，让学生们的微课实践更加真实，等等。

五　总结与反思

总结与反思 2018 年秋季学期"汉语作为第二语言教学"课程的翻转课堂实践，我们认为以下三点值得进一步探讨：

（1）翻转课堂不但充分发挥了现代信息技术的优势，而且对任课教师提出了更高的要求。首先，教师的角色需从传统的"圣人"转变成"导师"。相较于传统的教学模式，教师在翻转课堂中从主动变为被动，从主导变为引导，这并不是降低了教师的作用，而是提高了对其职业素质的要求。

（2）在翻转课堂的实践过程中，我们体会到：学生的角色转换更加重要。如果学生没有把自己当成学习的主体，没有较强的主动性，翻转课堂中的学习将无法进行。换句话说，学生的主动操作和主动思考在翻转课堂中至关重要。然而，本学期的翻转课堂实践也告诉我们，即使教师能够主动从"知识传授者"变成了"教学活动的组织者"，设计出探究型的学习活动供学生自主进行，仍然有少数学生，并未从"知识的被动接受者"变为"问题的主动探究者"。对于那些不愿在课余时间投入更多的时间精力进行自主学习与实践的同学来说，抱怨"翻转课堂意义不大"也就在所难免了。

（3）翻转课堂的对话、讨论和实践，不仅需要教师精心准备和细致观察，而且需要教师因材施教。然而，在每堂课中，甚至课上课下都做到这一点并不容易。虽然本学期我们通过任课教师的设问、通过师生之间、生生之间的互动与讨论，较好地完成了对话与讨论的任务，但我们也发现，仍有个别学生对课堂讨论的内容不感兴趣，认为与老师、同学互动的意义不大，甚至对自己的微课操练都马虎以对，这些现象也是值得我们关注与反思的。

总之，虽然在信息技术的支持下，我们可以通过翻转课堂的教学模式促进"汉语作为第二语言教学"课程中学生作为学科理论知识和实践知识的主动学习者与构建者，但人的因素仍是最主要的。对于积极、主动的学生来说，翻转课堂无疑是一种非常好的、受欢迎的教学模式，而对于消极、被动的学生来说，翻转课堂却可能是鸡肋。教育如何因材施教，如何因人因时因地制宜，是我们教育工作者始终都要面对并研究的问题。

参考文献

陈海芳、冯少中：《翻转课堂在基础汉语国际教育中的作用机制》，《现代语文》2015年第4期。

戴康姝：《谈翻转课堂中教师所具备的素养》，《课程教育研究》2015年第9期。

何克抗：《从"翻转课堂"的本质，看"翻转课堂"在我国的未来发展》，《电化教育研究》2014年第7期。

李贵安、刘洋、王力：《翻转课堂教学模式下高校教师角色定位与课堂创新》，《中国大学教学》2018年第5期。

李晓文：《翻转课堂的学生满意度评价研究》，《高教发展与评估》2015年第3期。

王洪林：《"翻转"理念反思：从翻转课堂到翻转学习再到深度翻转学习》，《基础外语教育》2018年第1期。

王永锋、何克抗、王以宁：《从"建构性学习"到"学生有效参与"——论课堂教育技术之争业》，《开放教育研究》2007年第4期。

易祯：《大数据时代翻转课堂的再解读》，《成都师范学院学报》2015年第10期。

张雪艳、马立立、张晨：《大学"翻转课堂"教学模式探讨》，《沈阳师范大学学报·社会科学版》2015年第6期。

朱琼莉：《国内翻转课堂研究现状和趋势分析》，《兰州教育学院学报》2015年第9期。

面向来华留学汉教硕士的中国概况课程数字课程建设构想[*]

王群[**]

摘　要：中国概况是面向国际学生的高等学历教育必修课。虽然各培养高校大都开设了以中国概况为主的国情文化类课程，但由于种种原因，各校的教学质量参差不齐。本文通过理论探究，试图探索构建汉语国际教育视阈下中国国情文化的诠释体系和诠释方式。

针对汉硕留学生的基本特征，本文探究建立中国概况数字课程的基本结构框架，主要包括教学内容、教学测评、教学管理三个方面，具体对应视频微课和教学PPT、在线试题库、云课堂的内容建设。本文设想通过建设上述中国概况数字课程资源体系，可以使身处不同教学环境的留学生都可以随时随地进入云课题进行学习、体验，从而建立统一课程标准和教授内容，并借助网络技术实现学习进程监控、调整，全面提高教学质量。

关键词：中国概况；数字课程

一　研究背景与目标

中国概况作为面向国际学生的高等学历教育必修课（教育部第42号令《学校招收和培养国际学生管理办法》，2017年），也是来华留学汉教硕士的核心课程之一，属于国情文化类课程。中国概况课的主要目标是通过概括地讲授中国社会文化的背景知识和特点，使学生不仅对中国社会发展

---

[*] 本文为国家社会科学基金重大项目"面向全球孔子学院的中国概况教学创新研究及其数字课程建设"（项目批准号18ZDA339）、汉语国际教育专业学位研究生教育研究课题"面向来华留学生汉教硕士的中国概况课程改革及其数字课程建设研究"（课题编号HGJ201707）的成果之一。

[**] 王群，高等教育出版社。

和国情有一定的认知和了解，而且能理解中国人的价值观念、思维方式、生活习俗、交往习惯等，增强其跨文化交际能力和对华友好感情，同时对学生的汉语学习及开展汉语教育专业相关领域研究起到辅助作用。

虽然各高校大都能实现开设以中国概况为主的国情文化类课程，但由于目前国家未曾发布课程体系标准，而各所院校存在师资情况、教学条件等差异，造成该课程缺少具有可操作性的教学大纲，教学课时差异较大，教学内容比较零散，所采用的教材五花八门，教学质量参差不齐，教法比较单一落后，课程特点不突出，教学效果不理想，授课目标很难得以充分实现。

另外，国情文化的课程教学内容涵盖学科较广，其跨学科性质明显，涵盖了地理、历史、哲学、文化、政治、经济、教育、语言等多个学科领域。中国概况课程作为来华留学汉硕学生的必修课，在高端汉语人才培养中起到重要作用，对中国文化走出去有着重要的传播价值。因此，我们就更要立足于汉硕留学生的学习特点，对中国概况课的特色与意义精准定位，从学理上的深入研究，探索应用新教育技术对课程进行改革和创新。

进入 21 世纪以来，随着智能手机、平板电脑、云技术等各类信息技术的广泛应用，现代教育技术也开始加速发展，慕课（MOOC）、微课、直播课等各类在线课程如雨后春笋般涌现，在基础教育、高等教育、终身教育等各个阶段都已开始普遍应用。纵观网上各类汉语教学资源平台，目前虽然已有一些中国国情课程上线，但却尚无专门针对中国国情数字课程系统性的探索和研究。

因此，本文试图探索构建汉语国际教育视域下中国国情文化的诠释体系和诠释方式，通过理论研究搭建符合国情文化和汉语特点的中国概况数字课程体系，从而在学术理论上对中国文化的跨文化阐释与传播做出贡献。

二　对来华留学汉教硕士的需求分析

首先，传统纸质教材和课堂教学形式已不能满足汉硕留学生的中国概况课程学习需求。汉硕留学生多为青年人，主要集中在 20—30 岁年龄段，已熟练掌握应用移动数字技术，除了传统的课堂学习方式，更倾向于使用手机、平板电脑等移动终端在碎片化时间里进行形象、立体的学习。以教师为主的课堂讲授方式，不能让学生对学习内容有较充分的讨论、理解和应用，学生更期待有适用于其个人学习习惯的多种教学模式的选择。

其次，汉硕留学生的学习动机较强。汉硕学生不仅是中国文化的学习者，更是未来在全球范围内传播的主力军，他们在本土汉语教学中发挥着重要的作用，是汉语国际教育发展的未来。只有让他们学习掌握全面、真实的中国，才能在将来使更多的海外本土学生了解学习优秀的中国文化。因此，更应采用先进的教学法和教学手段，向他们传授中国文化知识，使其在学习过程中产生对中国文化与本土文化的深刻对比和理解。

最后，汉硕留学生的构成特点比较突出，他们都具有一定的汉语水平，生源国别多样，学习习惯各不相同。传统单一的课堂教学模式无法满足每个学生的个性化学习需求，传统的纸质教材也不适用于现在的教学需求。留学生对于文化教材在趣味性、实用性、针对性的方面需求最为突出，并对文化教材在配套资源和多样化教学手段方面提出强烈期盼。（敬敏，2012；许慧荣，2017；鲁宁丽，2015）

三 数字课程的基本特点

数字课程是以视觉体验为主，融合视觉、听觉和触觉等多感官体验交织的课程模式，以交互叙事为手段构建教学内容。它不仅包括教学内容、教学方法，还包括教学过程、教学评测、教学互动、教学管理、教学分析，是课程在时间和空间上的动态复制和公开传播。数字课程具有以下突出特点：

（一）突破时间、空间限制，实现个性化的学习

通过互联网及电脑、手机等各种终端设备，学习者可以根据需求随时登录课程平台进行学习，并可以多次、反复地观看教学内容等，真正掌握学习的主动性。

（二）内容丰富，可实现更新升级

通过二维码、学习码等形式，数字课程可以与教材及其他资源形成链接，资源形式丰富多样。相对于教材的经典与静态持续性不同，数字课程及资源能够不断更新、升级，还可以让教师根据教学对象的不同进行个性

化的组合加工。

（三）功能全面，有效提升教学效果

教师可以借助数字课程的教学平台进行在线备课、教学、布置作业、与学生互动，同时可以监控学生的学习进度、记录学习活动、生成教学档案；数字课程平台的大数据功能还可以评估学生参与教学的程度和效果，并将评估结果反馈给教师。

（四）课程模式创新融合

数字课程把学生定位为学习主体，强调自主性学习、探索式学习、合作式学习。同时，数字课程将教学内容划分为不同的知识模块，用户可以根据自己的需要重组知识模块，满足个性化需要。

当然，数字课程也存在一定的不足，如人际互动性不足，当学生在学习过程中遇到难题时不能立即得到教师的权威解答。所以，我们要清醒地认识到在现阶段数字课程并不能完全替代课堂教学，而应与课堂教学进行优势互补，交叉融合，形成"课上+线上"的混合式教学模式。

鉴于此，本文探索研究如何应用"互联网+"构建中国概况数字课程，包括打造突破时间、空间局限的云课堂，使汉硕留学生可以实现在线学习与面授课堂的良性互补，建立更实用、易于推广的中国概况课程体系，使教师、学生都可以随时随地打开电脑、手机等终端设备使用数字课程平台，实现教室内现场面对面授课与线上自由式云课堂学习相结合。

四　理论基础与应用设想

从国际教育思想与教学观念的演变发展来看，对信息化教学起到支撑作用的新型学习理论和教学理论正快速兴起。本文主要借鉴行为主义、认知主义、建构主义、关联主义学习理论及混合式学习等方面的研究成果，探索如何建设面向汉硕留学生的中国概况数字课程体系及资源库。

（一）行为主义（Behaviorism）

行为主义产生于20世纪初的美国，所研究的学习是最广义的学习，即动物和人在活动中受外在因素的影响，获得或改变行为的历程，认为人

类的思维是与外界环境相互作用即"刺激—反应"的结果,刺激和反应之间的联结叫作强化。该理论认为通过对环境的"操作"和对行为的"积极强化",任何行为都能被创造、设计、塑造和改变。

行为主义主要强调外在刺激或信息对学习的决定性,但忽略了学习个体的心理因素。现在所采用的多媒体教学多是基于行为主义学习理论,从多种感官进行刺激加深学习者的印象,促使学习者接受。但也有人指出,行为主义的刺激——反应的方式仅适用于一些相对简单的认知任务,如记忆性事物和动作技能。(袁玖根、邢若南、张翌鸣,2012;杨红燕,2010)

因此,在本文所设计的中国概况数字课体系中,主要应用行为主义的"刺激—反应"中的研究成果,采用视频课程为教学内容主体,配以PPT、音频、文档及其他资源,在学习内容、操练习题等知识的设计和复现方面给予学习者更多的正面刺激和积极强化,以期取得学习者的正确"反应"。

(二) 认知主义 (Cognitivism)

认知主义将研究重心放在学习者内部心理过程,以人类的注意、知觉、记忆、思维等认知现象为研究对象,将人类认知类比为计算机加工处理信息过程,认为知识是学习者头脑中的思维符号,而学习过程就是将这些符号所代表的事物转化为记忆的方式。认知主义强调学生学习的主动性,强调知识的结构性和教师的指导作用。(潘光花、张祖霞,2005)

基于认知主义理论,在中国概况数字课程的建构中,将关注学习者在教学过程中的个体心理过程,利用数字化教学手段充分调动学习者的积极性,注意以学习者较为熟悉的学习方法组织和呈现教学内容,使其可以较快理解和记忆,顺利完成学习过程。

(三) 建构主义 (Constructivism)

建构主义是网络时代对数字化教学提供最有效支撑的新型学与教理论。建构主义将学习者看成学习过程积极主动的意义建构者,强调个人意义的获得。网络教学的主要优势是具有交互性、共享性、探究性、协作性和自主性,而建构主义所主张的基于情境的学习、基于资源的学习、基于探究的学习、基于协作的学习和基于问题的学习等自主建构理论使网络教

学的上述优势得到最全面的体现和最充分的发挥。(何克抗,2009)

本文设计的中国概况数字课程借鉴建构主义理论,通过视频课程为学习者创设情境,使无论身在何处的汉硕留学生都可以通过网络技术设计的教学情境学习内容获取中国文化知识。另外,通过设计教学内容、教学拓展、教学实践、教学评估等各个阶段,建立具有交互性、共享性、探究性、协作性和自主性的课程系统及资源库,从而使学习者与教师、学习者之间建立起良好的互动交流,以促进提高学习效果。

(四)混合式学习(Blending Learning)理论

本文所提出的数字课程体系除了应用以上几个经典的学习理论,还主要借鉴了混合式学习理论,即把传统学习方式的优势和数字化学习(E-Learning)的优势结合起来,既要发挥教师引导、启发、监控教学过程的主导作用,又要充分体现学生作为学习过程主体的主动性、积极性与创造性。中国概况数字课程体系及资源库还将延伸到教学管理,通过云课堂的形式组建虚拟教室,充分发挥教师在教学过程中的主导作用。(顾曰国,2018)

五 中国概况数字课的设计框架

鉴于以上分析,本文拟探究如何构建中国概况数字课程,通过建设数字课程资源体系,可以使身处不同教学环境的汉硕留学生都可以随时随地进入云课题进行学习、体验,从而建立统一课程标准和教授内容,并借助网络技术实现学习进程监控、调整,全面提高教学质量。

(一)对教学流程的设想

基于混合学习模式等理论,本文初步构想中国概况数字课的教学流程(如图1),分为三个阶段,即"准备阶段—面授阶段—总结阶段",网络平台为每个阶段提供支持,且不同阶段发挥不同作用。准备阶段、面授阶段、总结阶段共同构成一个相对封闭的生态系统,在教学过程中循环运转;而评价则贯穿于每个阶段,包括形成性评估、终结性评估、师生评价、同行互评等,使教师与学习者可以时刻了解学习动态,调整学习内容和进度等。这四个阶段协同运转,形成了线上、线下及线上、线下、线上

的双向闭环过程,构建了一个线上线下共同发展的生态系统。(秦楠,2017;张茂聪、秦楠,2016)

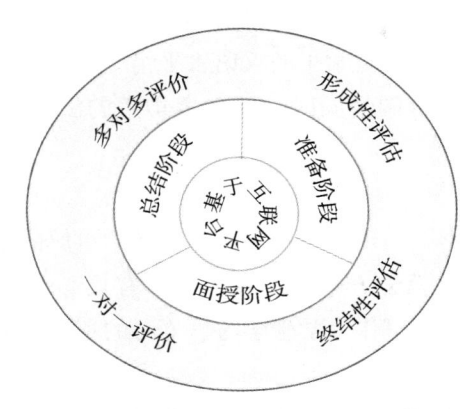

图1 基于混合学习模式中国概况课教学流程图

(二)基本结构与主要内容

中国概况数字课程的基本结构框架主要包括教学内容、教学测评、教学管理三个模块,具体对应视频微课和教学PPT、在线试题库、云课堂的内容建设。如图2所示。

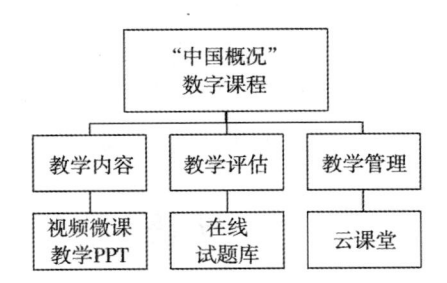

图2 中国概况数字课基本结构框架

1. 教学内容

根据已有《中国概况》教材及相关研究,选取具有代表性的中国国情知识要点以视频微课进行深入浅出地讲解,并配以教学PPT供师生选用,使学生能够清晰明了地掌握学习重点。

(1) 视频微课

注重互动体验性，将采用问题引导、师生问答等互动形式，让学生掌握需要了解的重点、难点。为了与汉语学习结合，视频微课的内容以汉语讲解为主，主讲人将针对留学生的汉语水平情况，控制讲解内容的语言难度，使学生在学习中国国情同时，提高留学生的汉语水平和跨文化交际能力。

(2) 教学 PPT

以图文结合的形式呈现微课视频及课堂教学讲解的主要内容，为中国概况课授课教师提供教学方案，使教师可以有核心范本，又能有发挥空间。同时，PPT 内容也可作为学生学习、复习的主要资料。

2. 教学评估

为了科学地评估教学效果，还应设计与数字课程配套的在线试题库，结合中国概况课的教学大纲和视频微课讲授的主要内容，按照章节设立具有一定规模、形式多样的试题库。试题库的题型可以是判断题、选择题、填空题等客观题型，也应包括问答题、实践体验、小组讨论等主观题型。

3. 教学管理

如何进行系统实时有效的开展教学管理是中国概况课数字课程的基础保证。本文通过对现有较成熟的教学资源平台的研究发现，中国概况数字课程应依靠已建成的在线教学平台，如"魔方汉语网"（www.morefunchinese.com）搭建云课堂，主要包括：课程通知、作业布置、测试评估、教学反馈等功能，使授课教师对每个学生账号的学习情况做到点对点的管理，并通过平台提供的数据统计分析，对课程进度进行实时调整。

六　结语

本文对中国概况课程的现状及汉硕留学的特点和需求进行了分析，基于对行为主义、认知主义、建构主义学习理论、关联主义学习理论及混合式学习等理论基础及研究成果，研究如何应用慕课、云课堂等现代化教育技术手段，创建面向来华留学汉教硕士的中国概况教学数字课程内容体系及资源库。本文初步设想中国概况数字课要实现全过程依靠网络平台，实现"准备阶段—面授阶段—总结阶段"三个阶段与贯穿始终的评估过程相结合的双向闭环过程，构建一个线上线下共同发展的生态系统。中国概况数字课程及资源库内容框架包括教学内容、教学评估和教学管理三个模块，与课堂教学融合开展，实现"课上+线上"的互补，力求充分调动师生的参与性和积极性，推动中国概况课等国情文化课程的良性发展。

参考文献

顾曰国：《混合型学习模式：理论与实践》，http://www.shihan.org.cn/myDoip/resources/2018/ff80808165567db20165698423a100d9.htm，2018。

何克抗：《21世纪以来教育技术理论与实践的新发展》，《现代教育技术》2009年第19卷第10期。

敬敏：《广西汉语国际教育专业硕士生源多样性分析与评价》，硕士学位论文，广西大学，2012年。

刘菊：《关联主义学习理论及其视角下的教与学组织研究》，博士学位论文，东北师范大学，2011年。

鲁宁丽：《对外汉语文化类教材对比分析研究》，硕士学位论文，陕西师范大学，2015年。

潘光花、张祖霞：《认知主义学习理论和教育创新观念的对比研究》，《当代教育科学》2005年第21期。

秦楠：《"互联网+"背景下混合式教学模式建构研究》，硕士学位论文，山东师范大学，2017年。

许慧荣：《新疆师范大学海外生源汉语国际教育硕士培养现状调查研究》，硕士学位论文，新疆师范大学，2017年。

杨红燕：《浅谈教育技术中行为主义学习理论的应用》，《科教文汇（中旬刊）》2010年第4期。

袁玖根、邢若南、张翌鸣：《学习理论研究的主要取向及其教育启示——基于行为主义和建构主义学习理论的比较》，《教育学术月刊》2012年第11期。

张茂聪、秦楠：《互联网+教育：内涵、问题与模式建构》，《当代教育与文化》2016年第8卷第3期。

网络型汉语国际教育人才培训模式探索

章欣[*]

摘　要：中文教学现代化的进程对汉语国际教育人才培养提出了新的要求。结合"商务汉语在线教学"项目师资培训经验，本文重点探讨网络型汉语国际教育人才培训课程的设计，并对培训模式予以反思，以期推进多元化汉语国际教育人才的培养。

关键词：汉语国际教育；人才培养；教师专业素质；网络教学能力

随着互联网、云计算、大数据与语言教育的深度融合，第二语言教学领域正在悄然变革，数字化和在线化成为国际汉语教学未来发展的新方向。发挥信息技术在汉语国际推广中的优势、加快中文教学现代化的进程，有利于扩大汉语教学优质资源的覆盖范围、满足世界各地汉语学习者的多样化需求。面对汉语网络教学发展的新形势，汉语教师应该具备什么样的专业素质？网络型汉语国际教育人才培训体系应该怎样搭建？具体的培训过程应该如何开展？研究这些问题，有助于推进"互联网+"时代汉语教师的培训实践、培养合格的网络教师、提升网络型汉语国际教育专业人才的能力素质。

北大培生（北京）文化发展有限公司研发的"商务汉语在线教学"项目，教学工作主要由汉语国际教育专业本科生与硕士研究生（简称"汉教学生"）承担。结合该项目的师资培训经验，本文重点探讨网络型汉语国际教育人才培训课程的设计，以期为多元化专业人才培养提供若干参考。

---

[*] 章欣，中国人民大学文学院。

一　网络汉语教学项目概况

（一）项目简介

"商务汉语在线教学"采用一对一的网络视频教学模式，用户是具有一定工作经验的汉语初学者。项目为期八周，每周分三次完成一个教学单元的学习，每次 50 分钟。前七单元学习新课，最后一个单元是复习和测试。这种在线授课方式，通过课件资源、音视频文档、桌面共享的交互处理，将实时互动课堂与教学课件无缝整合，给予学习者足够、真实的语言输入，有助于提高他们的汉语交际能力。

根据已有研究（张黎，2006[①]；沈庶英，2014[②]）和学习者的需求分析，课题组将项目的教学目标定位在商务汉语口语和中国商业文化两个层面：前者侧重培养学习者在日常生活与常见的商务交际情境中运用汉语进行简单交际的口语能力；后者重点培养学习者掌握一定的中国商务文化知识，能够较流利地进行初步的跨文化商务交际。

（二）教学课件

在上述两个具体目标的指导下，课题组经过反复论证，编写了八单元共 24 个课件。这些课件以话题功能为纲，每个课件包括语音、对话、总结、文化常识和综合练习五大环节，语音环节之前还标注出本课的交际功能、语言点、文化常识重点，方便学习者明晰学习目标。

课件是实施网络视频教学的基础。不过，无论多么精良的课件，都需要教师的具体操作。合理搭建教师培训模式、科学规划培训课程、提升教师培训的有效性，是网络汉语教学成功的重要保障。

二　网络型汉语国际教育人才培训模式设计

汉语网络教学与面对面课堂教学存在诸多不同：师生无法近距离接

[①] 张黎：《商务汉语需求分析》，《语言教学与研究》2006 年第 3 期。
[②] 沈庶英：《来华留学生商务汉语实践教学探索》，《语言教学与研究》2014 年第 1 期。

触，教与学时空分离，课时相对较短，教学流程更为紧凑，等等。这表明网络教学有自身的特征，网络汉语教师的职业素养也与一般的汉语教师不尽相同。明确这些专业素质的内涵，才能全面搭设网络型汉语国际教育人才培养模式，为即将从事网络教学的汉教学生科学设置培训课程、合理安排培训流程。

（一） 网络汉语教师的专业素质

章欣、李晓琪（2017）将网络汉语教师的专业素质分为三个部分：综合素质、网络教学能力和专业发展能力[①]。

综合素质是网络教学的必要前提，包括专业基础知识和网络教学基础知识。前者指国际汉语教师的学科理论知识，有语言知识与技能、文化与交际、第二语言习得理论与学习策略、教学方法等；后者涉及数字化教学模式理论、教育领域信息技术的发展趋势、在线教育机构基本情况等，这些知识有助于网络汉语教师了解在线教学概况、强化对网络教学特点的认识。

网络教学能力涉及平台使用技能、在线授课技能和课件应用技能三项内容，是网络汉语教师专业素质的重心，也是顺利开展网络教学的根本。平台使用技能，就是要求教师熟练操作教学平台的每一个功能；在线授课技能包括网络教学组织技能（教师在网络环境下开展课堂教学、管理课堂秩序、应对突发事件的能力）、网络教学互动技能（网络环境中教师与学生交流的能力）和网络教学评价技能（教师评价学生在线学习情况的能力）；课件应用技能指的是网络汉语教师应具备科学、有效利用课件进行教学的能力。"商务汉语在线教学"课件经过精心设计，提供了标准化的授课模式与授课内容。教师准确理解课件的使用原则、合理把握操作环节，才能圆满完成在线教学任务。

专业发展能力是教师提升自身综合素质与网络教学能力所需的内在驱动力，包括自主学习能力、教学反思能力与研究创新能力。需要说明的是，自主学习能力和研究创新能力往往需要教师经过长期积累，在教学实践的基础上自主探究而逐渐加强；唯有教学反思能力，可通过分析教学案例在一定程度上得以提升。因此，着眼于专业发展能力的培训，本文只重

[①] 章欣、李晓琪：《汉语网络教学教师培训研究》，《语言教学与研究》2017年第3期。

点讨论教学反思能力。

概览网络汉语教师的专业素质可知，汉教学生在培养环节掌握的专业理论基础只触及综合素质中的专业基础知识部分，其余各项素养则需经过专门训练才能获得。换句话说，尽管汉教学生已经具有汉语国际教育专业背景，但仍然需要接受系统培训，才能全面具备网络教师的专业素质、胜任网络汉语教学工作。

（二）培训课程设置

以提升上述专业素质为目标的网络型汉语国际教育人才培训体系，牵涉以下三个方面五门课程：

（1）理论课程：重点培养网络师资的综合素质。"商务汉语在线教学"项目的师资培训对象都是具有一定专业知识的汉教学生，因此课程设置只规划网络教学基础培训内容，不考虑专业基础知识培训。

（2）实践课程：旨在帮助汉教学生掌握顺利开展网络教学的技能，是整个培训课程体系的主体。根据网络教学能力的具体内涵，设置平台使用技能培训、在线授课技能培训和课件应用技能培训三门课程。

（3）发展课程：即优秀教师教学案例分析。意在通过观摩优秀教师的网络教学录像，引导汉教学生借鉴教学专家的有益经验，在学习吸收的基础上，逐步形成具有自身特色的授课流程，从而内化成他们自身的教学理念①。

（三）培训流程安排

培训流程分为培训和考核两个环节：培训环节完成课程学习，考核环节对培训成果进行考核评估。由于课程内容丰富，培训环节分三个步骤进行：

（1）第一步：讲授网络教学基础知识、训练汉教学生使用授课平台的技能，课程包括网络教学基础培训和平台使用技能培训。

（2）第二步：围绕网络教学实践展开，着重提升汉教学生的网络教学技能，即能够在网络教学环境下组织课堂教学、开展师生互动、科学评

---

① 刘弘：《对外汉语职前教师课堂观察与分析能力研究》，《世界汉语教学》2012年第3期。

估学生、合理使用课件。内容涉及在线授课技能培训、课件应用技能培训课程。

(3) 第三步：开展优秀教师教学案例分析培训。

三步培训的时长为 15 小时：第一步 3 小时，其中网络教学基础培训、平台使用技能培训分别用时 1 小时和 2 小时；第二步 10 小时，在线授课技能培训 6 小时、课件应用技能培训 4 小时；第三步用时 2 小时（见表1）。概括起来看，实践课程时间最长，共 12 小时，占培训时长的 80%，这体现出"以提升网络教学能力为主、强调网络教学实践性知识"的培训理念。

表 1　　　"商务汉语在线教学"项目教师培训时间安排

培训流程	课程类别	培训课程	培训时长（小时）
第一步	理论课程	网络教学基础培训	1
	实践课程	平台使用技能培训	2
第二步	实践课程	在线授课技能培训	6
		课件应用技能培训	4
第三步	发展课程	优秀教师教学案例分析	2
总　计			15

经过三步从理论到实践的螺旋式培训（见图1），每位参训的汉教学生需要提交一段模拟在线教学视频参加考评。评审专家逐一审查和评估汉教学生的平台操作、教学实施、课件使用等情况。考核通过才能上岗教学。

三　网络型汉语国际教育人才培训模式展望

（一）培训效果评估

为了解培训的实际效果，笔者对参训的汉教学生进行了访谈，同时对他们提交的模拟实战教学视频进行了细致分析。

1. 汉教学生反馈

参加"商务汉语在线教学"师资培训的 24 位汉教学生在访谈中重点表达了他们对培训课程的评价与建议。总体来说，他们对培训课程设置较

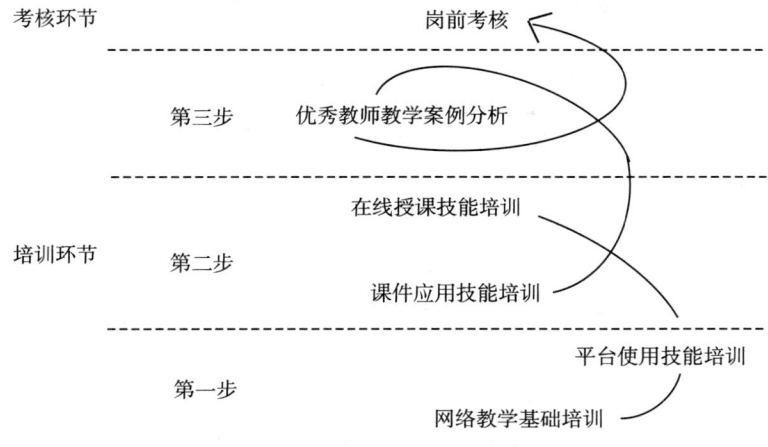

```
考核环节                    岗前考核
─────────────────────────────────────────
            第三步    优秀教师教学案例分析
─────────────────────────────────────────
                     在线授课技能培训
培训环节    第二步
                     课件应用技能培训
─────────────────────────────────────────
                              平台使用技能培训
            第一步
                     网络教学基础培训
```

图 1 "商务汉语在线教学"教师培训流程

为满意；23 人（95.83%）提到平台使用技能培训对教学工作的直接帮助；16 人（66.67%）、11 人（45.83%）分别肯定了在线授课技能培训、课件应用技能培训对开展课堂教学的积极作用。这些数据显示：新手教师有序开展网络教学，急需熟练操控平台、规范授课环节、合理使用课件，而以网络教学能力为主的培训恰好能够满足这一现实需要，是科学合理的。

另外，15 人（62.50%）期待增加优秀教师的教学案例，为自身的教学提供更多的范例；13 人（54.17%）认为自己还不能完全理解课件编写者的理念，尚不能从容地使用课件。这些源于汉教学生的意见，为进一步完善网络师资培训提供了有益的启示。

2. 实战案例分析

具体剖析 24 位新手教师提交的实战教学视频可以发现，经过 15 个小时的培训，他们在模拟在线课堂的表现可圈可点，表现在：首先，在规定的时间内，讲授的内容基本能够覆盖本课的教学重点；其次，教学环节较全面，有热身、有引入、有语音操练、有会话练习、有总结归纳；再次，教师与学生的互动较流畅，有一定的亲和力，课堂氛围和谐；最后，教师能够较正确地使用英语媒介语，顺利开展教学。这些优点说明，培训课程对于提升教师的平台使用技能、网络教学组织技能与互动技能具有显著的效果。当然，他们的实战教学仍存在一些共性问题：

（1）教学对象针对性不强

有的教师让学生拼读 mā、má、mǎ、mà 之后解释每个词的意思；还有教师讲完汉语四声之后，问学生"汉语为什么有不同的声调？"这些教学行为说明，教师对初级学生的特点还不是非常熟悉，设计的问题远远超出了学生的语言水平甚至是专业水平。

（2）教学重点不突出

这方面最突出的表现是，一课内容的语音与对话部分用时相当，甚至语音时间比对话时间还长。这说明新手教师对教学环节、教学重点的掌握还需要加强。

（3）补充课件之外的内容

有的教师在初次介绍四声后，自行补充轻声的练习；有的教师在引导学生看图说话时，完全脱离对话的句型，增加新的学习内容。这反映出他们对课件的编排设计还缺乏总体了解，自由发挥无形中加重了学生的学习负担。

（4）教学步骤衔接欠流畅

多数教师未能将教学各环节、步骤串联成有机整体，而是生硬地使用"look at this part""let's see the next page"等语言，给人照本宣科之感。这体现出教师在课堂组织方面还有提升的空间。

（5）教师评价语言较单一

新手教师对学生的评价非常单一，"very good"或者超出学生语言水平的"很棒"贯穿始终。

上述不足体现出培训课程与实战演练之间还存在一定的距离，在线授课技能、课件使用技能培训还有待深入，教学专家的指导力度还需再加强。

（二）培训模式展望

根据新手教师的意见以及他们的实战教学表现，笔者认为，网络汉语教师培训模式还可进一步发展。

1. 深化网络教学能力研究

将网络教学能力细分为平台使用技能、在线授课技能与课件应用技能，将在线授课技能具体化为网络教学组织、互动与评价技能，只是应然性研究的开始。在网络教学环境下，如何准确把握教学对象的特征以突出针对性与教学重点、如何科学合理使用课件、如何确保教学环节流畅、如何实现有效的评价，还需要深入探索、总结具体的原则方法，从而切实提升网络汉语教师的业务能力。

2. 增设实战案例分析课程

解析教学案例是训练教学反思能力的一个有效途径。优秀教师教学案例可以引导汉教学生揣摩与分析教学专家的网络授课技巧、学习并借鉴专家的教学行为，是对培训课程、网络教学理论与原则的具体感知。在加强此类案例内容的基础上，增设实战案例分析课程，组织汉教学生分析自身完成的模拟教学案例，更有助于将培训课程直接转化为实际教学行为。通过自己反思、同伴或专家评价，深化汉教学生对网络课堂的理解，有助于他们形成优秀教师的思维模式与授课流程，不断提高教学质量。

3. 组建专家参与的教学团队

岗前培训可以在一定程度上训练并提升汉教学生的网络授课技能，但真实的教学对他们仍充满挑战。在完成岗前培训之后，组建由新手教师与课件研发者、教学专家共同参与的教学团队，对汉教学生的长期发展尤为重要。课件研发者可以帮助汉教学生梳理课件设计思路、对有机衔接教学步骤提供建议；教学专家定期监控教学过程、及时发现并改进教学中的问题，有助于新手教师网络教学能力的全面提升。

总之，在"互联网+"的新型社会形态下，网络教学已成为中文教学现代化发展的新趋势。为了更好地为学习者提供优质高效的远程在线服务，我们应该就如何培养优秀的网络型汉语国际教育人才做更多、更深入的探讨，切实深化远程教学背景下的教师培训实践，推动汉语网络教学的长远发展。

学生自制视频在国际汉语教学中的应用

李笑通　赵忬*

摘　要：本文介绍一种新型教学环节，即组织学生自制视频。此教学环节遵循从个性出发原则，自由选择原则，竞争原则，结合"从做中学"的概念将国际汉语教学延伸到课堂之外，可有效提高学生的口语输出量，强化语法操练，加强汉字的应用；同时应用网络平台进行分享也可以提高学生的学习兴趣。

关键词：国际汉语教学；任务型教学法；自制视频；小组合作

一　引言

长期以来，如何让学生保持学习兴趣，如何抓住学生注意力是国际汉语教师都要面对的一个难题。因为教学的效率，是否能够控制学生的注意力，是教学水平的一个重要体现。学生的兴趣和注意力在一个学期的跨度中容易下滑，造成这一现象的原因是多方面的，如一个学期的时间太长、大班授课、教材开发滞后、教学方法和理念相对落后等。

将新技术融入教学，是趋势所在，新的教学模式应以现代信息技术，特别是网络技术为支撑，探索国际汉语教学的新模式。组织学生自制视频这一新型教学环节，正是在这一背景下的探索。

二　文献综述

（一）学生自制视频在语言教学中的应用

进入 21 世纪，数码产品更新换代的频率很快，特别是近几年，如何

---

* 李笑通，深圳大学国际交流学院。赵忬，新西兰奥克兰大学文学院。

利用数字设备辅助二语习得的研究日渐受到学者的关注。Godwin J.（2012）总结了几种应用——数字叙事（digital storytelling）、会议、数字合成（remixing）。Nikitina L.（2011）认为学生使用目的语制作自己的视频或者微电影是语言学习、文化和艺术的融合。这项活动也有利于创造真实学习情境，使现实世界成为教育的一部分。Liu K.P（2018）发现在数字叙事的教学中，学生语言使用水平和创造力水平对语言学习有重大但不同的影响。学生的数字叙事表现与他们的语言成绩呈正相关，他们的创造力表现与多重动机有关，包括外在动机、任务价值和阐述。同时发现了数字叙事对学生的语言产生了积极影响，提高学生在两个方面的动力：外在的目标取向和阐述，而不是内在的目标取向。

（二）小组合作与任务型教学法

组织学生自制视频这一新型教学环节是以小组的形式展开的，郭华（1998）提出小组合作学习的理论假设是：与他人合作的教学目标或任务可以促成学生间的合作，更有效地激发学生的自我意识，引导学生尊重他人并且自尊，培养学生的主动参与精神和合作观念，使学生习得社会交往技能。在教学活动中，尤其是目前的教学中，改善教学中的交往关系和交往活动的质量，是提高教学质量的更为重要的环节。

对学习者而言，从身边的素材入手，由亲身感受及经验而认知，学习效益将更为显著。美国著名教育家约翰-杜威（John Dewey）提出"经验学习""从做中学"的概念，美国著名组织行为学教授大卫-库伯（David Kolb）进一步发挥，提出"体验学习圈"理论，认为学习是由具体体验、反思观察、抽象概括到行动应用四个阶段所组成螺旋上升的完整过程。

学生自制视频属于任务型教学法的应用，Skehan 于 1998 年在《语言学习认知法》一书中就提出当前教学思想的主流是任务型教学法，2001 年我国教育部提出应当采用"任务型"教学法来充分调动学生学习的积极性与参与性，避免教师单纯教授语言知识。王燕（2005）认为将任务型教学法运用到对外汉语教学中势必会提高教学质量与效率，非常具有现实价值。

三　研究方法

此环节一般是安排在期中笔试结束以后，占期中成绩的 50%，即学期总成绩（平时 30%，期中 30%，期末 40%）的 15%。为期 4 周，共分为 4 个阶段：确定主题、写脚本、拍摄和后期处理（视频编辑、添加中文字幕）。教师负责分组，监督进度，语法把关，纠音，但不参与拍摄和后期处理。

此教学环节遵循从个性出发原则，自由选择原则，竞争原则。从个性出发原则：是一种从个性出发的教学而不是个别对待的教学。自由选择原则：只有真正使学生感到自己是学习的主人（而不是外力强制的），教学才能更有效地进行，师生合作、生生合作才有可能。竞争原则：这种竞争不是传统的争唯一的赢家，而是争更好地完成任务，是建立在与他人合作的基础之上。

（一）被试

本研究选取了深圳大学的入门 A，入门 B，初级 A 层级的外国留学生为研究对象。通过在普北班的教学实践，笔者发现同年级教师的紧密协作对提升教学效果起重要作用，因而，本教学环节并没有针对哪个具体的课程。根据笔者的经验，无论是综合课、口语课，还是听力课等课型，都可以应用这一环节。

本研究主要回答一下几个问题：
1. 此教学环节是否有效？在哪个层面上有效？
2. 此教学环节有哪些优点和值得改进的地方？
3. 此教学环节可行性如何？有没有增加教师的负担？

（二）实验步骤

1. 布置任务：使用汉语拍摄一个 5—10 分钟的短片。学期初的时候，就告诉学生这个任务，占期中考试成绩的 50%，即总成绩的 15%（总成绩=平时成绩 30%+期中考试 30%+期末考试 40%）。具体的要求待期中考试笔试部分完成以后再做说明，之所以安排在期中考试笔试部分以后，有两个目的，第一：避免学生在准备笔试的同时思考这个问题，互相干扰，反而降低了效率。第二：学期过半，学生可以使用新学的语法知识，增加学生的成就感。可以给学生看影视片段做例子（注意所选的片段，人物对话的难度贴近学生的实际水平），亦可拿往年的学生作品，给学生一个直观的感受。

2. 分组：遵循"组内异质、组间同质"的原则，全班分成两到三组，并选出组长。分组不宜太小，太小有两个弊端，第一：太小不容易分工，因为这项工作涉及编剧、拍摄、编辑和中文字幕。第二：组分得小，组也多，不便于教师指导。本实验各班分为两三组（各个实验班级学生人数在20人左右）。选出两位组长，一位是导演，另一位负责中文字幕。组长的人选至关重要：有责任心，会使用视频编辑软件的优先考虑。确定分组名单后，指导学生建立视频微信群，便于联络。

3. 任务执行：共分为4个阶段，即确定主题；写脚本；拍摄；后期处理（视频编辑、添加中文字幕）。整个任务为期一个月，4个子任务各约一个星期，期中考试笔试或者口试完了以后开始，一般都可以按时完成（特殊情况下可给出缓冲时间，如在预期的拍摄时间遇连续阴雨天）。

（1）确定主题：教师可以指定主题，亦可让学生自选主题。组员利用课余时间商议短片的主题，不占用上课时间。学生选题不乏新意的故事（奇幻、情感、悬疑、恐怖），也有接地气的选题（留学生活、租房、城市介绍、美食制作）。教师可以根据学生水平参考对应的HSK话题大纲。

（2）编写脚本：学生编写，教师修改语病。学生自己编写对话，围绕一个主题展开。鼓励学生直接用中文来写，用新学的语法、生词。实际操作中，发现有的学生用英文写的故事，再使用翻译软件直接翻译，文法很不自然。教师除了修改语法，润色对话，还要注意纠音，可以利用下课时间，让学生来老师面前读一下，或者让学生录音发给老师。

（3）拍摄：学生自导自演，教师不参与拍摄。现在的摄影摄像设备很普及，不存在缺乏设备的问题，学生可以利用手机、平板电脑、单反相机、运动相机等工具。为了公平起见，教师尽量避免参与拍摄。建议学生使用1080p的分辨率来拍摄，最低720p。减少抖动，虽不是专业摄像，但是也需要注意一下，稳定的图像是一个基本要求（最简单的办法是告诉摄像的学生定在一个地方拍，拍摄过程中不要轻易走动。进阶的办法：使用辅助稳定设备或者后期处理的去除抖动功能）。

（4）后期处理（视频编辑、添加中文字幕）：学生自己编辑，教师可以提供软件名字供学生参考。这是个技术性的工作，但是门槛不高，使用电脑（免费软件：Windows：Movie Maker；Mac：iMovie；Windows，Mac，and Linux：DaVinci Resolve 15）、平板电脑、手机的编辑软件也可以完成作业。

中文字幕的注意事项：注意使用大陆标准字体，最常用的是宋体（SimSun）、楷体（Kaiti）、黑体（Heiti），具体的字形标准，以2013年《通用规范汉字表》为准。

4. 任务验收：全班一起观看，教师根据贡献打分。组长的得分通常是最高的，这项作业旨在鼓励学生参与，调动大家说汉语的热情，参与的学生都给予鼓励，没有参与的则不给分。

四　结果与分析

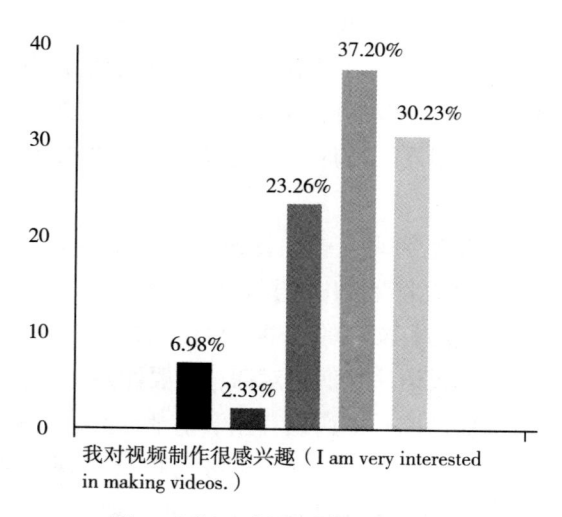

图1　"我"对制作视频很感兴趣

兴趣（1—5 从左至右）

■1非常不认同　　■2　　■3　　■4　　■5非常认同

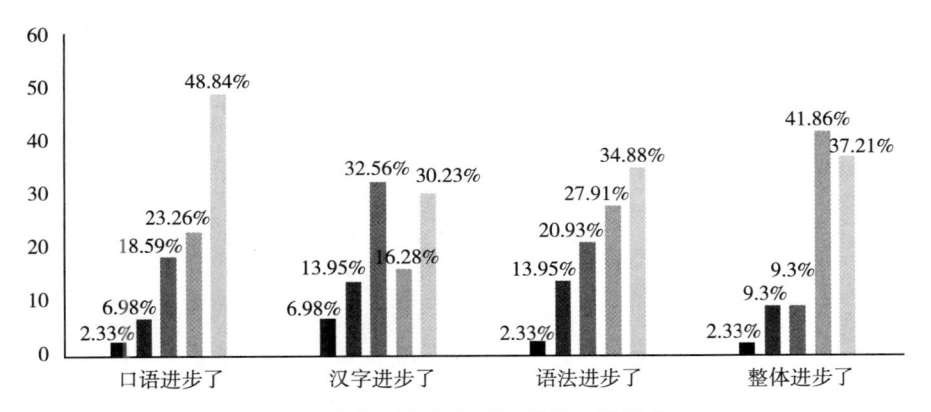

学生自制视频在国际汉语教学中的应用　　265

图 2　参与制作视频对汉语学习的影响

	口语进步了	汉字进步了	语法进步了	整体进步了
1非常不认同	2.33%	6.98%	2.33%	2.33%
2	6.98%	13.95%	13.95%	9.3%
3	18.59%	32.56%	20.93%	9.3%
4	23.26%	16.28%	27.91%	41.86%
5非常认同	48.84%	30.23%	34.88%	37.21%

效果（1—5 从左至右）

■1非常不认同　■2　■3　■4　■5非常认同

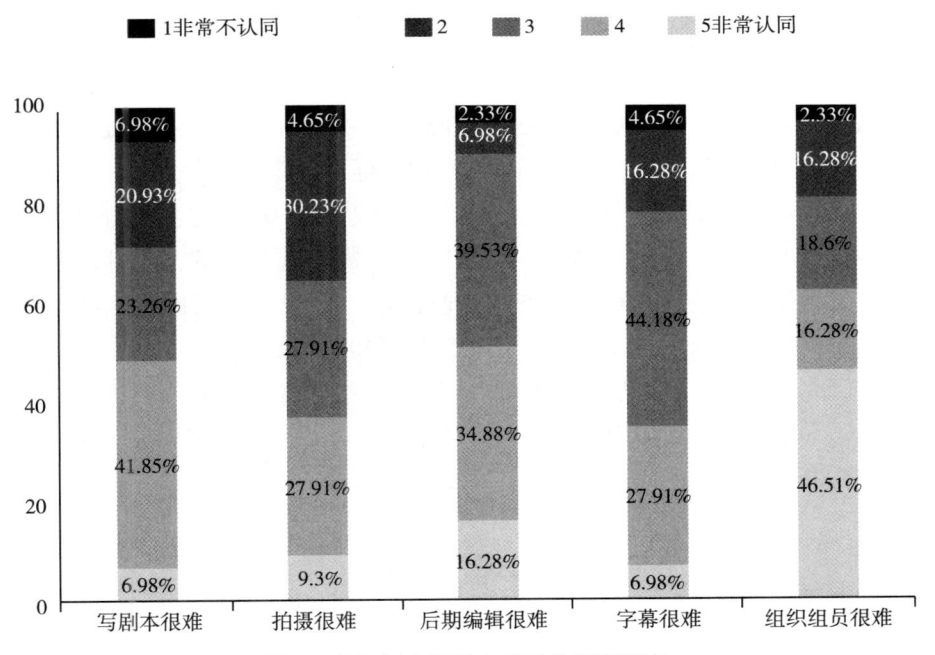

图 3　参与制作视频中遇到的困难调查

	写剧本很难	拍摄很难	后期编辑很难	字幕很难	组织组员很难
1非常不认同	6.98%	4.65%	2.33%	4.65%	2.33%
2	20.93%	30.23%	6.98%	16.28%	16.28%
3	23.26%	27.91%	39.53%	44.18%	18.6%
4	41.85%	27.91%	34.88%	27.91%	16.28%
5非常认同	6.98%	9.3%	16.28%	6.98%	46.51%

障碍（1—5 从上到下）

■1非常不认同　■2　■3　■4　■5非常认同

问卷用 5 分制（1 为非常不认同，5 为非常认同）调查学生的态度[67.43%学生对视频制作有兴趣（4、5），23.26%态度中立（3）]；对"汉语"学习哪些方面有帮助 [79.07%认为"整体水平"提高了（4、5）；72.1%认为"口语"进步了（4、5）；62.79%认为"语法"进步了（4、5）；认为"汉字"进步（4、5）的最少，占 46.51%，态度中立（3）的占 32.56%]；障碍 [大部分学生认为"后期制作"是最大的障碍，占 51.16%（4、5）；其次是认为"组织组员"很难，占 62.79%（4、5）；认为写"剧本"困难的占 48.83%（4、5）；"拍摄"困难的占 37.21%（4、5）；认为制作"中文字幕"困难的最少，占 34.89%（4、5）]。

五 结语

本文研究表明，组织学生自制视频这一新型教学环节是对国际汉语教学方式的有益补充。学生对这一方法及其效果持积极态度。特别是学生口语的提升，同时兼顾语法和汉字。这一教学环节可以让教师以较少的时间投入，获得良好的教学效果，提高教学效率，激发学生的学习兴趣。

汉语教师在组织这一教学环节时，把握好教师角色，即分组、监督进度、语法把关、纠音、不参与拍摄、后期处理。另外注意以下几点：1. 一般来说小组人数在 7 人左右为宜，组长的人选是关键，也可以请研究生来做助教，辅导学生的发音、修改剧本；2. 设置好时间表，细化任务，每周督促各组的进度；3. 分享视频应征得各组员同意。

研究生课程可以增加组内互评和组间互评，留学生课程则要根据学生的汉语水平决定。如何提高自评互评质量，完善评价体系和标准，这是今后需要进一步探讨的问题。

参考文献

Godwin J., "Digital Video Revisited: Storytelling, Conferencing, Remixing", *Language Learning & Technology*, 2012, 16 (1).

Nikitina L., "Creating An Authentic Learning Environment in the Foreign Language Classroom", *International Journal of Instruction* Vol. 4, No. 1, Jan 2011.

Liu K. P. , Tai S. D. , Liu C. C. , "Enhancing Language Learning Through Creation: the Effect of Digital Storytelling on Student Learning Motivation and Performance in a School English Course", *Educational Technology Research and Development* Volume 66, Issue 4, Aug 2018.

李笑通、张小衡:《现代汉字的部件笔顺与部件序》,《中文教学现代化学报》2013 年第 1 期。

张小衡、李笑通:《一二三笔顺检字手册》,语文出版社 2013 年版。

郭华:《小组合作学习的理论假设与实践操作模式》,《中国教育学刊》1998 年第 5 期。

陈真真、王健刚:《学生自制音频视频在大学英语听说课中的应用》,《北京邮电大学学报》(社会科学版) 2013 年第 15 卷第 4 期。

王燕:《任务型教学法在初级对外汉语教学中的运用初探》,《第四届全国语言文字应用学术研讨会论文集》,2005 年 12 月。

其他相关研究篇

新时代孔子学院发展的困境与解决建议

高迎泽　宋梦潇[*]

摘　要：孔子学院自 2004 年创办以来，在汉语文化传播中发挥了重要作用。随着"一带一路"倡议深入推进，孔子学院迎来新的发展机遇，也面临着自身发展不充分、不平衡的困境。面向新时代，开启新征程，孔子学院需要有新作为来突破发展困境，提升办学质量，推动孔子学院高质量发展，为提高国家软实力，展示中国国家新形象努力。

关键词：孔子学院；困境；建议

一　引言

　　孔子学院是中外合作建立的非营利性教育机构，致力于适应世界各国（地区）人民对汉语学习的需要，增进世界各国（地区）人民对中国语言文化的了解，加强中国与世界各国教育文化交流合作，发展中国与外国的友好关系，促进世界多元文化发展，构建和谐世界。党的十九大报告提出，要加强中外人文交流，推进国际传播能力建设，讲好中国故事，展现真实、立体、全面的中国，提高国家文化软实力；要尊重世界文明多样性，以文明交流超越文明隔阂、文明互鉴超越文明冲突、文明共存超越文明优越。[①] 2018 年 1 月 23 日，党中央通过的《关于推进孔子学院改革发展的指导意见》指出，要积极推进孔子学院改革发展，围绕建设中国特色社会主义文化强国，完善体制机制，优化分布结构，加强力量建设，提

---

[*] 高迎泽、宋梦潇，燕山大学文法学院。

[①] 习近平：《决胜全面建成小康社会 夺取新时代中国特色社会主义伟大胜利——在中国共产党第十九次全国代表大会上的报告》，《人民日报》2017 年 10 月 28 日第 01 版。

高办学质量，使之成为中外人文交流的重要力量。① 2018年12月4日的第十三届孔子学院大会上，国务院副总理、孔子学院总部理事会主席孙春兰强调，要推动孔子学院高质量发展，为构建人类命运共同体贡献力量。②

作为中外语言文化交流的窗口和桥梁，孔子学院属于中国，也属于世界。创办15年来，孔子学院数量不断增加，教学质量不断提高，服务能力也极大增强，为中外人文交流和我国文化事业发展做出了积极贡献。据孔子学院总部/国家汉办官网数据显示，截至2018年12月31日，全球共有154个国家（地区）建立了548所孔子学院，1193个孔子课堂。其中有54个"一带一路"沿线国家和地区，建立了153所孔子学院，149个孔子课堂。孔子学院共培训各国汉语教师5万名，各类面授学员186万人，网络注册学员达81万人，全年举办类文化活动4万多场，吸引全球1300万人参加。③

二 新时代孔子学院的发展困境

孔子学院作为非营利性语言传播机构，其发展和建设也应符合自身的发展规律。经过15年的发展，孔子学院在度过高数量发展初期后，也逐渐体验到"成长的烦恼"，步入由高速发展向高质量发展转变的新阶段，面临着自身发展不充分、不平衡的问题，也面临着因文化交流模式单一而导致一些损害中国形象的情况。

（一）发展定位模糊

根据孔子学院相关章程规定，孔子学院业务范围包括开展汉语教学；培训汉语教师，提供汉语教学资源；开展汉语考试和汉语教师资格认证；

---

① 新华社：《习近平主持召开中央全面深化改革领导小组第二次会议》，http：//www.gov.cn/xinwen/2018-01/23/content_5259818.htm。
② 新华网：《孙春兰在第十三届孔子学院大会上强调推动孔子学院高质量发展 为构建人类命运共同体贡献力量》，http：//www.moe.gov.cn/jyb_xwfb/s6052/moe_838/201812/t20181205_362436.html。
③ 孔子学院总部/国家汉办：《关于孔子学院/课堂》，http：//www.hanban.org/confuciousinstitutes/node_10961.htm。

提供中国教育、文化等信息咨询；开展中外语言文化交流活动。① 从目前来看，孔子学院更多的核心定位是汉语教学，然而孔子学院并不单单是语言传播机构，不只是简单地向当地民众教授汉语和提供留学咨询，而且是重要的语言战略资源，担负着中国文化传播和中外文化融合的重大任务。纵观西方国家的语言传播机构，像歌德学院，无不是各国提升软实力、服务国家对外文化战略的重要载体。

（二）师资力量不足

主要是指专业化教师力量不足，缺口相对较大，从孔子学院总部/国家汉办官网数据显示，截至 2018 年 12 月 31 日（154 个国家/地区，1741 所孔子学院和孔子学堂），与 2011 年相比（104 个国家/地区，826 所孔子学院和孔子学堂），全球增加了 915 所，平均每年增加 114 所左右，相当于每 3 天左右，世界上就会建立一所孔子学院或者孔子课堂。这个快速增长的成果固然可喜，但是高速增长的背后，专业师资的问题就越发凸显。虽然我们国家在大力培训教师，但是培训的基数和孔子学院设立的总量之间还是存在供需矛盾，平均下来，可能每所孔子学院和孔子课堂分配的本土教师就只有几名。为了解决相应的师资紧张问题，孔子学院总部/国家汉办每年会大量招募孔院教师志愿者，例如 2019 年上半年新选志愿者岗位 5885 人，2019 年下半年新选志愿者 2793 人。大量的志愿者一定程度上缓解了人手紧张问题，但是这些志愿者绝大多数都是在校大学生，基本上没有出国文化交流的经验。通过国家汉办 40 多天短期"填鸭式"培训后出国担任赴任国汉语教师，需要很长一段时间了解当地的国情和文化，并且这些教师和志愿者也面临很多现实的问题，比如跨文化交际障碍，比如文化差异、语言差异等。在此情况下，1 年工作期限内，可能很难有比较专业的教学表现或者较好的文化传播效果。另外，由于大多数志愿者赴任 1—2 年，任职期满后，国内并没有机构妥善管理这批有教学经验的教师，从而出现大部分志愿者回国后转行不再从事汉语国际教学，出现人才流失情况。

---

① 孔子学院总部/国家汉办：《孔子学院章程》，http：//www.hanban.org/confuciousinstitutes/node_7537.htm。

（三）教学方式滞后

主要表现在两个方面，一是教材缺乏针对性，教材本土化水平低。目前我们的教材编写时多是立足于中国国情，教材具有普适性特点，基本上不同国家用的教材都比较相似。但在实际文化交流过程中，每个国家的文化背景及学习环境存在较大的差异，而且教学受众年龄差别大，还呈现低龄化趋势，文化水平不一，我们的教材不能有效满足实际的教学需求，做到因地制宜因材施教。二是授课方式相对简单，孔子学院教学大多重语言、轻文化，这就造成了在教学活动中传播方式单一，依赖传统的教学方式，传播方式趋于程序化。大多采用的是传统的教学模式，在课程设置上多为标准的语言或文化类课堂，缺乏团体或个人定制的特定主题课程。在进行文化宣传时，我们的文化似乎难以摆脱诸如传统、特色、历史等代名词。三是授课内容缺乏深度文化传播。从孔子学院总部官网新闻上看，目前各地孔子学院文化传播的内容相对比较广泛，比如中国历史、书法、戏曲、中医、国画、武术等，基本都覆盖了所有中国传统文化和现代文化，但都是停留在物质层面，没有进行精神层面深度挖掘，内容欠缺深度文化传播。

（四）文化传播单向化、强势化

过去一段时间孔子学院采用的"以我为主"的强势推广策略，虽有助于通过规模扩张快速占领市场，却容易造成文化误读甚至是文化冲突，也因此很难收到良好的传播效果。例如，由于存在文化差异，孔子学院开展的仪式性活动容易被贴上"官方性""宣传性"标签[1]，甚至被持有"中国威胁论"的激进外媒臆断为意识形态输出手段，造成外国受众的误解，甚至出现诸如 2015 年瑞典斯德哥尔摩大学宣布将关闭孔子学院、2018 年美国北佛罗里达大学切断孔子学院一切联系事件。

---

[1] 张毅博：《跨文化传播视域下的孔子学院发展困境及解决措施》，《新闻研究导刊》2018 年第 24 期。

三 新时代孔子学院的发展建议

新时代、新使命、新征程，孔子学院承载着传播中国文化，促进多元文化交流，推进构建人类命运共同体的历史新使命。孔子学院应该积极转变办学理念，开创新时代发展新局面。

（一）厘清办学定位

孔子学院从2004年开始办学至今，已经经过15年的快速发展，国际形势也出现新变化，孔子学院的定位也应随着世界的发展以及结合办学实践中的经验教训进一步更新，坚持走内涵式发展道路，逐渐完善自身职能。发展中出现的问题，要在发展中进一步解决，孔子学院的定位不仅是语言教学机构，更应该是我国重要的语言战略资源，担负起中国文化传播和中外文化融合的重大任务，要侧重在讲好中国故事，传播好中国声音，阐释好中国特色；要侧重在加强国际传播能力建设，精心构建对外话语体系，提高国家文化软实力。

（二）提高办学质量，打造汉语教学权威平台

提高办学质量是汉语教学的权威平台发挥文化交流作用的必要前提。一是加强专业化师资队伍建设。孔子学院要发展，培育专业师资队伍是重中之重，从国家和汉办层面来讲，要完善国际汉语教师培养体系，加快专业师资队伍建设；做好汉语国际教育专业的就业前景规划，为本专业学生及志愿者提供更多的职业发展机会，吸引国际国内优秀人才从事汉语教学工作。二是创新教学方法。重视文化因素，推进教学方式本土化。充分考虑当地文化、语言以及风俗习惯，在办学模式、课程设置、传播方式等方面进行探索，建立适合当地实际的教学方式方法，与所在地区的文化环境相交融，激发学生学习积极性；融入当地的学校教学，融入社区生活；争取进入当地教学体系，成为当地学校的正规教学单位；充分利用现代化信息技术，开展多媒体教学；积极推进网络孔子学院发展，开发相关汉语教学App，提供更为便捷和符合科技时代的学习方式。三是汉语教材本土化。教材是教学总体设计的具体体现，教材水平的高低制约着教学的效果。既要因地制宜地编写适合不同地区、不同文化的汉语学习者的本土化

教材，以适应海外孔子学院教学的需求；又要针对学生特点，加大教材分级建设，争取为不同年龄阶段的汉语学习者提供适合其使用的汉语教材，"量身定做"汉语教学教材。

（三）增强服务意识，培育人文交流综合平台

随着中国日益走近世界舞台中央，孔子学院将发挥越来越重要的文化交流作用。孔子学院可以由单一的语言教学机构向服务平台职能转型。比如充分利用分布于世界各地的孔子学院的资源优势，为"一带一路"沿线国家培养输送"汉语通"和本土人才；积极拓展教学受众，让孔子学院为企业提供商业培训和语言翻译服务，为人文交流、经贸往来等各领域合作提供文化、政策等方面的信息咨询等。

（四）从文化传播走向文化融合

要重视传播手段建设和创新，一是加强中外文化双向交流与互动。在文化交流中，既要增强中国文化的吸引力，还要尊重并学习他国文化，找到中国文化与他国文化的共性和契合点，从而增加中国文化的亲和力和接受度，减少文化交流中的不适和冲突，达到润物细无声的作用。二是学用国际表达讲好中国故事。孔子学院要想真正融入所在国文化、引起当地民众的共鸣，应采取柔性的文化传播策略，以所在国主流民众通俗易懂的语言、乐于接受的方式来传播中国文化。要以文化共性作为跨文化传播的"切入点"，学会用国际表达来讲好中国故事，以此增强传播内容的国际认同和感染力，把中国文化、中国制度、中国力量寓于其中，让听众喜欢听、听得懂、有所得。

四 结语

随着孔子学院生存发展问题的逐渐凸显，全面提升办学质量，着力提高管理水平，走高质量发展道路已迫在眉睫。笔者作为汉语国际教育专业学生，在报考汉语教师志愿者过程中，在和从事汉语教学志愿者交流中，有幸对孔子学院发展现状有一些了解，粗略探讨了新时代孔子学院发展困境，尝试提出一些解决建议，可能缺乏相应的实证研究和个例分析，希望在以后从事汉语国际推广及汉语国际教育的工作中，能够进行进一步的

探索。

参考文献

李宝贵：《习近平关于语言传播的重要论述及其对汉语国际传播的启示研究》，《东北师范大学学报》（哲学社会科学版）2019年第2期。

张毅博：《跨文化传播视域下的孔子学院发展困境及解决措施》，《新闻研究导刊》2018年第24期。

李宝贵：《新时代孔子学院转型发展路径探析》，《云南师范大学学报》（哲学社会科学版）2018年第50卷第5期。

李明、孙宏伟：《文化传播视角下孔子学院发展的困境与出路》，《北方经贸》2018年第10期。

王辉：《新时代孔子学院的发展路径》，《中国社会科学报》2019年3月。

俞惠：《新时代我国跨文化交际成功的要素与应对策略》，《江西社会科学》2018年第12期。

齐勤勤：《文化软实力视角下的孔子学院发展探析》，硕士学位论文，山西大学，2016年。

"不X"类副词和"未X"类副词的词汇化和语法化

——以"不必—未必""不免—未免""不尝—未尝"为例

靳敏[*]

摘 要：词汇化和语法化是语言演变的常见现象，否定结构的词汇化和语法化研究已经取得了一些成果，但对"不X"类副词和"未X"类副词的对比研究还不多见。论文选取三组副词"不必—未必""不免—未免""不尝—未尝"，分别梳理其词汇化和语法化过程，对比发现，"未必""未免""不免""未尝"可以表示委婉语气，"不必"和"不尝"则不可以，"不必"还可以表示"无须，没有必要"，"不尝"表示"不曾"的用法则逐渐被"未尝"所取代。这受到了"不"和"未"差异、双重否定用法、语境吸收和主观化、同义竞争等因素影响。

关键词：词汇化；语法化；"不X"类副词；"未X"类副词

词汇化和语法化是语言演变中的常见现象，董秀芳认为，词汇化是非词汇性的成分变为词汇性成分或者词汇性较低的成分变为词汇性较高的成分。语法化是指非语法性的成分变为语法性成分，或从语法性较低的成分变为语法性较高的成分[①]。自词汇化和语法化的概念提出以来，学界从词汇化和语法化视角出发，分析解释语言演变现象，取得了丰硕成果。董秀芳在《词汇化：汉语双音词的衍生和发展》[②]中对汉语双音词的词汇化作了系统的描写和梳理，书中涉及了"否定结构的词汇化"，探讨了含有

---

[*] 靳敏，教育部教育考试院。
[①] 董秀芳：《汉语的句法演变与词汇化》，《中国语文》2009年第5期。
[②] 董秀芳：《词汇化：汉语双音词的衍生和发展》，四川民族出版社2002年版。

"不、无、非、未"等否定词的否定结构的词汇化。刘坚在《论汉语的语法化问题》[①]提到汉语中由词汇单位演变为语法单位的现象,即汉语词汇的语法化,分析了由"不"构成的双音节虚词的语法化现象。此外,也有一些学者对否定结构进行了专门的研究。刘敏分析了汉语中否定副词的来源及其历时演变[②]。刘灵敏考察了"不、别、非、无、未"否定副词与谓词性成分组成结构的词汇化历程,并探讨了促进其词汇化的动因和机制[③]。

从否定结构词汇化和语法化的个案研究和类型研究来看,学界也取得了一些研究成果,主要集中于关于"不X"式和"未X"式结构的个案分析和类型分析。刘利[④]和沈家煊[⑤]对"不过"进行了分析和探讨。周苗对语气副词"不免""难免""未免"进行了对比分析[⑥]。关于"不X"类词的相关研究,如曹志国的《"不X"结构语法化的不对称性》[⑦]、姚小鹏、姚双云的《"不X"类副词的语法化与表义功用》[⑧],赵雪的《由"不X"式虚词结构初透语法化理论》[⑨]。关于"未X"类词的相关研究,如董秀芳的《"未X"式副词的委婉用法及其由来》[⑩],李慧军的《现代汉语"未X"类减量副词研究》[⑪],沈芳芳的《汉语"未X"类语气副词考

[①] 刘坚:《论汉语的语法化问题》,载吴福祥《汉语语法化研究》,商务印书馆2005年版。

[②] 刘敏:《汉语否定副词来源与历时演变研究》,硕士学位论文,湖南师范大学,2010年。

[③] 刘灵敏:《否定结构的词汇化研究》,硕士学位论文,安徽师范大学,2011年。

[④] 刘利:《"不过"的词汇化问题补议》,《陕西师范大学学报》(哲学社会科学版)2004年第5期。

[⑤] 沈家煊:《说"不过"》,《清华大学学报》(哲学社会科学版)2004年第5期。

[⑥] 周苗:《现代汉语语气副词"不免""难免""未免"对比研究》,硕士学位论文,南京师范大学,2016年。

[⑦] 曹志国:《"不X"结构语法化的不对称性》,《扬州大学学报》(人文社会科学版)2014年第18卷第3期。

[⑧] 姚小鹏、姚双云:《"不X"类副词的语法化与表义功用》,《汉语学习》2010年第4期。

[⑨] 赵雪:《由"不X"式虚词结构初透语法化理论》,《东北师大学报》(哲学社会科学版)2016年第1期。

[⑩] 董秀芳:《"未X"式副词的委婉用法及其由来》,《语言科学》2012年第11卷第5期。

[⑪] 李惠军:《现代汉语"未X"类减量副词研究》,硕士学位论文,上海师范大学,2017年。

察及对外汉语教学应用》①。

总体来说，学界对于否定结构的词汇化和语法化研究已经取得了一些成果，特别是关于"不 X"类和"未 X"类的副词研究比较丰富，但是将"不 X"副词和"未 X"副词进行对比分析的研究还不多。本文选取三组"不 X"类副词和"未 X"类副词："不必—未必""不免—未免""不尝—未尝"，其中"必"为副词性语素，"免"为动词性语素，"尝"最初是动词性语素，之后语法化为副词性语素，分别梳理其词汇化和语法化历程，进行对比分析，并探讨产生差异的原因。

一 "不 X"类和"未 X"类副词的词汇化和语法化

（一）"不必"和"未必"的词汇化和语法化

1. "不必"的词汇化和语法化

"必"在古代汉语中，常用作副词，表示一定，果真，肯定。"不必"最初是一个跨层结构，否定副词"不"与"必"并不在同一句法层面上。"不+必"早在周代文献中便有用例。

（1）立太师、太傅、太介，兹惟三公。论道经邦，燮理阴阳。官不必备，惟其人。(《今文尚书·周官》)②

（2）兵不必胜敌国，而能正天下者，未之有也。(《管子·第五》)

（3）小故，有之不必然，无之必不然；大故，有之必无然。(《墨子·经说》)

（4）杀牛，必亡之数。以必亡赎不必死，未能行之者矣。(《淮南子·卷十六》)

---

① 沈芳芳：《汉语"未 X"类语气副词考察及对外汉语教学应用》，硕士学位论文，西南大学，2015 年。

② 本文语料检索范围为北京大学中国语言学研究中心语料库 http：//ccl.pku.edu.cn/。

例（1）中，"官不必备"，表示三公不一定齐备。例（2）中，"兵不必胜敌国"，表示发动战争不一定能够战胜敌国。可见例（1）和例（2）中"不+必"结构后接动词或动词性短语，副词"必"修饰其后的谓词性成分，表示"一定，肯定"，否定副词"不"语义指向"必+谓词性成分"。例（3）和例（4）更能说明这一时期"不+必"结构的特点。例（3）中，"有之不必然，无之必不然"，表示有这种条件不一定会产生这样的结果，但是没有这种条件，就一定不会产生这样的结果。例（4）中，"以必亡赎不必死"表示以一定会导致灭亡的行为换取不一定会导致灭亡的行为。这种对举格式，更能说明"不+必"结构在这一时期并未词汇化为"不必"。"不+必"只是在线性序列上相邻，并不在同一句法层面上。

六朝时期，"不+必"后出现副词，"不+必"在结构上更加紧凑，但这种用例较少。利用 CCL 语料库检索六朝时期包含"不必"的语料，在 105 条语料中，共有 10 例"不+必"后出现副词。发展至宋代，这种用法增多。

（5）夫理贵有中，不必过厚，礼与世迁，岂可顺而不断。（《宋书·卷五十五》）

（6）夫为相之道，不必独任天下事。（《太平广记·卷八十二》）

（7）大哥不必过虑，阿瞒自是相师。（《太平广记·卷二百零五》）

（8）人生会当有死，不必一二年在人间为胜。（《太平广记·卷三百三十七》）

例（5）和例（6）中，"不+必"后分别出现副词"过"和"独"，副词"过"和"独"修饰谓语，用作状语。这为跨层结构"不+必"重新分析为"不必"提供了可能。例（7）中，"不+必"不仅出现副词"过"修饰谓语"虑"，而且"不+必"在语义上开始凝结，被分析为"不需要，没有必要"。例（8）中，"不必"出现在小句句首，董秀芳认为，受到韵律制约，句首的第一个音步为一个标准的韵律词，因而处于句首的跨层结构更容易发生词汇化①。"不+必"结构的界限更加模糊，可以被重新分析为副词"不必"。

2. "未必"的词汇化和语法化

副词"未必"同样是由跨层结构"未+必"词汇化而来的。"未+必"在春秋战国时期文献中便有用例。

（9）故国广巨，兵强富，未必安也；尊贵高大，未必显也。（《吕氏春秋·卷十》）

（10）强大未必王也，而王必强大。（《吕氏春秋·卷二十二》）

以上两例中，"未+必"分析为跨层结构。例（9）中，副词"必"分别修饰谓词"安"和"显"，"未"是对"必+安"和"必+显"的否定，表示未然性否定。例（10）中，"未必王"和"必强大"的对举，"未+必"分析为跨层结构。值得注意的是，这一时期，"未+必"也有其他用法。

（11）夫事以密成，语以泄败，未必其身泄之也，而语及所匿之事，如此者身危。（《韩非子·第十二》）

（12）今人主之于法术也，未必和璧之急也。（《韩非子·第十三》）

（13）仁义德行，常安之术也，然而未必不危也。（《荀子·第四》）

（14）国者、小人可以有之，然而未必不亡也。（《荀子·第六》）

例（11）和例（12）中，"未必"出现在小句之前。例（11）中，"未必其身泄之也"表示不一定是说话者本身泄露了机密。例（12）中，"未必和璧之急也"表示不一定像对待和氏璧那样急需。"未必"的语义更加凝固，作为一个整体来使用。可见，在这一时期，"未+必"已经词汇化为副词"未必"。例（13）和例（14）中，"未必"后出现否定副词

---

① 董秀芳：《词汇化：汉语双音词的衍生和发展》，四川民族出版社2002年版。

"不"构成双重否定,表示肯定,含有委婉语气①。通过双重否定委婉地肯定了可能会出现"危"和"亡"的情况,"未必不危"表示不一定没有危险,"未必不亡"表示不一定不会灭亡,"危"和"亡"都是人们不愿意看到的,因而"未必"和否定词构成的双重否定,表示委婉的肯定。根据 CCL 语料库进行检索,春秋战国时期一共检索到 5 条包含"未必不"的语料,其中 4 条语料"未必不"后面的情况是人们不愿意看到或不愿意发生的情况。之后,副词"未必"吸收了语境义,含有了委婉语气的用法。

(15) 文由外而兴,未必实才学文相副也。(《论衡·卷十三》)

(16) 食有常数,不在政治,百变千灾,皆同一状,未必人君政教所致。(《论衡·卷十七》)

(17) 推此以论,甘露必谓其降下时,适润养万物,未必露味甘也。(《论衡·卷十七》)

以上三例,副词"未必"吸收了语境义,含有委婉语气。

(二)"不免""未免"的词汇化和语法化

1. "不免"的词汇化和语法化

"不+免"在春秋战国时期出现用例。

(18) 若家不亡,身必不免。(《国语·周语》)

(19) 吾闻以乱得聚者,非谋不卒时,非人不免难,非礼不终年,非义不尽齿,非德不及世,非天不离数。(《国语·晋语》)

以上两例,"不+免"被分析为偏正结构。例(18)中,"不免"与"不亡"对举,"不免"表示"不能免除"。例(19)中,"免"为动词,表示"免除","不免难"表示"不能免除灾难"。"不+免"表示"不能

---

① 李庆东:《双重否定句都是语气更强语意更重吗》,《修辞学习》1995 年第 4 期。

免除",不能免除的结论是由前面指明原因的"若家不亡"和"非人"推论出来的。隋唐时期,"不+免"出现后接谓词性成分的用法,为偏正结构"不免"的重新分析提供了可能。

(20) 父母逼迫,不免出嫁刘祥。(《搜神记·卷十五》)
(21) 位高而器不称者,不免致寇之败。(《抱朴子·外篇·卷三十八》)
(22) 通状中论,县令不与道理,不免向扬州去。(《入唐求法·卷四》)

例(20)和例(21)中,"不免"后接谓词性成分。"不免出嫁刘祥"表示免不了嫁给刘祥。"不免致寇之败"表示免不了导致失败。例(22)中,"不免"后出现状语"向扬州"。除了句法位置发生变化,"不免"的语义也有所变化。偏正结构"不+免"表示"不能免除",这一时期的"不免"语义进一步虚化,多是从前面提到的原因得出的结论,含有主观性的判断,受到重新分析和主观化的影响,偏正结构"不+免"词汇化为副词"不免",表示"免不了"。并且"不免"否定的成分多为消极成分,"出嫁刘洋""致寇之败"是消极性情况,"向扬州去"也是人们不愿意发生的情况。"不免"修饰其后消极性成分,含有了委婉语气①。

2. "未免"的词汇化和语法化
"未+免"最初也是偏正结构,其用例在春秋战国时期出现。

(23) 寡君未免于此。(《左传·文公十三年》)
(24) 掎契司诈,权谋倾覆,未免盗兵也。(《荀子·第十五》)

副词"未"和动词"免"在线性序列上相邻,表示还不能避免,"未+免"被分析为偏正结构。隋唐时期,"未免"后出现谓词性成分。根据 CCL 语料库检索,隋唐时期包含"未免"的语料共 18 条,其中 11 条

---

① 徐锦芳:《"不 X"语气副词研究》,硕士学位论文,上海师范大学,2017 年。

其后为谓词性成分。

（25）却缘虽曾食禄，未免忧贫，赵囊则到处长空，范断则何时暂热？（《唐文拾遗·卷四十三》）

（26）虽有自裁，未免伤己。（《五灯会元·第七》）

（27）分出其不意、击其不备、攻其不整为三门，未免稍涉繁冗。（《通典·卷一》）

（28）似此之类，未免间有挂漏。（《通典·卷一》）

例（25）和例（26）中，"未免"后接为谓词性成分"忧贫"和"伤己"，在这里"忧贫"和"伤己"都是已经发生的事实。例（27）和例（28）中，"未免"后出现状语修饰谓词性成分。"免"表示的免除义弱化，此时，偏正结构"未免"被重新分析为副词"未免"。"未免"的语义由"未能免除"即不能避免某件事情的发生，演变为不能避免某个否定性或消极性事情的发生，因为消极性事情的发生是人们不愿意看到的。受到主观化的影响，副词"未免"在宋代出现了委婉语气的用法。元代以后，"未免"表示委婉语气的用法更为普遍。

（29）以某观之，赵公未免有些不是处。（《朱子语类·卷一百三十一》）

（30）你走了这童儿，教他诳称佛祖，陷害老孙，未免有个家法不谨之过！（《西游记·第六十六回》）

（31）亦且老人家心性，未免有些嫌长嫌短，左不是右不是的难为人。（《二刻拍案惊奇·卷二十六》）

以上三例，"未免"表示不能避免消极情况发生。含有否定义或消极义的"有些不是处""有个家法不谨之过""有些嫌长嫌短"都是人们主观上不愿意看到的，受到主观化和语境吸收的影响，"未免"的语义含有了委婉语气。值得注意的是，明代以后，"未免"也可出现在双重否定句中。

（32）况辽东严寒，士卒未免不堪。（《续英烈传·第二十

回》）

（33）兄长不说自己走得太快，偏说小弟太慢，未免不近人情，不知小弟的艰苦了。(《七剑十三侠·第一百三十七回》)

以上两例，"未免"表示"不能说不是"，表示委婉语气。根据 CCL 语料库检索，明代以前"未免"并未出现构成双重否定的用例，即在"未免"委婉语气的用法并非是通过双重否定形成的。

（三）"不尝"和"未尝"的词汇化和语法化

在考察"不尝"和"未尝"的词汇化和语法化历程之前，需要明确"尝"的用法及演变。根据王继红、陈前瑞的研究，"尝"最初是感官动词，本义表示"用口舌辨别滋味"，后引申出尝试义，又从尝试义引申为经受、经历，进一步语法化为时间副词①。

1. "不尝"的词汇化和语法化

"不尝"在春秋战国时期便有用例。

（34）孔子穷于陈、蔡之间，七日不尝食，藜羹不糁。（《庄子·让王》)

（35）利爵之不醮也，成事之不俎不尝也，三臭之不食也，一也。（《荀子·第十九》)

（36）今不尝观其说好攻伐之国？（《墨子·卷五》)

（37）何不尝入一乡一里而问之。（《墨子·卷八》)

例（34）和例（35）中，"尝"为感官动词，表示"用口舌辨别滋味"，"不+尝"被分析为偏正结构，表示"不吃"。例（36）和例（37）中，"尝"后出现为谓词性成分"观"和"入"，"尝"被分析为"尝试"义，"不+尝"表示"不尝试"。

根据王继红、陈前瑞的研究，"尝"在先秦时期便已经历语法化，发

---

① 王继红、陈前瑞：《从尝试到经历——"尝"的语法化及其类型学意义》，《语言科学》2014 年第 13 卷第 5 期。

展出时间副词用法,但我们在对先秦语料①检索的过程中,并未发现否定副词"不"和时间副词"尝"的线性组合。这一组合在六朝时期出现。

(38) 吾少来乃至不尝画甲子。(《全梁文·卷六》)
(39) 先于都遇得飞白一卷,云是逸少好迹,臣不尝别见,无以能辨。(《全梁文·卷四十六》)
(40) 孙氏世嗣厥德,代承冠缨,自非华轩著姓不尝许婚嫁。(《唐代墓志汇编续集·十三》)

以上三例,"尝"分析为副词,表示曾经。"不+尝"表示"不曾,未曾"。副词"尝"修饰谓词性成分,偏正结构"不+尝_动词_"语法化为跨层结构"不+尝_副词_"。在此基础上,跨层结构"不+尝"进一步词汇化副词"不尝"。

(41) 自古大将尽忠报国,未有不尝为群小所忌者,文忠犹幸不为岳忠武第二也。(《清代野记·卷十》)
(42) 日前臣侍讲时,不尝对殿下讲说过韩夫人金山擂鼓,破金兀术这一段典故的吗?(《续济公传·第一百零九回》)

以上两例,"不+尝"后出现状语,修饰谓词性成分,"不"和"尝"的结合更加紧密,跨层结构词汇化为副词"不尝",表示"不曾"。

2. "未尝"的词汇化和语法化
"未尝"在周代便有用例。

(43) 小人有母,皆尝小人之食矣;未尝君之羹,请以遗之。(《左传·隐公元年》)
(44) 若乃夫没人,则未尝见舟而便操之也。(《庄子·外篇·第

---

① 指北京大学语言学研究中心语料库先秦时期古代汉语检索范围,包括《今文尚书》《周易》《春秋》《诗经》《国语》《墨子》《孙子》《左传》《老子》《论语》《中庸》《仪礼》《公孙龙子》《公羊传》《吕氏春秋》《周礼》《商君书》《大学》《孝经》《孟子》《庄子》《晏子春秋》《楚辞》《礼记》《管子》《纵横家书》《荀子》《谷梁传》《逸周书》《韩非子》《鬼谷子》。

十九》)

(45) 我未尝闻天下之所求祈福于天子者也。(《墨子·卷七》)

例(43)中,"尝"为感官动词,"未+尝"表示没有吃到过,分析为偏正结构。例(44)和例(45)中,"尝"分析为副词,表示曾经,修饰谓词性成分,"未+尝"被分析为跨层结构。春秋战国时期,"未尝"还出现了其他用法。

(46) 而吾未尝以此自多者,自以比形于天地,而受气于阴阳。(《庄子·秋水》)
(47) 昔者吾有斯子也,吾以将为贤人也,吾未尝以就公室。(《礼记·檀弓》)
(48) 晋国有忧未尝不戚,有庆未尝不怡。(《国语·周语下》)
(49) 夫成天下之大功者,其子孙未尝不章。(《国语·晋语》)

例(46)和例(47)中,"未+尝"后出现其他状语成分,修饰谓词性成分,"未+尝"结合更加紧密,被重新分析为副词"未尝"。例(48)和例(49)中,"未尝"后出现否定副词"不",构成双重否定,表示肯定。值得注意的是,这一时期"未尝"与"不"连用构成了双重否定,对其后所说事情的肯定和强调,表示从过去到说话的现在,其后所述情况一直存在,含有对时间的强调。董秀芳认为,随着"未尝"所表示的时间义的模糊和虚化,"未尝"和否定词连用构成的双重否定句由表示强调演变为表示委婉语气[①]。

(50) 然心之本体未尝不善,又却不可说恶全不是心。(《朱子语类·卷五》)
(51) 这个虽然是王生之福,却是难得这大王一点慈心,可见强盗中未尝没有好人。(《初刻拍案惊奇·卷八》)

---

① 董秀芳:《"未X"式副词的委婉用法及其由来》,《语言科学》2012年第11卷第5期。

例（50）和例（51）中，"未尝"分别与"不"和"没有"连用，构成双重否定，表示肯定，"未尝"的时间义弱化，含有委婉语气，表示对其后所说情况的委婉肯定。

二 "不 X"类和"未 X"类副词的词汇化和语法化比较

（一）"不 X"类副词比较

"不必"是由跨层结构词汇化而来，"不免"是由偏正结构词汇化而来，"不尝"则经历了"不+尝$_{动词}$"语法化为"不+尝$_{副词}$"，之后词汇化为副词"不尝"的演变历程。"不必"最初是"不+必$_{副词}$"，其后出现其他状语修饰谓语，并出现在小句句首，句法位置变化，并且语义更加凝固，除表示"不一定"以外，还可以表示"无须，没有必要"，词汇化为副词"不必"。"不免"最初是"不+免$_{动词}$"，随着其后出现谓词性成分，语义上发展出表示"免不了"的意义，偏正结构被重新分析为副词"不免"。"不免"多否定消极成分，含有委婉语气。"不尝"最初是"不+尝$_{动词}$"，动词"尝"语法化为时间副词，出现"不+尝$_{副词}$"，被重新分析为副词"不尝"，表示"未曾"。总体来看，"不必"在词汇化和语法化的过程中形成了两种含义，分别表示"没有一定，未必"和"无须，没有必要"，这两种用法在现代汉语中依然存在。"不免"在词汇化和语法化的过程中也同样形成了两种含义，分别是"不能免除"和"免不了"，表示"免不了"的用法在现代汉语中依然存在。"不尝"在词汇化和语法化的过程中表示"未曾"，这种用法在现代汉语中用例较少，根据CCL语料库检索现代汉语中包含"不尝"的语料，共有51条，其中只有3条表示"不曾"之意，大部分语料中"不尝"为跨层结构，"尝"表示"品尝"或"尝试"。此外，"不免"含有委婉语气，"不必"和"不尝"则不具备①。

---

① 徐锦芳（《"不 X"语气副词研究》）和李素英（《中古汉语语气副词研究》）认为"不必"为语气副词，具备委婉语气，董秀芳（《"未 X"式副词的委婉用法及其由来》）认为"不必"没有表达委婉语气的用法。

(二)"未 X"类副词比较

"未必"是由跨层结构词汇化而来,"未免"是由偏正结构词汇化而来,"未尝"则经历了"未+尝$_{动词}$"语法化为"未+尝$_{副词}$",之后词汇化为副词"未尝"的演变历程。"未必"最初是"未+必$_{副词}$","未必"的句法位置发生变化,出现在小句句首,被重新分析为副词。"未必"后出现否定词,构成双重否定,表示委婉的肯定,受到语境的影响,副词"未必"逐渐具有了表示委婉语气的用法,"未必"表示"不一定"。"未免"最初是"未+免$_{动词}$",后接成分发生变化,由体词性变为谓词性,"未+免"被重新分析为副词"未免",表示"不免,免不了"。由于其后所述事件多为人们不愿看到的消极性情况,受到主观化的影响,出现了表示委婉语气的用法,表示"不能不说是"。"未尝"最初是跨层结构"未+尝$_{动词}$",其后出现谓词性成分,"未+尝"被重新分析为副词"未尝",表示"未曾,不曾"。"未尝"还可以出现在双重否定句中,表示对肯定情况的强调。随着"未尝"的时间义逐渐虚化,"未尝"逐渐具有了表示委婉语气的用法。综上所述,"未必""未免""未尝"三者都可以表示委婉语气,"未必"和"未尝"与否定词构成双重否定句,"未免"的双重否定用法出现较晚。"未必"出现在双重否定句中,表示委婉地肯定。"未尝"出现在双重否定句中,随着时间义的虚化,由对肯定情况的强调演变为委婉语气。

(三)"不 X"类副词和"未 X"类副词比较

"不必—未必""不免—未免""不尝—未尝"的词汇化和语法化过程存在差异。先看"不必—未必"的差异。在现代汉语中,两者都可以表示"不一定,没有一定",但"不必"还可以表示"没有必要,不需要"。这一用法是在"不必"的语法化过程中出现的,保留到现代汉语中。"未必"可以与否定词构成双重否定,其后肯定的成分多为消极性事情,是人们不愿意看到或发生的,表示委婉的肯定。"未必"吸收语境义,含有委婉语气,这是"不必"所不具备的用法。

再看"不免—未免"的异同,在现代汉语中,两者都可以表示"免不了,不能避免",但是"未免"还可以表示"不能不说是"。二者多否定消极性成分,表示不能避免某个否定性或消极性事情的发生,含有委婉语气。此外,"不免"在历时演变中所表示的"不能免除"义在现代汉语中并不常见。

另外,"不尝—未尝",在现代汉语中,两者都可以表示"不曾,未曾",但是"未尝"还常用于双重否定句,表示肯定,含有委婉语气。同样,这一用法是"不尝"所不具备的。此外,"不尝"现代汉语中多为跨层结构,"不+尝"中"尝"为动词,表示"品尝""尝试","不尝"表示"不曾"的用法在现代汉语中并不常见,根据 CCL 语料库检索现代汉语中包含"不尝"的语料,共 51 条语料中表示"不曾"的仅 3 条。

从"不 X"类副词和"未 X"类副词的对比来看,"未必""未免""不免""未尝"均在词汇化过程中形成了委婉语气的用法,"不必""不尝"则不具备委婉语气的用法。"未必"和"未尝"可以与其后出现的否定词构成双重否定句,表示肯定,含有委婉语气。"不免"和"未免"通过对其后消极性事情的委婉肯定,含有了委婉语气。值得注意的是,双重否定句表示肯定,但"未必"表示对其后消极性事情的委婉肯定,而"未尝"构成的双重否定则最初表示对其后肯定的事实的强调,随着"未尝"的时间义进一步虚化,双重否定表示的强调义逐渐弱化,含有了委婉语气。

三 "不 X"类和"未 X"类副词异同的原因

(一)"不"和"未"的差异

"不 X"类副词和"未 X"类副词的差异可能受到了"不"和"未"的语义差异的影响。在古代汉语中,"不"和"未"虽然都是副词,含有否定义,但是二者存在差别。"不"表示否定[1],多为一般性的否定。邢公畹曾指出:"'未'是一个对以往(过去以迄现在)表示否定,对将来却表示可能或愿望的副词。"[2] 董秀芳则认为,"未"是已然类否定副词,

---

[1] 《王力古汉语字典》中标注为,不,①副词,表示否定。②否。第二种用法多用于疑问句,且放在句尾,本文主要讨论"不"的第一种用法。

[2] 邢公畹:《〈论语〉中的否定词系》,载《语言论集》,商务印书馆 1983 年版。

表示对过去已经发生情况的否定①。这两种认识看似存在差异，但内部语义存在联系。两种看法都认为，"未"可以表示对过去已经发生情况的否定。这就给人们提供了主观上推断未来发生情况的可能，从而"未"具有了表示将来可能或愿望的含义，这一语义上的联系也为"未必""未免""未尝"演变出委婉语气用法提供了条件。

另外，与古代汉语相比，现代汉语中，一些否定词已经不能单独出现，例如否定动词"非"和"无"，否定副词"未"，这些否定词在古代汉语中可以单用，但在现代汉语中除了在一些固定结构中可以单用外，一般不能单用了。否定词"不"在现代汉语中可以单用，是构成否定的重要手段之一。由于"未"的单用受到限制，因而"未 X"中"未"与"X"的结合更加紧密。并且"未"多用于书面语，典雅含蓄，更适合于表达委婉语气。

（二）双重否定的影响

对比"不 X"类副词和"未 X"类副词，"未必""未免""未尝"均可以构成双重否定句，用例较多，但"不必""不免""不尝"构成双重否定句的用例则较少。以否定词"不"为例，利用 CCL 语料库检索现代汉语和古代汉语中分别包含"不必不""不免不""不尝不""未必不""未免不""未尝不"的语料，使用情况如表 1 所示。

表 1　　"不必/不免/不尝+不""未必/未免/未尝+不"
在 CCL 语料库中使用情况统计表

结构	古代汉语（次）	现代汉语（次）	总计（次）
不必不	35	28	63
不免不	5	5	10
不尝不	5	1	6
未必不	345	285	630
未免不	101	60	161
未尝不	597	1644	2141

---

① 董秀芳：《"未 X"式副词的委婉用法及其由来》，《语言科学》2012 年第 11 卷第 5 期。

根据表1可以看出，以否定词"不"为例，相较于"未必""未免""未尝"，"不必""不免""不尝"在古代汉语和现代汉语中构成双重否定的用法较少。双重否定表示肯定，含有委婉语气，是影响"未必""未尝"委婉语气形成的重要原因之一。

从"未X"类副词的内部来看，"未必"和"未尝"可以与其后的否定词构双重否定句，吸收了语境中的委婉语气，具备了表示委婉语气的用法。"不免"和"未免"的委婉语气用法则不受双重否定用法的影响。这可能是受到了"免"的语义的影响。"免"表示"免除"，具有否定的含义。因此，相对"未必"和"未尝"，"不免"和"未免"后出现否定词的用例较少。由于"免"表示"免除"具有否定的含义，其后出现否定性或消极性事件，因而"不免"和"未免"表示对消极性事件的肯定，含有委婉语气。"必"和"尝"本身不含有否定义，"未必""未尝"与否定词连用，构成双重否定句表示肯定。

（三）语境吸收和主观化

语境吸收是指在词语使用过程中，词语使用的上下文语境诱发某个成分发生虚化[①]。"主观性"是指语言的一种特性，指说话人在说话的同时表明自己对这段话的立场、态度和感情，"主观化"是指语言为表现主观性而采用相应的结构形式或经历相应的结构演变[②]。在"未必""未免""不免""未尝"的词汇化和语法化过程中，语境中含有的特定的委婉语气被吸收，并逐渐固定在"未必""未免""不免""未尝"的语义中。在这一过程中，主观化发挥了作用。"未必"与其后否定词构成的双重否定句，其后多为消极性情况，表示对消极性情况的肯定。由于消极性情况是人们主观上不愿意看到或发生的，因而这种对消极情况的肯定含有了委婉语气，"未必"逐渐吸收了语境中的委婉语气，并固定下来，具有了表示委婉语气的用法。"未尝"与其后否定词构成的双重否定，起初表示对其后所述事件的强调，但随着"未尝"时间义的虚化，逐渐演变为表示委婉的肯定。"不免"和"未免"其后虽没有否定词，但"免"表示"免除"，本身含有否定义，其后所述事件也多为人们主观上不愿看到的

---

① 张谊生：《现代汉语副词研究（修订本）》，商务印书馆2014年版，第361页。
② 沈家煊：《语言的"主观性"和"主观化"》，《外语教学与研究》2001年第4期。

消极情况，含有委婉语气，"不免"和"未免"吸收了语境中的委婉义，具有了表示委婉语气的用法。

（四）同义竞争

通过对"不 X"类和"未 X"类副词词汇化和语法化历程的比较，发现历时演变过程中某些副词具有的用法，在现代汉语中并非全部保留下来。"不必"表示"无须，没有必要"的用法也保留到了现代汉语，这是"未必"所不具备的用法。"不免"则在现代汉语中仅保留了"免不了"之义，高育花认为这是由于受到双音化趋势的影响，动词"免"由双音词"免除"取代，"不免"连用，"免"用作谓语动词的用法完全消失[①]。"不尝"在现代汉语中表示"不曾"，但用例很少，这可能受到同义竞争的影响，同样可以表示"不曾"的"未尝"逐渐取代了"不尝"，"不尝"的使用频率降低。

四　小结

本文选取了三组副词"不必—未必""不免—未免""不尝—未尝"，梳理其词汇化和语法化历程，发现"不 X"类副词和"未 X"类副词受到语义虚化和重新分析的影响，演变为副词"不必—未必""不免—未免""不尝—未尝"。受到"不"和"未"差异、双重否定用法、语境吸收和主观化、同义竞争等因素影响，"不 X"类副词和"未 X"类副词存在差异。"未必""未免""不免""未尝"可以表示委婉语气，而"不必"和"不尝"则不可以，"不必"还可以表示"无须，没有必要"，"不尝"表示"不曾"的用法逐渐被"未尝"所取代。

[①] 高育花：《""不免""难免""未免"的语法化》，《云南师范大学学报》（对外汉语教学与研究版）2008 年第 3 期。

反问句的言语行为特征及教学模式新探

史芬茹[*]

摘　要：本文运用言语行为理论，阐述了反问句的言语行为特征及其施事类别，认为反问句的本质特征是其间接行为性，反问句的使用意图体现为其行为意义，反问句实施的言语行为可概括为断言、表态、表情、指令四大类。本文探讨了反问句行为研究对反问句教学的启示，并结合具体教学材料，展示了反问句行为教学的基本模式。

关键词：反问句；言语行为；教学模式

一　引言

在汉语作为二语的教学实践中，教师们普遍感觉反问句是教学难点之一。通过对相关研究的整理，我们发现问题主要体现在三个方面：1. 反问句是一种功能句类，形式、意义和功能之间的关系错综复杂，虽已有一些研究成果揭示反问句的形式使用和功能使用频度，但大部分汉语教材对反问句的选取与编排比较随意，难成体系，对反问句功能情景的展示也不够充分。2. 留学生对反问句的习得难点更多的不是理解而是运用，运用中经常出错的地方是使用场合或对象不当，反问句中的语气等附加成分错误、残缺或多余。这种情况的出现一部分归因于对外汉语教师在反问句教学中解释多于操练，对反问句的反诘对象和语境条件强调不够，对反问句的情态成分和语用成分强调不够，因此留学生没有掌握反问句使用的交际功能框架。3. 反问句是中国人日常生活中传达态度语气的重要句式，也是中高级汉语教材中比较常见的句式，但留学生对反问句的使用却存在回避现象，导致二语中反问句使用频率与汉语本族语中的使用频率存在巨大差距。回避现象的存在不仅与留学生语言水平相关，也与其文化心理密不

---

[*] 史芬茹，北京师范大学国际中文教育学院。

可分。这些问题的存在，说明现代汉语反问句的教学在句法、语义、语用三方面应该更注重交际互动和语用得体性的教学，要关注学习者跨文化语用学习中的文化心理及学习策略等问题。

我们认为，从言语行为角度进行反问句教学能较好地解决以上问题，也能使学生更注重反问句的交际功能、使用策略、文化特性，从而提升反问句的语用得体性。

二 言语行为理论简介

言语行为理论（speech act theory）是20世纪50年代产生的语言哲学理论。此理论由奥斯汀（Austin）提出，塞尔（Searle）发展完善。言语行为理论从语言的社会功能出发，研究人们如何以言行事。塞尔（2001a：16）认为，言语行为是言语交际的基本单位，说话就是根据社会及语言规约，以言行事。在此基础上，塞尔进一步提出了间接言语行为理论。间接言语行为（indirect speech act）即一个施事行为是通过另一个施事行为间接实施的（Searle，2001b：31）。比如，如果说话人说"能关上窗户吗"，这句话看似询问，但实质上是提出了一个让听话人"关上窗户"的要求。或者说，一个句子同时实施了首要施事行为（primary illocutionary act）和次要施事行为（secondary illocutionary act），其中句子的字面意义显示的是次要施事行为，而主要施事行为是字面意义之外的隐含意义。间接言语行为理论探讨的现象多是委婉的表达方式。比如在日常交际中，人们为了讲求礼貌，在想让别人做某事时，往往避免直接使用命令句，而用疑问句来委婉地表达请求的企图。此时交际意图不一定与字面意义相一致。如："你身上还有钱吗？"（向对方借钱），"这本小说你还要看吗？"（向对方借小说）等，这样可以给听话者留有余地，避免产生难堪的局面。

言语行为理论强调以言行事，将语言研究与社会惯例、使用者心理、语境信息甚至文化习俗等结合起来，关注语言使用的实际情况和整体情况，对言语行为的分析也始终结合其句法表现形式，充分体现了语用与语法相结合的思想，契合了当今功能—情景—句法相结合的语言研究与教学范式。因此，言语行为理论的研究与应用能促进二语教学，尤其是语用教学。语用教学的目标是帮助学习者在某种言语行为的实施过程中，根据交际情境和功能确定使用策略，选择恰当的语言手段，从而达到最佳交际效果。而只有加强各种言语行为的实施策略与调节手段的研究，才能为这一目标的实现提供依据。正如徐晶凝（2016：42）所说，"在汉语中，说话人如何综合运用各种语法手段调节言语行为的语力，是否与英语说话人所采取的策略一致，这是汉语作为第二语言教学中得体性研究的重要内容"。

三 反问句的言语行为特征及施事类别

常玉钟（1992）最早指出，反问句的语用义具有行为性。冯江鸿（2004）明确指出反问句是通过间接的陈述来实施各种断言类和指令类言语行为。既然反问句在间接表示肯定或否定的同时以言行事，通过传达说话人的态度，对听话人发生影响，从而达到以言成事的目的，那么，要促进反问句交际功能和语用得体性的教学，必须从言语行为角度讨论反问句的意义构成、语用特征及其实施的行为类别。

（一）反问句的意义构成

因为用疑问语气表达，所以反问句采用疑问句型，除去一些特有的表达形式，反问句的句法形式与疑问句基本相同。但语义方面，反问句与疑问句不同。疑问句的意义就是句子的字面意义。但反问句表示的却是与字面意义相反的意义，我们将这个意义称为命题意义。命题意义反映反问句真正的命题内容。言语行为理论认为，句子的意义（meaning）除了字面意义，还包括说话者意图。说话者意图在语言学中常被称为功能意义，在言语行为体系中则被称为行为意义。这样看来，一个反问句表达了三重意义。其表层意义是字面意义，即句中语词的意义。其次是与字面意义相反的命题意义，第三重意义是体现说话者意图的功能意义或行为意义。比如反问句"你怎么还不走？"的字面意义是询问"你为什么不走？"，命题意义是"你应该走！"，而它的行为意义，即说话人意图，则是催促听话人离开。

（二）反问句的间接行为性

通过分析反问句的意义构成，我们知道使用反问句的说话人要表达的命题意义与问句的字面意义相反,行为意义不是通过字面意义,而是通过命题意义表达的,所以反问句实施的是间接言语行为。如"癌症已经到了晚期,还维持下去有意义吗?"这句话的字面意义是询问"有没有意义",而行为意义则是陈述自己反对"维持下去"的主张。行为意义不是直接通过字面意义标示的"有没有意义"的询问行为间接实施,而是通过表达与字面意义相反的命题意义"维持下去没有意义"标示的陈述行为间接实施的。

询问句与陈述句也可行使间接言语行为。如说话人说"能关上窗户吗",这句话看似询问,但实质上是提出了一个让听话人"关上窗户"的要求。塞尔指出,这种情况下问句的次要言语行为与首要言语行为是同时实施的。我们可以直接去关上窗户,也可以一边回答"好啊"一边去关上窗户。陈述句也如此。如说话人说"天气太热了"来回答对方"明天出去玩儿吧!"的邀请时,说话人意图不是陈述天气情况而是拒绝邀请,但说话人陈述的情况依然是真,其字面意义标示的陈述行为也在实施。

两相比较我们发现,反问句实施间接言语行为时必须通过与字面意义相反的命题意义标示的行为才能最终实现行为意义即说话者意图,所以反问句不实施字面意义标示的次要言语行为而只实施间接言语行为。询问句、陈述句却不同,可同时实施间接言语行为与直接言语行为。我们认为,这是将反问句区别于其他句类的重要特征,即反问句的间接行为性。

反问句的间接行为性体现了反问句使用的动因是对礼貌原则的顺应。对于说话人而言,当自己对某一现象有了确定的主张,而这一主张与现实情况或听话人的主张相反,在这种情况下,反问句使用疑问语气,可避免直接表达自己的主张而使听话人利益受损,弱化了驱使力度;而对于听话人,反问句所具有的疑问语气也给了他们选择拒绝和辩驳的机会。因为行为方式是使听话人受益,所以反问句的使用基本符合礼貌原则。这与塞尔"间接言语行为最主要的动因是礼貌"这一观点是一致的。当然,反问句在实际使用中是否真正表现出礼貌还要取决于其所处的语言环境、文化特征以及交际主体的互动关系。

(三) 反问句实施的言语行为类别

疑问句实施的间接言语行为绝大部分都是通过反问句实施的。尹洪波 (2007) 将疑问句间接言语行为类型分为指令、断定、应酬、阻止、反驳或申辩、责怪、催促、提醒、感叹等九类，并指出疑问句可以只实施一类间接言语行为，也可以同时实施两类或以上间接言语行为。我们发现除了应酬类言语行为，其他八类间接言语行为的用例基本都是反问句。

　　反问句实施的间接言语行为种类与反问句的语用意义和语用功能研究密不可分。学者们对反问句的语用功能做过多种概括与分类，研究结论至今存在分歧。比如邵敬敏（1996）把反问句语用意义分成五大类：困惑义、申辩义、责怪义、反驳义、催促义。刘娅琼（2004）认为反问句的语用意义（附加意义）主要是提醒义、评价义、强调义三类。关于反问句语用功能的分类，于天昱（2004）分为辩驳、埋怨责怪、催促、提醒、困惑、阻止、确认、调侃讽刺、劝解、客套、出乎意料和鼓励等十二类，而胡德明（2010）则认为反问句的功能是一个核心功能（否定）加上 25 项衍生功能。这些结论都一定程度深化了反问句语用功能的研究，但结论的分歧也说明对反问具体功能的分类不易统一。参考奥斯汀和塞尔对言语行为的分类，也借鉴吴剑锋（2015）对表情句和表态句的区分，我们认为反问句间接实施的施事行为可以归纳概括为四大类：断言行为（包括确认、评价、强调等反问功能）、指令行为（包括催促、劝解、阻止等反问功能）、表态行为（包括辩驳、困惑、出乎意料等反问功能）及表情行为（包括埋怨责怪、调侃讽刺、抒情感叹等反问功能）。通过对 200 万字叙述与对话情境中语料的分析，我们发现反问句在两种情境中都以实施断言类行为和表态类行为为主。

四　反问句的言语行为特征及行为分类结果对反问句教学的启示

　　反问句的言语行为研究对反问句语用教学的助益主要体现于以下三方面：
　　一是改变反问句使用不礼貌的成见，从语言共性入手，鼓励、促进学生使用反问句。以言行事是语言的共性，为了礼貌委婉地使用语言也是各种语言都有的现象。反问句能实施四大类间接言语行为说明其功能的多样性以及使用范围之广，反问句的间接行为性更表明了反问句本质是对礼貌原则的顺应。建立这些认识有助于学习者更积极地学习与使用反问句。

二是从言语行为入手进行反问句教学，一定要树立言语行为结构决定话语形式结构的观念。以往我们进行反问句教学，往往从反问句形式入手，先分析其真实意义，然后指出其语用功能。从言语行为入手进行教学的顺序则与其相反。首先需要通过对交际情景的分析确定交际主体真正的交际意图，即首先确定反问句实施的言语行为，然后分析实现这一言语行为或交际意图可以选择什么样的话语形式。言语行为与话语形式之间常常是一对多的关系，我们可以引导学生根据交际主体之间的社会关系、亲密程度以及交际环境的正式与否来选择最佳的话语形式。

三是对反问句进行言语行为教学应建立在学习者对中国社会习俗与文化理念的理解与接受程度上。虽然言语行为在各语言中具有共性，但实施言语行为的交际情景及话语形式则具有文化特性。作为一种典型的间接话语形式，反问句在汉语表达中非常常用，且具有丰富的表情功能。反问句使用的礼貌与否，与中国社会文化情境及中国人亲疏有别的人际交往特点息息相关。基于此，反问句实施的言语行为存在不小的中外差异。学习者对汉语学习所持的目的不同、需求不同，对中国文化的认同程度也不同。对不同的学习者，我们应有不同的教学要求。如果学习者不愿仿效中国人的交际策略用反问句去实施言语行为，我们也应尊重他们的情感态度，不一味灌输或强求其使用，只要帮助他们利用言语行为理论理解反问句的行为意义即可。

五　反问句言语行为教学模式探讨

真实典型的语言材料是反问句行为教学的基本要素。如果教材中材料的真实性不尽如人意，就难以成为言语行为学习的可靠来源。现有的汉语教材中很少提及言语行为可以用作社交策略，也鲜有提供会话语境和说话者的信息。为了避免出现以上情况，我们从北京师范大学汉语文化学院编写并使用的本科系列教材《汉语纵横》（北京语言大学出版社2011年版）的中级会话课本（马新宇编著）中选择了第一课来进行反问句言语行为教学模式的展示。之所以选择这本教材，是因为该教材的课文有较详细的话题背景、交际情境以及交际双方身份关系的介绍，并且对话流畅自然，反问句使用较多，接近实际生活中母语者的口语表达方式。

课文内容如下：

云南归来

话题背景：云南省的西双版纳位于热带，傣族人民就生活在那里。每年四月初的"泼水节"是他们最重要的传统节日。随着少数民族地区经济的发展，到云南旅游的游客也日益增多。德国留学生汉斯刚从那里回来。这不，腿还没迈进房间的门呢，他的同屋，日本留学生田中就赶忙向他询问在云南旅游的情况。

田中：快跟我说说，那里怎么样？

汉斯：云南太好玩儿了！有很多少数民族，他们各有各的风俗，各有各的习惯。你这么一问，我反倒不知从何说起了。

田中：你就说说"泼水节"吧，听说过节的时候，人们见了面不是互相问好，而是互相往身上泼水。四月还很冷呢，互相泼水，会不会感冒呀？

汉斯：云南和北京可不一样。同样是四月，西双版纳早已是夏天了。要是有人给你泼上一盆凉水，那种感觉，比喝了一罐冰可乐还要舒服。

田中：那你赶上泼水节了吗？

汉斯：赶上了。过节时，人们端着脸盆，提着水桶，互相往对方身上泼水。他们有个讲究：谁身上的水最多，谁得到的祝福也就最多。

田中：你刚到人家的村子里，一没亲戚，二没朋友，谁会祝福你呀？看来你只能自己往自己身上泼水了！

汉斯：这你可想错了！我这个"老外"特别引人注目，再加上傣族人民非常热情善良，所以我刚进村子，转眼就变成"落汤鸡"了。

田中：难道你光接受祝福，就不祝福一下别人吗？

汉斯：哪儿能呢？我从导游手里抢过来一个水桶，跑到场地中央的大水缸旁边，满满地打了一桶水，刚要泼，突然发现不行！

田中：怎么了？人都跑了吗？

汉斯：不是！那个水桶是漏的，底儿上有个大窟窿！

田中：你可太倒霉了！

汉斯：*可不是嘛*！我赶紧换了个水桶。哈哈，太棒了！想泼谁就泼谁，见到谁就泼谁。这不，我现在又见到你了！

　　田中：你先等一会儿，我去找把雨伞，再把雨衣穿上，省得你把我也变成"落汤鸡"！

　　这篇课文中出现了两个反问句以及两个口语中常用的反问缩略形式（见文中斜体部分）。对这篇课文中的反问句进行言语行为教学可以遵循以下步骤。

　　第一步，通过话题导入，强化学生对反问句语用功能的关注度。根据课文内容，我们可以设计以下提问来使学生把握反问句的命题意义：

　　1. 田中觉得在一个陌生的村子里，会有人祝福汉斯吗？
　　2. 关于汉斯接受别人祝福后的反应，田中的推测是什么？
　　3. 汉斯认为田中的推测对吗？符合事实吗？
　　4. 田中说汉斯很倒霉，汉斯赞同这种说法吗？

　　第二步，确认反问句的言语行为类别。如：

　　对问题1的解答可以确认田中要实施一个断言行为，强调自己的观点：在一个没有亲戚朋友的村子里，没有人会来祝福汉斯。问题2的设计是帮助学生了解田中通过对汉斯行为的略带玩笑性质的质疑，实施了另一个断言行为：接受了别人的祝福，你也应该祝福一下别人。对问题3和问题4的解答可以帮助学生了解汉斯对田中的观点或说法实施了否定和肯定的表态行为。

　　以上两个步骤是利用课文中提供的交际情景确定交际主体真正的交际意图，对反问句进行形式—功能相对应的行为分析。

　　第三步，模仿课文，让学生分角色完成对话。在此过程中，教师引导学生思考自己表达相应言语行为会选择什么言语形式，并与课文中的反问句或缩略的反问格式进行对照。

　　第四步，引导学生根据课文提供的话题情境、交际双方的关系，确认反问句表达断言行为和表态行为的语用策略和表达效果。如用反问句"谁会祝福你呀"表达"没人祝福你"这一观点时，其前句多为原因解释，而其后句多为补充说明。表否定态度的反问缩略形式"哪儿能呢"和表赞同态度的"可不是嘛"应用于关系比较亲密的朋友之间，感情色彩较浓。多位于回应话轮之首，其后常有进一步阐述。

第五步，通过话题讨论或小组活动，引导学生进一步思考除课文情境外，在他们的生活中，还有哪些场合与机会可以使用反问句表达相关言语行为，并进行相应的表演或展示。教师就此指导并总结。

我们认为，以上教学模式能让学生将大量的注意力投放于反问句形式与行为功能两者的关系，从行为主体、行为环境、行为过程各方面来整体看待反问句形式的使用。同时，这种教学模式促使学生自己注意、总结、比较、验证、综合特定的反问句形式及语用知识，从而强化学生的反问句使用意识以及使用的得体性。

六　结语

反问句在现代汉语中应用广泛、功能复杂，其理解与使用与交际双方的言语行为认知分不开。

在反问句形式—功能研究的基础上，厘清反问句所能实施的言语行为以及与之适应的语言手段，既能丰富反问句本体研究成果，同时又能使学生了解用反问句实施某种言语行为时，应该如何根据交际情境选用恰当的使用策略和恰当的语言表达方式，从而帮助学生掌握汉语反问句的行为架构方式，切实提高反问句使用的得体性。

参考文献

常玉钟：《试析反问句的语用含义》，《汉语学习》1992年第5期。
冯江鸿：《反问句的语用研究》，上海财经大学出版社2004年版。
胡德明：《从反问句产生机制看其核心语用功能》，《云南师范大学学报》（对外汉语教学与研究版）2010年第1期。
刘娅琼：《试析反问句的附加义》，《修辞学习》2004年第3期。
邵敬敏：《现代汉语疑问句研究》，华东师范大学出版社1996年版。
尹洪波：《现代汉语疑问句的言语行为类型》，《江汉大学学报》（人文科学版）2007年第6期。
吴剑锋：《言语行为与汉语句类研究》，上海交通大学出版社2015年版。
［英］J. L. 奥斯汀：《如何以言行事——1955年哈佛大学威廉·詹姆

斯讲座》，杨玉成等译，商务印书馆2012年版。

［美］ John R. Searle, *Speech Acts*: *An Essay in the Philosophy of Language*，外语教学与研究出版社2001年版。

［美］ John R. Searle, *Expression and Meaning*: *Studies in the Theory of Speech Acts*，外语教学与研究出版社2001年版。

"往+X+VP"的位移事件表达

王锋慧[*]

摘 要：本文基于事件结构和位移事件的相关理论，从位移事件的角度出发，对"往+X+VP"的位移事件表达进行考察，首先将位移事件包含的基本要素简化为：移动元、起点、路径、终点。其次考察能够进入"往+X+VP"中 X 的三种主要形式（①X 为方位词②X 为名词性处所短语③X 为"A+里/了"）的外显位移事件要素和位移图式之间的差别。此外，我们发现类型①②表示的位移事件主要是空间位移趋向，而类型③主要表示事件的意识流动走向和事物发展变化趋势。

关键词：事件结构；位移事件；"往+X+VP"；位移图式

一 理论背景及研究综述

现代汉语中介词"往"的使用频率在 20 个常用介词中排第 16 位，使用频率远不及"把""在"等介词[①]。但在位移事件中，"往"又是表达位移方向或终点的典型介词，经常同其他成分组合作为位移事件中的核心部分出现，因此讨论介词结构的位移事件表达不能绕开介词"往"。

关于介词"往"的语法意义，吕叔湘（1999）指出"往"做介词时表示动作的方向，跟处所词语组成介词短语放在动词前或动词后，例如：往东边走，往南边飞，车队开往拉萨等；还可以构成口语色彩较浓的"往+形/动+里"的形式，如：往高里长，往死里打，往少里说。侯学超（1998）也归纳出"往"一般情况下表示动作行为的方向或处所，当构成"往+形/动+里"时则表示行为发展的方向或采取的方式。

---

[*] 王锋慧，中国人民大学文学院。
[①] 崔希亮：《汉语介词与位移事件》，博士学位论文，北京大学，2004 年。

由于本文主要研究"往+X+VP"的位移事件表达,所以有必要对事件结构、位移事件等相关术语进行简要介绍。首先,Rosen(1999)认为事件(events)主要可以分为两大类,一为真实世界里发生的事件;二为语言世界里折射的事件。本文讨论后者,即语言和外部世界的联系。Hovav 和 Levin(1999)把事件定义为一个发生的事情或事情链,事件是由动词及其附加成分表达的,而崔希亮(2004)则认为事件是由句子表达的,完整的事件结构关系只有在句子中才能得以体现,本文同意崔文的这一观点。其次,崔希亮(2004)指出事件的完整性要靠事件结构(eventual structure)来实现,事件结构是指构成某一类事件的各部件之间的关系;而位移事件作为事件的一种,在一个事件中,至少有一个事件参与者发生了空间位置的转移或者概念域(domain)或概念范畴的转移。此外,位移事件自身包含各种要素,Talmy(1975、1985、1991、2000)、崔希亮(2004)等人均在其文章中加以论述,关于位移事件的基本要素,本文在第三部分也会展开讨论。

从事件结构角度研究介词"往"及其结构的文章近15年来呈现出发展态势:Christine Lamarre(2003)在讨论汉语空间位移事件的语言表达时,将 Talmy 的类型学及有关位移事件的理论较为系统地介绍到了国内,崔希亮(2004)的博士论文讨论了八个介词与位移事件间的关系,其中有关介词"往"的研究对本文启发很大,这篇博士论文可以看作是从位移事件角度对介词进行全面、系统研究的开创性文章。此后很多学者从某一角度着手,在崔文的基础上进行了深入研究,其中也有一些与介词"往"及位移事件相关:李桂梅(2009)、陈晓蕾(2010)主要从意象图式的角度考察了介词"向"和"往"之间的区别;张俐(2001)、刘培玉(2007)等人从功能的角度解释了"向""往""朝"之间的差异,曾传禄(2008)从位移事件和标引角色出发,比较了介词"向"和"往";宗守云(2013、2014)则分别研究了晋语中的"往 CV"和"往 DV"结构。以上文章,以位移事件作为理论基础的,都主要是从空间角度出发对介词"往"进行了研究。

通过对前人的研究和相关的理论背景进行梳理后我们发现,从位移图式的角度出发考察介词"往"的相关研究几乎都涉及与"向"的图式的比较,而单独研究"往"内部位移图式间差异的文章则寥寥无几,但要想更透彻地理解介词"往"如何表达一个位移事件,对其内部进行分类并依次做出位移图式揭示其差异的工作是很有必要的。因此本文将从这一角度出发，尝试对"往"内部的位移图式进行绘制。

二 研究方法

（一）语料来源及检索式

由于"往+X+VP"是介词"往"表达位移事件的典型结构，而位移事件又可以叫作运动事件，动词或动词性成分是位移事件中的必有成分，造成"往+X+VP"的内部位移事件表达不同的主要因素是该结构中的 X，所以我们着重考察 X 可以由哪些成分充当。本文的语料若没有特殊说明，均来自 BCC 语料库的"文学"领域，检索式为"往@ v"①，检索后的 BCC 统计界面见表 1：

表 1　　　　"往@ v"下 BCC 语料库界面统计结果

查询式	语料条目数	查询式	语料条目数
往 Ug v	63796	往 f v	16119
往 r v	1879	往 s v	1812
往 d v	1001	往 ns v	533
往 j v	319	往 u v	263
往 ad v	92	往 l v	91
往 c v	67	往 Ng v	51
往 a v	39	往 t v	25
往 Vg v	19	往 i v	13
往 vn v	12	往 Tg v	7
往 Ag v	6	往 z v	5
往 nz v	4	往 b v	2
往 q v	2	往 Dg v	2
往 e v	0	往 Qg v	0
往 h v	0	往 PU v	0

---

① @表示某一个词性，在 BCC 语料库查询界面的统计功能中将以词性为分类进行统计。例如：洗@澡 表示洗+一个词+澡，在统计时系统按照@所代表词的词性进行归并统计。

（续表）

查询式	语料条目数	查询式	语料条目数
往 P v	0	往 Rg v	0
往 NT v	0	往 NR v	0
往 nx v	0	往 VV v	0
往 o v	0	往 an v	0
往 NN v	0	往 Mg v	0
往 M v	0	往 k v	0
往 vd v	0	往 Bg v	0
往 y v	0	往 Yg v	0

语料数量是决定本文选择研究哪些成分能进入"往+X+VP"的 X 的重要因素之一。观察表 1 可知，其中"往 Ug v"（63796）、"往 f v"（16119）、"往 r v"（1879）、"往 s v"（1812）、"往 d v"（1001）、"往 ns v"（533）数量均多于 500 条，排在语料条目数的前六位。

（二）语料筛选方式

崔希亮（2004）通过分析其搜集的语料指出，"往+X+VP"中的 X 大致可以分成以下七类：方位词、"名词+方位词"、处所词、普通名词、指示代词、趋向动词和"形容词+里/了"。根据表 1 的结果，首先排除了少于 500 条的查询式；其次通过检验具体语料，排除了不符合条件的"往 Ug v""往 r v""往 d v"[①]；然后我们结合崔文的分类具体考察了 BCC 的统计结果后发现，当 X 为"名词+方位词"、处所词、普通名词时，可以进一步归纳为"X 是名词性处所短语"这一大类，同时在这一类中补充了查询式"往 n f v"[②]和"往 n v"，语料条目数分别为 3566 和 1694；此外，"往 a 里""往 a 了"[③]是"往+X+VP"中比较特殊的一类，

---

① Ug 为未知语素，d 为副词，构成的句子不符合"往+X+VP"格式；r 为代词，实际语料仅为"哪儿""哪里"等有限的指示代词，本文不将其看作名词性处所短语，故不纳入考察范围。

② f 为方位词，n 为名词。

③ a 为形容词。

在位移事件中表示意识流动的趋向或事物发展变化的趋势①，可以理解为"隐喻的位移事件"，因此也纳入本文的研究。

综上，我们将进入"往+X+VP"中 X 的三种主要形式归纳如下并得出表 2：

表 2   **"往+X+VP"中 X 的三种主要形式**

类型	查询式	BCC 条目数
①：X 为方位词	往 f v	16119
②：X 为名词性处所短语	往 n f v	3566
	往 s v②	1812
	往 n v	1694
	往 ns v③	533
③：往 A+里/了	往 a 里	166
	往 a 了	35

表 2 既排除了表 1 中与本文无关和无效的查询式，也在表 1 的查询式之外进行了补充：类型②补充了两个查询式并将类型③纳入了本文的研究。选取类型③作为研究对象是因为其位移事件表达的特殊性而并非因为数量。表 2 中的 BCC 条目数是未经选取和过滤的初始语料条目数。

（三）样本选取

由于时间精力有限，我们采用了"在线随机数生成器"生成语料编号，选择合适数目的语料进行考察，具体操作过程如下：类型①取前 10000 条均分成 10 组，每组 1000 条，每组随机生成 20 条语料编号，共计 200 条，依据编号找到查询式下对应编号的语料④；类型②中的四个小类各选取 50 条语料，共计 200 条（随机生成方式同类型①）；类型③中的两个小类数量较少，故分析过程中采取逐条考察的方式。

---

① 崔希亮：《汉语介词与位移事件》，博士学位论文，北京大学，2004 年。
② s 为处所词。
③ ns 为地名。
④ 以上三个大类中的 7 个查询式对应的所有语料共计 601 条，对其进行逐条分析，排除不符合条件的语料后共计 566 条。

三　从位移事件的角度考察①②③类之间的差别

（一）位移事件的基本要素

研究位移事件的表达，需要知道一个位移事件中包含哪些基本要素。Talmy（1975、1985、1991、2000）在其著作中认为位移事件主要包括以下四个基本要素：Figure（位移体）、Ground（位移的参照点）、Path（路径）、Motion/Fact-of-Motion（位移）；崔希亮（2004）也在其文章中提及了位移事件的基本要素有移动元、起点、经过点、路径、终点、方向、目标等，但并没有作详细的讨论。

结合前人研究，我们这里对位移事件的基本要素做了重新简化和限定，主要包含以下四个要素：第一，移动元（位移主体）；第二，位移起点（以下简称"起点"）；第三，位移路径/变化；第四，位移终点（以下简称"终点"）。这四个要素会在下文位移图式的设计中得到体现，并通过具体语句进行分析。

（二）类型①②③的位移图式

从认知的角度来看，位移图式是帮助语言学习者和研究者更直观地理解位移事件的方式之一。以往也有学者从位移事件图式的角度出发，对介词"往"进行研究。例如崔希亮（2004）考察了"往+NP+VP"和"V+往+NP"两个不同结构下位移事件的取景方式并作出图式，"往+NP+VP"是过程取景（process windowing），"V+往+NP"是目标/终点取景（objective/final windowing）；李桂梅（2009）、陈晓蕾（2012）对介词"向"和"往"的意象图式进行了考察、绘制并研究二者间的差异。我们发现，对"往+X+VP"结构下不同类型的位移图式的研究较为罕见，因此在对位移事件的基本要素做出限定后，这一部分主要考察该结构内部位移图式的不同。

1. 类型①的位移图式

类型①的查询式是"往 f v"，也是这三类中语料条目数最多的一类（16119），对选取的 200 条样本语料进行筛查，排除语义不明的语料后共计 197 条。通过观察，能进入该改查询式的方位词几乎均为单纯方位词，

"往+X+VP"的位移事件表达 311

例如：

（1）对面的车夫骂道："你这个混蛋！我一直对你喊：'往右拐呀，往右拐！'你喝醉了还是怎么？"

（2）梦莲也往前凑一步，她的手与唇都有点发颤，但是她迎上前来，只有勇敢，才能保卫她自己。

（3）阿小突然一阵气往上冲，骂道："亏你还有脸先生先生的！留了班还高高兴兴！你高兴！你高兴！"

在197条语料中，仅有一例为复合方位词：

（4）老人的头慢慢往下低，眼珠往旁边挪，不敢再看她。

通过对类型①的197条语料进行分析，归纳出下面的位移图式：

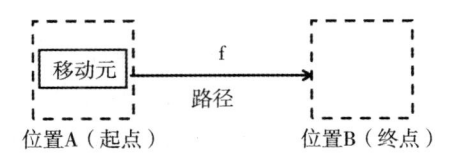

图1 类型①的位移图式

图1体现了3.1中的位移事件的基本四要素，凡是用实线表示的均为外显位移要素，即直接出现在句法成分中，所有用虚线表示的均为非外显位移要素，即没有直接出现在句法成分中①。类型①下，移动元和路径是外显位移要素，路径由f方位词担任，起点和终点是非外显位移要素，例如：

（5）梅女士拼命往前挤。
（6）只有眼泪在往下掉。
（7）如今这世道是国气大衰，民气大振，洋人的气焰却一天天往上冒。

---

① 图2、图3的实线、虚线含义同图1。

其中,"梅女士""眼泪""洋人的气焰"是移动元,直接出现在句法成分中,属于外显位移要素;方位词"前""下""上"表示位移主体移动的路径,也属于外显位移要素。但是移动元的位移起点和终点则没有出现在句法成分中:我们不知道梅女士是从什么位置挤到了什么位置;眼泪作为移动元,其位移起点一定默认为是生命体的眼睛,但起点和终点仍旧不外显;洋人的气焰也同理。以下例句也都符合该位移图式:

(8) 前头的不肯走,后面新来的便往前拥,起了争执,手脚不动,专凭嘴战,彼此诟骂,大家喊好。

(9) 俺坐在藤椅上,身不由己地随着叫花子的队伍往东去,县衙门被甩在了脑后。

(10) 他往前伸出一只手,似乎想感觉一下天上有没有下雨。

同时以上几例中动词的语义指向都指向移动元,我们因此推断,"往 f v"中动词 v 的语义指向一般都指向外显移动元。

类型①中也存在不符合图 1 的情况,主要体现在移动元不外显,197 例中共有 19 例,占 9.6%,"往 f v"中的动词 v 指向句外,主要分为两类。第一类情况,"往 f v"中的动词 v 的语义与言语有关,如:

(11) "往下说呀,我急着听呢。"

(12) 任黄华和金大鹤,彼此都对着富家驹一笑。也不往下说什么。

(13) 觉新不愿意再往下听,就让国光一个人说去。

(14) 我开始往下读,碰上了一首水兵的歌:南十字座遥遥地在那里发出光辉。

以上几例中"往"介引部分的动词都与言语相关,移动元是"说的话""听的话"或"读的内容",没有直接出现在句法成分中。

第二类情况是介词"往"前面又出现了介词"再",一般在句子的开头,起到衔接上下文的作用,不必出现移动元,如以下各例:

(15) 再往前是更深的黑暗,哪里也找不到刚才举行热闹庆典的蛛丝马迹。

(16) 死人挺直双腿，十个脚趾头用力张开，肚子已胀成气球状，脐眼深陷进去。再往下看，见死人右手握拳，左手歪扭，只余拇指和食指，其他三指齐根没了。

(17) 再往前走，经过浙江兴业银行的门口，见拉着铁栅门，一些要提取存款的户主正在银行门口大声叫嚷、"砰砰"敲门，要银行赶快开业付款。

2. 类型②的位移图式

类型②包括四个查询式，分别是"往 n f v""往 s v""往 n v"和"往 ns v"，BCC 查询语料总计 7605 条，对选取的 200 条样本语料进行筛查，排除不符合条件的语料后共计 198 条。通过对类型②的 198 条语料进行分析，归纳出下面的位移图式：

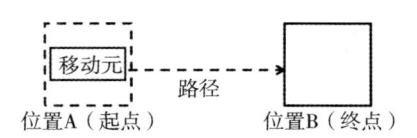

图 2　类型②的位移图式

类型②下，移动元和位移终点是外显位移要素，路径和起点是非外显位移要素，例如：

(18) 饿了就抓点盐沫子往嘴上抹抹。（往 n f v）
(19) 方针既定，修平立刻起身往诊疗室走去。（往 s v）
(20) 他就和迪奥一样，穿过卢旺达，往布隆迪走。（往 n v）
(21) 在往纽约去的飞机上，女士特意调换座位，坐在德奥旁边。（往 ns v）

由于类型②中的介词"往"标引的是位移的终点，所以位移终点一定为外显位移要素。以上几例中的"嘴上""诊疗室""布隆迪""纽约"均为终点，但起点并没有出现在句子中直接充当句法成分，例（18）的"盐沫子"作为移动元，其起点未知，而终点是"嘴上"。又如以下几例：

（22）她的眼睛一直往地上瞅着；她心里印了两种光景——门外克林的钩刀和荆条，窗户里一个女人的脸。(往 n f v)

（23）他们逼住吴丙丁往武昌开船。吴丙丁就伸手去开灯，却给一只大手抓住。(往 ns v)

（24）她把围巾裹紧点，回转身往门廊走去。(往 n v)

（25）哦，老天爷，我可不愿往棺材里钻。(往 n f v)

3. 类型③的位移图式

类型③与类型①②不同，前文提到其在位移事件中表示意识流动的趋向或事物发展变化的趋势，类型①②则在位移事件中都表示空间位移的趋向，是典型的位移事件，有明显的位置移动，我们认为类型③是由①②发展而来的隐喻位移事件。BCC 查询语料总计 201 条，尽管数量较少，但由于其特殊性，将其单独作为一类进行研究。其中"往 a 了"的数量明显少于"往 a 里"，我们认为可能是由于"里"在语流中发生了音位的脱落或减省变成了"了"，多用于口语或方言。对 201 条样本语料逐一进行筛查，排除不符合条件的语料后共计 171 条，归纳出下面的位移图式：

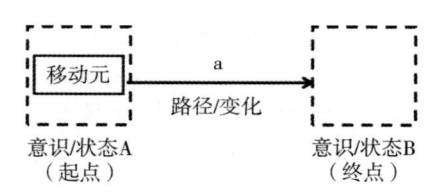

```
  ┌ ─ ─ ─ ┐         a          ┌ ─ ─ ─ ┐
  │ 移动元 │ ──────────────→   │       │
  └ ─ ─ ─ ┘      路径/变化      └ ─ ─ ─ ┘
   意识/状态A                    意识/状态B
    （起点）                      （终点）
```

图 3　类型③的位移图式

类型③的图式与类型①类似，外显位移要素均为移动元和路径，非外显位移要素均为起点和终点。不同之处有两点，第一，路径由 a 形容词担任；第二，由于移动元不再是实体，因此起点和终点不再是某个具体的位置，而是某种意识或状态的前后变化，例如：

（26）利用一件秘密，往小里说，你可以毁一个人，一个学校，一个机关。

（27）当时我就觉得有些不对劲，只是我没往细里想。

（28）他哥哥的性格正在往坏里变。

（29）我越往大了长，越觉得自己好看。

以上几例都表示意识流动的趋向或事物发展变化的趋势，例如例（28）中的移动元是"性格"，形容词"坏"表示变化的趋势，类比类型①和②，可以将其看作位移要素中的路径；例（29）中的移动元是"我"，形容词"大"表示变化的趋势；而例（27）稍微特殊一些，移动元在句子中以"我"的形式出现，实际上则是"我的意识"或"我的想法"，形容词"细"表示意识流动的趋向。又如以下例句：

（30）高晋说，"要宰就往狠里宰，让乔乔跟他发展，咱们后发制人"。
（31）把创造力当成自己的寿命，实际上就是把寿命往短里算。
（32）这种花里胡哨的人，还一节节地往高里升，真他妈的邪门儿。

（三）小结

这一部分通过对具体语料的分析，归纳出了"往+X+VP"内部三种类型的位移图式，根据位移事件基本要素的隐现，外显要素用"+"表示，非外显要素用"–"表示，可以得出表3：

表3　　　　　三类结构下位移事件基本要素的隐现差异

	类型①	类型②	类型③
移动元	+	+	+
路径	+	–	+
起点	–	–	–
终点	–	+	–

由表3可知，移动元为"往+X+VP"下的位移事件中的必有外显要素，起点为必有非外显要素，路径和终点为可有外显要素。我们认为，出现这种情况的原因可以从认知的角度进行解释：位移事件一般来说是运动事件，所以移动元作为运动/位移的主体一般都应出现在句中；作为话语的发出者或接受者都更为关注位移事件移动或变化后的状态，因此起点一般不出现在句中充当句法成分；终点的隐现取决于介词"往"标引的事

件角色，类型②中"往"标引的是位移主体的终点，即相应查询式里进入 X 的部分，因此一般都出现在句中；而位移路径的隐现也与"往"标引的事件角色有关，当不标引终点时，路径就作为外显要素出现，即类型①和③中的方位词和形容词。

上表比较了三类结构下位移事件基本要素的隐现差异，此外，根据三类结构中介词"往"标引的事件角色和主要表示的事件意义，又可以得出表 4：

表 4　　　　　　　　类型①、②、③其他方面的差异

类型	介词"往"标引的事件角色	主要表示的事件意义
①	位移主体的方向 （主要由方位词充当）	空间位移的趋向
②	位移主体的终点 （主要由名词性处所短语充当）	空间位移的趋向
③	位移主体的变化 （主要由能进入该类的形容词充当）	意识流动走向和事物发展变化趋势

四　结语

本文主要从位移事件的角度出发，对涉及的主要理论和前人的研究成果进行了整理，核心是第三部分"往+X+VP"结构内部类型间位移图式的差异，从位移事件和位移图式的角度可以帮助我们更好理解"往+X+VP"结构，同时也探讨了类型①②③其他方面的差异。

但文章仍然存在许多不足，也有很多待解决的问题，例如："往+X+VP"中动词的语义指向与移动元之间的隐现有什么关系？和移动元出现的位置之间的关系到底又是如何？此外，本文所选的样本语料中也有少部分不符合对应类型的位移图式（类型①中有涉及），对于这些反例的描写、分析和归纳也是文章下一步可以继续深入研究的。

总之，本文通过以揭示出"往+X+VP"内部类型间的位移图式的方式对其位移事件的表达有了更直观的理解，一定程度上反映了汉语使用者的认知机制，在对外汉语教学方面可能也会有一点帮助。

参考文献

陈晓蕾：《介词"向"和"往"的图式差异考察》，《海外华文教育》2012年第4期。

崔希亮：《汉语介词与位移事件》，博士学位论文，北京大学，2004年。

侯学超：《现代汉语虚词词典》，北京大学出版社1998年版。

阚哲华：《汉语位移事件词汇化的语言类型探究》，《当代语言学》2010年第2期。

柯理思（Christine Lamarre）：《汉语空间位移事件的语言表达——兼论述趋式的几个问题》，《现代中国语研究》2003年第5期。

刘培玉：《介词"向"、"往"、"朝"的功能差异及解释》，《汉语学习》2007年第3期。

吕叔湘：《现代汉语八百词》（增订本），商务印书馆1999年版。

尹常乐、袁毓林：《现代汉语"一个N"结构事件化解读的语义机制》，《语文研究》2018年第4期。

曾传禄：《介词"往"的功能及相关问题》，《语言科学》2008年第6期。

论复合趋向动词"进/出来"的句法语义属性及不对称现象

袁立婷[*]

摘 要：本文对复合趋向动词"进来""出来"的句法语义属性作出了描写统计，建立了它们的基本认知图式，从而探究其中的不对称现象，并尝试探讨其深层原因。我们发现它们在句法、语义层面上都存在不对称现象，其深层原因在于"进/出来"的认知图式不同，尤其在位移路径、说话人立足点、凸显、主观性方面具有认知差异，还可从其他语言佐证这一认知心理结构的普遍性，由此进一步完善这两个复合趋向动词的心理图式。

关键词：复合趋向动词；"进/出来"；语义属性；不对称

一 前言

外国留学生在汉语学习中会错误地使用复合趋向动词，造出这样的句子，例如：(1) 这幅画看<出来>可以教我们很多道理，教我们如何生活方法，如何拥有幸福，永远幸福。(2) 他进来我们的教室的时候我们班很快就从容起来。[①]

外国留学生会使用诸如此类的病句，其主要原因有两方面：一是留学生对一些复合趋向动词的语义特征不完全了解，如例 (1)；二是留学生没有完全掌握一些复合趋向动词的语法功能，如例 (2)。

沈家煊（1999）认为，"凡是有一一对应关系的就是'对称'，凡不是一一对应的关系就是'不对称'。不对称总是相对实际存在的或'预想中的'对称而言。大而言之，语言的形式和意义之间往往是对称中又有

---

[*] 袁立婷，北京大学对外汉语教育学院。
[①] 引自暨南大学留学生书面语语料库（https://huayu.jnu.edu.cn/corpus3/Search.aspx）。

不对称"①。

　　我们的问题是"进来""出来"这一对复合趋向动词看起来似乎是平行对称的，但是在语义特征和语法功能上都会呈现出平行对称的性质吗？从上述例句中可以窥得一二。

　　学界很早就关注到这个问题，并对复合趋向动词问题进行了不同侧重的研究。

　　早期研究主要关注趋向动词或复合趋向动词与宾语语序问题的结构描写。陈昌来（1994）针对趋向动词总结了三种意义，即表示趋向意义、某种附加语法意义、多重意义。张伯江（1991）、陆俭明（2002）、郭春贵（2003）等人对趋向动词和宾语位置的结构进行了描写分析，发现趋向补语和宾语的位置受多种因素制约。

　　对复合趋向动词与宾语的语序问题的解释，主要分为句法、韵律、认知三个方面。

　　张伯江（1991）、刘丹青（2002）、郭春贵（2003）等人从句法角度对此进行解释，动词的及物性、宾语的性质、语序优势序列等都会是影响语序的原因。董秀芳（1998）、张金圈（2010）等从韵律角度对此作出阐释，认为双音节组成一个音步，因此例如"走进来/房间"这一类"3+2"格式是不合法的。从认知角度来看，杨德峰（2005）支持时间顺序原则，居红（1992）、蔡瑱（2006）等支持距离象似原则。

　　然后，研究内容转向探讨整个趋向动词系统的综合语义，主要有三个侧重方向：一是对整个复合趋向动词系统或者部分复合趋向动词的语义进行描写性研究；二是对整个复合趋向动词系统的认知过程和认知图式进行综述性说明，有些具体绘制了认知图式，有些没有；三是对复合趋向动词的不对称现象作了探讨。大部分有关认知图式和不对称现象研究的文章脉络是从语义描写到探讨认知图式，或者从语义描写到分析不对称现象，很少将三个方面放在一起讨论。

　　例如，马玉汴（2005）从认知语言学的角度对整个趋向动词系统的认知图式做了综合分析。高艳（2007）对整个复合趋向补语系统的语义进行描写，其中涉及"进/出来"语义的分析，研究了一些不对称现象。

---

①　沈家煊：《不对称与标记论》，江西教育出版社1999年版，第1—4页。

张士超（2011）对"进来""出来"的语义和搭配形式在一定语料范围内做出了分析，并具体描绘了包括"进来""出来"在内的13个复合趋向动词的认知图式。

但是，这些研究并没有对具体的某个或某组复合趋向动词进行细致分析，难以避免泛而不精的毛病，有一些认知图式的分析但缺乏更为直观可用的成果，并不能很好地直接适用于留学生的教学。

相比于对复合趋向动词系统的整体研究，对"进来""出来"的专门研究体现出不平衡性，对于"出来"的专门研究较多，对"进来"的专门研究较少。

卢英顺（2007）对"进"类趋向动词的句法语义进行描写，认为"'进'类趋向动词跟'起来、下来、下去'等相比，无论在句法分布上还是语义发展上都简单得多。这种现象表明，'进'类趋向动词没怎么虚化"[①]。

薛怡（2015）分析了"出来"的语义特征及其发展过程，"出来"在唐五代时期真正成为具有趋向意义的动词，宋代以后"出来"的语义不断地泛化和虚化，她认为"出来"有四个语义，即动词义、趋向义、结果义、比喻义。其基本义是表示从里向外的"趋向义"，结果义是由趋向义从不可见到可见隐喻过来的，比喻义是最为抽象的意义，是从趋向义进一步虚化引申的结果[②]。

刘人宁（2015）则从语义引申角度分析"出/出来"的基本义及引申义的语义特征，并从认知角度阐释语义引申的制约因素。

总的来说，对于复合趋向动词问题的探究方向是：从早期到中期，句法描写转向语义描写，从最初只描写不解释到开始从不同角度进行解释，从句法到韵律、认知角度来阐释相关问题，语义方面则发现了语义分布的不对称现象，并以认知图式解释。

以上是以趋向动词作为关注中心的研究成果。

近年来，一些学者为了探讨句子中的动词运动事件表达从而关注其中的趋向动词或复合趋向动词，也就是基于事件框架来观察趋向动词，主要

[①] 卢英顺：《"进"类趋向动词的句法、语义特点探析》，《语言教学与研究》2007年第1期。

[②] 薛怡：《复合趋向动词"出来"语义的多角度研究》，硕士学位论文，浙江师范大学，2015年。

从认知方面进行阐释。

例如向艳（2013）认为："现代汉语运动类型事件的表达中趋向动词是核心，趋向动词表示'运动路径'，是句子中不能省略的焦点。"① 刘岩（2013）认为人们对于穿越边界的运动事件的原型认知模式应该是关注这一"范围"，其中"进"和"出"都是表示穿越某一范围边界的行为，通常和"终点"信息共现②。邓宇、李福印（2015）认为汉语运动事件的语义类型是互补语言类型，现代汉语位移运动路径大多映射到［到达］、［离开］+［经过］+［到达］和［经过］+［到达］的概念结构上，并用大量连动式表征复杂运动路径概念③。

综上所述，学者们对于趋向动词的专门研究较少，就其研究内容来说，对"进来"的研究较少，且很少将语义、不对称现象、认知图式三个方面放在一起讨论。而本文选取"进来/出来"这一对复合趋向动词，通过描写它们的句法、语义属性，探究其中的不对称现象，绘制出它们的基本认知图式，并尝试从认知角度进行解释，这进一步深化了汉语本体理论，也能为对外汉语教学提供参考。

二 "进来""出来"在句法层面上的一致性

随着社会和语言的发展，"进/出来"在语法发展过程中具有句法层面上的一致性，也具有一些差异之处，例如：

（1）他进来。（2）他进房间来。（3）他走进房间来。（4）*他走进来房间。

（5）他出来。（6）*他出房间来。（7）他走出房间来。（8）*他走出来房间。

注："*"代表不合法。

---

① 向艳：《基于语料库的物理运动事件类动趋式研究》，硕士学位论文，湖南大学，2013年。
② 刘岩：《现代汉语运动事件表达模式研究》，博士学位论文，南开大学，2013年。
③ 邓宇，李福印：《现代汉语运动事件切分的语义类型实证研究》，《现代外语》2015年第2期。

从上述例句可以看出,"进来"和"出来"都可以单独作谓语中心语,但当"进来"和"出来"与处所宾语共现时,N$_{处}$可以放在"进/出"与"来"之间,却不能放在"进/出来"之后,如例(4)、例(8)都不具有合法性,例(1)、例(5)、例(3)、例(7)都是合法的,说明了"进/出来"在句法层面上具有一致性。

但是值得注意的是,如例(2)、例(6),从历时层面看,例(6)在古代汉语中是合法的,例如宋代叶绍翁的《游园不值》:"春色满园关不住,一枝红杏出墙来。"但是在现代汉语中这类句法搭配不具有合法性,这说明"出"在语义发展中产生了变化,语义虚化程度更高。

具体情况可见下表:

表1　　　　复合趋向动词"进来""出来"的句法功能

复合趋向动词	句法功能	
	适用格式	不适用格式
进来	(1) 动词,单独作谓语中心语; (2) 带宾语:进+N$_{处}$+来 (3) 趋向补语:V$_{动}$+进来	* 进来+N$_{处}$ * V$_{动}$+进来+N$_{处}$
出来	(1) 动词,单独作谓语中心语 (2) 趋向补语:V$_{动}$+出来	* 出来+N$_{处}$ * V$_{动}$+出来+N$_{处}$
"V$_{动}$+来\去"	(1) 动词,单独作谓语中心语; (2) 带宾语:V$_{动}$+N$_{处}$+来/去 (3) 趋向补语:V$_{动}$+V$_{复趋}$	* (V$_{动}$) +V$_{复趋}$+N$_{处}$

从某种层面上看,"进/出来"在句法层面上的一致性是不对称的,那么其形成原因是什么呢?

研究者从各个角度对此作出了阐释。主要有三个方面:

一是句法关系制约宾语语序,张伯江(1991)、张伯江,方梅(1996)认为及物动词如上、下、进、出等具有强制性,后需要带宾语,而不及物动词"来/去"不能带宾语,因此 * (V$_{动}$) +V$_{复趋}$+N$_{处}$不具有合法性①。

刘丹青(2003)认为 N$_{处}$存在优先语势序列的影响,即处所词在句中的优先语势序列是句首,当它不在句首,后移至其他句法位置时,为弥补

---

① 张伯江:《动趋式里宾语位置的制约因素》,《汉语学习》1991年第6期。

优先语势序列，要在处所词前加上后移标记。"进/出"作为标记属于前置词，必须处于动词和方所名词之间①。

蔡瑱（2006）对整个句式的相关组成部分进行了详细分析，所谓的 $N_{处}$ 并不是典型意义上的处所词，而是广义处所词，这一范畴具有类型化特点，表示终点、起点或者途径，而前面的 $V_{动}$ 具有强位移性质，由于动词的强位移性，$V_{动}$ 指向 $N_{处}$ 会产生强支配性的语义关系，因此 $N_{处}$ 会紧跟在 $V_{动}$ 后面，这是"$V_{动}+N_{处}+$来/去"合法的原因②。

二是韵律关系的影响。董秀芳（1998）从共时层面对"（$V_{动}$）+$V_{复趋}+N_{处}$"的不合法性进行了韵律阐释，她认为，"只有当动词和补语都是单音节时，动词向补语的贴附才能顺利实现，当动词和补语的结合超过两音节时，也就超过了一个音步的长度，就不能进行贴附式移位，句法结构就无法满足韵律的要求，因而句子不合法，这就是超过两音节的述补结构很难出现在带宾句式中的原因"③。

张金圈（2010）从历时角度考察趋向补语与语序的关系问题，他认为语义虚化和前宾式结构的使用限制让动词和补足成分紧邻出现，支配成分置于其后。但其深层原因在于韵律结构的限制，即 $V_{动}+V_{复趋}+N_{处}$ 结构的韵律划分不符合规则，$V_{动}+V_{复趋}$ 作为一个三音节单位不符合汉语中最自然的双音节音步，这是这个结构不合法的根本原因④。例如"*走进来/房间"和"走进/房间来"，前者是"3+2"模式，不合法，而后者是"2+3"模式，符合双音节音步理论，因而可以成立。

三是认知关系的制约。主要有两个方面的解释，杨德峰（2005）认为"进/出"与"来"符合时间顺序原则，从历时角度看，趋向补语是从

---

① 刘丹青：《语序类型学与介词理论》，商务印书馆 2003 年版。
② 蔡瑱：《论动后复合趋向动词和处所名词的位置》，《暨南大学华文学院学报》2006 年第 4 期。
③ 董秀芳：《述补带宾句式中的韵律制约》，《语言研究》1998 年第 1 期。
④ 张金圈：《"复合动趋式+宾语"语序演变的动因与机制》，《宁夏大学学报》（人文社会科学版）2010 年第 32 卷第 5 期。

古代汉语的连动句或兼语句演变而来的[①]。

居红（1992）、蔡瑱（2006）认为复合趋向动词与宾语的语序问题符合距离相似原则，即"上下进出回"等这类趋向动词都表示实际的位移方向，与起点、终点直接相关。句尾的"来/去"则只说明位移方向和说话人之间的关系，表示说话人立足点，反映说话人的客观地理位置或主观心理位置，与起点、终点并没有什么直接关系。正因为如此，表示起点、终点的处所词必须紧跟在"上、下、进、出、回"之后，而不在"来/去"之后[②]。

总之，各家说法各有侧重。我们认为"来/去"更多是表达说话人立足点，与动词关系较远，因此与动词核心距离较远，而让相关信息（$N_处$）离核心较近，因此"V+ $V_趋$+ $N_处$+来/去"更符合关系距离的象似性原则。本文立足距离象似原则，也更能解释相关问题。

三 基于语料库的"进来""出来"的语义、基本认知图式、不对称现象描写

（一）"进来"的语义及其基本认知图式

《现代汉语词典》解释"进来"为"从外面到里面来"。之前我们通过对 CCL 语料库相关语料中 12257 条语料的统计，总结了"进来"的两种主要句法功能，一是作谓语中心语，二是作趋向补语，作谓语中心语有 4003 条，占总语料的 32.7%，作趋向补语有 8254 条，占总语料的 67.3%。

我们再对 BCC 语料库相关语料中 7955 条语料进行了统计，作谓语中心语有 2604 条，占总语料的 32.7%，作趋向补语有 5351 条，占总语料的 67.3%，可知"进来"大多数作趋向补语。

其分布情况如下图所示：

---

① 杨德峰：《"时间顺序原则"与"动词+复合趋向动词"带宾语形成的句式》，《世界汉语教学》2005 年第 3 期。

② 居红：《汉语趋向动词及动趋短语的语义和语法特点》，《世界汉语教学》1992 年第 4 期。

"进来"使用情况分布图

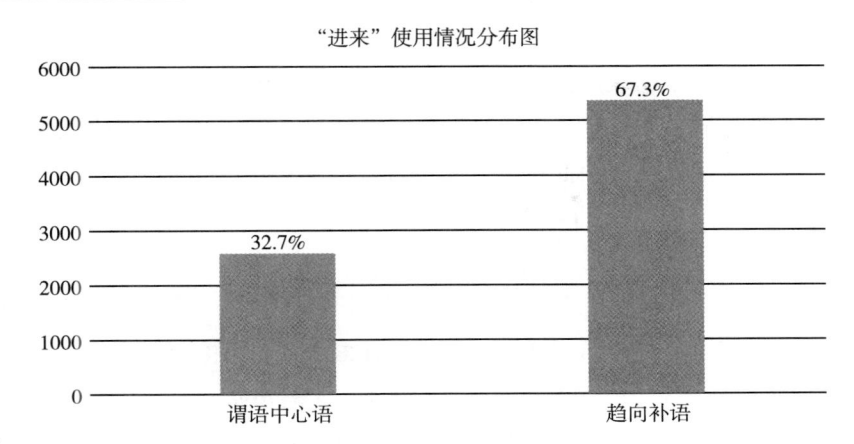

图1 "进来"使用情况总分布图

其中,"进来"作谓语中心语时的意义为从外向内的具体或抽象位移,作趋向补语时主要有位移义和比喻义两个方面的意义,因为后文"出来"只能统计作趋向补语时的语义,为与之对应,我们对"进来"作趋向补语时的语义分布进行了统计。结果如下:

"进来"作趋向补语时的语义分布

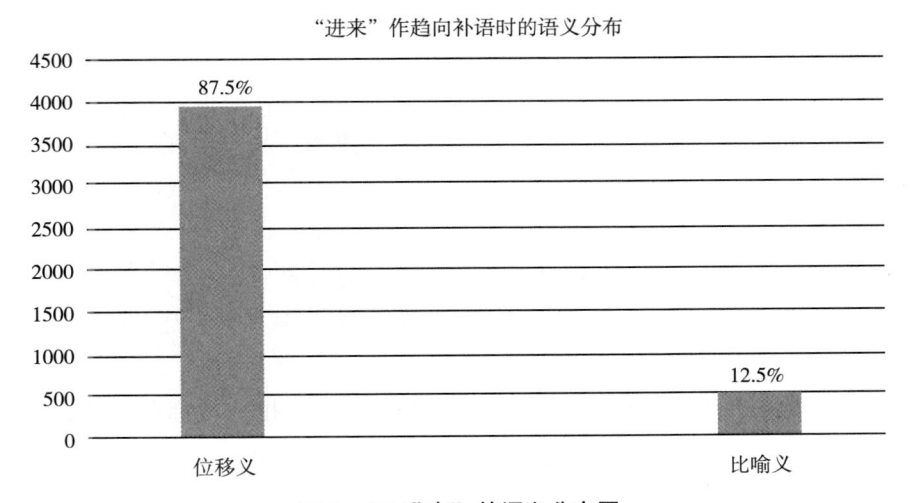

图2 "V进来"的语义分布图

结果显示,"进来"作趋向补语时主要有位移义和比喻义两个方面的语义,其中位移义有 3934 条相关语料,占总语料的 87.5%,比喻义有 563 条,占总语料的 12.5%,而 CCL 语料库中"进来"语义分布的结果显示,位移义有 11140 条相关语料,占比 90.9%,比喻义有 1117 条,占比 9.1%。

综上，从两个语料库的统计结果来看，"进来"的句法使用、语义分布情况大致相同，"进来"都是大多数作趋向补语，且位移义使用比例远高于比喻义使用比例，由此可见其实词程度高。

对于"进来"语义的具体描写如下：

1. 位移义

复合趋向动词"进来"作为动词时处于谓语中心的位置，大多直接单用或者与其他动词一起做连谓短语，相比之下，大多数情况放在动词后作趋向补语，基本意义为"从外面到里面来"。例句如下：

注：以下所有例句均引自 BCC 语料库（http：//bcc.blcu.edu.cn/）。

（9）青葱嫂的一儿一女大明小明正在院子里扫雪玩闹，见暖暖进来，一人叫一声姑，就又去玩了。

（10）主人不在的时候，随便翻看人家的东西，是不太礼貌的行为，更何况八斤随时都有可能推门进来。

（11）20 分钟后，雷杰气急败坏地跑<进来>。

除了表示"从外面到里面来"的具体位移之外，还可以表示抽象位移义，所谓抽象位移指的是目标范围可以是模糊化、抽象化的。例如：

（12）书一畅销就有很多钱进来。

（13）杭忆就插话进来："虽说编辑部只要一个人，但我和汉儿已经商量好了一起走，总不能让我们跟在老弱病残身后逃难吧。"

例句（12）中"钱"是位移主体，"进来"所指的目标范围信息是不清楚的，另外，例句（13）中"进来"则是将整句话看成一个目标范围，目标范围是抽象的，不具有实体。

2. 比喻义

"进来"的比喻义由本义引申而来，意为所有关系从外向内发生了改变，总的来说，两者之间的意义具有相关之处。例如：

（14）长顺可是不肯买卖铜铁。他知道他自己不买，别人还是照样的收<进来>，而后转卖给日本人。

（15）早晨空气清新而凉快，我打开窗户，屋里立刻满是从花园里送<进来>的一阵阵香气。

（16）他讲到了马，说他只用一丁点儿钱买<进来>，再以惊人的大价卖出去。

（17）听说有人想把外国人引<进来>武装干涉，这还有点民族观念没有？是想使中国再陷于殖民地的地位吗？

"进来"作为趋向补语在表示领有关系发生改变时，前面的动词通常会带有［+向内］的包括性质，从而领属关系发生了改变。如以上例句中的"收""引""买"等。

Johnson（1987）认为意象图式是感知互动及感觉运动活动中的不断再现的动态结构，这种结构给我们的经验以连贯和结构①。其中就包括路径图式，即始源—路径—终点图式。复合趋向动词的认知过程符合这一图式，主要包含三个要素：位移主体、路径、目的地。

从上述例句中来看，"进来"的认知过程是：在某个空间范围外面，某一自源位移主体以某个路径穿过边界，到某个空间范围里面，且说话人立足点在目标范围内，位移主体向说话人立足点移动。由此我们可以绘制出"进来"的基本认知图式，如下所示：

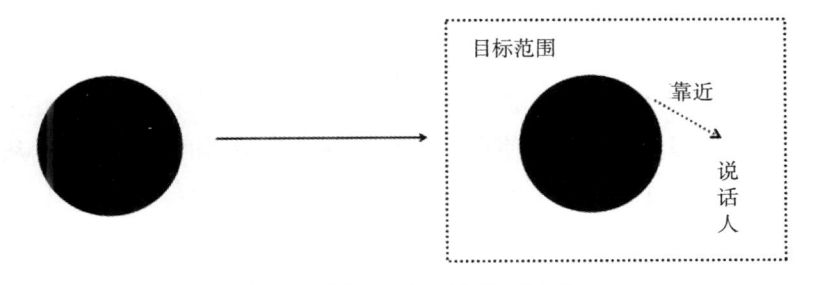

图3 "进来"的基本认知图式

综上所述，我们可以发现，"进来"的语义更多符合整个基本认知

---

① ［美］M. Johnson：《The body in the mind: the bodily basis of meaning, imagination, and reason》，转引自李福印《认知语言学概论》，北京大学出版社2008年版，第189页。

图式。

(二)"出来"的语义及其基本认知图式

《现代汉语词典》解释"出来"的语义为"从里面到外面来",一般单独做谓语中心语和趋向补语,不能带处所宾语。之前对 CCL 语料库 71541 条相关语料的调查情况来看,作谓语中心的情况共有 8321 条,占总语料的 11.63%,作趋向补语的情况共有 63220 条,占总语料的 88.37%,我们再对 BCC 语料库 40894 条相关语料进行调查,发现作谓语中心的情况共有 4595 条,占总语料的 11.2%,作趋向补语的情况共有 36299 条,占总语料的 88.8%,其使用比例如下图所示:

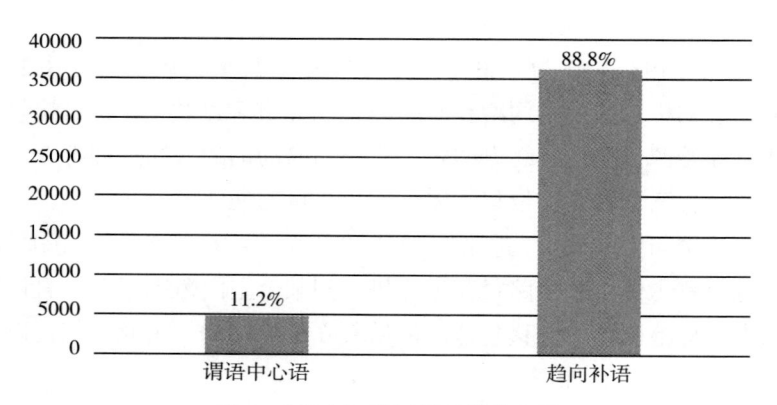

图 4 "出来"使用情况总分布图

"出来"的基本意义与"进来"相反,但它的语义更为丰富,包含位移义、结果义、分离义、扩散义、比喻义五个方面的意义,我们对相关语料的划分十分困难,因为即使在"出来"单独作谓语时并不只表示从内到外的位移,也可能表示"出面、主事"的意义,例如:

(18) 村里的队长是一位共产党员,他感到自己有责任<u>出来</u>制止这种拜菩萨的迷信行为。

(19) 为稳妥起见,还必须去请一两位德高望重的东林元老<u>出来</u>压阵。

因此我们主要分析了其作趋向补语时的意义。语义分布结果如下:

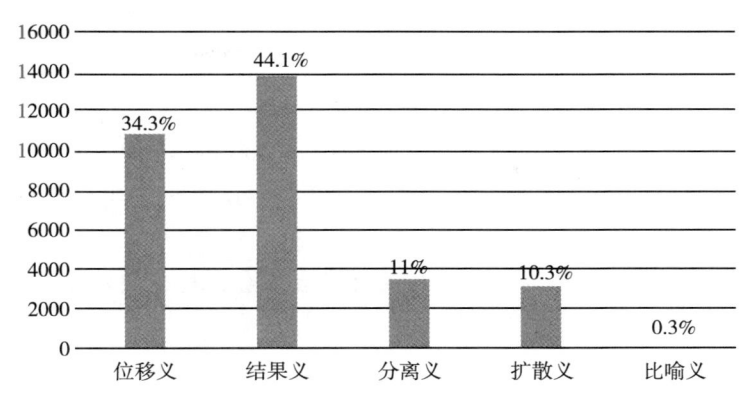

图 5 "V 出来"的语义分布图

从相关语料的统计中可以看到,与"进来"相比,"出来"的语法化程度更高,因为它的语义种类更为丰富,结果义在"出来"语义中占有相当比例,占总语料的 44.1%,且高于占比 34.3% 的位移义,分离义和扩散义可以概括为抽象义,比喻义占比依旧低。

CCL 语料库中作趋向补语的 63220 条语料的统计结果显示,位移义占比 36.7%,结果义占比 54.3%,分离义占比 8.4%。综上,"出来"同样在两个语料库中具有大致相同的使用比例。

具体有以下几个方面的语义:

1. 位移义

表示从里到外的位移。例如:

(20) 人们继续寻找。打谷场西边上耸着几百捆玉米秸子,人们一捆捆拉开玉米秸子,拉着拉着,那个蓝汪汪的大家伙轱辘辘滚<出来>。

(21) 开门的修女态度十分冷淡,进了院子,我们看到,那位好牧师正要把车从车库里开<出来>。

(22) 在袋子里,不装柴禾,要装的是你。到了夜里,你从袋子里爬<出来>。

2. 结果义

表示某一行为让某事从无到有,从隐到显。"出来"由表示"从内向外位移"引申为表示"从无到有,从隐蔽到显露",这是"出来"最为重要常用的引申义。

(23) 傍晚的湖开始了它的轻柔的色彩游戏,临日落前,我见到几座倔强的、泼辣的、锯齿状的阿尔卑斯山山峰从四散的雾气中<u>显露</u><出来>。

(24) 我的生活经验的线索有时会汇合,思想便从这里<u>产生</u><出来>。

(25) 我们知道,凡是生成的东西必定由于某种原因方才产生,因为若无原因,没有任何东西能被<u>创造</u><出来>。

例(23)—例(25)中,动词"显露""产生""创造"都带有从无到有、从隐蔽到显露的向外扩张的趋势,趋向补语"出来"的这一引申义虽然受到前面动词的影响,但并不是由动词赋予的,如果例句中的"出来"被替换成其他复合趋向动词,结果义就会大大减弱。

3. 分离义

表示从整体中分离出部分,动词语义赋予加强了"出来"的分离义。

(26) 他的生铁脸上那两只阴森森的小眼睛使上官金童沸水般的脑袋暂时冷却,他感到自己正从那个可怕的陷阱里<u>挣脱</u><出来>。

(27) 谢尔盖·伊万诺维奇没有回答,他用刀背小心翼翼地从盛着楔形白蜂巢的碗里把一只落在流动的蜂蜜中的活蜜蜂<u>挑</u><出来>。

(28) 事实上,哲学家的事业完全就在于使灵魂从身体中解脱和<u>分离</u><出来>。

4. 扩散义

表示某种消息、情况向立足点以外转移、扩散,而前面的动词或者小语境具有向外扩散的特征。

(29) 他咯吱咯吱地解开冻硬的粗呢大衣上的纽扣,这时一阵室外的芳香的寒气从他衣服的缝隙和褶皱中<u>散发</u><出来>。

(30) 一个作母亲的人,当然不便将女儿的隐秘,在人前突然<u>宣</u>

布<出来>。

（31）祖母把我揽进她怀抱中，紧紧搂着，哇的一声哭<出来>。

5. 比喻义

"出来"的比喻义由基本义引申而来，与"进来"相反，表示从内向外的领属关系的转移，说话人位置在范围外。

（32）倘若我知道我的马拨给我认识的小伙子骑，拨给有良好教养的上等人骑，我就心甘情愿把马献<出来>，白给。

（33）只有玉米和高粱才是文城人的食粮，而玉米高粱也得先交给敌人，再从敌人手中买<出来>。

同样，我们可以从以上例句中发现，"出来"的认知过程是：位移主体在特定范围内由内向外移动，说话人位置在范围外面，而且位移主体向说话人移动。由此我们可以绘制出"出来"的基本认知图式，如下所示：

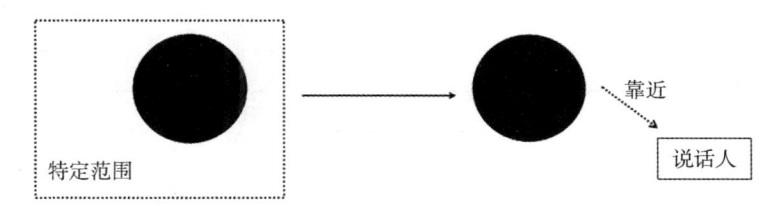

图 6 "出来"的基本认知图式

综上所述，"进来""出来"在句法功能和语义特征上并不是平行对称的，即它们之间存在不对称现象，下面我们再对"进来""出来"各方面进行具体对比，以探讨它们之间的不对称。

(三)"进来""出来"的不对称现象

前文对 CCL 和 BCC 两个语料库中"进来""出来"的句法使用、语义分布情况进行了描写统计，结果表明，"进/出来"在两个语料库中都具有大致相同的分布比例，这进一步说明本文的数据具有科学性，结果稳定可靠。

那么通过前文对"进来""出来"的句法功能、语义、认知图式的描写，我们可以发现"进来""出来"在语法功能和语义分布上都是不对称的。从 BCC 语料库中两者统计结果的对比能更直观地看出相关不对称现象。

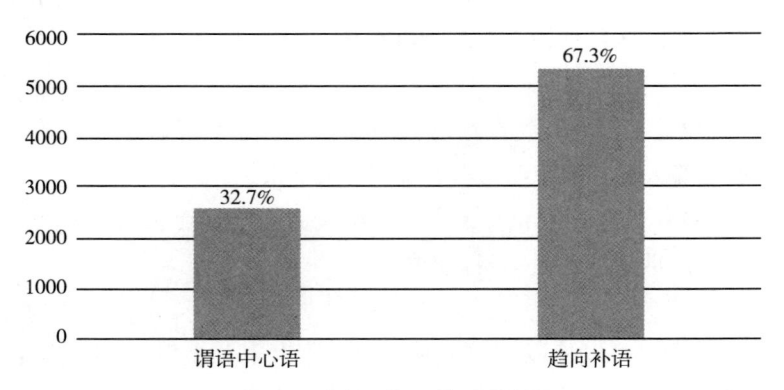

图 7 "进来"使用情况分布图

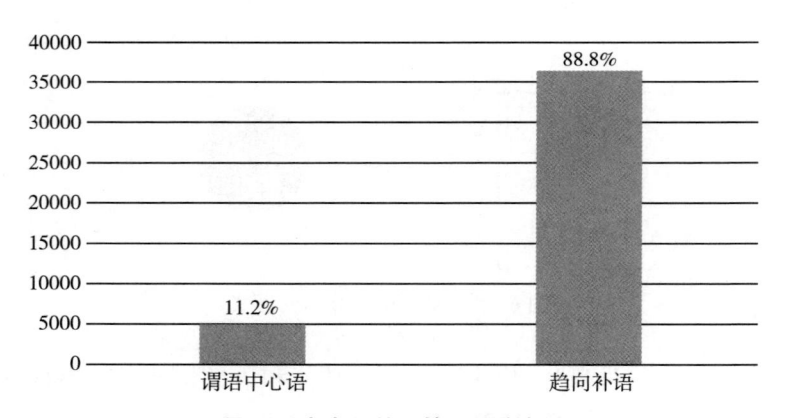

图 8 "出来"使用情况总分布图

从句法分布来看，"进来""出来"都是作趋向补语的使用频率更高，由直接作表示具体位移的谓语中心语到作需要依附于动词后的趋向补语，两者的句法功能都出现了一定程度的语法化，但是相比之下，"出来"作趋向补语的频率更高，那么是否可以推断"出来"在语义引申上的语法化程度更高呢？所以我们再对比两者作趋向补语时的语义分布情况。

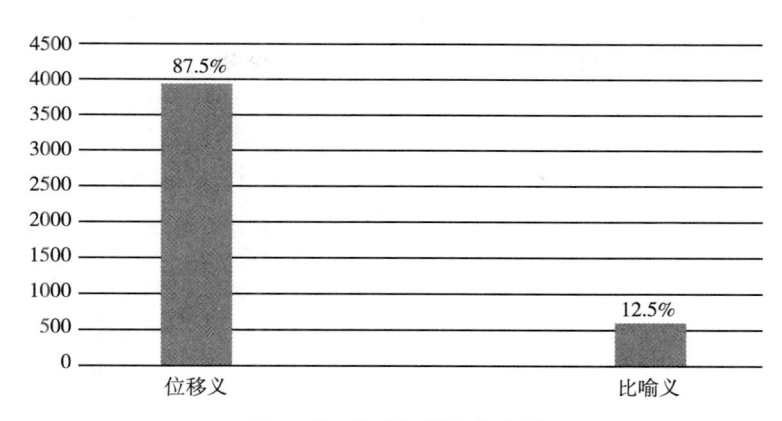

图 9 "V 进来"语义分布图

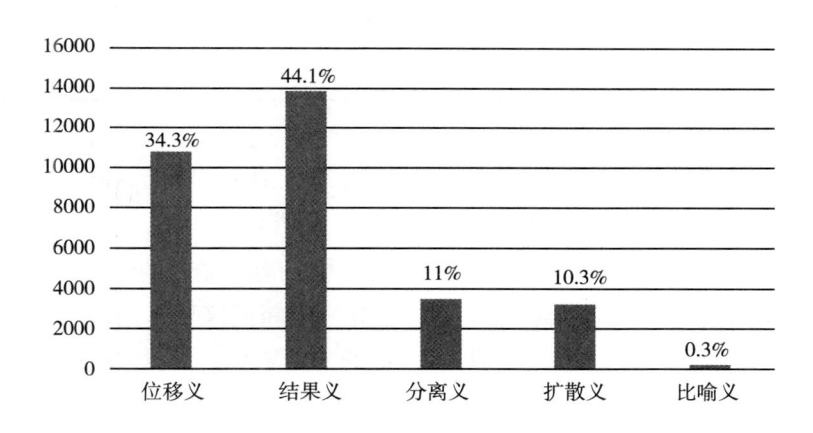

- 位移义: 87.5%
- 比喻义: 12.5%

图 10 "V 出来"语义分布图

- 位移义: 34.3%
- 结果义: 44.1%
- 分离义: 11%
- 扩散义: 10.3%
- 比喻义: 0.3%

从语义分布来看，确实是"进来"的实词化程度高，它更多地表示位移义，语义较为单一，而"出来"的语义种类更为丰富，有更多更为虚化的意义，语义引申的语法化程度高。这也可以印证卢英顺（2007）的观点，即"进"类趋向动词没怎么虚化。

综上，不对称现象在两个方面：①"进来""出来"在句法功能上具有一致性；②"进来""出来"语义引申的程度不同，"进来"更多表示实义，没怎么虚化，而"出来"的语义类型更为丰富，语义发展更为虚化。

因此，我们可以总结出下表：

表 2　　复合趋向动词"进来""出来"的不对称现象

复合趋向动词	语义特征	认知图式	句法功能	不对称现象
进来	①位移义：[+从外向内][+靠近说话人]；②比喻义：[+所有权转移]	说话人在目标范围内，位移主体由外向内到达目标范围内，并向说话人移动	（1）动词，单独作谓语中心语（2）带宾语：进+N处+来（3）趋向补语：V动+进来	句法功能具有一致性，"进/出来"后不能带处所宾语；B."进来"更多表实义，"出来"语义类型丰富，语法化程度更高
出来	①位移义：[+从内向外][+靠近说话人]，②结果义：[+从无到有][+从隐到显]；③分离义：[+分离]；④扩散义：[+中心][+向外扩散]；⑤比喻义：[+所有权转移]；	说话人在目标范围外，位移主体由内向外到达目标范围外，并向说话人移动	（1）动词，单独作谓语中心语（2）趋向补语：V动+进来	

那么为什么"进来""出来"在语义引申上具有如此显著的不对称现象呢？什么原因导致这一现象呢？

从语义特征来看，$V_{复趋}$两个组成成分中只有"进"与"出"不同，那么在语义上最大的区别在于"进""出"之间的区别，而与"来"组合成复合趋向动词后，虽然"来"所指的运动趋向是一致的，但其中暗含着不同的说话人立足点，从而形成了不同的凸显成分。

因此，这一不对称现象还具有深层原因。

四　讨论

认知语义学认为，概念结构是我们在头脑中存在的对客观事物的相对稳固的知识体系，从本质上讲来自人体与世界之间的互动，具有体验性，而语义结构等同于概念结构，是概念结构的语言形式，即语言表达概念[①]。

那么可以说"进/出来"语义结构的实质是概念结构的构建和凸显，

---

① 李福印：《认知语言学概论》，北京大学出版社 2008 年版，第 77—80 页。

即来自人们的主观体验。

所以，我们认为出现不对称现象的深层原因在于认知图式不同，主要在位移路径、"来"的立足点、凸显程度、主观性方面有所差异。由此我们可以具体细化"进/出来"的认知图式。

从"进来"的整体认知图式来看，位移主体由外向内朝目标范围移动，目标范围的界限或清楚或模糊，说话人立足点（可实可虚）处于目标范围内，那么当位移主体穿过边界并朝说话人立足点移动时，"说话人"在内部进行场上扫描，只感知范围内出现的变化。所以从主观心理上来说凸显了"从外向内"的特征。因此"进来"没怎么虚化，更多表示位移的实词义。如下所示：

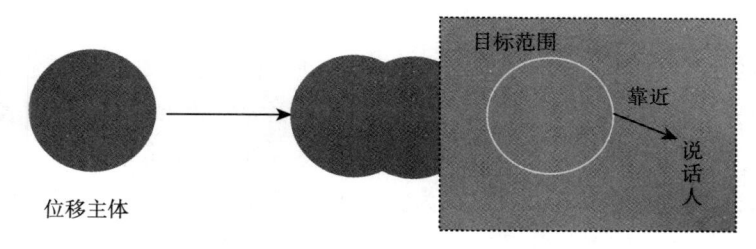

图11 "进来"的认知图式

与此相反，从"出来"的整个认知图式中看，位移主体由内向外远离目标范围移动，说话人立足点（可实可虚）处于目标范围外，说话人处于外部视角进行场下扫描，感知范围外出现的变化。当位移主体穿过边界并朝说话人立足点移动时，主观上凸显"由内向外""由无到有，由隐蔽到显露"的认知特征。所以"出来"的语义分布中位移义、结果义占有绝大部分比例，它的语义分布实际上与这一概念结构有关。如下所示：

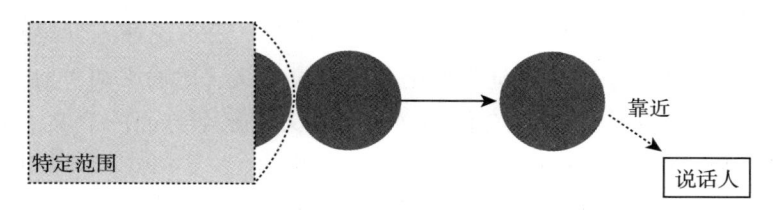

图12 "出来"的认知图式

既然认知图式是基于人的心理认知而来,那么就应该具有跨语言的普适性,其他语言也许能为这一心理图式提供佐证。

在英语中,柯林斯词典对于"come in/out"的释义情况是,"come in"更多表示从外向内的位移,语义类型更为集中,而"come out"的语义类型更为丰富,释义数量更多。

同样,在日语、韩语中也表现出了相同的特点,金慧莲(2009)发现日语中表示"进"的趋向动词こむ的语义中更多表示主体通过动作从外向容器内进行位移,铃木裕文(2004)发现日语中表示"出"的趋向动词的语义类型更为丰富,既表示位移,也表示动作的开始和完成,且重视主观性范畴。金玲(2016)通过对比汉语"V 出"和韩语"V 내다"的语义,发现韩语表示"出"的趋向动词也表示位移义和结果义,只在一些句法搭配上与汉语有所不同。

总的来说,英语、日语和韩语表示"进/出"的语义分布情况与汉语大同小异,都是"出"的语义类型更丰富,更为虚化,"进"更多表示位移义,实词程度更高。这也从侧面证明了这一心理图式是普遍的。

那么在今后是否可以通过行为实验来证实这个心理图式的适恰性,也是我们希望今后探索的问题。

五 结 论

本文的研究方法是文献研究法和语料调查法。通过查阅前人文献,我们选取了一个新的研究角度,即把"进来"和"出来"这一对复合趋向动词的语义特征、认知图式和不对称现象综合起来做一个详细的系统专门分析,通过调查统计大量相关语料,我们的研究内容和结论才具有可信度。

首先"进来"和"出来"在句法功能上存在不对称现象,即处所宾语不能放在复合趋向补语之后,我们赞同"来"表示说话人立足点;在语义分布上,"进来"的实词程度更高,有位移义、比喻义两种意义,主要表示位移,"出来"主要有位移义、结果义等五个方面的意义,所以,"进来"和"出来"在语义分布上也是不对称的。

造成不对称现象的原因在于,从表层语义上来看,与两个单音节趋向动词组成成分有关,而根本在于认知图式不同,主要是在位移路径、

"来"的立足点、凸显程度、认知方式、主观性程度上有所差异。我们进一步补充了相关认知图式，这些心理图式具有普适性。

综上，本文在汉语本体理论和对外汉语教学上具有一定借鉴意义。

参考文献

陆俭明：《动词后趋向补语和宾语的位置问题》，《世界汉语教学》2002年第1期。

马玉汴：《趋向动词的认知分析》，《汉语学习》2005年第6期。

郭春贵：《复合趋向补语与非处所宾语的位置问题补议》，《世界汉语教学》2003年第3期。

陈昌来：《动后趋向动词性质研究述评》，《汉语学习》1994年第2期。

吴纪梅：《"出来"与宾语同现情况的系统考察》，硕士学位论文，湖南师范大学，2003年。

高艳：《复合趋向补语不对称现象研究》，硕士学位论文，首都师范大学，2007年。

张士超：《基于语料库的趋向动词"来"、"去"的语义认知与对外汉语教学研究》，硕士学位论文，浙江大学，2011年。

刘人宁：《趋向补语"出/出来"语义引申的制约因素及认知解释》，硕士学位论文，华中师范大学，2015年。

金玲：《汉语"V出"与韩语"V 내다"的语义对比》，《现代语文》（语言研究版）2016年第6期。

金慧莲：《从认知角度看复合动词「～こむ」的句法及语义特点——与汉语趋向动词"～进"比较》，《日语学习与研究》2009年第3期。

铃木裕文：《日语"V出す"和汉语"V出"的差异》，《日语学习与研究》2004年第3期。

"那"反诘义与询问义用法的同一性研究

张佳佳[*]

摘 要：本文认为表询问义和表反诘义是同一个"那"的两种用法。从时间上看，表询问义的"那"和表反诘义的"那"均最早可见于东汉末年的汉译佛经，在出现时间上难分先后。从来源上看，"那"不来源于"奈何/如何/若何"的合音，也不来源于"奈何"的省音缩变，而是来源于上古疑问代词"安/焉"，原因除王力（2004）指出的语音转化上的可能外，还有语法分布的一致性、语义功能的平行性以及消长时期的共现性等。从方言的角度看，许多方言，尤其是闽方言和粤方言，表询问处所义的疑问代词同时具备表反诘义的用法，这也从侧面印证了询问处所义和反诘义是"那"同一个词的两种用法，而非普通话中碰巧同形的两个词。

关键词：那；询问义；反诘义；同一性

一 问题的提出

词的同一性问题，指的是确定不同句法位置上的词是否属于同一个词的问题，即判别一个语言单位属于多义词还是同形同音词的问题。疑问代词"哪"在五四之前写作"那"，近代汉语疑问代词"那"两个最基本的功能，一个表询问处所，另一个表反诘。吕叔湘（1985）指出："因为这个形式（即表反诘义的形式）跟询问处所的形式相同，很容易让我们设想它是由处所的意义引申出来的逻辑的意义……但是经过历史的考察，就知道这个假设是错误的。询问事理的哪的出现不但远在询问处所的哪里之先，并且还在询问事物的若简和询问样式的若为之先。"冯春田（2006）认为"'那'的反诘跟询问处所不是同一个词的两种用法，而是

---

[*] 张佳佳，苏州高新区实验初级中学。

同字形的两个词"。这种观点几乎"已成定论"①。但从新近发表的几篇论文来看，不少学者在文献综述部分引用了吕叔湘先生的这段话，但在论述时却对这段话有所忽视，越过二者的同一性问题做起了关于"那（哪）"从疑问到非疑问用法的演变研究：张俊阁（2011）认为"疑问词'那里'的反诘用法源于询问用法"张志敏（2012）认为"疑问代词'哪里、哪儿'由疑问用法向非疑问用法的转变经历了一个缓慢、渐进的过程，而诸多的非疑问用法正是在疑问用法的基础上产生演变而来"。周玲庆（2018）认为"那（哪）"的处所疑问代词意义很可能是其最早的功能，唐代"那（哪）"的选择问功能是其处所疑问功能的直接演变，而其反问标记功能当然也是在处所疑问代词功能基础上形成的。

我们认为只有厘清"那"询问处所义和反诘义的同一性问题，才能谈二者的关系问题。既然吕叔湘先生（1985）否认二者同一的理由是"询问事理的哪的出现远在询问处所的哪里之先"，我们可以首先从二者在文献中的出现顺序入手来考察二者的同一性问题。

二 "那"两种用法的出现顺序

在《近代汉语指代词》中，吕叔湘先生并没有考证表询问事理义的"那"具体出现在什么时代，而只是说："询问事理的哪的出现不但远在询问处所的哪里之先，并且还在询问事物的若箇和询问样式的若为之先。在三国志和晋人笔记小说中，这个哪已经以'那'字的形式出现，在《世说新语》和南北朝民歌中它已经很普遍；我们不妨假定它的起源在汉魏之际或更早。"② 从他在《近代汉语指代词》中所给出的用例，可以发现，这些用例的出处基本上是魏晋南北朝时期的文献——《魏志》《裴子语林》《搜神记》《世说新语》《晋书》《宋书》以及一些更晚的唐代诗歌，如杜甫的《北征》等。唯有一例可能创作于东汉末期：《孔雀东南飞》，但最早也只能见于南朝徐陵的《玉台新咏》。

对于询问处所的"那"，吕先生虽推断其比反诘疑问代词"那"的出

---

① 王鸿雁：《反诘疑问代词"那"的历史演变》，《深圳大学学报》（人文社会科学版）2013年第30卷第5期。

② 吕叔湘：《近代汉语指代词》，学林出版社1985年版，第260—261页。

现要晚得多，但并没有明确指出其出现年代，从其所举的例子来看，"阿那边"出自李白的《相逢行》和《敦煌变文录》，"那处"出自《朱子语类》，"那一处"出自《红楼梦》，似乎指向其出现于隋唐五代以后。

但其实"那"的反诘用法和询问处所用法在东汉末年的汉译佛经中就已经都可以见到了：

例1：何等为无有？是亦无有，是素行殃福无有，死中亦无有。已无有中当那得往？已不得生当那得老病死？生死如流水，不行生死业便止。（东汉·安世高/道地经/大正藏15、235、2）

例2：当那得分别知因缘所从起尽？（东汉·支曜/小道地经/大正藏15、236、3）

例3：持何等行为断爱？万物皆从因缘生，断因缘不复生。当那得断因缘？持意念道。（东汉·安世高/阿毗昙五法行经/大正藏28、998、2）

例4：道人咒愿："诸妹那来？"（东汉·康孟详/中本起经/大正藏4、148、3）

例5：间者那行，今从何来？（东汉·康孟详/中本起经/大正藏4、151、3）①

例6：树神人现，问梵志曰："道士那来？今若行耶？"（东汉·康孟详/中本起经/卷下）②

以上前三例为"那"作反诘问的用法，后三例为"那"作处所问的用法。俞理明（1989）指出，"那"是一个口语词，在汉末以前的文献中极为少见，到汉末才比较经常地出现于通俗读物佛经中。从目前的考证结果来看，"那"的反诘义与询问处所义所出现的最早时间都不晚于东汉末年，在口语中所使用的时间可能更早。因此，单从出现顺序上来看，二者的同一并非没有可能。

---

① 以上5例见俞理明：《汉魏六朝的疑问代词"那"及其他》，《古汉语研究》1989年第3期。

② 例6来源于中研院中古汉语标记语料库。

三 "那"的来源问题讨论

关于反诘问"那"的几个来源，目前学术界主要有以下几种观点：

1. 来源于指示代词"那"。

高名凯（1985）："我们知道'那'字一方面是用作指示词的，我们又知道'底'字有时也是用作指示词的，这两个字刚刚好用作后来的询问词，可知他们都是由指示词变来的。"其根据是"由指示词变成询问词是语言的普通现象"。但据吕叔湘（1985）考证，诘问词"那"在产生时间上要早于指示词"那"，王力（2004）也认为"依现有史料看来，疑问的'那'的产生时代早于指示的'那'。"因此就出现时间的先后顺序来看，认为疑问词"那"来源于指示词"那"的说法目前是站不住脚的。

2. 来源于"若何""奈何"或"如何"的合音。

吕叔湘（1985）："这个那字既然出现在若为之先，自然不能说是若为之省。它很可能是若何的合音，若字失去介音，何字失去声母。"但根据贝罗贝（2000）的统计，"若何"在上古后期《史记》和《论衡》中的用例总共才3例。如果"那"由"若何"合音而来，应该出现于上古后期，而不应该出现于东汉末年。

周法高（1990）认为"那""是'奈何'的合音"，并援引了《左传·宣公二年》的用例："宋城，华元为植，巡功。城者讴曰：'睅其目，皤其腹，于思于思，弃甲复来。'使其骖乘谓之曰：'牛则有皮，犀兕尚多，弃甲则那？'"魏培泉（2004）根据"那"用为反诘时，还是"奈何""如何"的流行期，两者也常用作反诘判断："'那'可能是'奈何'或'如何'的拼合。"但这两种观点存在着一个无法逾越的障碍，即"那"和"奈何/如何"的语法分布不同。一般来说，如果属于合音，那么这种语音的变化应该发生在原词所在的语法位置上，汉魏之际的"那"作反诘问多与"能""得"或"可"相拼，"唐以后这个倾向才不十分显著"[①]，而"奈何/如何"在语法分布上却多出现于"奈何/如何+VP"或"奈何/如何+而/乃+VP"等

[①] 吕叔湘：《近代汉语指代词》，学林出版社1985年版，第262页。

句式，很少与"能""得"或"可"相拼，目前"能够找到的仅两例"①。

例7：籍当定，奈何得住？（西晋·陈寿《三国志·魏书·锺繇华歆王朗传》）

例8：老人得病累年，奈何可仓卒起邪？（唐·房玄龄等《晋书·列传第六十五·幸灵》）

笔者认为，之所以出现这样的问题，很可能是因为作为"奈何"合音的"那"与表询问和反诘的"那"并不是同一个"那"。在《王力古汉语字典》中，王力先生指出同一个"那"字其实代表了五个词，一是"那$_1$（nuó）"，诺何切，包含了"多""美好""'奈何'的合音"等义项；二是"那$_2$（nǎ）"，奴可切，作疑问代词用，表"怎么，哪里"；三是"那$_3$（nà）"，奴箇切，作指示代词和句尾语气词；四是"那$_4$（né）"，音译词，后作"哪吒"；五是"那$_5$（nā）"，为满族姓氏。[14]《左传·宣公二年》中的"弃甲则那"即使可以还原为"弃甲则奈何"，根据语境，也只能理解为"丢弃了盔甲（即打了败仗）又怎么样呢？"，与汉魏时期常常置于句首，带有否定意味的假性询问意义完全不同。根据贝罗贝（2000）统计，上古中期的"如何"和"奈何"主要用来询问方式或性状，实现的是一种真性询问，上古后期，"奈何"由询问方式情状衍生出询问原因目的的用法。而我们探讨的反诘问"那"实现的却是一种假性询问。由于"那$_1$"和"那$_2$"字形相同，读音相近，又都具有疑问代词的用法，因此我们认为，持"奈何/如何合音说"的学者可能是把"那$_1$"误当成了"那$_2$"。

3. 来源于"奈何"的省缩音变。

冯春田（2006）认为："根据我们的调查分析，主要用于诘问的'那'来源于'奈何'，但它并非形成于合音，而是来自省缩、音变，即'奈何'省缩为'奈'，音变为'那'。"他的确找到了许多以"那"代

---

① 程倩云：《"哪"系疑问代词的用法及来源研究》，硕士学位论文，湖北大学，2017年。

"奈"的用例：

> 例9：那作商人妇，愁水复愁风。（唐·李白《长干行》）
> 例10：那无囊中帛，救汝寒凛栗。（唐·杜甫《北征》）
> 例11：强欲从君无那老，将因卧病解朝衣。（唐·王维《酬郭给事》）

但这里的"那"与表反诘问的"那"并不是同一个"那"，而是"无奈、怎奈"的意思，这无疑是把"那$_1$"错当成了"那$_2$"解。"省缩音变"说依旧无法解决"那"与"奈"语法分布不一致的问题：文章缺少用于"得/可 VP"之前，即处在反诘疑问词"那"语法位置上的"奈"……笔者在调查语料时，很希望能见到跟表示反诘的"那"用法一致的"奈"，这样就基本上可以断定用于反诘的"那"是"奈何"省缩音变式。但遗憾的是，在所有调查过的语料里并没有发现这样的可靠的例子。对此，笔者至今也没有自认为合理的解释。①

4. 来源于上古 O 系疑问代词"安/焉"。

王力（2004）指出："看来'那'字的语法意义是来自上古的'安'和'焉'。'安'和'焉'收音于-n，可能转化为 na（那）。"笔者倾向于赞同王力先生的观点。除了语音转化的可能外，还有三个原因。

一是"那"与"安/焉"语法分布的一致性。"安/焉"可以置于"得/能/可"和"所"之前，"那"也可以置于"得/能/可"和"所"之前：

> 例12：今主非尧、舜，何能无过？且人臣安得称兵以向朝廷？（南朝宋·刘义庆《世说新语·方正第五》）
> 例13：东亭问法冈道人曰："弟子都未解，阿弥那得已解？"（南朝宋·刘义庆《世说新语·文学第四》）
> 例14：安能摧眉折腰事权贵，使我不得开心颜！（唐·李白《梦游天姥吟留别》）
> 例15：衰疾那能久？应无见汝期！（唐·杜甫《遣兴》）

---

① 冯春田：《反诘疑问代词"那"的形成问题》，《语言科学》2006 年第 6 期。

例16：苟无其命，终不肯信，亦安可强令信哉！（东晋·葛洪《抱朴子内篇·对俗卷三》）

例17：先道人寄语云："为我致意愍度，无义那可立？"（南朝宋·刘义庆《世说新语·假谲第二十七》）

例18：礼义弃，信安所立？（东汉·王充《论衡·问孔》）

例19：我弃家学道作沙门无字，我当那所得家？（支谦/赖咤和罗陀经/大正藏1、870、1）①

二是"那"与"安/焉"语义功能的平行性。"安/焉"最主要的用法，一个是用来询问处所，一个是用来表示反诘，这与"那"的语义功能是十分一致的：

例20：梁客辛垣衍安在？吾请为君责而归之。（西汉·刘向《战国策·赵策三》）

例21：道人咒愿："诸妹那来？"（东汉·康孟详/中本起经/大正藏4、148、3）

例22：管氏有三归，官事不摄，焉得俭？（《论语·八佾》）

例23：处分适兄意，那得自任专？（东汉《乐府民歌·孔雀东南飞》）

三是"那"与"安/焉"在魏晋南北朝时期曾出现过共现阶段，甚至可以在同一本书里找到二者的踪迹：

例24：今主非尧、舜，何能无过？且人臣安得称兵以向朝廷？（南朝宋·刘义庆《世说新语·方正第五》）

例25：王且笑且言："那得独饮？"（南朝宋·刘义庆《世说新语·方正第五》）

例26：王曰："日之不出，其咎安在？"（《六度集经》，3/44a）

例27：常悲菩萨从定寤，左右顾视，不复视诸佛，即复心

---

① 例19来源于王鸿雁《处所疑问代词"那"的历史演变》，《信阳师范学院学报》（哲学社会科学版）2014年第4期。

悲，流泪且云："诸佛灵耀自何所来？今逝焉如？"（《六度集经》，3/43c）①

例28：长者甚愁。不知夫人那得此病。（三国/康僧会《六度集经·卷第六》）

例29：使汝弃学徇财，丰吾衣食，食之安得甘？衣之安得暖？（北齐·颜之推《颜氏家训·勉学第八》）

例30：祭酒问云："君王比赐书翰，及写诗笔，殊为佳手，姓名为谁？那得都无声问？"（北齐·颜之推《颜氏家训·慕贤第七》）

因此，我们基本可以判定，中古疑问代词"那"是对上古疑问代词"安/焉"的全面继承，在经过魏晋南北朝时期的共现阶段后，"安/焉"逐步消亡，"那"逐渐兴起，并在语言系统的内部抗衡中获得胜利，最终取代了"安/焉"。

于是，我们不禁进一步思考：既然"那"的两种用法来源于"安/焉"，那么"安/焉"两种用法的关系又是如何呢？

通过搜寻语料库，可以发现，"安"与"焉"作疑问代词最早出现于上古早期，表示询问处所：

例31：天之生我，我辰安在？（《诗经·小旻》）
例32：焉得谖草？言树之背。（《诗经·卫风·伯兮》）

上古中期，一方面，"安/焉"继续承担询问处所的用法：

例33：虢射曰："皮之不存，毛将安傅？"（《左传·僖公十四年》）

例34：陷君于败，败而不死，又使失刑，非人臣也。臣而不臣，行将焉入？（《左传·僖公十五年》）

另一方面，二者还由询问处所义衍生出了反诘义，表示假性询问：

---

① 例26、例27来源于沈林林《魏晋南北朝译经疑问代词研究》，硕士学位论文，南京师范大学，2006年。

例 35：化其万物而不知其禅之者，焉知其所终？焉知其所始？正而待之而已耳。(《庄子·山水》)

例 36：秦东面而伐齐，齐安得救天下乎？（西汉·刘向《战国策·齐策二》)

这种询问事理的用法，一经出现，便得到了迅速的发展。据贝罗贝（2000）统计，"安/焉"作为假性询问在《左传》《论语》《老子》《孟子》《墨子》《庄子》《荀子》和《韩非子》中的用例总计高达 242 例。贝罗贝（2000）认为，"安/焉"的反诘用法源于其询问处所的用法，在汉语里处所疑问代词演化为询问事理的疑问代词，是一种常见的句法演变现象。"安/焉"从具体的空间询问，衍生出抽象的事理询问，符合人类认知的一般规律，也符合疑问代词的演变机制。正如吕叔湘（1985）所指出的，"因为这个形式（即表反诘义的形式）跟询问处所的形式相同，很容易让我们设想它是由处所的意义引申出来的逻辑的意义：比如说，'我哪里知道'，原来是'从哪里知道'的意思，变成'怎么会知道'的意思"。只是这个推断思路不适用于"那"，而适用于"安/焉"。"那"的两种用法，不是一个先产生，后一个衍生于它的关系，而是在它继承"安/焉"的过程中就同时具备了。而"安/焉"从处所义衍生出反诘义，是一个疑问代词的两种用法，而不是同形的两个词。至此，"那"两种用法的同一性已经基本阐释清楚。下面举一些方言的例子作为旁证。

四　方言中处所疑问代词的反诘问用法

邢福义（1996）提出"大三角"的概念，即"普—方—古"三角。"普通话即现代汉语共同语里的一个语法事实，往往可以在方言或古代近代汉语里找到印证的材料。"在本小节中，笔者试图"以方证普"，立足于普通话，横看方言，考察不同方言中处所疑问代词的反诘问用法。如果大多数方言中表询问处所和表反诘都采用同样的形式，则证明这两个用法的同形并非普通话的偶然现象，它们是同一个词的两种用法，而不是同字形的两个词。

孙青林（2015）："（山西阳高方言的疑问代词）'哪'（除询问处所外）还可用在反问句中表否定语气，意为'没有、不'。"如：

例 37：村里头那人们哪知道个研究生？

例 38：以前哪吃过个山珍海味?!

游艺（2017）："十八世纪的《歧路灯》是清代河南作家李绿园用河南话写的一部长篇白话小说，其中'那'可以用作询问，也可以用作反诘。"如：

例 39：你是那家来的？

例 40：凭再好的宴席，那有个不散场？

陈燕玲（2004）："（泉州疑问代词）用'哪落'组成的反问句，不全表示处所，有的纯粹是为了形成反问的语气。"

例 41：今年无落雨，哪落无苦旱？（今年没有下雨，哪里没有干旱？）

例 42：伊拙细汉，哪落知影偌侪钱？（他这么小，哪里知道多少钱？）

黄丽华（2007）："（佛山处所疑问代词）从词汇形式来看，基本上都是由疑问代词'边'+'处所名词'所构成……南海九江问处所的词习惯用单纯的疑问语素'边'来发问。"同时我们也可以看到处所疑问代词"边"用于反诘问的用例：

例 43：我边舍得打你啊？（我哪里舍得打你啊？）

相似的研究结果还有很多，碍于篇幅限制，在此不一一列举。从各方言处所疑问代词表反诘的情况来看，同一个词形既可以表达询问处所义又可以表达反诘义并不是普通话的孤例，而是各个方言的共性。

五 结论

针对吕叔湘（1985）、冯春田（2006）等表反诘义的"那"比表询问处所义的"那"出现得更早,"那"的反诘跟询问处所不是同一个词的两种用法,而是同字形的两个词一观点,我们的研究结果表明,表反诘义的"那"和表询问处所义的"那"均最早可见于东汉末期的汉译佛经,在出现时间的先后顺序上没有明显差别。

关于"那"的来源,目前学界暂无定论,本文对几种较为流行的观点进行了讨论,认为"奈何/如何/若何"合音说和"奈何"省音缩变说存在着无法解决的问题,出现这种问题的根源可能是学者混淆了"那$_1$(nuó)"和"那$_2$(nǎ)"。"那"的来源很可能是上古疑问代词"安/焉",除王力(2004)提及的语音转化上的可能外,还有语法分布的一致性、语义功能的平行性以及消长时期的共现性等原因。而"安/焉"由处所疑问代词引申出反诘问的用法,是符合疑问代词的演变机制的。既然"那"的两种用法是对"安/焉"两种用法的全面继承,而"安/焉"的两种用法又具备同一性,那么"那"的两种用法自然也就具有同一性。

最后,笔者从方言的角度对处所疑问代词表反诘的普遍性进行了旁证,除官话区(如河南、山西等地)具备用处所疑问代词表反诘的用法外,闽方言和粤方言也具备同样的用法,这很难说是普通话的偶然现象。

参考文献

冯春田:《反诘疑问代词"那"的形成问题》,《语言科学》2006年第6期。

吕叔湘:《近代汉语指代词》,学林出版社1985年版。

王鸿雁:《反诘疑问代词"那"的历史演变》,《深圳大学学报》(人文社会科版)2013年第30卷第5期。

张俊阁:《近代汉语疑问词"那"、"那里"的语义特征与源流考证》,《山西大同大学学报》(社会科学版)2011年第25卷第5期。

张志敏:《疑问代词"哪儿、哪里"的非疑问用法研究》,硕士学位论文,东北师范大学,2012年。

周玲庆:《从处所疑问代词到反问标记》,硕士学位论文,江西师范大学,2018年。

俞理明:《汉魏六朝的疑问代词"那"及其他》,《古汉语研究》1989年第3期。

高名凯:《汉语语法论》,开明书店 1985 年版。

王力:《汉语史稿》,中华书局 2004 年版。

贝罗贝、吴福祥:《上古汉语疑问代词的发展与演变》,《中国语文》2000 年第 4 期。

周法高:《中国古代语法称代篇》,中华书局 1990 年版。

程倩云:《"哪"系疑问代词的用法及来源研究》,硕士学位论文,湖北大学,2017 年。

王力:《王力古汉语字典》,中华书局 2000 年版。

邢福义:《汉语语法学》,东北师范大学出版社 1996 年版。

孙青林:《山西阳高方言的疑问代词》,《名作欣赏》2015 年第 21 期。

游艺:《浚县方言代词研究》,硕士学位论文,陕西师范大学,2017 年。

陈燕玲:《泉州方言的代词》,硕士学位论文,上海师范大学,2004 年。

黄丽华:《佛山粤语的代词研究》,硕士学位论文,暨南大学,2007 年。

浅析国际中文教材的通用性、创新性与继承性[*]

汝淑媛[**]

摘 要：针对如何在国际中文教材数量增长的同时提高质量和适用范围的问题，本文提出从教材的通用性、创新性和继承性三个方面进行研究和探讨，对如何提高教材的通用性和创新性做了进一步的分析，并以佟秉正先生的编教思想为例，分析了其中至今仍有借鉴意义的教材编写理念，说明在继承的基础上进行创新对于国际中文教材编写的意义。

关键词：国际中文教材；通用性；创新性；继承性

一 问题的提出

随着中文学习者的持续增长，国际中文教育在世界各国的发展和普及，中文教材也出现了快速增长，不仅数量多，而且类型多。仅以专门用途的中文（适用于特定领域、特定场合、特定专业的中文）教材为例，截止到去年年底，全球出版和发行的专门用途的中文教材就有 564 种（中国 499 种）①。但是我们同时也发现这样一个问题，即精品教材、经典教材的数量并不多。

精品教材一般会有这样三个特点：适用面广、有一定的创新性，也有

---

[*] 本文在作者原论文《通用型教材和教材编写的通用性原则——基于〈实践汉语〉和〈天天汉语〉的编写》的基础上进行了修订补充，并于 2022 年 4 月 9 日在英国汉语教学研究会（BCLTS）和伦敦大学亚非学院（SOAS）联合主办的"佟秉正先生纪念研讨会暨国际中文教材与创造力研讨会"上宣读，收录本论文集时有修改。

[**] 汝淑媛，北京师范大学国际中文教育学院。

① 曾晨刚：《全球专门用途中文教材出版状况调查研究》，《云南师范大学学报》2021 年第 5 期。

很好的继承性。因此,要在当前国际中文教材数量增长的同时提高质量,可能需要从教材的通用性、创新性和继承性三个方面去考虑。

二 关于通用性

(一) 通用性与针对性的关系

为了适应不同地区和人群学习汉语的需求,国际中文教材的编写有数量增加、针对性增强、使用范围变窄的趋势。但是,很多针对性很强的本土化教材并没有取得预期的影响和教学效果,反倒是有些面向多个国家和地区的学习者编写的通用型教材得到了广泛的使用和认可,《新实用汉语课本》《当代中文》等教材在多个国家和地区畅销不衰就是一个很好的例子。教材的通用性和针对性之间的关系值得我们探讨。

所谓通用性教材只是相对的通用,在学习者的语言环境、年龄和汉语水平三个方面也是有针对性的,不是完全通用的,因为绝对的通用型教材是不可能存在的。而教材的针对性也不是绝对的,其目标人群内部也存在诸多差异。"国别化/型教材的针对性同样也是相对的、有限的"[1],本土化教材本身也有一定的通用特点。也正因如此,有些针对某个国家、地区或语种编写的本土化汉语教材最后却成了全球通用的教材,《汉语乐园》《快乐汉语》《跟我学汉语》等教材就是这样的例子。这三本教材最初只是针对英语国家编写的,但是却被翻译成了44种语言在世界范围内使用[2]。

所以,本土化教材也是在一定地域范围内、存在着诸多差异的情况下使用的通用型教材,编排合理的本土化教材也会有较强的通用性。如果我们过度强调"本土化""针对性",为每一个区域的每一种类型的学习群体都"量身定制"一部汉语教材,那将"编不胜编",不仅会使教材编写工作量陡增,而且会产生大量的重复性工作,造成人力和资源的浪费。这样的教材编写不仅是不可能的,而且是不必要的。

---

[1] 李泉:《汉语教材的国别化问题探讨》,《世界汉语教学》2015年第4期。
[2] 朱志平:《非汉语环境下汉语教材语料的选取》,第十届国际汉语教学研讨会论文,2010年8月。

因此，通用型教材与本土化教材在某些方面是相通的，没有在所有范围内都适用的绝对的通用教材，也没有绝对的个性化本土教材，它们只是在适用范围大小上的不同。探讨如何提高教材的通用性、扩大教材的适用范围将更有普遍的理论意义和实际的经济价值。

（二） 如何提高教材的通用性

要扩大教材的适用范围、增强通用性，就需要解决导致教材不能在更大范围内通用的主要问题，如果这些问题解决了，通用型教材可以本土化，本土化教材也可以在一定范围内具有通用性。具体来说，导致教材通用性不强的主要原因有三个：一是学习者的年龄差异，二是语言环境和课时要求的差异，三是学习者文化和语言的差异，针对这三个影响因素，我们可以根据以下几个路径去进行教材的顶层设计。

1. 区分学习者的年龄、打通学习者的语言环境和课时要求

学习者的年龄、语言环境及课时要求的差异都是造成教材不能通用的主要原因，不过，对于这两种差异的解决办法有所不同。

学习者年龄的差别带来的是生活、兴趣甚至是认知水平的差别，这种差别是无法兼顾的。因此，供儿童使用的中文教材和供成人使用的中文教材在话题、风格、难度、练习等多方面都有着明显的不同，很难编出一本既适合儿童又适合成年人的教材，要取得较好的通用效果，应该针对儿童和成年人各自的特点分别编写中文教材。

在非目的语下学习和在目的语环境下学习，除了在接触目的语的机会上有着显著的差异，最大的差异是课时的不同。非汉语环境中的非专业汉语学习者，一般每周的上课时间很少，课型一般都是综合课；而汉语环境中的学习者一般每天都有针对各种技能的汉语课程，学习时间多而且集中。以往的汉语教材多针对汉语环境中的学习者，具有容量大、难度高、进度快的特点，多数还是分技能教材。为了解决这个问题，我们除了专门为非汉语环境下的学习者单独编写本土化教材，还可以通过改进教材的组成方式、容量和进度来增强教材的通用性。比如可以采用主辅课文的方式，通过减少容量、降低难度和平缓进度的办法打通学习者的语言环境和课时要求，使同一本教材在不同的语言环境中、不同的课时下都能根据需要灵活使用。

2. 结构—功能（话题）相结合，以功能（话题）为纲编排语言项目

由于多数学习者只是把汉语作为一种交际工具来学习，而不是作为一

种研究对象来掌握。如果我们以语法为纲编写教材，在语法结构上可能是系统的，但是在功能上却是散乱的，功能与结构的不匹配是造成教材难度高的因素之一。因此，在初级阶段，需要从学习者最切身的功能表达需要出发，以功能为纲，提炼出表达相应功能的语言结构。当功能和结构确定之后，能够进入该语言结构、表达该功能项目的词语范围也就大致确定了，而课文的关键句也就会随之显现。这样的编排方式可以使学习者在学完每一课之后都能把握住本课的主要结构并能完成某一特定的交际功能，集中而明确的学习内容对学习者来说更容易把握。

当学习者的水平到了中高级阶段，如果再以单个的交际任务为纲，就会使语言的学习和使用一直停留在碎片化的对话阶段，不利于培养学生的语段表达能力和汉语水平的综合提升。因此，中高级阶段的教材应该以更综合的话题为纲，话题的编排按照大话题统领小话题，小话题支撑大话题的方式进行单元和课文的架构。一个单元可以是一个大话题，在一个大话题之下选取与之相关的子话题作为课文的主题，并在课文中根据内容的需要，自然地呈现相关的语法结构。在一个单元学完之后，学生不仅可以对子话题用汉语发表自己的看法，而且在相关语法结构和词汇的帮助下，在碰到同一大话题下与此相关的子话题时，也可以更为顺畅地理解和表达，因而就更容易为使用者所接受，可以提高教材的通用性。

3. 提高话题的普适性、实用性和可讨论性，在与多元文化对比的基础上突出中国文化的特点

教材选择的话题与学生感兴趣的话题的匹配度是影响教材通用性的因素之一。在选取话题和谈论角度的时候要注意普适性和可讨论性，语言材料要注意实用性。其中普适性的话题能使不同的学生都有话可说，虽然不同国家和地区的学习者受自然、社会和文化的影响，对不同话题的兴趣度会有差别，但是他们也存在很多相同点，比如：个人成长中的普遍问题、追求"真善美"的人类通感、社会发展过程中的类似现象、全球化背景下日益密切的文化交流、不同国家和民族之间的风俗差异等，这些相同点是我们找寻普适性话题的事实基础。而有争议性的话题具有可讨论性，会激发学生说话的欲望，实用性的语言材料便于学生学完之后直接运用。

语言离不开文化，在汉语教材中需要融入中华文化已经成为大家共识，但是如果为了突出中国文化的特点而只是与某一特定民族的文化进行

对比，就会限制其使用的范围。因此，回避与特定国家的文化对比，以中国文化为中心，同时与多种文化进行对比，突出中国文化的特点，是在文化方面提高教材通用性的原则之一。不同国家和民族的学习者可以在教材的基础上，再聚焦到中国文化与自己国家文化的异同，这样，教材在文化方面的适用范围就可以相应得到扩大。

4. 配套多种教学资源，编排丰富实用的练习

不同国家和地区之间的师资力量、水平以及教学条件差异大是造成教材通用性不强的另一个原因。对于国外很多教学资源匮乏的新手教师来说，只有一本教材和一些练习题是远远不够的，他们需要更多的可以选择使用的教学资源和练习。因此，在课本之外，还应该增加教师用书和网上资源包。教师用书应该包括内容讲解、教学流程与授课环节与方法、课堂活动使用建议、练习参考答案等全套内容，新手教师可以在教师用书的指导下，拿着教材直接进入课堂。而网上资源包提供课件、文字、图片、录音、视频等教学辅助资源。有电化教学设备的学校可以从中找到合适的视频音频资源；没有电化教学设备的学校也可以找到不借助多媒体就可以实施的教学活动及其相关资料。

练习在教材中的有着重要的作用，对于广大新手汉语教师和非专业教师来说，他们需要多样、多量、符合教学规律而且方便使用的练习。比如，我们在教学中，一般会在正式开始学习生词和课文之前，先给学生一定的预习作业，主要是预习新课中的生词，初步了解生词的发音和意义，课上再进行生词和课文的学习。在课堂教学中，对于一些重要的生词和语法点我们一般也是边学边练，课文学完后通常还会有一个与课文内容相关的讨论或交际活动。课后则给学生布置一定的书面作业进行复习巩固。而多数教材一般都是将练习安排在课文和生词之后，将所有的练习集中成一个练习模块。这样的编排方式对于新手教师来说会存在一定的困难，因为新手教师还不能很好地为不同的教学环节选择合适的练习。针对这个问题，我们在今年即将出版的《理解汉语》这套教材的读写本中调整了每一课的编排顺序，将练习做了课前、课中和课后的区分，可以更方便教师的教学和学生的学习。

对于国内外师资情况千差万别的汉语教师队伍来说，一套教材如果既有丰富教学资源，又有多样、多量、符合教学规律的练习会更方便教师的教学和学生的学习，会具有更强的通用性。

除此之外，淡化教材中词语和内容的地域性、改进教材的版式设计等对于增强教材的通用性也都会有所帮助。

三 关于创新性与继承性

（一）关于创新性

教材从来都不是一成不变的，而是随着社会的发展、时代的进步、学科的提升和编写者编教认识的变化而不断发展变化的，这就是教材的创新性，精品教材不仅有较好的通用性，也一定会有显著的创新性。

教材的创新与其他创新一样都是一件很难的事，所以现在市场上的中文教材数量虽然很多，但是"不少教材是在同一水平上的重复，缺乏特点，更无新意，雷同现象不可谓不严重"[①]。那么应该如何看待创新，如何才能做到创新？也是我们要编出精品教材必须思考的一个问题。

我们认为，不能为了创新而创新，而应该是为了需要而创新。比如，别人都是用脚走路，你非得用手走路，那就不叫创新，叫搞怪。而当我们的学习者对教材提出了新的需求，但现有的办法不能满足新需求时，就会逼迫我们去寻找新的编写办法，这时候创新就产生了。

比如，当学习者不再满足于只学习一门外语的语法结构，而是更期待通过用外语表达自己的意愿、完成交际的时候，以语法为纲的教材编写理念就逐步被以功能为纲的教材编写理念所代替，外语教材的创新就自然发生了。1981年出版的《实用汉语课本》在世界范围内广受欢迎，就是因为它是第一部把功能法引入汉语教学的教材。而2003年出版的《新实用汉语课本》的创新则是来源于学习者对于目的语国家文化的重视和了解的需求，做到了"结构、功能、文化"相结合。随着互联网的发展，当学习者对教材提出电子资源需求的时候，我们教材编写的电子化创新也会应运而生。

由此可见，中文教材创新的最根本的来源和动力是学习者的需求，学习者的需求是变化的、也是多样的，敏锐地捕捉、科学地分析和把握这些需求会在一定程度上对教材创新起到指导和引领作用。具体来说，中文教

---

① 赵金铭：《论对外汉语教材评估》，《语言教学与研究》1998年第3期。

材创新有以下几个主要来源。

  1. 理论来源：如何认识教育活动和外语教学活动将直接影响到教材的编写。不同的历史时期，在不同的哲学思想和教育学思想影响下，人们对教育活动的理解和认识也是不同的，由此产生的理论也不同，由此形成了各个外语教学法流派，如语法翻译法、听说法、功能法、交际法、任务型教学法等。这些不同的外语教学理念也体现在了教材编写上，不同教学理念知道下的教材在框架结构、编排顺序、编写内容、练习形式方面都会有较大的不同。语法翻译法的代表教材《汉语教科书》、听说法的代表教材《新的中国》，功能法的代表教材《实用汉语课本》、交际法的代表教材《初级汉语口语》，任务型教学法的代表教材《任务型中级汉语口语》等，都是由理论的更新直接带来的教材的创新，继而推动课堂教学的变革，给教师的教学和学生的学习带来不一样的体验。

  2. 内容来源：传统的中文教材只是给学生教不同水平的中文，教学内容也就只是限于中文的四个要素和中国文化，而现在很多学习者是因为工作的需要而学习汉语，因此就出现了职业中文的需求，还有一些国外的中小学将中文与其他学科的学习结合起来，因此又出现了学科中文的需求。这些需求就要求我们的中文教材增加职业内容和学科内容，接下来增加哪些职业内容，怎样融入中文教材，又如何体现出来都是一项新的任务，必然也就会带来国际中文教材的创新性。

  3. 媒介来源：互联网时代的学生需要适应互联网学习需求的中文教材，我们今后的中文教材应该不会像传统的教材一样，只有纸版课本一种形式。多形式、全方位、立体化的中文教材会是将来的发展方向，已经出版的很多视听说教材在内容上和形式上都与传统的教材有了很大的不同。疫情的发生和持续更是推动了线上教学的发展，今后的教材需要适应中文学习电子化、碎片化、趣味化的变化和趋势，逐渐由纸版教材向数字化教材过渡，这必然也会带来国际中文教材的创新。

  4. 对象来源：教学对象的年龄不同、国别不同、学习方式不同（在学校学习还是自己学习）、学习目的不同都会对中文教材提出新的要求，这些变化也会带来教材的创新，我们需要针对不同的教学对象的学习需要编写相应的国际中文教材。

(二) 关于继承性

所有的创新都是在继承的基础上的创新。几十年来出现的优秀中文教材和先进的教材编写理念，都是我们进一步发展和创新的基础和资源。被广泛使用的精品教材往往也是吸收了以往教材经过实践检验的编写经验，在继承的基础上推陈出新，结合新的教学理念、学习需求形成而创新。因此，总结前辈们的宝贵的教材编写经验并继续运用到新编教材中去，对于中文教材编写水平的不断提高是很有意义的事情。

三十多年前佟秉正先生就从自己的教学理念出发，提出了很多至今都值得我们借鉴的教材编写经验，今天再回顾、分析佟先生的思想，我们发现其中包含了很多先进教材编写理念和创新点，比如：

1. 加注字义，适当归纳，培养学生的词语领会能力

这样的编写方式充分考虑到了汉语的构词特点，体现了对语素教学的重视，便于学生更快掌握汉语的词汇，并可以举一反三，扩大词汇量。

2. 采用直译法进行语法对比

汉语与学生母语的直译对比呈现可以更为直观地展示汉语和其他语言语法上的差异，可以对学生理解和掌握汉语的语法结构和特点提供帮助，特别是在初级阶段，有利于学生更快地学会汉语的句子结构，这样的注释办法值得在本土化教材中推广和运用。

3. 句子的语法结构要与语用相结合，功能练习要结合情景和人物身份

汉语没有严格意义上的形态变化，语义和语用对于语法结构有很大的影响作用。因此中文教材不能仅仅关注语法结构，同时也要关注语用条件，这是佟先生对以往中文教材只注重语言结构传授和训练的反思。

比如，"了"的使用规律常常令中文教师和学习者头疼。对于什么时候用"了"，什么时候不用"了"的问题，语法学界研究了几十年至今也没有研究得很透彻，但是汉语教学又不可能不讲"了"。如何处理、如何说明"了"的用法，是所有初级阶段中文教材编写者都绕不过去的一个问题。下面的例句突出了不同的意义焦点下"了"的隐现规律，利用典型的语境和精当的例句说明了抽象的语法规则，这样的语法注释办法特别值得我们借鉴。

"我昨天去看老王了。"

"我昨天去看老王，回来没赶上车。"①

再如，教材中的对话一定要符合说话的情景和人物的身份，像下面的对话虽然在语法结构上没有任何问题，但是在实际生活中却是不会出现，因为这个回答没有考虑到问话人的目的和说话人的身份。

"你上哪儿玩儿去了？"

"我上我父母家玩儿去了。"

虽然我们在国际中文教材编写中越来越重视语义、语用和语法的结合，不过，在如何用典型的语境、精当的例句来说明语法规则和如何让课文中的会话更符合人物身份以及情景这两个方面仍然存在很大的开拓空间，佟先生的思想和方法至今仍然值得我们学习和借鉴。

4. 借助真实语料进行练习：

早在三十多年前，佟先生就批评了教材中存在的脱离现实，"审讯式"的问答对话现象，提出了运用真实语料教学的观点，而佟先生利用真实语料进行的练习设计其实就是一个很典型的任务型教学范例。比如，用护照上的某一页询问某人的经历：去过哪儿，什么时候去的，待了多长时间？用饭馆意见本上的图片练习"这家饭馆的服务怎么样？""……怎么样"等句型。

佟先生的这些教材编写思想和理念即使放到今天也是很先进、很前沿的，值得教材编写者认真学习领悟。由此可见，认真总结老一辈教材研究者和教材编写者的思想经验，才能做到真正的推陈出新，不做重复性工作。

总之，继承老一辈研究者宝贵的教学理念和编写经验，结合新时代的需求变化，编写出更多更好的通用性教材，这将是我们国际中文教材编写者一直需要努力的方向。

参考文献

曾晨刚：《全球专门用途中文教材出版状况调查研究》，《云南师范大学学报》2021 年第 5 期。

李泉：《汉语教材的国别化问题探讨》，《世界汉语教学》2015 年第

---

① 佟秉正：《初级汉语教材的编写问题》，《世界汉语教学》1991 年第 1 期。

4 期。

朱志平：《非汉语环境下汉语教材语料的选取》，第十届国际汉语教学研讨会论文，2010 年 8 月。

赵金铭：《论对外汉语教材评估》，《语言教学与研究》1998 年第 3 期。

佟秉正：《初级汉语教材的编写问题》，《世界汉语教学》1991 年第 1 期。

汝淑媛：《通用型教材和教材编写的通用性原则——基于〈实践汉语〉和〈天天汉语〉的编写》，《云南师范大学学报》（对外汉语教学与研究版）2016 年第 3 期。

俄罗斯现代教学论发展概览

步延新[*]

摘　要：21世纪以来，在普京政府大力推行教育制度改革的大背景下，俄罗斯现代教学论顺应时代的需求得以更加全面发展，其研究聚焦于信息化教育、个性化教育、教师团队建设以及德育教育等方面，有关专著相继出版，大型国际研讨会年年举行。这一时期的俄罗斯现代教学论对传统教学理论的相关概念和理论进行了更加深入细致拓展性的研究，研究内容及研究方法趋向融合性、跨学科性、多元化等特点。目前中俄战略合作伙伴时期，了解俄罗斯现代教学论的发展趋势对我国课程教学论的发展以及对俄罗斯开展汉语教学将大有裨益。

关键词：俄罗斯；现代教学论；发展

俄罗斯教学论（дидактика）形成于17世纪，深受捷克教育家夸美纽斯（Я. А. Коменский）《大教学论》（Великая дидактика）的影响。经过几个世纪的变迁，俄罗斯教学论经历了形成期、发展期、苏联发展期及现代俄罗斯发展期，成为欧洲教学理论具有特色的一部分。[①] 其研究内容和理论不断发展和完善，形成了有别于欧美国家的独特的教育理论，成为世界教育思想理论家园中一道特别的风景线，对世界产生着持久而重要的影响。21世纪以来俄罗斯现代教学论在继承和发展苏联时期教学论宝贵遗产的基础上吸收并借鉴西方教学理论的研究成果，对教学论研究的各个范畴进行了新的探索，呈现多元化发展趋势，研究成果极大丰富了教学理论，并推动了教学论学科的发展。

---

[*] 步延新，北京师范大学国际中文教育学院。
[①] 王长存：《俄罗斯教学论的系谱研究》，《外语教学研究》2010年第10期。

一 俄罗斯现代教学论现状

（一）现代教学论专著（教材）相继出版

21世纪初普京政府实施的教育改革大大激发了学者们的研究热情，此段时间出版的教学论专著颇丰。库库申（В. С. Кукушин，2003）、西塔罗夫（В. А. Ситаров，2004）、胡塔尔茨果伊（А. В. Хуторской，2017）、阿努什金（Ю. В. Аннушкин，2018）和波德林亚耶夫（О. Л. Подлиняев，2018）、奥斯马洛斯卡雅（И. М. Осмоловская，2021）分别出版了《教学论》。此外，有关教学论的论述也常常出现在《教育学》专著中，彼得卡斯蒂伊（Пидкасистый П. И.）所著的教材《教育学》（1998）、和利哈切夫（Лихачев Б. Т.）的《教育学》（1998）都将教学论作为理论基础用整一个章节来进行讨论。从研究内容上来看，上述专著既关注教学论的基本问题，讨论教学论的基本概念、教学论的发展历史、教育目标和内容、理论基础、教学过程、教学原则、教学方法形式和技术等问题，也讨论现代教学论所关注的焦点问题。

专门以"现代教学论"为题的专著有斯塔利洛夫（Ю. Н. Старилов）2001年出版、胡塔尔茨果伊（А. В. Хуторской）2021年出版（第三版）。其中值得一提的是胡塔尔茨果伊（А. В. Хуторской）的《现代教学论》，作为大学人文学科的专业教材，该书已经第三次出版。书中主要描述了教学论的最新成就，旨在培养学生的个性和创造性的自我实现。因材施教，根据个人的需求提供合适的教学方法，并且讨论了能力培养、元学科、启发式学习方法、远程学习基础等方面内容。开放式的讨论题有助于引发学习者学习兴趣，提高其学习能力，这符合联邦国家高等教育标准当的前要求。

除了上述以"教学论"为题的专著，俄罗斯还出版了大量与现代教学论相关的专著，如：谢莉维尔斯托娃（Е. Н. Селиверстова）（2009）《现代教学论：从知识学校到创造学校》，该书从文化学的角度对现代教学的理论和技术等方面的内容进行了讨论。2013年加德拉赫玛诺娃（Р. Г. Габдрахманова）和雅鲁琳（И. Ф. Яруллин）出版的《教学理论与教学技术》一书在揭示教育过程理论（本质、结构、规律、原则、机制等）的基础上，介绍了现代教学模式和形式。维诺格拉多娃

（Н. Ф. Виноградова）（2013）出版的《俄罗斯联邦新教育标准条件下的普通学校教学论现代观点》讨论了现代教学论所面临的主要问题、中小学教育活动类型、现代学校的课程，等等。

（二）现代教学论研讨会逐年举办

2009 年在克拉斯纳亚尔斯克举办了第一届题为"现代教学论与教学质量"（Современная дидактика и качество образования）的全俄罗斯科学方法会议。该会议每年年初举办，之所以选择这个时间是为了纪念伟大的科学家、现代教学论的创始人季亚琴科（В. К. Дьяченко）。会议邀请来自世界国际教育组织的专家及俄罗斯国内的教育学者、教师共同讨论现代教育方面的突出的问题，包括高效的教学方法和教学技术等，以便更好地解决现代社会教育中的问题。

2018 年 М. А. 穆克尔奇扬（М. А. Мкртчян）整理了 2009—2018 年（第一届到第十届会议）的主要论文并集结出版了《现代教学论的问题及其发展》。该书揭示了作为现代教学论发展因素的教育实践的现代问题，教学概念建构的方法问题，教学知识的性质和水平，新教育实践的教学手段的本质，每个人参与教学活动的问题，个人与集体的关系，非课堂教学体系的形成，活动集体主体的形成等问题。指出教学论发展的前景以及俄罗斯和世界新教育实践的发展前景。[①]截至 2022 年，该教学会议已经顺利举办了 14 届，每一届都会有一个主题，从会议主题可以看出，十几年来，俄罗斯教育学者关注的重点：有对新学校、新标准的研究，也有对具体教学方法的讨论；有对传统理论的进一步深入探讨，也有对新形势下教学实践的展示；既注重集体的教学也关注个性教学的发展。教师团队的建设以及教学组织形式的研究，教学如何适应科技时代的发展是最近两年研究的重中之重。

全俄罗斯科学方法会议"现代教学论与教学质量"（Современная дидактика и качество образования）虽然不能展示俄罗斯教论学发展的全貌，但是可以从一个侧面反映出近十几年来俄罗斯教学论研究的主要方向和动态以及关注的热点。

---

① М. А. Мкртчян. Проблемы современной дидактики и её развитие [M]. г. Красноярск, 2018.

二　俄罗斯现代教学论研究的主要内容

（一）对传统教学论的继承与发展

1. 对教学论理论的深入研究

现代教学的研究并没有脱离对传统教学论基础理论的研究。对夸美纽斯教学论的探讨一直是各教学论专著及研讨会的主题之一。2014年，第六届"现代教学论与教学质量"研讨会的主题就是"夸美纽斯教学论与21世纪的挑战"。学者们讨论了卡美纽斯教学理论的本质，理论基础，教学的组织形式，等等，提出在科技时代要发展夸美纽斯的理论，对其理论要有新的认识和发展。

俄罗斯教学论在苏联时期得到了极大的发展并积累了丰富的成果，涌现了许多著名的教育学家。赞可夫（Л. В. Занков）、叶西波夫（Б. П. Есипов）、达尼洛夫（М. А. Данилов）、斯卡特金（М. Н. Скаткин）、勒纳（И. Я. Лернер）、马赫穆托夫（М. И. Махмутов）等人的著作在苏联国内教学论的发展方面成效显著。这些学者对教学的科学论证、教学对象和课程的确定、教学论与非教学学科关系、教学研究方法论、教学方法以及一系列教学论中的具体问题等方面做出了巨大的贡献。现代教育家们的研究是对前人研究的继续，特别是对教学论的概念、理论基础、教学原则方法等。

2. 对教学实验的延续

20世纪60年代苏联的教学论与诞生于社会主义革命中的新学校的实践密切相关，从马克思、列宁关于人格全面发展的学说和辩证唯物主义的认知理论出发，苏联教育学通过总结教学过程的实践经验和研究成果，开创了年轻一代教育教学的新理论。

维果斯基（Л. С. Выготский），列昂季耶夫（А. Н. Леонтьев），赞可夫（Л. В. Занков），加里别林（П. Я. Гальперин）等心理学家揭示了教育与儿童发展之间新的、更微妙的、更深层次的联系。他们进行了大规模的教学实验，并形成了丰富的教学理论。维果斯基的理论对西方的发展心理学和教育心理学产生了十分广泛而强烈的影响。值得一提的是发展性教学理论的创始人赞科夫，他重点研究了教学与发展问题，依据"最近发展区"的理论提出了影响世界的发展性教学理论。赞可夫在罗斯托夫地区也进行了大量的教学实验。《俄罗斯教育的现代化方案（2010）》《继续教育内容的方案（学前和开始的环节）》《国家普通教育标准》均采用了发展性教学的科学思想。

20世纪90年代以维果斯基心理学理论为基础的《希望学校》教学实验得以顺利实施，它是俄罗斯科学研究院和俄罗斯社会科学院的工作者多年研究的成果。在此之后，俄罗斯实施了一系列教学实践，《未来学校》《学校2100》《21世纪的学校》《和谐》等教学实验体现了发展性教学思想。《知识星球》《古典小学》教学实验重视差异化教学。《俄罗斯学校》教学实验着重强调儿童精神和道德的自我发展，强调在"国家至上"的基础上进行教学改革。①上述教学实验是苏联时期教学论主要教育活动的延续，为现代俄罗斯教学理论的发展提供了有力的实践经验。

（二）俄罗斯现代教学论研究的热点

1. 信息化教育

教育信息化推动了俄罗斯教育的发展，成为俄罗斯大国复兴和全面发展的基础。2016—2019年，俄罗斯颁布了《现代数字教育环境建设》《教育发展》《教育出口项目》《俄联邦数字经济发展》《2018教育指标》报告，旨在推进教育信息化发展。②现代教学论专著中对现代化教学的理论研究非常丰富。И. М. 奥斯莫洛夫斯卡娅（И. М. Осмоловская）（2017）③指出，信息和通信技术一方面改变了人类的生活条件，另一方面需要对学习过程重新进行构建。教学论需要全面分析信息技术对教育过程影响，特别是其变化的问题。在教学活动中，信息和通信技术作为一种学习工具的应用现在很普遍，它使学习过程更加有效。奥斯莫洛夫斯卡亚（И. М. Осмоловская）2021年出版的《教学论》④第四章以"信息教育环境中的学习过程"为标题，讨论了四个方面的内容：信息教育的空间环

---

① 娜斯佳：《近20年俄罗斯教学论研究和教学实践改革》，博士学位论文，哈尔滨师范大学，2012年。

② 赵宏媚：《俄罗斯教育信息化现状及特点分析》，《世界教育信息》2020年第1期。

③ И. М. Осмоловская：《现代教学论发展的特点》，http://rusacademedu.ru/wp-content/uploads/2017/06/soobshchenie-i.m.pdf

④ И. М. Осмоловская. Дидактика, г. Москва, 2021.

境；信息教育环境中的教学原则、教学形式和教学方法；电子教材；远程教育、混合式教学。该文指出，在信息教育环境中以往的教学的原则有所转变，首先是教师基本功能的转变。此外，随着信息化时代的到来，相关的教学法理论的研究也从传统的教学法转向对网络教学、网络课程的研究。人们也更关注教材的电子版形式，各种电子应用程序的附加插图、视频和音频片段、益智游戏、测试练习等内容愈加丰富。

2. 个性化教育

近几年有关个性化教学的研究成为是教育学专家们研究的热点问题之一。在第十四届全俄罗斯科学方法会议"现代教学论与教学质量"会议中第一个议题就是关于个性化教育、个性化教育具体的实施。

"个性化教育"（Индивидуальное обучение）是指学校根据特殊计划进行教育。《俄罗斯联邦教育法》（第二条）规定，个性化教育计划（ИУП）是一个根据学生的特殊性和需要而制订的计划，在个性化的基础上完成该计划的教学内容。个性化教育面向的主要对象：课程评价未获满意者；特别有天赋的儿童，能够在短时间内掌握某一科目的课程，并具备完成高级课程所需的技能；参加不同部门、业余俱乐部的学生；定期参加各种体育比赛、创意竞赛、音乐会；还有一些由于身体健康原因有特殊需求的儿童等。[1]

21世纪以来，在俄罗斯教育改革的大背景下，个性化教育得到了充分的发展，相关的思想基础得到进一步的深入研究，教学对象的范围在逐步扩大，不局限于有特殊才能的学生，也包括那些由于特殊生理、心理等特殊原因需要个别化教学的学生。教学方式也不限于在学校、家庭面对面的教学，也可以通过现代化的信息手段在网络上进行。"个性化教育会在俄罗斯诞生一个新的社会文化空间，在其中每个人可以对自己的生活轨迹进行规划选择，提出个人对于文化和生活环境的需求，大大提高学生学习的积极性和创造性。"[2]

3. 教师团队建设

教师的培养一直是教学论研究的重点问题之一，现代社会人们需要应

---

[1] 《Индивидуальное обучение в школе-это что такое?》（《学校的个性化教学——这是什么?》）https://businessman.ru/individualnoe-obuchenie-v-shkole---eto-chto-takoe.html。

[2] 宋官东、陈震、耿海天：《俄罗斯的个性化教育改革初探》，《东北师范大学学报》（社会科学版）2017年第1期。

对越来越复杂的社会环境，教育面临新的挑战，需要满足社会发展的需求，需要培养有合作精神的，可以迅速应对各种复杂社会难题的团队。第十届"现代教学论与教学质量"研讨会上讨论的热点问题之一是教师团队合作，与会学者指出"团队"不是"集体"，"团队是组织活动的人的集合，团队有共同的目标，团队内部在执行任务时相互联系，每个团队成员都有实现目标的责任"。会议组织者认为在现代教育中只有组织团队才能实现教育的目标，强调团队由教师和家长构成，教学团队实施整个教学活动，整个教师团队参与学校建立教学评估系统。

4. 德育教育

德育是苏联教学论的核心概念，其最核心的含义是培养完整人格和具有社会主义理想的完人，教学则是实现教养的途径和手段。《俄罗斯联邦教育法》（2012）[①] 指出，道德教育包括人道主义、价值观、人的生命和健康、人的自由发展、勤劳的公民意识、尊重人权和自由、热爱大自然、祖国和家庭。这句话很好地表达了道德教育所包含的主要内容，这是每个人所必须接受的教育。根据《2018—2025 年俄罗斯联邦教育发展计划》（2017）[②] 指出，俄罗斯联邦在教育领域优先事项是把孩子培养成为一个道德高尚的人，能够分享俄罗斯传统精神价值观，在现代社会能够发挥自己的潜力、知识和技能，为和平建设和保护祖国做好准备。这份文件指出了应该培养什么样的人。教育的目的是培养一个有道德的人，他能够适应现有的关系，尊重既定的法律和秩序。

德育一直是俄罗斯教学论中研究的重点，相关的理论研究成果也很丰富。特罗欣（Трошин, П. Л.）的《德育教育：概念、本质和任务》（2016）[③] 一文指出，道德是一门以为主题进行研究的学科，是一个复杂的、多层次的系统，结合了理性、意志、情感等品质。建立一个持久的道德信仰体系，使一个人能够独立地理解道德与不道德之间的界限，这是由

[①] 《ФЕДЕРАЛЬНЫЙ ЗАКОН ОБ ОБРАЗОВАНИИ В РОССИЙСКОЙ ФЕДЕРАЦИИ》（《俄联邦教育法》），http://www.consultant.ru/document/cons_doc_LAW_140174/.

[②] Государственная программа Российской Федерации "Развитие образования"（俄联邦国家教育发展计划），https://docs.edu.gov.ru/document/3a928e13b4d292f8f71513a2c02086a3/download/1337/.

[③] Трошин, П. Л.: Нравственноевоспитание: понятие, сущность, задачи. Молодой ученый. 2016 年第 8 期。

道德意识的统一与和谐决定的，表现为持续的道德习惯。《学校儿童道德教育》（2016）[①] 一书从理论和具体教学实践两个方面具体阐释了学校儿童道德教育的重要性和必要性。确定了儿童道德教育的方向、形式、方法和手段，并制订出了合理的培养方案。

三 俄罗斯现代教学论发展特点

（一）对基础理论研究的深入及拓展

从章节题目上来看，《现代教学论》与《教学论》所讨论的主要内容有中众多重合之处，特别是前面的章节，基本都是讨论教学论的概念、所属学科、发展历史、教育的目标过程等内容。实际上，随着时代的发展与需求《现代教学论》对相关的概念与理论的探究是不断发展完善的。

我们以"教学目标"为例，来简单介绍一下现代教学论对传统教学论相关概念的继承与发展。教学目标是教学体系中具有决定性的组成部分之一，是各种教学论专著讨论的重点。1957年达尼洛夫在《教学论》中指出，"教学的主要目标是揭示成功学习的模式，确保学生有意识地、持久地掌握知识、技术和技能体系"[②]。从这一教学目标我们可以看出当时的教学目标还是以掌握知识体系为重点的。2016年一份关于《现代教学论》[③] 的报告中对该教学目标进行了较为深入的讨论。该报告认为，教学史上对教学目标有两种看法：一种认为目的是培养思维、记忆和其他人格能力，这被称为"正规教育"。第二种认为学习的目的是掌握科学的基本知识，形成生活中需要的具体知识。这就是所谓的"物质教育"。

现代教学论认为，任何不以掌握知识为基础的人格发展是不行的。现代社会的教学目标不只要教给学生知识，而且要培养学生的技能、实践能力、思想道德、世界观等各个方面，并且为适应瞬息万变的信息社会的发

[①] 《Нравственное воспитание детей младшего школьного возраста в школе》（《学校儿童道德教育》）http：//elar. uspu. ru/bitstream/uspu/7697/2/Kysenok. pdf.

[②] Данилов М. А., Есипов Б. П. Дидактика. Издательство Академии педагогических наук，1957.

[③] Доклад "Современная дидактика" https：//nsportal. ru/shkola/materialy - metodicheskikh - obedinenii/library/2016/02/13/doklad-sovremennaya-didaktika.

展变化而培养学生的自主学习、自我提升的能力。第十二届"现代教学论与教学质量"会议上有学者也指出，社会和经济的迅速变化要求改变教育，为了使它能够形成将所学知识应用于以实践为导向的活动的可持续技能："他们不是掌握技术的人，而是创造技术的人。"

（二）对西方教育理论的借鉴与融合

21世纪经济全球化推动了教育全球化的进程，俄罗斯教育学家在进行科学研究的时候也充分借鉴美国和欧洲的相关研究理论。现代教学论在讨论教学目标时也吸收了美国心理学家布鲁姆的教育目标分类：认知领域、情感领域、动作技能分类领域。教学实验证明，这样目标设定指导教师实现最终的学习成果——学生的状态，这种状态是在实现教学目标的过程中实现的。有这样的教学目标就可以精确地选择教学内容，将教学内容分为合适的单元和单独的课。[①]

目前在全球化能力信息社会对培养具有全球化能力的人才提出了新的要求。美国的罗斯·温兹（Ruth Vinz）首先在教育学领域提出了"全球化能力"概念，继而构建了"全球化能力"框架的理论体系，并在全球进行推广。该理论体系框架包括评判能力、创新能力、交往能力、全球化意识这四个维度。[②] 在俄罗斯，这种教育理念得到了新的发展，全球化教育理念强调培养学生的下列能力：在不断变化的现实社会中生存能力和了解现实世界中存在的本质性问题及其因果关系能力；做出客观判断的能力和拒绝偏见的能力；做出决策和为决策承担责任的能力；做出客观评判的能力和拒绝偏见的能力；熟悉本民族文化，正确评价本民族文化和尊重他民族文化的能力。[③]

（三）教学理论研究的融合性、跨学科性

教学论的研究离不开心理学、教育学、语言学，是一门综合性的学

---

① Доклад "Современная дидактика"（"现代教学论"报告），https：//nsportal.ru/shkola/materialy-metodicheskikh-obedinenii/library/2016/02/13/doklad-sovremennaya-didaktika.

② 李丽洁：《"全球化能力"理论映照下我国职业教育人才培养的新思路》，《职教论坛》2018年第1期。

③ 王金玲等：《依托母语和中介语的外语教学法》，外语教学与研究出版社2020年版。

科。随着时代的发展，教学论的研究需要与更多的学科合作，借鉴相关学科的理论知识、研究方法等。2017年，И. М. 奥斯莫洛夫斯卡娅在《现代教学论发展的特点》[①]一文中指出，在现阶段教学论发展的特点之一是对教学过程进行跨学科研究，通过跨学科研究（心理教育、社会教育、认知教育研究）扩大教学论研究领域。首先，一些自然科学领域的词汇出现在教学中，如"教师能力的半衰期""内容的熵评估""周期"等。在研究方法上也越来越多地采用数理的方法，焦点群法、专家评价法。神经科学、脑科学的研究成果也可以运用到教学过程中，提高教学效率。比如男孩和女孩大脑的结构组织有所不同，为他们安排的教学内容也有所不同。信息化环境中的教育促使人们对教育的研究发生了转变，人们开始关注可视化对信息理解的影响，思维逻辑的发展模式及思维过程等。这些都是跨学科、跨领域的研究。目前教学论的研究跨学科性表现在研究对象的跨学科性、研究方法的跨学科性、理论基础的跨学科性、研究结果的跨学科性。

（四）教学论发展的多元化

苏联解体以后，各独联体国家急于摆脱的影响，纷纷建立凸显本民族特色的国民体系，其中也包括教育。但是苏联对独联体国家的影响是根深蒂固的，苏联虽然解体，但俄罗斯不管是从国土面积上还是经济实力上都占第一位，各独联体国家要想彻底清除苏联时期的影响是不是一朝一夕的事情。此外，博洛尼亚进程的推进、独联体国家教育一体化进程的发展，为独联体国家教育方面的合作提供了基础。在这样的情况下，独联体国家的教育呈现出了在苏联教育体制影响下的体现民族特色的趋势。现代教学论的理论苏联解体后已经发展成不同的流派，在各独联体国家又进一步得到了发展形成了各具特色的流派。如乌克兰的主体派，重建苏霍姆林斯基教学论体系，旨在建立自己独立国家的民族教育学理论体系，白俄罗斯的综合派，苏联国家格鲁吉亚的合作派，波罗的海三国的现代派等，而中亚各国则倾向于建立自己的民族教学论体系，把各发展教学论流派思想融汇

[①] Особености развития современной дидактики（《现代教学论发展的特点》），http://rusacademedu.ru/wp-content/uploads/2017/06/soobshchenie-i.m.pdf.

变通，总体上看属于苏联解体后发展教学论独联体中亚各国的民族派的范畴。① 由此可见，现代教学论在苏联国家得到了进一步发展，并展现出了民族特色，呈现多元化的趋势。

四 俄罗斯现代教学论发展的启示

冷战结束以后，国际政治形势发生了巨大的变化，多极化发展趋势成为主流。无论从国际局势还是地缘政治的角度来说，中俄利益比较一致，关系密切。1996 年两国建立了"战略协作伙伴关系"，2002 年又签订了睦邻友好合作条约，2019 年成为全面战略协作伙伴②。特别是在"一带一路"倡议的推进下，中国与俄罗斯、独联体、西亚五国等国家的交流日益密切。在这种情况下，关注俄罗斯现代教学论的发展情况，对中国与苏联各国之间的交往大有裨益，不仅可以促进经济、政治、文化各方面的交流与发展，也为"一带一路"沿线国家中文教育的发展起到推动和促进作用。与此同时，西亚各国的中文教学事业也快速发展起来，需要大量的汉语教师。了解俄罗斯现代教学论的研究内容及发展特点，可以为我们有针对性地培养国际汉语教师助力。

参考文献

李丽洁：《"全球化能力"理论映照下我国职业教育人才培养的新思路》，《职教论坛》2018 年第 1 期。

李稳山：《苏联的青少年个别化与尖子教育》，《上海青少年研究》1986 年第 7 期。

娜斯佳：《近 20 年俄罗斯教学论研究和教学实践改革》，博士学位论文，哈尔滨师范大学，2012 年。

宋官东、陈震、耿海天：《俄罗斯的个性化教育改革初探》，《东北师

---

① 张谦：《苏联解体后独联体各国发展教学论研究的流派与走向》，《外国中小学教育》1999 年第 4 期。

② 2019 年 6 月 6 日中俄两国政府签订了《中华人民共和国和俄罗斯联邦关于发展新时代全面战略协作伙伴关系的联合声明》。

范大学学报》（社会科学版）2017 年第 1 期。

王金玲等：《依托母语和中介语的外语教学法》，外语教学与研究出版社 2020 年版。

王长存：《俄罗斯教学论的系谱研究》，《外语教学研究》2010 年第 10 期。

肖甦：《苏俄教育论著：重温与梳理》，《教育学报》2007 年第 5 期。

张谦：《苏联解体后独联体各国发展教学论研究的流派与走向》，《外国中小学教育》1999 年第 4 期。

赵宏媚：《俄罗斯教育信息化现状及特点分析》，《世界教育信息》2020 年第 1 期。

Данилов М. А., Есипов Б. П. Дидактика. Издательство Академии педагогических наук，1957.

И. М. Осмоловская. Дидактика，г. Москва，2021.

М. А. Мкртчян. Проблемы современной дидактики и её развитие [М]. г. Красноярск，2018.

Трошин, П. Л. Нравственноевоспитание: понятие, сущность, задачи. Молодой ученый. 2016（8）.

Хуторской, А. В. Современная дидактика: учебник для вузов. 3 – е изд., Москва: Издательство Юрайт, 2021.